Das Erbe der Ostforschung

Zur Rolle Göttingens in der
Geschichtswissenschaft der Nachkriegszeit

von

Kai Arne Linnemann

Tectum Verlag
Marburg 2002

Die Deutsche Bibliothek - CIP-Einheitsaufnahme

Linnemann, Kai Arne:
Das Erbe der Ostforschung.
Zur Rolle Göttingens in der Geschichtswissenschaft der Nachkriegszeit.
/ von Kai Arne Linnemann
- Marburg : Tectum Verlag, 2002
ISBN 3-8288-8397-4

© Tectum Verlag

Tectum Verlag
Marburg 2002

Inhalt

VORWORT 7

I. EINLEITUNG 9
1. Das Feld der Ostforschung 16
2. Legitimationsstrategien zum wissenschaftlichen Neubeginn 22

II. KÄMPFENDE WISSENSCHAFT: OSTFORSCHUNG VOR 1945 34
1. **Die Politisierung der Wissenschaften** 36
   1.1. Vorwissenschaftliche Prägungen in Diskurs und Biographie 36
   1.2. Weimar Republik – „Deutschland war an der Grenze" 41
   1.3. Entwicklungschancen im Umfeld der Gleichschaltung 45
2. **Die Etablierung und Ausweitung der Ostforschung** 48
   2.1. Konservative Startrampen: Die Historikertage in Göttingen und Warschau 48
   2.2. Die Gruppierung um das Gravitationszentrum Brackmann 52
   2.3. Die Absicherung und Ausdifferenzierung der Disziplin in den 30er Jahren 57
   2.4. Wissenschaftliche Gutachten im Kriegseinsatz 62
   2.5. Die Dynamik der Expertenorientierung 66

III. FLUCHTPUNKT GÖTTINGEN: ÜBERLEBEN UND ÜBERDENKEN 71
1. **Rückzug nach Göttingen** 74
   1.1. Die Nachkriegssituation in der Universitätsstadt 74
   1.2. Die Inkorporation der verlorenen Grenzlanduniversität Königsberg 78
   1.3. Das Historische Seminar setzt sich zusammen 83
2. **Entnazifizierung und Perspektiven** 89
   2.1. Die lange Entnazifizierung – Rückhalt in lokalen Netzwerken 89
   2.2. Hochschulpolitik – Die Chancen der britischen Zone 94
3. **Die wissenschaftliche Umschreibung der Belastungen** 101
   3.1. Der Rückblick der Umwidmung 101
   3.2. Die Altlasten der Ostforschung und ihr Zukunftspotential 107
   3.3. Die öffentliche Nachfrage nach Sinn und Zeitgeschichte 114

IV. LEGITIMATIONEN DES WISSENSCHAFTLICHEN NEUBEGINNS ... 121

1. **Die Option der pragmatischen Legitimation** ... 124
   - 1.1. Der Göttinger Arbeitskreis im wissenschaftlichen Feld ... 124
   - 1.2. Zurück zu Herder: Aubin, Keyser und die neue Ostforschung ... 133
   - 1.3. Ostforschung und Osteuropaforschung ... 142
   - 1.4. Die stabilisierende Wirkung der Kritik aus der DDR ... 148
2. **Die Option der moralischen Legitimation** ... 153
   - 2.1. Heimpel: Entlastung im öffentlichen Bekenntnis ... 153
   - 2.2. Wittram: Bekenntnis und Historisierung ... 156
3. **Die Option der akademischen Legitimation** ... 170
   - 3.1. Schieder: Die Dynamik der Vertreibung ... 170
   - 3.2. Conze: Die sich selbst fortschreibende Innovation ... 174

V. SCHLUSS ... 179

VI. HISTORISCHE LEHRVERANSTALTUNGEN, GÖTTINGEN 1942-54 ... 183

VII. LITERATUR ... 209

VIII. INDEX ... 249

Vorwort

Meine Idee zur Auseinandersetzung mit dem Erbe der Ostforschung wurzelt im Umfeld der nunmehr schon legendären Sektion „Deutsche Historiker im Nationalsozialismus" beim Historikertag in Frankfurt 1998. Die meisten im Anschluß daran begonnenen Arbeiten, zu Wittram und Heimpel, zu Posen und Riga zeitigen bis jetzt keine veröffentlichten Ergebnisse, die Untersuchung der Nahtstellen von „intellectual history" und wissenschaftlichen Strukturen befindet sich für die Nachkriegszeit insgesamt noch in einem Anfangsstadium. Die Konferenzen des Max-Planck-Instituts für Geschichte zum Thema „Kultur und Wissenschaft im NS" konnten seither zur Erhellung des Vorfelds des Themas in einzelnen Aspekten beitragen. Der Zeitgeschichtliche Arbeitskreis Niedersachsen (vormals Arbeitskreis Geschichte des Landes Niedersachsen nach 1945) unter der Leitung von Prof. Dr. Bernd Weisbrod nahm sich im Nov. 2001 schon in einer zweiten Jahrestagung der in Heimatkultur, Geschichtspolitik, Wissenschaft und Universitäten angelegten Kontinuitäten systematisch an. Die von Mitchell Ash geprägten und in diesem Band bemühten Begrifflichkeiten um „Ressourcen" und dazugehörige „Mobilisierungsstrategien" gewannen auch auf diesen Konferenzen mehr und mehr an Raum.

Den Entwicklungen in der Überlappung von Ideengeschichte, Netzwerken, akademischen Lebenswelten und ihrer gesellschaftlichen Rolle gilt auch weiterhin meine Aufmerksamkeit: Der hier nur kurz angesprochene Philosoph und Pädagoge Herman Nohl fällt auf als einer jener wenigen „akademischen Bürger", die die hier untersuchten Übergänge direkt nach der Befreiung souverän begleiten, moderieren und auch verurteilen konnten. Dem unbelasteten Nohl gelangen Zugriffe auf institutionelle Ressourcen und rhetorische Konzepte wie „Bürgertum" und „Sittlichkeit", die er an seine belasteten Schülern austeilen konnte; seine weithin sichtbare repräsentative Rolle und sein öffentliches Handeln begannen dabei das starre Kommunikationsverhältnis von Universität und Öffentlichkeit, das eindimensionale Verhältnis der Mandarine zur Politik strukturell aufzubrechen.

Die vorliegende Untersuchung ist die leicht überarbeitete Fassung einer Arbeit, die im Jahre 2000 an der Universität Göttingen als Magisterarbeit eingereicht wurde. Die überzeugenden Ergebnisse der jüngst erschienenen Arbeit zu Werner Conze und dessen Wirkungskreis von Thomas Etzemüller „Sozialgeschichte als politische Geschichte" (München 2001) konnten leider keinen Eingang mehr in die vorliegende Untersuchung finden. Auch die Ergebnisse der Magisterarbeit meines geschätzten Kollegen Oliver Schael „Die Grenzen der akademischen Vergangenheitspolitik" (Göttingen 2000) konnten nicht mehr systematisch in die Darstellung eingebunden werden.

Für Anregungen und Kritik zu der Arbeit danke ich Prof. Dr. Bernd Weisbrod, Prof. Dr. Manfred Hildermeier und Dr. Dr. h. c. Gert von Pistohlkors. Herzlicher Dank gilt Carola Dietze, Marion L. Allemeier, Anna Maike Buß, Manuel Richter und Joachim Tornau für ihre Hilfe bei der Überarbeitung der allerersten Fassung der Druckdatei.

Göttingen, im März 2002　　　　　　　　　　　　　　Kai Arne Linnemann

> „Doch nirgends wird dieser Alptraum von Zerstörung und Schrecken weniger verspürt und nirgendwo wird weniger darüber gesprochen als in Deutschland. Überall fällt einem auf, daß es keine Reaktion auf das Geschehen gibt, aber es ist schwer zu sagen, ob es sich dabei um eine absichtliche Weigerung zu trauern oder um den Ausdruck einer echten Gefühlsunfähigkeit handelt. Inmitten der Ruinen schreiben die Deutschen einander Ansichtskarten von Kirchen und Marktplätzen, den öffentlichen Gebäuden und Brücken, die es gar nicht mehr gibt." [1]
>
> Hannah Arendt: Besuch in Deutschland, 1950.

I. Einleitung

Äußerlich betrachtet, hatte die Geschichtswissenschaft in der Bundesrepublik Deutschland das Ende des Dritten Reiches und die Besatzungszeit fast unbeschadet überstanden. Verglichen mit den mageren Kriegsjahren und studentenarmen Semestern schon seit Mitte der dreißiger Jahre begann nach 1945 sogar wieder eine gewisse historische Konjunktur. Bei einem Blick auf die Hochschullehrerschaft begegnen einem die Namen, die auch in den dreißiger und – wenn nicht im Kriegsdienst – den vierziger Jahren die Vorlesungsverzeichnisse beherrscht hatten. Selten durch die Entlassung von mehr als einem Nationalsozialisten je Seminar strapaziert, stärker hingegen durch Kriegsopfer, gewannen die Personaldecken von einigen Universitäten, wie z. B. Göttingen, sogar reichlich an qualifizierten Hochschullehrern hinzu. Diese Neuzugänge kamen von den Hochschulen in Straßburg, Posen und Prag, die das Dritte Reich in eroberten Gebieten übernommen und mit deutschem Personal ausgestattet hatte, sowie von den deutschen Universitäten Königsberg und Breslau. Die geflohenen Historiker mußten sich zwar manchmal bis in die fünfziger Jahre mit Lehraufträgen begnügen, bekamen langfristig aber fast sicher wieder eine Stelle, da bei den jüngeren, nicht habilitierten Jahrgängen schon der kriegsbedingte Nachwuchsmangel zum Tragen kam. Äußerlich war der Geschichtswissenschaft an den Universitäten von einem Bruch zur „Stunde Null" 1945 kaum etwas anzumerken.

Inhaltlich gab es radikale Umschreibungen in der Historiographie ebenfalls äußerst selten. Zusammen mit der Feststellung, daß nach 1945 unter den Historikern nur einige auffällige Apologeten der NS-Zeit und kaum bekennende Nationalsozialisten auszumachen waren, schien die Infiltration der Zunft durch den

---

[1] Hannah Arendt: Besuch in Deutschland, Berlin 1993, S. 24.

Nationalsozialismus fast schon widerlegt. Für die Historiographie- und Disziplingeschichte war mit einem solchen Arrangement der Nationalsozialismus einfach zu erledigen, solange diese Interpretation weder in moralischer noch in methodischer Hinsicht öffentlich hinterfragt wurde. Auf die erste Welle öffentlichen Drucks Mitte der sechziger Jahre reagierten die Universitäten dann mit Ringvorlesungen, in denen reihenweise einzelne Disziplinen mit der Abkappung „unwissenschaftlicher" Traditionen jeglichen nationalsozialistischen Kontinuitäten heilig abschworen.[2] Für die nächste Studentengeneration blieb dies ein analytisch „hilfloser Antifaschismus" (Wolfgang Fritz Haug), der nicht bis zu den wissenschaftlichen Grundlagen des Nationalsozialismus durchdringen konnte.[3] Erst die kritischen Studien Karl Ferdinand Werners von 1967 und Georg Iggers' von 1968 zeigten, daß die Geschichte nicht per se als Wissenschaft schon immun gegen den Nationalsozialismus gewesen war. Iggers fand im historistischen Sonderweg der deutschen Geschichtswissenschaft die Wurzel der fehlenden Immunität gegenüber einem kriminellen NS-Staat. Selbst die Klageschrift „Die deutsche Katastrophe" von Friedrich Meinecke aus dem Jahre 1946 bleibe der Methode verhaftet und sei somit letztlich historistische Apologie.[4] Karl Ferdinand Werner fand bei den deutschen Historikern weniger die alther-

---

2 Vgl. die zu Zitierklassikern gewordenen Sammelbände der Ringvorlesungen: Andreas Flitner (Hg.): Deutsches Geistesleben und Nationalsozialismus. Eine Vortragsreihe der Universität Tübingen, Tübingen 1965; „Universitätstage 1966". Veröffentlichungen der Freien Universität Berlin: Nationalsozialismus und die deutsche Universität, Berlin 1966 und „Die deutsche Universität im Dritten Reich". Eine Vortragsreihe der Universität München, München 1966. Vgl. daraus als konkretes Beispiel Werner Philipp: Nationalsozialismus und Ostwissenschaften, in: Universitätstage 1966, S. 43-62.
3 Vgl. Wolfgang Fritz Haug: Der hilflose Antifaschismus. Zur Kritik der Vorlesungsreihen über Wissenschaft und Nationalsozialismus an deutschen Universitäten, Köln 1977 ([1]1967).
4 Georg G. Iggers: Deutsche Geschichtswissenschaft. Eine Kritik der traditionellen Geschichtsauffassung von Herder bis zur Gegenwart, durchges. u. erw. Ausg., Wien/Köln/Weimar 1997. Zu Meinecke vgl. S. 340f. Dabei gesteht Iggers Meinecke zu, die Schrift in revisionistischer Absicht verfaßt zu haben. Helmut Heiber hatte schon 1966 eine minutiöse Untersuchung des „Reichsinstuts für Geschichte des neuen Deutschland" hatte schon 1966 einen Eindruck von der Arbeitsweise und den Grabenkämpfen um Walter Frank geliefert. Das Werk isolierte mit Recht Walter Franks Person und seine offen ideologisch geprägte Forschung von weiten Teilen der Geschichtswissenschaft, stabilisierte jedoch damit die Auffassung, daß „echte" Wissenschaft vom NS nicht zu beeinflußen war. Vgl. Helmut Heiber: Walter Frank und das Reichsinstitut für Geschichte des neuen Deutschlands, Stuttgart 1966, hier S. 201f. Vgl. dazu Rudolf Vierhaus: Walter Frank und die Geschichtswissenschaft im nationalsozialistischen Deutschland, in: Historische Zeitschrift 207 (1968), S. 617-627.

gebrachte, blinde staatsloyale Opportunität, als vielmehr konkrete Übereinstimmungen der Zunft, entweder mit der völkischen und rassischen Ideologie, oder mit der Machtpolitik des NS.⁵ Beide Studien fanden jedoch Kernelemente von „Resistenz" bei den auch methodisch „einwandfrei" arbeiteten Historikern im Dritten Reich.⁶
Methodische und politische Korrektheit scheinen so in der großen Selbsterzählung der Historiographiegeschichte zum fortschreitenden Sieg der Aufklärung zusammenzukommen. Die monolithischen Schriften zum Totalitarismus konnten für diese Erzählung kaum eine Grundlage, nur ein Gegenbild und einen ersten Ausgangspunkt abgeben; der Dynamik aus Anpassung und Ablehnung einfügbar waren die traditionskritischen Schriften⁷, die bemüht waren, die vermeintlich unbeschädigten Elemente der „Resistenz" in Wissenschaft und Politik nicht nur zu finden, sondern mithin auch den Geist der Widerständler zu kultivieren.⁸ Gerade vermeintlich nüchterne Forschungsberichte kultivieren eine Art fachinterne „große" Erzählung und bringen Forschungsmethoden, die biographische Reputation der Historiker und Forschungsergebnisse so miteinander in Verbindung, daß der gegenwärtigen Forschung im dialektischen Verhältnis zum Gewesenen ein Maximum an unmittelbar einleuchtender Legitimität zukommt.⁹

---

5 Vgl. Karl Ferdinand Werner: Das NS-Geschichtsbild und die deutsche Geschichtswissenschaft. Stuttgart 1967, S. 96.
6 Vgl. Karen Schönwälder: Historiker und Politik. Geschichtswissenschaft im Nationalsozialismus. Frankfurt a. M./New York 1992, S. 13.
7 Vgl. zum einen etwa Eugen Kogon: Der SS-Staat. Frankfurt 1946, Walter Hofer (Hg.): Der Nationalsozialismus. Dokumente 1933-1945. Frankfurt a. M. 1957 und die einseitig in diesem Sinne rezipierte, zunächst englischsprachige Literatur zum Totalitarismus. Hannah Arendt: The Origins of Totalitarianism. New York 1951 und Carl Friedrich (Hg.): Totalitarianism. Cambridge/Mass. 1954. Vgl. z. Widerstandsdiskurs Gerhard Ritter: Carl Geordeler und die deutsche Widerstandsbewegung. Stuttgart 1955 und Hans Rothfels: Die deutsche Opposition gegen Hitler Krefeld 1949.
8 Vgl. z. B. die Untersuchungen zum Untergang der Weimarer Republik, wie Karl-Dietrich Bracher: Die Auflösung der Weimarer Republik. Eine Studie zum Problem des Machtzerfalls in der Demokratie. Villingen 1955 und die Literatur um die Rolle der SPD und Friedrich Eberts, wie zuerst Erich Matthias/Rudolf Morsey (Hg.): Das Ende der Parteien. Düsseldorf 1960.
9 Neuere Forschungsberichte dieser Konvention finden sich bei Eberhard Kolb: Die Weimarer Republik. 3. durchges. u. erg. Aufl. München 1993, S. 147-233 und Klaus Hildebrand: Das Dritte Reich. München ⁴1991. Ian Kershaw: Der NS-Staat. Geschichtsinterpretationen und Kontroversen im Überblick. Reinbek 1994 hingegen stellt den linearen Forschungsbericht gezielt unter Nützlichkeitserwägungen für verschiedene Epochen und testet Interpretationsmöglichkeiten auch daran durch.

I. Einleitung

Das Dritte Reich wird in der facheigenen Erinnerung zur verfügbaren Episode. Die anschließende, aktive Suche nach „Ursachen" verlagerte das Schwergewicht der Forschung zudem auf die Weimarer Republik und die Machtergreifungsphase des NS. Die Untersuchung der Rolle der Intellektuellen bei der Zerstörung der Weimarer Republik konzentrierte sich auf die Betrachtung (und das Versagen) der vernunftrepublikanischen „Mitte", jenseits der alle Urteile grau waren und zumeist durch Aufzählung ausreichend beschrieben werden konnten.[10] Die Vertreter der „Ostforschung" befanden sich weit jenseits jeder wünschenswerten demokratischen Tradition. Es lag, aus persönlichen, kollegialen und historiographischen Gründen lange Zeit nahe, ihr Feld grau in grau zu belassen. Demokratisch gewordene Historiker konnten von einer feinen Darlegung und Ausdifferenzierung ihrer, wenn nicht nationalsozialistisch, so doch als nationalkonservativ etikettieren, auf jeden Fall antidemokratischen Gesinnung kaum profitieren. In den sechziger Jahren wurde diese Tendenz durch das „Braunbuch" der DDR noch verstärkt, indem dort letztlich auf die gesamtstaatliche Legitimation der Bundesrepublik abgestellt wurde.[11] Erst die Ablösung der Betrachtung von Gesinnungsstärken und -schwächen durch die Analyse der Funktion einzelner Strukturelemente im Nationalsozialismus machte die Intellektuellen und Forscher als relevante Gruppe wieder zugänglich.[12] Populär vermittelt wurde die Verwicklung der Nicht-Gesinnungstäter in das nationalsozialistische System und den Holocaust durch Hannah Arendts Bild vom „harmlosen"

---

[10] So auch die bis heute maßgebliche Untersuchung von Kurt Sontheimer: Antidemokratisches Denken in der Weimarer Republik, München ^{4}1994 (^{1}1962), vgl. zur Etablierung dieser richtenden „Mitte" um Ernst Troeltsch, Friedrich Meinecke und Thomas Mann, S. 310f.

[11] Braunbuch. Kriegs- und Naziverbrecher in der Bundesrepublik. Staat, Wirtschaft, Armee, Verwaltung, Justiz, Wissenschaft, Berlin 1965. Erwähnt wurden aus dem Kreis der Ostforscher Wihelm Abel, Hermann Aubin, Max Hildebert Boehm, Günther Grundmann, Erich Keyser, Eugen Lemberg, Boris Meissner, Karl-Heinz Pfeffer, Giselher Wirsing, Theodor Oberländer, Werner Essen, Klaus Mehnert, Gerhard Wolfrum, Georg von Rauch, Peter-Heinz Seraphim. Die Zusammenstellung verstärkt den Graueffekt mit seiner Durchmischung von Kollaborateuren, Karrieristen und hetzerischen Rassenantisemiten.

[12] Vgl. z. B. die Gutachten Hans Buchheims und Martin Broszats für den Auschwitz-Prozeß 1964, abgedruckt in: Hans Buchheim/Martin Broszat/Hans-Adolf Jacobsen/Helmut Krausnick: Anatomie des SS-Staates, München ^{6}1994 (^{1}1967). Die Betrachtungsweise ist z. T. des neugelesenen Ansatzes von Neumann geschuldet, vgl. Franz Neumann: Behemoth. Struktur und Praxis des Nationalsozialismus, Frankfurt a. M. 1984 (englisch ^{1}1942-1944, dt. ^{1}1963). Ferner Martin Broszat: Der Staat Hitlers. Grundlegung und Entwicklung seiner inneren Verfassung, München ^{13}1992 (^{1}1969).

Bürokraten Adolf Eichmann, der personifizierten „Banalität des Bösen".[13] Der Interpretationsrahmen zur Integration von ideologisch nicht nazifizierten Intellektuellen in eine Gesamtgeschichte des Dritten Reiches stand damit offen.

Der strukturelle Ansatz machte zwar auf die gesellschaftliche Rolle der Eliten aufmerksam, versenkte jedoch, so seine Kritiker, die persönliche Verantwortung der Handelnden in der Anonymität. Die Situation entstand aus der thematischen Fokussierung auf gesellschaftliche Verhältnisse und die volkspädagogisch motivierte Darstellung wichtiger Entscheidungsprozesse.[14] Dabei ist die Anonymität der Ostforscher erst jüngst wirksam geworden, vor allem bedingt durch das Verschwinden mitwissender Zeitgenossen. Informationen über Ostforscher und Ostforschung waren schließlich über die Schriften der „Anti-Ostforschung" der DDR im akademischen Milieu ebenso präsent, wie entscheidende Publikationen der Ostforscher aus hohen Auflagen öffentlich zugänglich waren. Eine gewendete, westdeutsche „Ostforschung" war in der gesamten Phase des Kalten Krieges kompetenter Ansprechpartner in Fragen antikommunistischer Forschung geblieben. Wer wenig Probleme hatte, die deutsche Ostforschung im Kontext einer imperialistischen Politik und Wissenschaftstradition zu verorten, wie der kommunistische Historiker Rudi Goguel, konnte zu umfangreichen Ergebnissen kommen, die aber im Westen keine wissenschaftsgeschichtliche Wirkung entfalteten. Die Wirkung ebbte ab in konsumierbar aufgearbeiteten Artikeln zur Anklage westdeutschen Revanchismus und der eher lexikalischen Auswertung und polemischen Anwendung durch die westdeutsche Studentenbewegung.[15]

Noch 1988 traf die thematisch und wissenschaftsgeschichtlich maßgebende Arbeit „Germany Turns Eastwards" von Michael Burleigh, der weniger Hemmungen als bundesdeutsche Forscher hatte, ideologiekritisch auch die Literatur aus der DDR auszuwerten, nicht auf das für Historikerkarrieren sensibilisierte

---

13 Hannah Arendt: Eichmann in Jerusalem. Ein Bericht von der Banalität des Bösen. München ⁹1995 (¹1964). Ob Eichmann tatsächlich Gesinnungstäter war oder wann und wie er es wurde, muß hier dahingestellt bleiben.
14 Zeitweilig existierten nur Selbstbeschreibungen der Ostforschung, die auswertbares Material sammelten, jedoch die Forschung nicht im gesellschaftlichen Kontext bewerteten. Vgl. nun Eduard Mühle: „Ostforschung". Beobachtungen zu Aufstieg und Niedergang eines geschichtswissenschaftlichen Paradigmas. „Ostforschung" – ein Gegenstand des 4. Deutschen Historikertages, in: Zeitschrift für Ostmitteleuropa-Forschung 46 (1997), S. 317-336 und Jörg Hackmann: „An einem neuen Anfang der Ostforschung". Bruch und Kontinuität in der ostdeutschen Landeshistorie nach dem Zweiten Weltkrieg, in: Westfälische Forschung 46 (1996), S. 232-258.
15 Rudi Goguel: Über die Mitwirkung deutscher Wissenschaftler am Okkupationsregime in Polen im Zweiten Weltkrieg: untersucht an drei Instituten der deutschen Ostforschung. Phil. Diss. Berlin 1964.

Klima, das sich in den neunziger Jahren entwickelte. Burleigh konnte nahezu der gesamten deutschen Historikerschaft vom 19. Jahrhundert an eine Kontinuität imperialistischen Denkens und dem Milieu der Ostforscher eine sich steigernde Anwendungshysterie wissenschaftlich legitimierter Bevölkerungspolitik im eroberten Osten nachweisen. Bundesdeutsche Kontinuitäten der Unbelehrbaren zeichnete Burleigh nach, ohne ein durch bundesdeutsche Grabenkämpfe der Zunft und Loyalitäten abgelenktes Erkenntnisinteresse oder aggressive polemische Auflladung.[16] Auch die wertvolle Untersuchung Christoph Kleßmanns zu „Osteuropaforschung und Lebensraumpolitik im Dritten Reich" wurde vorwiegend als Disziplingeschichte der Osteuropaforschung und unter dem Lebensraum-Aspekt rezipiert.[17]

Die bisher einzige Überblicksdarstellung von Winfried Schulze zur „Geschichtswissenschaft nach 1945" verfolgt die historiographischen, institutionellen und personellen Entwicklungen und markiert die allmähliche Wende von ideengeschichtlicher Disziplinforschung zu Wissenschaftsgeschichte und Netzwerkanalyse.[18] Sobald die bundesdeutsche Zeitgeschichte stärker begann, ihre Aufmerksamkeit auf die Kontinuität der gesellschaftlichen Eliten der Bundesrepublik zu lenken, wurde die „Anonymität" von Kollaborateuren und Mittätern im Zangengriff von struktureller Methode und handlungsorientierter Darstellung von NS-Aktivitäten wieder zum Politikum. Der Nachfrage eines jüngeren Publikums stand nicht mehr das – zugleich prekär delegitimierte – Informationsangebot der DDR gegenüber. Die geographische Disziplingeschichte Mechthild Rösslers und Willi Oberkromes Untersuchung zur den Kontinuitäten der nationalsozialistisch dominierten „Volksgeschichte" zeigten für das Dritte Reich eine tiefe Verzahnung von ideologischen Faktoren mit dem Nationalsozialismus und institutionellen Strukturen mit dem System. Die Aufhebung der Anonymität wurde wirksam in der Anführung der beruflichen Nachkriegspositionen der Ost-

---

[16] Michael Burleigh: Germany turns eastwards. A study of Ostforschung in Third Reich. Cambridge UP 1988.
[17] Christoph Kleßmann: Osteuropaforschung und Lebensraumpolitik im Dritten Reich, in Peter Lundgreen (Hg.): Wissenschaft im Dritten Reich, Frankfurt a. M. 1985, S. 350-383. Arbeiten zur Geschichte der Osteuropaforschung griffen das Thema auch schon, jedoch nicht systematisch auf und zogen keine Forschung in dieser Richtung nach sich.
[18] Winfried Schulze: Deutsche Geschichtswissenschaft nach 1945, München 1993 ([1]1989). Vgl. auch den kurz zuvor erschienenen Konferenzband Ernst Schulin (Hg.): Deutsche Geschichtswissenschaft nach dem Zweiten Weltkrieg (1945-1965), München 1989. Vgl. schon zuvor Hans Mommsen: Betrachtungen zur Entwicklung der neuzeitlichen Historiographie in der Bundesrepublik, in: Géza Alföldy: Probleme der Geschichtswissenschaft, Düsseldorf 1973.

forscher nach 1945.[19] Oberkromes Untersuchung überquerte den Bruch von 1945 jedoch nur als Karrierenachweis, während die Volkshistoriker, respektive Ostforscher für die Zeit davor in ihren ideologischen und methodischen Kontinuitäten untersucht wurden.[20] Den Einfluß von akademisch ausgebildeten Experten und wissenschaftlichen Gutachten von Ostforschern auf die Entscheidungsprozesse der nationalsozialistischen Politik im Osten machten Susanne Heim und Götz Aly 1992 deutlich. Einflußreiche Historiker der Bundesrepublik aus den fünfziger und sechziger Jahren, wie Theodor Schieder und Werner Conze gerieten in diesen Untersuchungen durch den Doppelverdacht von ideologischen Übereinstimmungen mit dem NS und politischen Legitimationsleistungen in eine vehemente Kritik.[21] Der Frankfurter Historikertag 1998, zu dem u. a. mit einer Untersuchung Ingo Haars zum rechtsradikalen Kreis bündischer Junghistoriker um Hans Rothfels in Königsberg schon weitere Untersuchungen vorlagen[22], beschleunigte vor allem eine moralische Diskussion. Folge der furiosen Debatte war eine Interviewreihe mit den Schülern vieler belasteter Historiker und Ostforscher, die sich thematisch stark in der Frage verfing, ob die Schüler von den Belastungen ihrer Lehrer gewußt und sie darauf angesprochen hätten. Darüber hinaus bietet der autobiographische Teil ein wertvolles Reservoir zur Erkennung von Gemeinsamkeiten in den Karriereverläufen beim Generationenübergang.[23] Kommentare, Vorträge und Ergänzungen zur Debatte auf dem Hi-

---

[19] Mechthild Rössler: „Wissenschaft und Lebensraum". Geographische Ostforschung im Nationalsozialismus. Ein Beitrag zur Disziplingeschichte der Geographie. Berlin/Hamburg 1990.

[20] Willi Oberkrome: Volksgeschichte. Methodische Innovation und völkische Ideologisierung in der deutschen Geschichtswissenschaft. Göttingen 1993. Zuvor, jedoch stark geistesgeschichtlich: Schönwälder.

[21] Götz Aly, Susanne Heim: Vordenker der Vernichtung. Auschwitz und die deutschen Pläne für eine neue europäische Ordnung. Frankfurt a. M. 1993 ([1]1991); Götz Aly: „Endlösung". Völkerverschiebung und der Mord an den europäischen Juden. Frankfurt a. M. 1995 und Götz Aly: Macht – Geist – Wahn. Kontinuitäten deutschen Denkens. Berlin 1997.

[22] Peter Schöttler (Hg.): Geschichte als Legitimationswissenschaft 1918-1945. Frankfurt a. M. 1997. S. 52-103. Neben der Einleitung von Peter Schötterl vgl. insbes. Gadi Algazi: Otto Brunner – „Konkrete Ordnung" und Sprache der Zeit, in: ebd., S. 166-203 und Ingo Haar: „Revisionistische" Historiker und Jugendbewegung: Das Königsberger Beispiel, in: ebd., S. 52-103. Vgl. jetzt auch Ingo Haar: Historiker im Nationalsozialismus. Deutsche Geschichtswissenschaft und der „Volkstumskampf" im Osten, Göttingen 2000.

[23] Vgl. Rüdiger Hohls/Konrad Jarausch (Hg.): Versäumte Fragen. Deutsche Historiker im Schatten des Nationalsozialismus, Stuttgart/München 2000.

storikertag erschienen 1999 in einem Sammelband.[24] Dort wurde auch die einzige neuere, auf die Zeit nach 1945 bezogene Untersuchung zur Kontinuität der Ostforschung mit in die Debatte gebracht. Mathias Beer zeigte den allmählichen Übergang des von Theodor Schieder geleiteten Großprojekts „Dokumentation zur Vertreibung der Deutschen aus Ostmitteleuropa" von seinem politisch-revisionistisch gestützten Start in ein vom Staat sabotiertes Unternehmen früher, kritischer Zeitgeschichte.[25] Die überaus detaillierte Studie Michael Fahlbuschs zur Organisation der „Volksdeutschen Forschungsgemeinschaften" von 1999 bringt Aufschluß über diejenigen personellen Netzwerke, die ein Potential gehabt haben können, ihre Tätigkeit auch nach 1945 zu koordinieren.[26]

Eine Organisation der Einzeluntersuchungen und unterschiedlichen Zugänge zu einem Gesamtbild der Kontinuität von Geschichtswissenschaft und zu einer Historiographiegeschichte steht noch aus.

1. Das Feld der Ostforschung

Innerhalb der Geschichtswissenschaft bildet die Ostforschung aus mehreren Gründen für die Analyse der Auswirkungen des Bruchs von 1945 einen wichtigen Gegenstand. Sie erhält Brisanz dadurch, daß viele prominente Historiker der BRD, so u. a. Theodor Schieder, Werner Conze, Reinhard Wittram und Hermann Aubin vor 1945 „Ostforscher" gewesen waren, während nach 1945 von diesen vier nur Aubin „Ostforscher" bleiben wollte. Selbst der ausgewiesene Spezialist zur osteuropäischen Geschichte Reinhard Wittram wäre von sich auf den Begriff nach 1945 genauso wenig zurückgekommen, wie Theodor Schieder und Werner Conze. Dieser unterschiedliche Umgang der Forscher mit ihrem ehemaligen Forschungsobjekt und Arbeitgeber „Ostforschung" ist Teil der Umorientierung von Wissenschaft nach dem Zusammenbruch des Dritten Reiches.

---

[24] Winfried Schulze/Otto Gerhard Oexle (Hg.): Deutsche Historiker im Nationalsozialismus, Frankfurt/Main 1999.

[25] Mathias Beer: Der „Neuanfang" der Zeitgeschichte nach 1945. Zum Verhältnis von nationalsozialistischer Umsiedlungs- und Vernichtungspolitik und der Vertreibung der Deutschen aus Ostmitteleuropa, in: Schulze/Oexle (Hg.), S. 274-301. Ausführlicher zuvor schon Mathias Beer: Im Spannungsfeld von Politik und Zeitgeschichte. Das Großforschungsprojekt "Dokumentation der Vertreibung der Deutschen aus Ost-Mitteleuropa", in: Vierteljahrshefte für Zeitgeschichte 46 (1998), Heft 3, S. 345-389.

[26] Michael Fahlbusch: Wissenschaft im Dienste der nationalsozialistischen Politik. Die „Volksdeutschen Forschungsgemeinschaften" von 1831-1945, Baden-Baden 1999.

I. EINLEITUNG

Der Umgang mit dem biographischen Etikett „Ostforscher" wird damit nacheinander Teil der Lebens- und Wissenschaftskultur und mit der Gründung der BRD und dem Beginn einer Zeitgeschichtsforschung Teil der persönlichen, jedoch traditionsbildenden Geschichtspolitik dieser Forscher.[27]

Die seit einigen Jahren von der Zeitgeschichtsforschung wiederentdeckten Zitate der Ostforscher belegen eine große verbale Nähe der Wissenschaftler zum Nationalsozialismus. Wer von „Bevölkerungsverschiebungen allergrößten Ausmaßes" spricht, wie Schieder, von der „Entjudung der Städte und Marktflekken", wie Conze, reiht sich nicht nur ein in einen menschenverachtenden Zeitgeist, sondern verleiht diesem mit seiner Kompetenz als Fachmann Legitimation und beschleunigt die Dynamik, mit der utopische Ordnungsvorstellungen auf ihre gewaltsame Verwirklichung hinsteuern: „Turning the sources into 'weapons' [...] they gave way to something uncontrollable"[28], so Michael Burleigh schon 1988. Zwar gelingt Götz Aly der Nachweis nicht vollends, daß die Endlösung selbst über eine Kette ideologieferner Zweckrationalitäten überhaupt erst entstanden ist. Legitimation aber produziert die passfertig gegutachtete ökonomische Zweckmäßigkeit der Bevölkerungsverschiebungen nicht primär für eine Entscheidung zur Endlösung auf oberster Ebene, sondern für die Binnenrationalität einzelner Ausführungsschritte und für die fordernd-duldende Bevölkerung.

Andere Ostforscher waren weniger rational, sondern ernsthaft emotional engagiert und äußerten sich auch offen ideologisch, wie Reinhard Wittram als Auslandsdeutscher bei der Neueröffnung der zuvor ausradierten polnischen Universität Poznan, nunmehr als die Kaderuniversität des Germanentums: „Wir dürfen uns wieder einreihen in die Kameradschaft derer, die auf vorgeschobener Wacht für Großdeutschland stehen".[29] Zwischen Conzes Ostforschung mit so-

---

[27] Zur Entwicklung der Zeitgeschichte entlang der Wiedergewinnung von „Nation" und Nationalidentität Sebastian Conrad: Auf der Suche nach der verlorenen Nation. Geschichtsschreibung in Westdeutschland und Japan 1945-1960, Göttingen 1999. Zur „Geschichtspolitik" vgl. Edgar Wolfrum: Geschichtspolitik in der Bundesrepublik Deutschland 1949-1989. Phasen und Kontroversen, in: Petra Bock/Edgar Wolfrum (Hg.): Umkämpfte Vergangenheit. Geschichtsbilder, Erinnerung und Vergangenheitspolitik im internationalen Vergleich, Göttingen 1999, S. 55-81. Zur „Vergangenheitspolitik" im politischen Feld vgl. Norbert Frei: Vergangenheitspolitik. Die Anfänge der Bundesrepublik und die NS-Vergangenheit, München 1996.
[28] Burleigh, S. 7.
[29] Rede Wittrams für die aus dem Ausland an die Reichsuniversität Posen rückgeführten deutschen Wissenschaftler, in: Die Gründung der Universität Posen. Am Geburtstag des Führers 1941. Reden bei dem Staatsakt zur Eröffnung am 27. April 1941. Posen 1942, S. 65-67, zitiert nach: Hans-Erich Volkmann: Von Johannes Haller zu Reinhard Wittram.

zioökonomischer Finesse und Wittrams unverstelltem, öffentlichen Bekenntnis zu Hitler und zur Elitenbildung im Rahmen der SS[30], steht der Durchschnitt der Ostforscher. Der vormalige Danziger Archivar und Professor Erich Keyser ist dabei typisch für die emotionale Verbundenheit zum Osten und den Kampf gegen die Versailler Friedensordnung, in dem ganze Paletten wissenschaftlicher Hilfsmittel zur Geltendmachung des deutschen Besitzanspruches beliebig durchdekliniert werden. Seit 1919 kämpfte Keyser für die Rückgewinnung Westpreussens, also des polnischen Korridors. Bevölkerungsstatistiken werden von ihm für Gegenden herangezogen, wo Deutsche in der Mehrheit waren. Steuerstatistiken für Gegenden, wo Deutsche in der Minderheit, aber in privilegierter Position waren und überall, wo Kultur und Wirtschaft von polnischen Einwohnern einmal nicht absolut „armselig" sind, verdanken sie sich einem untergründigen Kulturtransfer. Gemeinsam war allen Ansätzen die vorzügliche Integrierbarkeit ihrer Forschungsleistungen in den Nationalsozialismus. Nach Hans Mommsens griffiger Formulierung ist es eben nicht sinnvoll, von größerer oder kleinerer „Affinität" zu einem ideologisch fest definierbaren NS zu sprechen, den es gar nicht gab. Die Integration dieser Überzeugungen und ihrer Forschungsmethoden in ein dynamisches, handlungsbereites System, das seine Legitimierung mehr honorierte, als erzwang – das „ist der wirkliche NS"[31].

Die Verstrickung von Forschern und Staat wird mit der Befreiung durch die Alliierten 1945 (vorerst) gekappt. Eine Großforschung für den Großraum eines Großreiches gab es nicht mehr. Die beinahe märchenhaften Einfluß- und Steuerungsmöglichkeiten von Hermann Aubin und seinem Mentor Albert Brackmann bei der Installierung neuer Niederlassungen, neuer Institute, ja sogar komplett neuer Universitäten über die ideologisch und praktisch-politisch begründete Notwendigkeit einer Ostraumforschung, waren dahin. Übrig blieben einzelne, noch nicht wieder aktiv mobilisierte Ressourcen, wie kollegiale Bande, wissenschaftliche Methoden, Materialbestände, Finanzmittel etc. Die Ostforschung war auch im Nationalsozialismus nie methodisch oder ideologisch einheitlich gewesen, aber sie wurde durch das Ressourcenmanagement Brackmanns und durch die gemeinsame Legitimation ihrer Forschung, die deutsche „Aufgabe" im Osten, zusammengehalten. Einen offiziellen Mittelpunkt oder eine zentrale Bestandsaufnahme gab es 1945 nicht mehr, nur gegenseitiges Heran- und Abtasten.

Deutschbaltische Historiker und der Nationalsozialismus, in: Zeitschrift für Geschichtswissenschaft 45 (1997), S. 21-46. Zitat S. 35.

[30] Zur von moralischen Bedenken „befreiten" Elite vgl. Ulrich Herbert: Best. Biographische Studien über Radikalismus, Weltanschauung und Vernunft, 1903-1989, Bonn 1996.

[31] Hans Mommsen: Der faustische Pakt der Ostforschung, in: Oexle/Schulze (Hg.): Deutsche Historiker, S. 265-273, hier S. 271.

I. Einleitung

Hermann Aubin erließ in der Gründungsnummer der „Zeitschrift für Ostforschung" einen Aufruf zur Sammlung seiner „Schar der Ungebrochenen" – „ein alter Freundeskreis"[32], sollte sich wieder zu wissenschaftlicher Arbeit zusammenfinden. Aus heutiger Sicht erscheint die Schar der Ostforscher nicht allzu sehr zusammengeschmolzen: Publizierten in der Zeitschrift für Ostforschung doch jene Historiker, die in den folgenden Jahrzehnten große, wenn auch verschieden gelagerte Anteile an der Entwicklung des gesamten Faches Geschichte haben sollten: Hermann Aubin, Wolfgang Zorn, Erich Keyser, Theodor Schieder, Werner Conze, Reinhard Wittram. Weitere bekannte Namen wie Walther Hubatsch, Eugen Lemberg, Manfred Hellmann, Ludwig Petry, Hellmuth Weiss, Karl-Heinz Ruffmann, Reinhard Wenskus, Ferdinand Seibt und mit Beginn der 60er Jahre auch Hans-Ulrich Wehler (1961). In einer Auszählung aller geisteswissenschaftlichen Zeitschriften danach, wo die Professoren des Faches Geschichte im Jahr 1954 ihre Artikel plazierten, erreichte die Zeitschrift für Ostforschung Platz 11, weit über fünfzig kleinere Zeitschriften hinter sich lassend[33]. Ostforschung war mehr als eine Landesgeschichte oder Regionalforschung. Von heute aus gesehen präsentiert sie sich als ein Sammelbecken persönlich und fachlich verschiedenster Historiker, die Zeitschrift für Ostforschung als ein Zentralorgan der Geschichtswissenschaft. Aubins scheinbar so zaghafte Zukunftsaussichten für die neue Zeitschrift waren also Untertreibung, aber doch notwendige Rhetorik. Die Schar der Ostforscher war alles andere, als zu einem kleinen Häuflein zusammengeschmolzen, aber persönlich völlig „ungebrochen" waren die wenigsten. Aubins Aufruf galt somit mehr dem Ungebrochensein, als dem Zusammenströmen der Ostforscher, denn letzteres ergab sich fast von selbst. Diejenigen, die nicht im Krieg gestorben waren, sahen sich der doppelten Aufgabe gegenüber, die Vergangenheit im Osten als Forschungsobjekt zurückzugewinnen und sich individuell zu positionieren und zu profilieren. In diesem Punkt war die Schar gebrochen Ungebrochener 1952 schon nicht mehr im Sinne Aubins dicht zusammenzuhalten, sondern strebte in unterschiedliche wissenschaftliche Richtungen auseinander.

Die ertragreiche Konzentration der heutigen Forschung auf Schuld und Verantwortung der Historiker verdichtet die Ostforscher auf der anderen Seite ganz ähnlich wie das Ereignis des „Zusammenbruchs" 1945 und der vermeintliche alliierte Fokus auf Entnazifizierung zu einem Block und überdeckt dementspre-

---

[32] Hermann Aubin: Zum Geleit, in: Zeitschrift für Ostforschung 1 (1952), S. 1.
[33] Peter Weingart/Wolfgang Prinz/Maria Kastner/Sabine Maasen/Wolfgang Walter: Die sog. Geisteswissenschaften: Außenansichten. Die Entwicklung der Geisteswissenschaften in der BRD 1954-1987, Frankfurt a. M. 1991, S. 292.

chend methodische Differenzen weitgehend. Für die Zeit der Nachkriegsjahre als eine Zeit gegenseitiger Hilfeleistung scheint diese Sicht noch stimmig. Auch für die Ostforscher selbst war diese Aufhebung der Unterschiede untereinander die Chance für einen angenehmen und wichtigen Zusammenhalt gewesen. Langfristig aber wurde das Abtauchen im Gemengelage der Ostforschung für einzelne ein Gewinn, wie für andere durch diese Gruppierung eine neue Form der Kompromittierung drohte. Aus diesem Spannungsverhältnis heraus muß die Situation im stark frequentierten Fluchtpunkt Göttingen nach 1945 betrachtet werden. Bis zur Mitte der fünfziger Jahre wird aus dieser Spannung der Trend zur Entmischung der Ostforschung konstant stärker.

Warum aber war Göttingen, bevor diese Fliehkräfte wirksam wurden, im und nach dem Zusammenbruch 1945 der Ort der stärksten Anziehungskraft gewesen? Die Georgia-Augusta hatte traditionell gute Beziehungen zu den Ost-Universitäten, vor allem Königsberg, aber auch Riga gehabt. Als die Königsberger Universität ihre Flucht antrat, landete ihr offizieller Repräsentant, der Kurator Friedrich Hoffmann nach zwei Zwischenstationen in Göttingen. Sein Universitätssiegel war für Königsberger Akademiker die Anlaufstelle bei der Rekonstruktion verlorengegangener Lebensläufe. Die Göttinger Universität übernahm eine Art Patenschaft über die untergegangene Albertina und richtete im Oktober 1945 eigens die offizielle Meldestelle für ehemalige Angehörige der Universität Königsberg ein. Professoren, die Göttingen kannten, kamen verständlicherweise hierher, wie Götz von Selle, der mit Friedrich Hoffmann zu den Begründern des Göttinger Arbeitskreises für den Deutschen Osten gehören sollte. Von der Universität Königsberg kamen auch Theodor Schieder und Werner Conze. Ihr alter Lehrer Hans Rothfels lehrte 1948 vorübergehend in Göttingen. Auch Hermann Aubin begann das Wintersemester 1945/46 an der Georg-August-Universität, bevor er nach Hamburg ging. Sein Einfluß blieb (willkommen oder unwillkommen) bei vielen Ostforschern, die früher Teil seines Imperiums gewesen waren, präsent. Aubins Initiativen zur Reaktivierung der ehemaligen Koordinationsstelle der Ostforschung, der Publikationsstelle „PuSte" Dahlem richteten sich auf das nahe Marburg und den Versuch zur Gewinnung des Göttinger Arbeitskreises. Erich Keyser aus Danzig erschien auf der Schiene Marburg-Göttingen wie ein lokaler Vertreter Aubins. Eine Reihe baltendeutscher Historiker, wie Reinhard Wittram und Leonid Arbusow kamen nach Göttingen. Die Zahl der nicht lehrenden, seinerzeit noch unbekannten Ostforscher, wie Erhard Riemann, der in den sechziger Jahren in Kiel Professor wurde, ist kaum zu fassen – sie materialisieren sich erst durch kleine Publikationen bei Göttinger Verlagen oder im Arbeitskreis. Die Georgia-Augusta war die erste deutsche Universität, die 1945 wieder den Lehrbetrieb aufnehmen konnte, sie hatte eine aktive Universitätsleitung, die „selbsttätig", so Conze, notwendige Personalwechsel vollzog. Auch hatte sie außergewöhnlich viele Lehraufträge zu vergeben – Conze selbst profitierte davon. 31,4% der Studenten kamen 1947/48 aus dem „Osten". Die grundsätzliche Möglichkeit, eine große pressure-group oder einen konspirativen Kreis der Ostforschung zu bilden, war in Göttingen nach 1945 für die Ostforscher absolut vorhanden.

Es gab für die ehemaligen Ostforscher Optionen mit unterschiedlich großem Abstand zur alten Netzwerkstruktur der Ostforschung. Der Göttinger Ordinarius Siegfried A. Kaehler nahm den befreundeten Reinhard Wittram auf und schob ihn in Göttingen auf eine klassische (also „unpolitische") akademische Laufbahn. Wittram erhielt einen Lehrauftrag und wurde nach angemessener Karenzzeit 1955 ordentlicher Professor in Göttingen. Bis 1952 hielten er und Conze gemeinsam das „Kolloquium über neuzeitliche Säkularisationsprozesse" und bauten so eine professionelle Vernetzung ohne Ostforschungsthematik und (explizite) Volkstumsmethodik auf. Der Göttinger Arbeitskreis bot auch Nicht-Historikern und Historikern ohne Lehrerlaubnis ein Betätigungsfeld. Eine Schriftenreihe, ein eigener Pressedienst und ab 1951 ein Jahrbuch schufen sogar einige feste Stellen. Der reichlich belastete Götz von Selle wurde Leiter des Universitätsarchivs in Göttingen, blieb aber damit dem AK eng verbunden. Eine demgegenüber im Niveau gehobene Form der Ostforschung verlagerte sich 1950 durch Initiative Hermann Aubins und Erich Keysers nach Marburg zum Herder-Institut. Man kann sagen, daß die ehemalige zentrale PuSte Dahlem, die die Publikationstätigkeit der gesamten Volksdeutschen Forschungsgemeinschaften koordinierte, ihre Kontinuität mit einem eher heimatgeschichtlich-nostalgischen Teil im Göttinger Arbeitskreis einerseits und einem wissenschaftlichen Teil im Marburger Herder-Institut andererseits herstellen konnte. Die ideologisch-forschende und politisch-publizistische Funktion verteilte sich so auf beide Institute.

Nach 1945 zur Gruppe der Ostforscher zu gehören, war Angebot und prekäre Verpflichtung zugleich: ein Faktor, der zusätzlich neben die allgemeinen strategischen, wissenschaftlichen oder moralischen Möglichkeiten und Belastungen aller Forscher nach 1945 trat, als es darum ging, Legitimation und Kompetenz zur Ausübung von Geschichte als Wissenschaft unter den neuen Bedingungen der Nachkriegszeit zu erlangen.

2. Legitimationsstrategien zum wissenschaftlichen Neubeginn

Die Operationalisierbarkeit bestehender Ansätze zur Interpretation von Ostforschung und Geschichtspolitik für die Situation in Göttingen ist stark begrenzt. Es werden Einzelphänomene deutlich, die jedoch im Gesamtbild der Umorientierung von Wissenschaft nach 1945 erst noch verortet werden müssen.

In dem Band „Die intellektuelle Gründung der Bundesrepublik" sieht Friedrich Tenbruck unterhalb der „verordneten Vergangenheitsbewältigung"[34] gar keinen Raum für eine eigene deutsche Selbstbesinnung. Die vorübergehende Aushändigung des historisch-ethischen Normendenkens an die moralische Autorität der Amerikaner geht demnach in den sechziger Jahren in eine passive Akzeptanz der Frankfurter Schule und des amerikanisch-liberalen Leitbildes über. Auf gleicher Ebene mit anderem Ergebnis operiert die gängige Darstellung der Historiographiegeschichte, in der der Widerständler Gerhard Ritter und der Emigrant Hans Rothfels durch ihre jeweilige außerwissenschaftliche Legitimierung als Emigrant und Widerständler die deutsche Geschichtswissenschaft der fünfziger Jahre gewissermaßen im Alleingang bestritten hätten. Die legitimierende Wirkung speziell der Arbeiten beider über den deutschen Widerstand spielt eine nicht zu unterschätzende Rolle als moralische Legitimation deutscher historischer Wissenschaft und unseres Verständnisses von modernem Staatsbürgertum. Der Blickwinkel einer solchen Betrachtung zeigt jedoch nur diejenigen Elemente, die im nachhinein erfolgreich Geschichtsschreibung legitimieren und so Teile der wissenschaftlichen Tradition etablieren konnten. Damit ist eine wichtige Option wissenschaftlicher Legitimation benannt, die sich allerdings individueller „Privilegierung" verdankt.

Die Darstellung der Vergangenheitspolitik durch Norbert Frei zeigt, daß der politische und kulturelle Druck der Amerikanisierung sehr wohl auch für eigene Zwecke umgedeutet werden und dem verordneten moralischen Moratorium offen mit Dreistigkeit oder verdeckt subversiv mit der Aktivierung alter Netzwerke begegnet werden konnte. Dieses an Chancen und Opportunitäten ausgerichteten Agieren wird flankiert von den Verhaltenskodizes im kollegialen Umgang, die von Hermann Lübbe bei der Entfaltung seiner These von heilsamen, kommunikativen Beschweigen[35] beschrieben werden. Hier müssen allerdings die

---

[34] Clemens Albrecht, Günter C. Behrmann, Michael Bock, Harald Homann, Friedrich H. Tenbruck: Die intellektuelle Gründung der Bundesrepublik. Eine Wirkungsgeschichte der Frankfurter Schule, Frankfurt/New York 1999, S. 88.

[35] Vgl. Hermann Lübbe: Der Nationalsozialismus im deutschen Nachkriegsbewußtsein, in: Historische Zeitschrift 236 (1983), S. 579-599, S. 589.

Ebenen, auf denen geschwiegen, diejenigen auf denen konferiert und jene, wo unverblümt gehandelt wurde, etwas ausdifferenziert werden.

Von der DDR aus entstand schließlich bald eher eine Art „heilsamer Lärm", entfacht von kommunistischen Widerständlern wie Rudi Goguel und ehemaligen Ostforschern wie Eberhard Wolfgramm: heilsam, weil in einer Art Arbeitsteilung mit dem (keineswegs hermetischen) Schweigen eine Aufklärung stattfand, die doch sogleich als kommunistische Hetze diffamierbar war. In diesem Sinne argumentiert auch Michael Burleigh, der als Brite diese Literatur jenseits deutsch-deutscher Gehässigkeit erstmals ausgewogen beurteilte und wissenschaftsgeschichtlich mit auswertet.[36] Von der DDR und von Polen aus ist schon frühzeitig seit Mitte der fünfziger Jahre auf personelle Kontinuitäten hingewiesen worden. Die Thesen der DDR-Forschung erschöpfen sich jedoch fast schon in dem Aufweis der personellen Kontinuität, der Befund einer Kontinuität wissenschaftlicher und nationalistischer Elemente ging damit ohne weitere Begründung meist einher.

Daß es eine personelle Kontinuität der Historiker und auch ihrer schon vorher gepflegten Kontakte gegeben hat, ist allerdings nur vor dem Hintergrund einer Disziplin überraschend, die davon in jüngerer Zeit ihre Aufmerksamkeit abgewandt hatte. Bei Götz Aly und Peter Schöttler wird die personelle Kontinuität zu einem wissenschaftsgeschichtlichen Vorwurf: schließlich habe es den in der BRD erfolgreich gebliebenen Historikern gerade ihre Stellung ermöglicht, auch gezielt Teile der Vergangenheit zu vertuschen und die eigene Biographie einer erfolgreichen Modernisierungsgeschichte der Geschichtswissenschaft einzupassen. Aly sieht ein solches Verhalten eingebettet in ein beabsichtigtes Herunterspielen des NS, ein „verdecken" und „vereinfachen"[37], während nach Schöttler der „lautlose Übergang von der Lüge zum Selbstbetrug"[38] die autobiographischen Erzählungen der Historiker der jeweiligen Lage anzupassen vermag. Theodor Schieder, Werner Conze, Otto Brunner, Hermann Aubin und Karl-Dietrich Erdmann waren ihrer Meinung nach an der Entstehung von historischen Maßstäben, die an sie selbst anzulegen gewesen seien, ebenso maßgeblich beteiligt, wie an der Bewahrung einschlägiger Aktenbestände. Damit muß neben

---

[36] Zur Diskussion der DDR-Forschung vgl. Burleigh, S. 307-313.
[37] Götz Aly: Theodor Schieder, Werner Conze oder Die Vorstufen der physischen Vernichtung, in: Schulze/Oexle (Hg.), S. 163-182, hier S. 176.
[38] Schöttler zitiert hier Primo Levi. Peter Schöttler: Von der rheinischen Landesgeschichte zur nazistischen Volksgeschichte oder Die „unhörbare Stimme des Blutes", in: Schulze/Oexle (Hg.), S. 89-113, hier S. 93.

die Betrachtung der Rolle von Netzwerken, individuellen Gemengelagen aus Belastung, Methode und Karriere auch die Ideologiekritik treten.

Die jüngeren wissenschaftsgeschichtlichen Analysen der Spezialisten für Ostforschung im Nationalsozialismus verlängern bisher lediglich ihre Untersuchungsergebnisse aus dem NS in die BRD. Michael Fahlbusch, der sich minutiös mit der oberen Hierarchie der Volksdeutschen Forschungsgemeinschaften auseinandergesetzt hat, stellt fest, der „Brain-Trust" der Forschungsgemeinschaften sei so riesig und durchorganisiert gewesen, daß Teile neu gruppiert den NS überleben mußten. Die jüngeren Generationen z. B. im Marburger Herder-Institut akzeptierten den Mantel des Schweigens über der Vergangenheit als „Preis für die Westintegration"[39]. Ingo Haar sieht nach 1945 ein „Kartell des Schweigens"[40] der im NS „Kämpfenden Wissenschaft" am Werke. Diese Wertung stützt sich auf den nachweisbaren Zusammenhalt, den z. B. die Königsberger Ostforscher durch ihre ähnliche Formierung als jugendbewegte Kriegsjugendgeneration entwickelt hatten. Die Geburtsjahre vieler in der BRD einflußreicher ehemaliger Ostforscher fallen tatsächlich in die seit Ulrich Herberts Arbeit über Werner Best als stark prägend erkannten Jahrgänge nach 1902. Die Identität einer solchen „Kriegsjugendgeneration" war von der „verpaßten" Kriegsteilnahme und dem unsühnbaren Opfer der Älteren beherrscht. Diese Ansätze zeigen plausible Elemente auf, auf die sich eine Kontinuität nach 1945 stützen konnte, Distanznahmen gegenüber der Ostforschung nach 1945 zeigen jedoch, daß die Reintegration in das alte Netzwerk eine Option und keine Verpflichtung war. Die spezifischen Motive, Modi und die äußeren Bedingungen nach 1945 sind von dieser Forschung bisher vernachlässigt worden.

Entscheidend für die Geschichtswissenschaft der Bundesrepublik wurde, wie der Weg aus der Ostforschung der NS- und Kriegszeit in die neue Gesellschaft gestaltet wurde. Bei näherer Betrachtung gibt es, wenn auch wenige, Brüche, und äußerst vielfältig gestaltete Kontinuitäten. In dem Beispiel des Großforschungsprojekts der Bundesrepublik zur „Vertreibung der Deutschen aus Ost-Mitteleuropa", das die Königsberger Situation einer Ostforschungsgemeinschaft personell und strukturell wiederaufleben ließ, wurden Risse in der Kontinuität sichtbar, obwohl die finanziellen Rahmenbedingungen der Arbeit gesichert waren und die Mitarbeiter von ihrer Vergangenheit nicht mehr direkt bedroht wurden. Das Projekt startete als politische, reaktionär motivierte Auftragsarbeit des

---

[39] Michael Fahlbusch: Die „Südostdeutsche Forschungsgemeinschaft", in Oexle/Schulze (Hg.), S. 241-264, hier S. 241.
[40] Ingo Haar: „Kämpfende Wissenschaft". Entstehung und Niedergang der völkischen Geschichtswissenschaft im Wechsel der Systeme, in: Schulze/Oexle (Hg.), S. 215-240.

Vertriebenenministeriums. Der Leiter Theodor Schieder wandte sich langsam aber bestimmt gegen die eigenen Auftraggeber, und zu Anfang der sechziger Jahre muß deshalb der Abschlußband, in dem Schieder und seine Mitarbeiter als Ursache der Vertreibung den NS thematisiert sehen wollten, aufgegeben werden. Mathias Beer beschreibt die Entwicklung als eine Art Kollision zweier Zeitgeschichten in der Biographie Theodor Schieders. Die Konfrontation der alten Ostforscher mit der schlichten Anwesenheit junger Mitarbeiter wie Hans-Ulrich Wehler und Martin Broszat dürfte neben den in dieser Frage klaren Erwartungen einer internationalen scientific community aber wohl eher für eine solche Entwicklung verantwortlich sein. Beers Einschätzung, daß sich in der „Überlagerung der beiden Zeitgeschichten"[41] gewissermaßen die historische oder wissenschaftliche Wahrheit durchsetzen mußte, ist zwar fraglich, ähnelt aber der historiographischen Selbsterzählung und hat Entsprechungen in der vielfältigen Anrufung historischer „Objektivität" in den fünfziger Jahren. Winfried Schulze weist in der einzigen Monographie zur Entwicklung der Geschichtswissenschaft nach 1945 von 1989 auf diese „Objektivität als Heilmittel" hin. Sie diente aber, wie Schulze zeigt, mehr dem Gewissen der Historiker und der Legitimation zur Fortsetzung ihrer Arbeit – ihre Auswirkungen auf die methodische Entwicklung der Geschichtswissenschaft waren höchstens mittelbar. Schulzes Arbeit ist bisher die einzige, die mehrere verschiedene Ansätze zum Neubeginn von Geschichtswissenschaft nach 1945 darstellt. „Objektivität" ist dabei das Angebot Gerhard Ritters an die Zunft, ihre Forschung rhetorisch wieder an den Gründervater des Historismus, Ranke, anzulehnen, nachdem der Nationalsozialismus eine gegenwartsorientierte Wirklichkeitswissenschaft gefordert hatte. Andere Neuansätze liegen in der Neugründung von Zeitschriften und Institutionen. Chronologisch und auf die gesamte historische Wissenschaft bezogen unterteilt Schulze dabei 3 Phasen. Die drei ersten Nachkriegsjahre waren demnach geprägt von moralisierenden Schriften aus dem Umfeld von Kulturzeitschriften wie beispielsweise „Die Sammlung", in denen Philosopen wie Karl Jaspers oder Pädagogen wie Herman Nohl den Bruch mit der Vergangenheit forderten. Die Geschichtswissenschaft als Zunft wandte sich in entgegengesetzter Richtung an ihren Urahn Ranke und suchte Objektivität als „willkommener Fluchtraum"[42]. Erst langsam setzten sich demnach aus der Richtung des Arbeitskreises für moderne Sozialgeschichte um Werner Conze theoretisch und methodisch ausreichend verbreiterte Modelle einer Sozialgeschichte durch, die der Berufung auf Ranke an Legitimationskraft den Rang ablaufen konnten.

---

[41] Beer: Neuanfang. S. 275.
[42] Schulze: Geschichtswissenschaft. S. 202.

Diese Bandbreite jeweils partiell erklärungsfähiger Thesen zu Kontinuitätslinien der Ostforschung nach 1945 reicht also von durch die Besatzungsmächte suspendierter Befassung mit der Vergangenheit (Tenbruck) über unverhohlene, unveränderte personelle und politische Kontinuität (Goguel) durch aktive Vertuschung (Aly) oder Vergessen (Schöttler), zur unausweichlichen Kontinuität von Wissenschaft, die erst einmal ein bestimmtes breites Professionalisierungsniveau (Fahlbusch) oder einen generationell-kulturell-elitären Zusammenhalt (Haar) gefunden hatte. Allein die Zugriffe von Beer und Schulze sind entwicklungsorientiert und können über Kontinuität hinaus auch auf Brüche hinweisen. Beers Gruppe von Ostforschern befindet sich mit dem Vertriebenenprojekt in einer Gelegenheit, wo Loyalität gegenüber Ministerium und der peer-group der Vertriebenen in Konkurrenz zu wissenschaftlicher Reputation der Forscher gegenüber dem Ausland zu stehen beginnt. Bei Beer ist auch die Innovation beteiligt: die Gruppe öffnete sich soziologischen Fragestellungen. Diese Innovation attestiert Willi Oberkrome den Ostforschern schon in der „Volksgeschichte", wie sie in Königsberg im NS betrieben wurde und verlagerte mit der „Innovation" auch die Begründung der Kontinuität wieder in den NS zurück.[43] Fragwürdig ist bei dieser Darstellung, daß Innovation vor 1945 von politischen und kulturellen Faktoren extrem stark, nach 1945 fast nicht mehr beeinflußbar sein soll. Erklärlich wird letztlich nur, daß Innovation stets einen Vorlauf hat.

Hier ist es nicht vorgesehen, personelle Kontinuitäten nachzuweisen – die sind offensichtlich – und auch nicht, den Ursprung der Sozialgeschichte braun ein- oder auszufärben. Dieser „Verzicht" birgt Chancen, die im folgenden deutlich werden sollen. Die ganze Gruppe der Ostforscher[44] bestand aus Belasteten und mußte in den meisten Fällen auch noch vom Ort der letzten Anstellung fliehen. Daher ist die Notwendigkeit zur Umorientierung für die ganze Gruppe zu veranschlagen und das Augenmerk von der personellen Kontinuität auf die übergeordneten überindividuellen Strategien verlagerbar.[45] Dabei kann nach einer Anregung von Mitchell Ash von einem komplexen „Neuverflechtungsprozeß" nach einer vorherigen Entflechtung früherer kollaborativer Zusammenhänge gesprochen werden. An den historischen Bruchstellen des Jahrhunderts 1933, 1945 und

---

[43] Vgl. Oberkrome, S. 224-229.
[44] Es sind, abgesehen vom subtilen Fall des Emigranten Rothfels, im ganzen noch zwei Ausnahmen bekannt. Der Historiker Georg Sacke, der im Konzentrationslager starb und Hildegard Schaeder, die das Lager überleben konnte.
[45] Diese Umorientierung umfaßt geographische Aspekte, soziales und kulturelles Umfeld und die Suche nach erneutem Eingang in die bezahlte Welt der Geschichtswissenschaft.

1990 sieht Ash eine großflächige „Umgestaltung von Ressourcenkonstellationen". Ash nennt Ressourcen „finanzieller, apparativ-institutioneller, kognitiv-konzeptioneller oder auch rhetorischer Art"[46]. Eine Betrachtung auf dieser Ebene läßt Teile der oben angeführten Ergebnisse der Forschungsliteratur ohne den polemischen Vorwurf der Kontinuität und die hinderliche Suche nach einer sich selbst verwirklichenden Innovation verwendbar werden.

Die erwähnten Kontinuitäten wie Professionalisierung und enger Zusammenhalt wären jeweils strategisch mobilisierbares Potential im Rahmen der Neuverflechtung, die letztlich nicht bei allen Ostforschern zu gleichen Ergebnissen führte. Der Akzent wandert so vom Nachweis der Kontinuität auf den Prozeß ihrer Herstellung; es waren, wie Ash eigens für die Ostforscher hätte feststellen können, eben „recht beschwerlich konstruierte Kontinuitäten".[47] Der heute festzustellende große Erfolg selbst über Nazis, gut dotierte Posten wiederzuerlangen, läßt diesen Erfolg zwar „normal" erscheinen. Damit ist über den Prozeß selbst jedoch nicht viel gesagt, denn die strategische Umorientierung nahm oft Jahre in Anspruch. Ob persönlich gebrochen oder nicht, wer wieder lehren, publizieren oder auch nur eine Stellung haben wollte, konnte dieser Umorientierung nicht ausweichen. Das Gegenbeispiel zur gelungenen Neuverflechtung ist der mächtige alte Mentor der Ostforschung Albert Brackmann, dessen zweibändige Festschrift 1942 an die 1300 Seiten umfaßte. Brackmann lebte nach 1945 in der SBZ/DDR und verlor sämtlichen Einfluß an seinen Schüler Aubin, der vor dem Zusammenbruch in den Westen geflohen war. Der Einfluß selbst war unter neuen Bedingungen reaktivierbar – er mußte jedoch nach oben, zu politischen Stellen und nach unten neu angebunden werden.

Mitchell Ash selbst unterscheidet zwei Mobilisierungsstrategien, erstens die institutionelle bzw. Karrierestrategie und zweitens eine rhetorisch-diskursive Strategie.[48] Aubins Gründung des Marburger Herder-Instituts für Ostforschung wäre eine solche institutionelle Ressourcenmobilisierung. Eine Abgrenzung dieser revisionistisch-rechtslastigen Institution beispielsweise vom Heidelberger Arbeitskreis für moderne Sozialgeschichte, an dem ja auch Ostforscher führend beteiligt waren, ist jedoch mit Ashs Aufteilung der Kriterien wenig trennscharf. Außerdem sind Ashs Mobilisierungsstrategien für das Fach Geschichte zu sehr fachintern orientiert. Die Psychologen aus Ashs Beispielen wirken fachintern

---

[46] Mitchell Ash: Verordnete Umbrüche – Konstruierte Kontinuitäten: Zur Entnazifizierung von Wissenschaftlern und Wissenschaften nach 1945, in: Zeitschrift für Geschichtswissenschaft 43(1995), S. 903-924, hier S. 904.
[47] Ebd., S. 914.
[48] Vgl. ebd.

auch betont strategisch in Richtung auf eine Verwendbarkeit ihrer Ergebnisse in der Wirtschaft, wenden sich jedoch nicht in gleichem Maße an die Öffentlichkeit, wie dies Historiker, und gerade auch fachlich nicht führende, z. B. landsmannschaftliche Ostforscher, tun.

Ashs Ansatz muß daher modifiziert werden. Der starken Rolle der gesellschaftlichen Legitimation in der Geschichtswissenschaft folgend, läßt sich die Entmischung der Ostforschung durch ihre Ausrichtung an *Legitimationsstrategien*[49] darstellen. Über Legitimationsstrategien, die die Ostforscher nach 1945 ihrer Arbeit unterlegen, erhalten sie ordnenden Zugriff auf besagte *Ressourcen*. Die Ressource der „Öffentlichkeit", bzw. der Öffentlichkeit kleinerer „Peergroups" wäre zu den bisherigen finanziellen, apparativ-institutionellen, kognitiv-konstitutionellen und rhetorischen Ressourcen zu ergänzen.

Bis zur Mitte der fünfziger Jahre hat sich die durch Göttingen rotierte Schar der Ostforscher auf drei idealtypische Bereiche zur Legitimation ihrer Arbeit aufgeteilt. Hermann Aubin und sein Marburger Stammhalter Erich Keyser verfolgen bei der Gründung des Herder-Instituts eine klare Netzwerk-Strategie. Die Versammlung von Ostforschern verschiedener wissenschaftlicher Qualität, die durch die Arbeitsteilung des Herder-Instituts mit dem stark landsmannschaftlich gebundenen Göttinger Arbeitskreis noch verbreitert wird, ist in der Publikationspraxis von Göttinger AK und Herder-Institut als Form einer *„pragmatischen Legitimation"* erkennbar. Diese richtet sich zum einen konkret nach den akuten Erfordernissen der Politik. Der Erfolg der pragmatischen Orientierung schlägt sich für den Göttinger AK schon sehr früh darin nieder, daß über die reichlich betonte bolschewistische Gefahr auch US-amerikanische Gelder (!) allokiert und integrierbar werden. Die pragmatische Legitimation verlangte einem Ostforscher wie Keyser allerdings ab, seine Aggression künftig ausschließlich auf die Herrschaft des Bolschewismus und nicht mehr offen auf die aggressive Verurteilung der alliierten Sieger im Westen zu lenken. Die Integrationskraft des Kalten Krieges war für belastete Forscher ohnehin hoch, und das bolschewistische Feindbild für die Ostforscher altbekannt. Zum anderen erhielt die heimatverbundene Arbeit von Göttinger Arbeitskreis und Herder-Institut eine direkte Legiti-

---

[49] Der Begriff Legitimationsstrategien wird schon angewandt von Ulfried Geuter: Die Professionalisierung der deutschen Psychologie im Nationalsozialismus, Frankfurt a. M. 1988. Die o. a. Einschränkungen in der Anwendung auf Geschichtswissenschaft und Psychologie gelten auch hier. Für die Psychologie ließen sich eine „wissenschaftlich-theoretische" und eine „praktische" Legitimationsstrategie feststellen. Phasen der ursprünglichen Professionalisierung oder Neuorientierung privilegieren auch dort eine „praktische" Strategie: „In Phasen aktiver Professionalisierung steht die Strategie der praktischen Legitimation im Vordergrund.", Geuter: Professionalisierung, S. 307.

mation durch die Millionen von Flüchtlingen und unzähligen landsmannschaftlichen Verbände. Dieser Legitimation waren sehr früh und für sehr lange öffentliche Gelder, private Spenden nicht abzusprechen – weitgehend unkritisches öffentliches Interesse war dieser Gruppe von Ostforschern sicher: also finanzielle, institutionelle Ressourcen, sowie die Ressource des öffentlichen Publikums.

Davon abzugrenzen ist eine andere Legitimationsform, nämlich die *moralische Legitimation* historischer Forschung. Ganz klar, und nicht einmal als gewollte Strategie, fällt diese Legitimation automatisch Emigranten wie Hans Rothfels zu. Interessanter erscheinen in diesem Zusammenhang aber Personen wie Hermann Heimpel, kein Ost-, sondern ein Westforscher und Reinhard Wittram. Wittram tritt nach 1945 wiederholt mit moralischen Überlegungen zur Geschichtswissenschaft auf theoretischer Ebene hervor, die an Selbstkritik nicht gerade schonungslos, aber doch selten und rhetorisch eindrucksvoll sind. Die Hybris der Deutschen, ihr ersatzreligiöser Nationalismus, namentlich der Ost- und Baltikumsforscher, wurde demnach von einem höheren Sein gestraft. Bei Wittram ist die Rückkehr zu den sittlichen Werten eines menschenfreundlichen Christentums mehr als abendländisches Lippenbekenntnis, sondern Teil der Erneuerung von Wissenschaft. Gemeinsam mit Heimpel, der die moralische Legitimation als öffentliche Zerknirschung bei tiefer privater Depression durchlebte, ist Wittram damit der frühe Zugriff auf rhetorische Ressourcen: Beide finden schnell eine öffentliche Sprache mit weitestgehend positiver Resonanz wieder. Wittram begründete dabei eine in der Idee historistische, jedoch christlich rückversicherte Zeitgeschichte, was ihm langfristig auch Ressourcen kognitiv-konstitutioneller Art erschloß, die immerhin noch auf eine akademische Schülergeneration weiterwirken konnten. Gleichzeitig wurde sein Einfluß in der baltischen Geschichtsschreibung so dominant, daß er es sich erlauben konnte, mit einem moralischen Imperativ zur Beendigung nostalgisch-revisionistischer Geschichtsschreibung auf die baltischen Landsmannschaften einzuwirken.

Die Verbindung von kognitiv-konzeptionellen, rhetorischen und qua Universität institutionellen Ressourcen war Ziel einer *akademischen Legitimationsstrategie*, die bei Werner Conze und Theodor Schieder zu beobachten ist. Der Kontakt Schieders zum eben völlig anders legitimierten Göttinger Arbeitskreis war direkt nach Kriegsende pragmatisch nützlich, wurde in den 50er Jahren jedoch brüchig. Wittram hielt eine gewisse Distanz zum Arbeitskreis und den Landsmannschaften, was wohl auch für Conze gilt, wenn er mit Wittram in einer Art konzertierten Aktion zur Rettung der baltischen Geschichtsschreibung im Vertriebenenblatt „Baltische Briefe" prägnant und angesichts der Leserschaft bald brutal jegliche romantische Geschichtsschreibung über den endgültig verlorenen Osten unter Verdikt stellt und Wissenschaftlichkeit als Maßstab einfordert. Mathias Beers Forschungsergebnisse legen auch für Schieders Ostforschergruppe den Vorrang akademischer Legitimation nahe. Für die ersten Nachkriegsjahre ist diese Legitimationsstrategie ohne Kompromisse wohl finanziell nicht sonderlich erfolgreich und kommt nicht isoliert vor. Langfristig bietet sie wissenschaftlich orientierten Forschern die größten Einflußchancen. Von einem zu bestimmenden Zeitpunkt an, wird akademische Legitimation schließlich mit vielen Formen pragmatisch-politischer, pragmatisch-nostalgischer und moralischer Legitimation von historischer Forschung inkompatibel. Der Punkt bei dieser Argumentation ist nicht etwa, daß die Forscher politische Kontakte abreißen ließen oder auf Netzwerke verzichteten. Sondern, daß politische Ausrichtung, Ausrichtung an der Peer-group, wie den Vertriebenen oder auch an Kirchen, von dieser Gruppe nicht vorwiegend als Legitimation historischer Forschung benutzt wird. Damit entfernt sich diese Gruppe in den fünfziger Jahren immer mehr vom pragmatisch orientierten Rest der Ostforschung.

Die pragmatische Legitimation der hier zur Rede stehenden Institute beginnt in den sechziger Jahren zum Teil in Richtung akademischer Legitimation abzubröckeln. Jüngere Ostforscher, einige jetzt auch wieder „Osteuropaforscher", rütteln am hergebrachten Wissenschaftsverständnis der Ostforschergemeinde, erreichen jedoch nur eine Teilung der Ostforschung in eine alt-pragmatisch und eine neu-pragmatisch orientierte Fraktion: Im Geiste neuer Ostpolitik galt es eben, auch die Chancen zur Verständigung mit den vorher herabgesetzten Völkern im Osten aktiv zu sondieren und auch für die Politik zu gutachten. Eine solche Art kleinerer Neuverflechtung nannte schon Burleigh „consumer orientated"[50]. Der älteren Gruppe der Ostforscher bleibt mehr und mehr nur noch der Rückhalt der Vertriebenenorganisationen. Das Herder-Institut kann allerdings bis zum Ende der Sowjetunion einen Rest Sowjetologie bewahren und erst 1993 erfolgt endgültig beim Herder-Forschungsrat und der Zeitschrift für Ostforschung der große Knall in Form der Entmachtung der letzten Ostforscher alter Provenienz.[51]

---

[50] Burleigh, S. 319.
[51] Der ehemalige Mitherausgeber der umstrukturierten „Zeitschrift für Ostforschung" Benninghoven beklagt denn auch in bitterem Ton „Im Mai 1993 wurde der J.-G.-Herder Forschungsrat enteignet. Damit brach eine bewährte Tradition zusammen [...] Die Umwälzung war von einer bemerkenswerten Radikalität und sorgfältig vorbereitet.", Friedrich Benninghoven: Zur Geschichte des Deutschen Ordens der Stadt Danzig, des Klosters Oliva und zur Eroberung Ostpreußens 1945. Unzensierte Nachträge zur Ostforschung, Berlin, Selbstverlag 1996, S. 7.

Akademische, moralische und pragmatische Legitimation werden in dieser Arbeit als Schlüsselkategorien verwandt, um die spezifischen Unterschiede im Neuanfang nach 1945 zu verdeutlichen. Die Legitimationsformen werden primär von ihrer Funktion her begriffen, jedoch gilt die Aufmerksamkeit auch ihren mittelbaren und unmittelbaren Auswirkungen innerhalb institutioneller und historiographischer Traditionen. „Legitimation" von Wissenschaft beginnt nicht in einem singulären Nullpunkt 1945, auch wenn der Neuanfang in fast allen Fällen eine Umwidmung gebot. Versatzstücke, die Teil der Legitimation strategischer Ressourcenmobilisierung wurden, konnten bis in Legitimationsformen von Wissenschaft aus dem Kaiserreich zurückreichen – wenn es z. B. um die (geradezu nachrichtendienstliche) Aufklärung der „tiefen" Geheimnisse des „Ostens" ging.

Die Entstehung der Ostforschung im Kaiserreich, ihre Entwicklung zur „Kämpfenden Wissenschaft" während der Weimarer Republik und die zu jener Zeit für die Ostforschung mobilisierten Ressourcen bilden in Kap. II den Ausgangspunkt dieser Untersuchung. Die metaphorische Qualität des „Ostens" diente schon im 19. Jahrhundert als Anknüpfungspunkt für die Betonung wissenschaftlichen Nachholbedarfs bei Herrschaftswissen und Gefahrenabwehr. Daß der Institutionalisierungsprozeß einer nach Osten ausgerichteten Wissenschaft gegen Ende des Jahrhunderts mit der Installation eines osteuropäischen Lehrstuhls in Gang kam, kann daher nicht verwundern. Dort gewonnene, teils historische, teils eher politikwissenschaftliche, jedoch schon erstaunlich systematische Ergebnisse wurden von der erneuten emotionalen Aufladung des „Ostens" im Ersten Weltkrieg weitgehend verdrängt. Die Ostforschung der Weimarer Republik schließlich war eine revisionistisch orientierte Forschung, die öffentlich und über „wissenschaftliche" Gutachten Front gegen den Versailler Vertrag machte. An diesem Punkt setzten zwei Prozesse ein, die im folgenden weiterwirken sollten. Zum einen wurde ideengeschichtlich der Begriff der – nun zu klein gewordenen – Nation vom Konzept des „Volkes" und des „Lebensraumes" zurückgedrängt. Zum anderen wurde die Ostforschung als Ostraum- und Gegnerforschung politisch und öffentlich honoriert, konnte also mit dem Appell an die völkische Zukunft Ressourcen an sich binden und erreichte die volle Etablierung der Ostforschung in dreißiger Jahren. Die Konzentration der Ostforschung um Albert Brackmann verbesserte die logistischen Möglichkeiten der Ressourcenverteilung, übertrug jedoch die Effektivität dieser Arbeitsteilung auch auf die enge Verbindung von Forschungsergebnissen und staatliche Nachfrage nach bestimmten Ergebnissen aus dem Pool der Experten. Das oftmals begeistert eingebrachte Gutachterwissen der Historiker radikalisierte sich während des Krieges nicht zuletzt durch Konkurrenz, verlor jedoch zunehmend an Bedeutung, da interpretative Gutachten hinter auswertbaren Datensammlungen von größeren Stäben aus Ostforschungs-Experten ohne weitere akademische Ambitionen – zumeist Karthographen und Volkskundlern – zurücktraten. Der Krieg beendete zumeist die Dienstverhältnisse der Ostforscher. Der „Fluchtpunkt Göttingen", auf den in Kap. III eingegangen wird, war eines der bevorzugten Anlaufziele, an dem nach 1945 innerhalb weniger Monate Personal der Ostforschung und mobilisierbare Ressourcenüberreste fluchtpunktartig zusammenliefen. Biographische Zufälle, Verpflanzte Kontinuitätslinien und recht günstige Standortchancen liefen in Göttingen früh zusammen. Göttingen wurde damit zu einem Ort, an dem die Chancen für eine Re-Etablierung von Netzwerkstrukturen besonders günstig waren, was unter den Forschern auch bekannt war. Ein großer Teil der Universität Königsberg flüchtete mitsamt den Verwaltungskräften nach Göttingen und übernahm für mehrere Jahre Lehraufträge an der Universität, bis eine Neuberufung politisch wieder möglich wurde. Von den Alliierten gingen zunächst die Signale zu Entnazifizierung und Perspektiven künftiger Forschung aus, sprich ihrer demokratischer Orientierung und ggf. Förderung. Zur Legitimation ihrer Wissenschaft mußten die Ostforscher in einem „Rückblick der Umwidmung" ihre alten Schriften prüfen und sich bei Neupublikationen zumindest kosmetisch anpassen – vormals gebräuchliche Ausdrücke waren nun gefährlich geworden. Der Schritt zur aktiven Umgestaltung war eine Umgestaltung der fachlichen Ressourcen, die nicht ruckartig vor sich ging, sondern sich als mühsam konstruierte Anbindung an vormals berufsbildende wissenschaftliche Ressourcen darstellt. Dabei war die Nachfrage nach „Geschichte" in der Nachkriegszeit groß und zeitgeschichtliche Veranstaltungen über Krieg, Kriegsursachen und Völkerrecht genossen beachtlichen Zulauf. Die Herausforderung, mit Interpretationen zur Vergangenheit an die Öffentlichkeit zu treten, wurde dabei in Göttingen kommentiert, motiviert und moderiert von der „Göttinger Universitäts-Zeitung". Als überregionales studentisches Organ stellte sie einerseits eine demokratische Kontrolle dar und bot andererseits jungen Dozenten wie auch Professoren die Möglichkeit, sich in einen gegenüber der Vergangenheit kritischen Diskurs einzuschreiben.

Bis zur Mitte der fünfziger Jahren kristallisierten sich, so Kapitel IV, Konzepte zu „Legitimationen für eine neue Geschichtswissenschaft" heraus, die sich mehr und mehr stabilisierten. Die „Option der pragmatischen Legitimation" stützte sich auf die Reaktivierung alter Netzwerkstrukturen, im konkreten Beispiel auf die Teilöffentlichkeit der Vertriebenen. Finanzielle Ressourcen konnten mobilisiert und in institutionelle Ressourcen umgewandelt werden. Der Göttinger Arbeitskreis und das Herder-Institut in Marburg erreichten in einer pragmatischen Arbeitsteilung die Re-Etablierung einer bald auch wieder mit

Bundesmitteln geförderten Ostforschung. Die vehemente Kritik an den „imperialistischen" Ostforschern von Seiten der DDR entsprach den verhärteten Fronten des Kalten Krieges, stärkte damit jedoch ungewollt die Legitimation der betont antikommunistischen, westdeutschen Ostforschung.

Die „Option der moralischen Legitimation" konnten Forscher nur als einzelne treffen. Hermann Heimpel und Reinhard Wittram genießen bis heute Achtung als Bekenner eigener Fehler. Ihr ehrliches Schuldeingeständnis brachte ihnen die moralische Autorität zurück, die sie als völkische Wissenschaftler verloren hatten. Entschlossen, sich selbst durch Wahrheit frei zu machen, fanden Heimpel und Wittram schnell eine Sprache zur Beschreibung der Katastrophe, ihrer Ursachen und der als notwendig erachteten Folgen. Wittram bekam nach langer Wartezeit einen Lehrstuhl in Göttingen und konnte mit seinen methodischen Überlegungen zur Geschichtswissenschaft rhetorische in kognitiv-konzeptionelle, also wissenschaftlich weitergebbare Ressourcen umwandeln.

Die „Option der akademischen Legitimation" beruhte auf einer langfristigen Strategie. Theodor Schieder orientierte sich in den fünfziger Jahren an einer akademischen Strategie, als er das politisch-pragmatisch legitimierte Projekt zur „Vertreibung der Deutschen aus Ost-Mitteleuropa" mit der unerwünschten Thematisierung der Verbrechen des Nationalsozialismus als Vertreibungsursache gefährdete. Werner Conze betrieb schon im Dritten Reich demonstrativ eine „akademische Legitimationsstrategie". Die Klärung und Schärfung der historischen Untersuchungsbegriffe war Conzes Anliegen und ein Schutzschild gegen ungewollte Vereinnahmung. Seine volksgeschichtlichen Untersuchungen, in denen er dieses Anliegen eingelöst zu haben glaubte, waren eine unverzichtbare Ressource für Conze, die er trotz verfänglicher Passagen durch eine behutsame Umwidmung mobilisierbar halten mußte. Conzes akademische Orientierung wird über die späteren, breiten methodischen Kontroversen schließlich zu einem Selbstläufer, der die opportunistische Haltung Conzes dem NS-Regime gegenüber für lange Zeit vollkommen verdecken konnte.

II. Kämpfende Wissenschaft: Ostforschung vor 1945

Die Karriere der Ostforschung begann nach dem Ersten Weltkrieg. Bis sie in den vierziger Jahren ihren institutionellen Höhepunkt erreichte, war die Ostforschung jedoch kaum eindeutig greifbar. Unübersehbar mutet heute der riesige Apparat der „Volksdeutschen Forschungsgemeinschaften" an, dessen Motor die Ostforschung in Form dreier Abteilungen war. Der Apparat verschwand 1945 genauso endgültig, aber ebenso diskret wie das Reichssicherheitshauptamt (RSHA), dem die Forschungsgemeinschaften ab 1943 eingegliedert waren. Die Volksdeutschen Forschungsgemeinschaften waren keine Zwangsstruktur, in der Ostforscher Mitglied sein mußten. Sie boten jungen Forschern Stellen, akademisch schon arrivierten Forschern Publikationsmöglichkeiten und ihren Leitern attraktiven politischen und akademischen Einfluß. Diese begrüßte Angebotsseite einer ausgreifenden und nicht eindeutigen, doch integrationsbereiten Ostforschung wird in disziplingeschichtlichen Rückblicken zugunsten der These einer relativ plötzlichen „Gleichschaltung" durchweg vernachlässigt. Dabei gab es keine Institution „Ostforschung", die 1933 von Regierungsvertretern zwecks Gleichschaltung hätte aufgesucht werden können. Es gab nicht einmal einen ausgeschriebenen Lehrstuhl für „Ostforschung".

Die Geschichte der Ostforschung vor 1945 ist die Geschichte der zuerst sehr lockeren Bündelung verschiedenster Institute, Forschungsdisziplinen und z. T. noch ganz individuellen Vorstellungen von Erbe und Aufgabe des „Ostens". Neben den nach und nach neu geschaffenen Instituten und Forschungsgemeinschaften sammelten sich alte Institutionen und Lehrstühle der osteuropäischen Geschichte um die „Herausforderung" des Ostens. Die ideelle Komponente der

„Herausforderung" ermöglichte auch eine nicht-institutionelle Zugehörigkeit zur Gruppe der Ostforscher. Speziell der Königsberger Kreis unterhielt ein lockere Beziehungen zu den Volksdeutschen Forschungsgemeinschaften und dem Gravitationszentrum der Ostforschung, das Albert Brackmann und Hermann Aubin bildeten. Untereinander bestanden bei den Königsberger Historikern um Hans Rothfels aber feste netzwerkähnliche Bande. Neben die ideelle Komponente, die in den Metaphern des „Ostens" und des „Lebensraumes" oder für Ansässige auch der „Heimat" lag, trat eine doppelte politische Aktualität des Themas. Die Versailler Verträge mit ihren Gebietsabtrennungen motivierten einen breiten wissenschaftlichen „Kampf" um das Recht auf Ostgebiete. Außerdem erlebte die politische Auslandsaufklärung für die neu entstandenen Staaten in Osteuropa einen Aufschwung.

Die großen ideellen und politischen Ressourcenpotentiale wurden allerdings nicht vorzugsweise durch den Begriff „Ostforschung" dargestellt und integriert – damals hätte er mehr als heute nur das Forschungsgebiet bezeichnet. Breite thematische Verständigungsmöglichkeiten und noch attraktivere Zukunftsaussichten bot ab Ende der zwanziger Jahre das „völkische" Paradigma. In dem Maße, wie einzelne Forscher und bestehende ostforschende Einrichtungen noch auszugestaltende Volksforschung im voraus zu antizipieren bereit waren, konnten sie am lukrativen Institutionalisierungsprozeß nach 1930 teilhaben. Eine engere wissenschaftliche Linie kann nur für einzelne Bereiche der Ostforschung festgemacht werden.

Brackmann und Aubin hatten auf den Institutionalisierungsprozeß der Ostforschungseinrichtungen allergrößten Einfluß. Sie beherrschten die zentrale Ostforschungseinrichtung „Nordostdeutsche Forschungsgemeinschaft" (NOFG) der Volksdeutschen Forschungsgemeinschaften. Bei der Neugründung der Universität Posen, die zuvor aufgelöst und deren Lehrpersonal zu einem großen Teil in Konzentrationslagern interniert worden war, beeinflußten sie die Besetzung aller für die Ostforschung relevanten Neugründungen. Der Krieg erhöhte für die Ostforschung noch einmal die politische Aufmerksamkeit, verbannte ihre nun „vertraulichen" Forschungen jedoch damit aus der Öffentlichkeit. Die Neugründung des Krakauer „Instituts für deutsche Ostforschung" auf Initiative des Generalgouverneurs Hans Frank markierte den Wendepunkt. Das Gravitationszentrum der Ostforschung verschob sich fortan in Richtung abfragbarer, statistischer Volks- und Raumforschung. Die Ostforschung Aubins und die Volksgeschichte der Königsberger Historiker verschloß sich den Forderungen aus Politik und Verwaltung zwar nicht, konnte aber nach eher gutachterlichen Empfehlungen zu radikaler Volkstumspolitik dem operativen Verlangen nach harten Daten nicht mehr nachkommen und verlor allmählich den Anschluß. Die Bereitschaft zur

Unterstützung der nationalsozialistischen Umsiedlungs- und Ausrottungspolitik überdauerte bei dieser Gruppe ihr technisches Potential, Daten zu liefern. Den organisatorischen Anschluß der Forschungsgemeinschaften an das RSHA im Jahre 1943 machte die Ostforschung nicht „als ganze" mit. In Kriegsdienst und Flucht verwischte sich vorerst der äußere Zusammenhalt der Ostforschung. Die Gemeinsamkeit fast aller Ostforscher nach dem Krieg war Flucht, Berufsverlust und der Wegfall des völkischen Bezugsrahmens.

Die im folgenden für die Zeit vor 1945 diskutierten Strategien der Ostforschung zur Mobilisierung von Ressourcen, geben zugleich Basis und Vergleichsrahmen ab für die Umwidmung der Ressourcenpotentiale durch neue Legitimationsstrategien nach dem Ende des Dritten Reiches.

1. Die Politisierung der Wissenschaften

1.1. Vorwissenschäftliche Prägungen in Diskurs und Biographie

Metaphern wie „Lebensraum im Osten", der „Drang nach Osten" und die „rassische Minderwertigkeit der Slawen" bildeten schon im Kaiserreich konstituierende Teile aufstrebender populärer Wissenschaftsideologien. Als Metaphern weisen sie über sich hinaus auf romantisch überladene, utopische Sozialmodelle hin, die im Reden über „den Osten" wissenschaftliche Theorie und eine rechtskonservative Alternative zur sozialistischen Klassentheorie zusammenbrachten. Keineswegs, so auch Carsten Klingemann, könne von einer „Pervertierung der Sozialwissenschaften durch deren Biologisierung"[1] erst im NS die Rede sein; die Verschränkung natur- und sozialwissenschaftlicher Begrifflichkeiten sei nicht neu, ebensowenig wie ihre Kritik. Die Begriffe „Volksgemeinschaft", „Lebensraum" und „Überlebenskampfbereitschaft" wirkten schon lange vor einer wissenschaftlichen Definition als Topoi. Scheinbar fachspezifische Begriffe kamen unter die stete Spannung, von „common-sense-Kategorien („jüdisches

---

[1] Carsten Klingemann: Ein Kapitel aus der ungeliebten Wirkungsgeschichte der Sozialwissenschaften. Sozialutopien als sozialhygienische Ordnungsmodelle, in: ders. (Hg.): Rassenmythos und Sozialwissenschaften in Deutschland, Opladen 1987, S. 10-39, Zitat S. 22. Klingemann unterscheidet noch die langfristige Analogisierung von der punktuell nach 1933 stark werdenden „Einschleusung" biologistischer Gedanken ins Soziale, vgl. S. 26.

Denken")"² zu profitieren, diese wissenschaftlich zur Disposition stellen zu müssen und doch nicht falsifizieren zu können. Eine Auflösung des „Deutschen Dranges nach Osten" in „Ursprung, Genese und Funktion, Träger und Adressaten"³, wie sie Wolfgang Wippermann 1981 vornimmt, differenziert jedoch über die Integrationsfähigkeit eines solchen „ideologischen Konglomerats"⁴ hinweg. Das Potential der aufladbaren Topoi für die Wissenschaften lag in ihrer Breitenwirkung, ihrer Integrationskraft und ihrem metaphorischen Charakter, der komplexe Projektionen nach dem „Osten" ermöglichte: den Rückgriff auf romantische, archaische Strukturen⁵, die heimliche Versuchung einer enthemmt imaginierten slawischen Kultur und ihrer gleichzeitigen kulturellen Überwindung.

In der Geschichtswissenschaft geht der Gebrauch sozialromantischer Metaphern mit utopischen Verweisen bis auf die Grundlagen zurück. Selbst die vermeintlich „sine ira et studio" erzählende Sprache des Altmeisters Leopold von Ranke ist nicht davon frei. Verdienstvoll verwirft Ranke zwar Legenden von jahrhundertealten Plänen zur Teilung Polens, argumentiert aber im Mantel des Historismus, wie nahe der Gedanke seit 1732 eben doch hätte liegen müssen:

„Wenn man die Machtverhältnisse ins Auge faßt, lag ein solcher Gedanke sehr nahe. Für Preußen z. B. erschien es fast als eine Lebensbedingung, die damals noch polnischen, früher dem Deutschen Orden und dem Deutschen Reiche unterwürfig gewesenen Ostprovinzen an sich zu bringen."⁶

Preußen durfte jedoch im Weltbild Rankes das Gleichgewicht europäischer Mächte nicht eigennützig, sondern höchstens im ordnungspolitischen Interesse aufs Spiel setzen⁷ – also nur bei „objektiver" Notwendigkeit. Die Versuchung

---

2   Vgl. ebd., S. 36-39. Zitat S. 38.
3   Wolfgang Wippermann: Der deutsche Drang nach Osten. Ideologie und Wirklichkeit eines politischen Schlagwortes. Darmstadt 1981. S. VII. Vgl. Jan Wiktor Tranczynski: Der „Drang nach Osten". Mythos und Realität eines Schlagwortes, in: Zeitschrift für Geschichtswissenschaft 45 (1997). S. 5-20.
4   Wolfgang Wippermann: Der Ordensstaat als Ideologie. Das Bild des Deutschen Ordens in der deutschen Geschichtsschreibung und Publizistik. Berlin 1979. S. 374.
5   Zum Nebeneinander von ökonomisch inspirierter Weltpolitik und Lebensraum als rechtskonservativer Ideologie, sowie beider Integration in den 20er Jahren vgl. Mechthild Rössler: „Wissenschaft und Lebensraum". Geographische Ostforschung im Nationalsozialismus. Ein Beitrag zur Disziplingeschichte der Geographie. Berlin u.a. 1990. S. 42f.
6   Leopold von Ranke: Preußische Geschichte. Bd. 1. Essen o. J., S. 523.
7   „Er fragte, wer wohl eine solche Armee kommandieren solle; er, der König von Preußen, werde es gewiß keinem gönnen, aber auch ihm werde es niemand gönnen; besser deshalb, man bleibe bei dem gewohnten Oberhaupt [Polens]", in: ebd., S. 526.

des Griffs nach Polen suchte sich daher im Narrativ einen nichtpreußischen Akteur: August II. der Starke, Kurfürst von Sachsen repräsentierte „in einem Gemisch von Kraft und Sittenlosigkeit" den Gegenpart zur nüchternen, preußischen Legitimität:

> „Aber sein Erbland war ihm zu klein, um seinem Triebe zur Tätigkeit zu genügen: er warf sich in das ‚immerwallende Meer' der zweifelhaften Geschäfte der polnischen Nation."[8]

Ranke läßt in dem Szenario des preußischen Thronfolgekrieges – rund vierzig Jahre vor der Ersten Polnischen Teilung – Nüchternheit siegen. Die Sozialmoral des 19. Jahrhunderts, das Gebot der Affektkontrolle, war an der Versuchung des „Ostens" exerzierbar[9] und fand den notwendigen Antagonisten in einem nichtpreußischen deutschen Fürsten. Dieser dramaturgische Kunstgriff einer unentschiedenen, synergetischen Koexistenz blieb der zur Eindeutigkeit gedrungenen reichsdeutschen Historiographie versagt. Heinrich von Treitschke gab dem Deutschen Reich im „tendenziell bereits ahistorischen, überzeitlichen Ideal [...] vom Kampf zweier tödlich verfeindeter Rassen", den schon der mittelalterliche Ordensstaat gegen den Osten führte, eine finale Vision. Treitschkes Rede von der Zucht des „mit herrischer Strenge regierten [Ordens-]Staates der bürgerlichen Unterordnung, in dem das aristokratische und monarchische Element in einer so effizienten Synthese vereinigt worden waren"[10], zeigt die Verknüpfung von äußerer Herausforderung und innerer Geschlossenheit zum Erfolgsgeheimnis. Auch für das Kaiserreich sollte im Osten das Potential einer inneren Gesundung des deutschen Volkes liegen.[11] Bewährung und Veredelung in der Herausforderung waren auch den Jugendbewegungen um 1900, wie dem Wandervogel, gut vertraut.

Selbst die vielzitierte Verwendung des Terminus Lebensraum in Hitlers Buch „Mein Kampf" scheint viel stärker metaphorisch-utopischen Charakter zu haben, als Anleitung zu konkreter Geopolitik zu sein: „Heraus aus der Enge des

---

[8] Ebd., S. 524.

[9] „Polen" als Topos rief im 19. Jahrhundert auch aus aktuellem Anlaß konservative Ordnungsbedürfnisse auf den Plan. Der revolutionären Sympathie für den niedergeschlagenen polnischen Aufstand von 1831 in Süd- und Westdeutschland stellten sich Schriften entgegen, in denen den Polen „Unkultur, Anarchie, Despotie: kurz ‚polnische Wirtschaft' vorgeworfen wurde" – darin verpackt die Mitschuld an der Teilung ihres Landes. Vgl. Wippermann: Der deutsche Drang nach Osten, S. 31. Vgl. aber auch Wolfgang Wippermann: Die deutsche und polnische Frage in der deutschen Historiographie des 19. und 20. Jahrhunderts, in: Aus Politik und Zeitgeschichte 1987, B 14, S. 29-36.

[10] Wippermann: Ordensstaat, S. 266.

[11] Vgl. ebd., S. 374.

Lebensraumes!" spricht Ausbruchsphantasien aus bürgerlicher Lebenswelt und beengten Wohnverhältnissen gleichermaßen an.[12] Zum unhistorischen Stereotyp erstarrt „der Osten" in Teilen der konservativen Publizistik. Auch unabhängig von der Furcht vor der Sowjetunion wird hier vornehmlich die Gefahr des nicht entwicklungsfähigen „geschichtslosen Ostens"[13] betont.

Die Integrationskraft der ideologischen Konglomerate zeigt sich u. a. in ihrer erstaunlichen Resistenz gegen jede realpolitische Widerlegung. Die Überzeugungskraft deutscher Kultur scheiterte schon in der Germanisierungspolitik Bismarcks. Die politische Folgerung Bethmann-Hollwegs bestand darin, daß erst die erdrückende politische und wirtschaftliche Übermacht der Deutschen den „Assimilierungsprozeß" einleiten würde. Martin Broszat analysiert, wie sich dabei die Schere von Utopie und Umsetzung zu öffnen begann:

„Die sogenannte Ostmarkenpolitik wurde gleichsam Flucht nach vorn gegenüber einer unangenehmen Wirklichkeit, Trotzpolitik unter der unglaubwürdig gewordenen Devise preußisch-deutscher Kolonialisationsleistung."[14]

Die geopolitisch einleuchtende Annahme Hans Delbrücks (immerhin selbst Annexionist), daß ein „gutes Verhältnis zu Polen eine bessere Schutzwehr ist, als eine bloß geographisch-strategische Verschiebung" fand kein Gehör.[15] Völkerrechtliche Stellungnahmen der sozialistischen Parteien blieben bis gegen Ende des Ersten Weltkrieges von der bürgerlichen Öffentlichkeit isoliert und erreichten auch dann nur die aufnahmebereiten Teile des liberalen Bürgertums. Das Interesse am „Osten" war rationalen Erwägungen nicht zugänglich. In der Gefährdung der metaphorisch-utopischen Verweisstruktur durch Realpolitik liegt womöglich sogar ein Antrieb zur Radikalisierung.

Ostforscher waren oftmals Ansässige und konnten so ideologische Elemente mit biographischen Erlebnissen verknüpfen. Der Pionier der Osteuropaforschung Theodor Schiemann berichtet über die Situation, wie die „Livländische Antwort" Carl Schirrens von 1869 ihn erreicht hatte:

[12] Vgl. Karl Lange: Der Terminus „Lebensraum" in Hitlers „Mein Kampf", in: Vierteljahreshefte für Zeitgeschichte 13 (1965), S. 426-437. Zitat S. 427. Lange sieht allerdings Hitlers „Theorie" schon vor 1933 als „voll ausgebildet" an, vgl. S. 426.
[13] „Asiatische" Menschen aus „dem dunklen Abgrund des Ostens" bedrohen von seither den westlichen Nachbarn: „Der latente Druck des völkergebärenden Ostens". Die Zitate entstammen der Zeitschrift „Deutsches Volkstum", zitiert nach: Gerlind Nasarski: Osteuropavorstellungen in der konservativ-revolutionären Publizistik. Analyse der Zeitschrift „Deutsches Volkstum" 1917-1941, Phil. Diss. Köln 1972, S. 22f.
[14] Martin Broszat: Zweihundert Jahre deutsche Polenpolitik, München 1963, S. 120.
[15] Vgl. ebd., S. 144 und Wippermann: Der Ordensstaat, S. 207f.

> „Ich hatte [...] am 13. Abends die ‚Livländische Antwort' erhalten, und wie ich haben wohl die meisten Dorpater Studenten damals die Nacht daran gesetzt, sie zu lesen. [...] Was ich ins bürgerliche Leben mitnahm, war festes, deutschnationales Bewußtsein und der Entschluß, mein Leben der deutschen Sache in den Ostseeprovinzen zu widmen."[16]

Wie Schiemann es beschreibt, wurde die Protestschrift Schirrens zum Gründungsmythos baltischer Geschichtswissenschaft, ihre Lektüre zur Initiation. Schiemann promovierte 1873/74 in Göttingen bei Georg Waitz und habilitierte sich 1887 bei Treitschke in Berlin. Mit Schiemann beginnt die Institutionalisierung der Ostforschung: Schiemann konnte seine Forschungsinteressen nicht nur als persönliche Orientierung[17] pflegen, sondern als Disziplin legitimieren. Er besetzte ab 1892 in Berlin ein Extraordinariat für osteuropäische Geschichte. Förderung erhielt die Disziplin vom Auswärtigen Amt als „Hilfswissenschaft" und auch über Schiemanns persönliche Beziehung zum Kaiser. Mit einer Denkschrift trat Schiemann 1900 für den breiten Ausbau der Osteuropaforschung und die Schaffung von Extraordinariaten in Breslau und Königsberg ein.[18] Politisch und ideologisch schlagende Begründung war die Gefahr der „Abhängigkeit von tendenziösen russischen Quellen"[19]. Schiemann wurde 1902 Leiter eines eige-

---

[16] Zitiert nach Klaus Meyer: Osteuropäische Geschichte, in: Reimer Hansen/Wolfgang Ribbe (Hg.): Geschichtswissenschaft in Berlin im 19. und 20. Jahrhundert. Persönlichkeiten und Institutionen, Berlin/New York 1992, S. 553-570, S. 556.

[17] Forschungsschwerpunkte einzelner Historiker lagen schon lange vorher im Osten. Auch die Neigung von bestimmten Universitätsstandorten zur Beschäftigung mit russischer oder polnischer Geschichte ist nicht nur für ohnehin östlich gelegene Universitäten wie Breslau oder Königsberg bekannt, sondern gerade auch für Göttingen. Nach dem Urteil Manfred Hildermeiers kann August Ludwig Schlözer 1769 als erster Inhaber eines Lehrstuhls für osteuropäische Geschichte gelten. Schlözer bevorzugte allerdings in seiner Lehrtätigkeit nicht osteuropäische Geschichte. Seine russischen Forschungen konnten für ihn 0einen Lehrstuhl rechtfertigen; als Hochschullehrer wandte sich Schlözer dann den universalgeschichtlichen Fragen zu, die im 18. Jahrhundert ein Ansehen als großer Professor begründen konnten. Die osteuropäische Tradition der Göttinger Universität etablierte sich dann „von unten" über den hohen Anteil russischer Studenten, die auch wegen Schlözer von allen deutschen Universitäten Göttingen bevorzugten – die Dozenten verschiedenster Lehrstühle, die auf deren Nachfrage eingingen, bewirkten bis 1812 einen Ost-Ruck der Universität als ganzer und verhinderten gerade dadurch die Institutionalisierung der Disziplin, bzw. machten sie überflüssig. Vgl. Manfred Hildermeier: Von der Nordischen Geschichte zur Ostgeschichte. Osteuropa im Göttinger Horizont, in: Hartmut Boockmann/Hermann Wellenreuther: Geschichtswissenschaft in Göttingen. Eine Vorlesungsreihe, Göttingen 1987, S. 102-121, bes. S. 110-112 und S. 115f.

[18] Vgl. Friedrich Kuebart: Zur Entwicklung der Osteuropaforschung in Deutschland bis 1945, in: Osteuropa 30 (1980), S. 657-672, hier S. 659.

[19] Vgl. Meyer, S. 555. Vgl. zum folgenden S. 558f.

nen Seminars und 1906 zum Geburtstag des Kaisers Ordinarius. Der Berliner Lehrstuhl war mit Schiemann fest etabliert und erlaubte seinem eher russophilen Nachfolger Otto Hoetzsch in der Weimarer Republik schon größere Freiheiten. Die ideelle Legitimation der Disziplin nahm mit Hoetzsch zugunsten einer Orientierung als politische Wissenschaft in Berlin vorerst ab.

Auch jüngere Generationen kannten noch ähnliche biogaphische Motivationen wie Schiemann. Reinhard Wittram, geb. 1902, stammte aus Riga, war damit schon vor 1914 Auslandsdeutscher und kämpfte sich, mit dem Trauma der Russifizierungspolitik seiner Jugendjahre bepackt, durch die disparate deutsche Geschichte.[20] Der Volkskundler Walter Kuhn verfaßte 1982 seine Erinnerungen „Eine Jugend für die Sprachinselforschung". Die „Sprachinsellage" seiner Heimatstadt wurde ihm als 1914 als Elfjähriger bewußt, als wegen des Attentats auf den österreichischen Thronfolger in Sarajewo die spontanen Feiern der galizischen Polen „von der städtischen Polizei und deutschen Turnern abgewehrt wurden."[21] Der Junge verteilte Kornblumen an seine Helden und mußte sich einige Tage später selbst dem Steinhagel polnischer Jugendlicher widersetzen. Nach dem Ersten Weltkrieg wurde Walter Kuhns Heimatstadt mit ihm selbst polnisch: „Jetzt wurde es ernst mit dem Dasein als Minderheit in einem fremden Staate"[22]. Was vor dem Krieg teilweise nur Attitüde war, wurde durch die politischen Ereignisse nun spürbar. Zusätzlich zu seinem ideologischen und metaphorischen Potential wurde der Osten Mittelpunkt konkreter politischer Ansprüche.

1.2. Weimar Republik – „Deutschland war an der Grenze"

Die Gründung historischer Vereine und Gesellschaften, Sammlungsimpulse zur Sicherstellung aller Art heimatgeschichtlicher und geologischer Fundstücke gab es in den östlichen Gebieten Deutschlands kaum nennenswert intensiver als anderswo. Über eine Landesforschung hinaus wurde die Bewahrung der Kulturgüter des Ostens[23] erst überregional bedeutsam, wo Teile deutscher Ostgebiete

---

[20] Den Begriff „Trauma" benutzt Hildermeier, vgl. S. 120.
[21] Walter Kuhn: Eine Jugend für die Sprachinselforschung. Erinnerungen, in: Jahrbuch der schlesischen Friedrich-Wilhelms-Universität zu Breslau 23 (1982), S. 225-278. Zitat S. 227.
[22] Kuhn: Sprachinselforschung. S. 229.
[23] Da das Baltikum auch vor 1914 zum größten Teil nicht zum Deutschen Reich gehörte, wurden schon zuvor wichtige Funde als Abschrift nach Königsberg geschafft. Vgl. Hellmuth Weiss: Die Historischen Gesellschaften, in: Georg von Rauch (Hg.): Geschichte der deutschbaltischen Geschichtsschreibung. Köln/Wien 1986. S. 121-140, bes. S. 122.

nach dem Ersten Weltkrieg verloren zu gehen drohten. Obwohl während des Ersten Weltkrieges deutsche Besitzansprüche immer weiter in den Osten verlängert worden waren[24] und obwohl noch im September 1917 Riga erobert worden war, mußte doch nach der Kapitulation mit einer gewissen Hilflosigkeit der internationale Richterspruch über die Zukunft Deutschlands abgewartet werden, während im Baltikum noch illegale Freikorpseinheiten kämpften. Ernst von Salomon, Mitglied der Organisation Consul und bekannt geworden durch seine Erinnerungen an die Beteiligung am Rathenau-Mord zeigte, wie sich Zweifel an Identität, Heimat und Sinn im Zeichen des „Baltikumskämpfers" aufheben ließen:

„Wo war Deutschland? In Weimar, in Berlin? Einmal war es an der Front, aber die Front zerfiel. Dann sollte es in der Heimat sein, aber die Heimat trog. Es tönte in Lied und Rede, aber der Ton war falsch. Man sprach von Vater- und Mutterland, aber das hatte der Neger auch. Wo war Deutschland? War es beim Volk? [...] Deutschland brannte in dunkel verwegenen Hirnen. Deutschland war da, wo um es gerungen wurde, es zeigte sich, wo bewehrte Hände nach seinem Bestande griffen [...] Deutschland war an der Grenze. Die Artikel des Versailler Friedens sagten uns, wo Deutschland war."[25]

Vor dem Hintergrund dieses massiven Sinnangebotes verblaßten differenziertere Erinnerungen.[26] Der Verlust der Ostgebiete ließ aus romantisch verklärten, politisch konservativen Heimatmetaphern eine aggressive Grenzlanddiskussion werden. Die vorher noch im Rahmen von Herausforderungen und Gefahren[27] verbliebenen Metaphern wurden in so existentieller Weise politisiert, daß selbst konkrete Erfolge vermittelnder Positionen – wie derjenigen Stresemanns – politisch nicht ihren Trägern, sondern der nationalistischen Agitation von rechts an-

---

[24] Vehikel zur Legitimierung konkreter Besitzansprüche waren der Deutsche Orden, die Hanse und die mittelalterliche Ostsiedlung, darüber hinaus aber auch eine mystisch vernebelte germanische Vorzeit. Vgl. Wippermann: Der Ordensstaat, S. 202.

[25] Ernst von Salomon: Die Geächteten, Reinbek 1962 ([1]1930), S. 48f.

[26] Oskar Kossmann berichtet, wie sich im September 1920 deutsche wie polnische Schulklassen freiwillig meldeten, um die Offensive der jungen sowjetischen Streitkräfte zu stoppen: „Im späten September 1920 strömten die Roten im Blitztempo unter Tuchatschewski unaufhaltsam in den Raum von Warschau ein. Selbst Deutschland schien bedroht.". Oskar Kossmann: Es begann in Polen. Erinnerungen eines Diplomaten und Ostforschers, Lüneburg 1989.

[27] Auch in der Sozialdemokratie ebbte die Diskussion um Alternativen zum nationalistischen Staat ab. Vgl. z. B. zum Vielvölkerstaat als „Verkehrsgemeinschaft" noch Otto Bauer: Die Nationalitätenfrage und die Sozialdemokratie, Wien [2]1924 ([1]1907). Wippermann weist auf vereinzelte Positionen hin, die ein Gegengewicht zur vorurteilsgelenkten Ostpolitik bildeten, so Wilhelm II, wie später auch Karl Liebknecht und Rosa Luxemburg und die Friedensbewegung. Vgl. Wippermann: Die deutsche und polnische Frage, S. 31.

gerechnet wurden.[28] Die Bewegung wurde zum Selbstläufer. Berechtigt und angemessen vorgetragene Ansprüche deutscher Minderheiten in Polen fanden ab 1928 vor dem Völkerbund Gehör, und die Forderungen der Deutschen nach Autonomie wurden gegen Polen unterstützt. Nach Stresemanns Tod überdrehte die Deutsche Delegation jedoch die Forderungen bis offensichtlich wurde, daß die Minderheitenpolitik nur noch zu Revisionsforderungen instrumentalisiert wurde.[29]

Welche Funktion übte für die Forscher ihre politische Stellungnahme in außenpolitischen Fragen aus – und aus welcher Konstellation ist sie erklärlich?[30] Die Äußerungen bezogen sich auf ein nationales Wohl, für das die einzigen Maßstäbe in Größe und Macht zu liegen schien.[31] Lebenschancen und wirtschaftliche Entwicklung spielten hier kaum eine Rolle und waren höchstens abgeleitete Faktoren:

„Der Jugend erflehen wir, daß sie dereinst Deutschland in gleicher Größe erleben möge wie wir in unserer Kindheit, daß sie frei werde, wie wir selbst es waren."[32]

Die Historiker standen der Politik näher als die Professoren anderer Fakultäten[33] – es handelte es sich aber nur graduell um eine größere Nähe. Typologisch un-

---

28 Zum zweischneidigen Erfolg Stresemanns vgl. Hans Mommsen: Die verspielte Freiheit. Der Weg der Republik von Weimar in den Untergang 1918 bis 1933. Frankfurt a. M./Berlin 1990, S. 222f. Dieser Effekt hatte sich seit 1924 auch in den Wahlergebnissen (vgl. ebd. S. 200) etabliert. Heinrich August Winkler sieht dagegen in den außenpolitischen Erfolgen ab 1923 generell „ein starkes Argument, gegen jedwede Art von Rechtsregierung", insgesamt dennoch nur eine „prekäre Stabilisierung". Vgl. Heinrich August Winkler: Weimar 1918-1933. Die Geschichte der ersten deutschen Demokratie. München 1993, S. 241.
29 Vgl. Broszat, S. 178.
30 Vgl. als Überblick Rüdiger vom Bruch: Bildungssystem, Universitäten, Wissenschaften, Gelehrte. Neuere Arbeiten und Ansätze zur deutschen Entwicklung vom 18. zum 20. Jahrhundert, in: Archiv für Sozialgeschichte 29 (1989), S. 439-489.
31 Kurt Sontheimer vertritt die Ansicht, daß es sich bei der Professorenschaft der Weimarer Republik um keine „politische Elite" gehandelt habe. Sehr wohl habe diese Elite, die ein klares Bewußtsein davon pflegte, Ausbilder aller künftigen Eliten zu sein, Politik gemacht, jedoch nach dem später so formulierten Motto: „Man war gegen die Partei, aber für das Vaterland.". Vgl. Kurt Sontheimer: Die deutschen Hochschullehrer in der Weimarer Republik, in: Klaus Schwabe (Hg.): Deutsche Hochschullehrer als Elite: 1815-1945. Boppard am Rhein 1988, S. 215-224. Zitat S. 217.
32 An diesem Satz Hermann Stievess von 1929 zeigt sich die Festmachung individuellen Wohlergehens an nationaler Macht, zitiert nach Sontheimer: Hochschullehrer, S. 222.
33 Rudolf Vierhaus spricht schon für das 19. Jahrhundert von „nicht-institutionalisierter wissenschaftlicher Politikberatung [...], die nicht selten einen persönlichen Charakter hatte." Vgl. Rudolf Vierhaus: Der politische Gelehrte im 19. Jahrhundert, in: Christian Jansen,

terschieden sich ihre Äußerungen und ihr Standesbewußtsein nicht von der Mehrheit der Universitätslehrer. Der Ton der Stellungnahmen von Hochschullehrern in der politischen Öffentlichkeit wurde (nach einem Ausdruck von Fritz K. Ringer) bestimmt von ihrem Standesbewußtsein als „Mandarine". Das deutsche Bildungsbürgertum hatte nach Ringer seinen Anspruch auf kulturelle Führung im 19. Jahrhundert stets noch weiter festigen können. Der Staat bezog seine Legitimation „aus seinem Dienst am intellektuellen und geistigen Leben der Nation" und war bei der Pflege – auch der Bewertung – dieses Lebens immer wieder auf die Mandarine angewiesen. Das Programm der Elite mußte also vom Staat unterstützt werden „ohne einen unmittelbaren praktischen Ertrag zu verlangen."[34] In der vom Krieg traumatisierten Gesellschaft der Weimarer Republik, die kulturell von einer Berliner Avantgarde bis zur romantisch-separatistischen Zelebrierung von vielerlei Folklore reichte, war die vormals so selbstverständliche kulturelle Definitionsmacht der Mandarine erheblich gefährdet. Ihre Einschätzungen unterschieden sich indes kaum von der allgemeinen – in den Revisionsfragen z. T. auch sozialdemokratischen – Meinung. Die übergroße Mehrheit der deutschen Historiker stützte eine Revisionspolitik zur Wiedererlangung einer deutschen Hegemonialstellung – die Gruppe der „Vernunftrepublikaner" machte da keine Ausnahme. Nach dem Urteil Bernd Faulenbachs wurde „Zeitgeschichte fast unmittelbar zum Medium politischer Argumentation"[35].

Im Nachweis eines deutschen „Sonderweges" gegenüber westeuropäischen Ideen lag eine Sinnsuche, die durch das Konstrukt der deutschen „Mittellage" in Europa auffüllbar war. Die Mittellage verlangte vom deutschen Wesen eine intellektuelle Verteidigung gegen den Westen und eine handfeste Behauptung gegen den Osten. Politische Metaphorik wurde umgesetzt in wissenschaftliche

---

Lutz Niethammer, Bernd Weisbrod (Hg.): Von der Aufgabe der Freiheit. Politische Verantwortung und bürgerliche Gesellschaft im 19. und 20. Jahrhundert, Berlin 1995, S. 17-28, Zitat S. 23.

[34] Fritz K. Ringer: Die Gelehrten. Der Niedergang der deutschen Mandarine 1890-1933, Stuttgart 1983, S. 20. Vgl. Jürgen Habermas: Die deutschen Mandarine, in: ders.: Philosophisch-politische Profile, 3., erw. Aufl., Frankfurt a. M. 1981, S. 458-468, zuerst englisch in: Minerva 9 (1971), S. 422-428. Habermas stützt trotz Kritik an Ringer den Begriff der „Mandarine" in Ringers Sinn und verlängert ihn noch in seine eigene Studienzeit in den fünfziger Jahren, vgl. S. 460.

[35] Bernd Faulenbach: Nach der Niederlage. Zeitgeschichtliche Fragen und apologetische Tendenzen in der Historiographie der Weimarer Zeit, in: Peter Schöttler (Hg.): Geschichte als Legitimationswissenschaft, 1918-1945, Frankfurt a. M. 1997, S. 31-51, Zitat S. 47. Zum „unpolitischen" Selbstverständnis der Professoren vgl. Wolfgang Abendroth: Die deutschen Professoren und die Weimarer Republik, in: Jörg Tröger (Hg.): Hochschule und Wissenschaft im Dritten Reich, Frankfurt a. M./New York 1986, S. 11-25.

Terminologien. Raummetaphern und die Aufhebung der Heimat in der Volksgemeinschaft stellten integrative Klammern bereit, die in dem Moment für verschiedene wissenschaftliche Disziplinen und wissenschaftliche Stile unwiderstehlich wurden, als sie den Deutungsstatus der Mandarine erneuern und stützen zu können schienen.

1.3. Entwicklungschancen im Umfeld der Gleichschaltung

Die Gleichschaltung der Universitäten brauchte nach der Massenentlassung jüdischer und politisch unliebsamer Hochschullehrer von hohen politischen Stellen aus nicht gesteuert zu werden. Die Übertragung des „Führerprinzips" auf die Hochschulen resultierte zwar nach 1933 in der Ernennung der Hochschulrektoren durch die zuständigen Minister. Das machte diese Rektoren jedoch keineswegs zu Alleinherrschern auf dem Campus. „Führung" war in der Universität, stärker als in anderen Verwaltungsstrukturen, Verhandlungssache.[36] Entscheidend waren nicht die Weisungen des „Hochschulführers" – entscheidend war, wie ihm entgegengekommen wurde. Klare Richtlinien waren dabei Mangelware. Selbst wer sich bei einem vermeintlichen Chefintellektuellen, wie Ernst Forsthoff, in seiner Programmschrift informieren wollte, wurde auf kaum mehr als ausdeutbare Metaphern zurückgeworfen:

> „Es ist nicht möglich, Führung als einem der politischen Erlebniswelt verhafteten Vorgang abstrakten Ausdruck zu geben. [...] Das Wort Führung läßt sich ebensowenig wie die sonstigen, spezifisch deutsche Empfindungen ansprechenden Worte (Volkstum, Heimat, Blut und Boden, Gemüt) in eine andere Sprache übersetzen."[37]

---

[36] Die vor der Machtübernahme amtierenden Rektoren übten ihre Tätigkeit zumeist noch bis zum Herbst 1933 aus. Die bayrischen Rektoren wurden danach in das Kultusministerium zitiert und gebeten, den neu ernannten Rektoren als Prorektoren zur Seite zu stehen. In Würzburg stütze 1934 „schon der zweite von der Regierung ernannte" Rektor selbstverständlich die theologische Fakultät gegen nationalsozialistische Proteste von Studenten und erwirkte von diesen eine Entschuldigung. Vgl. Joseph Pascher: Das Dritte Reich, erlebt an drei deutschen Universitäten, in: Die deutsche Universität im Dritten Reich. Eine Vortragsreihe der Universität München, München 1966, S. 45-70, hier S. 51f. Vgl. dagegen Michael Grüttner: Art. „Wissenschaft", in: Enzyklopädie des Nationalsozialismus, hrsg. v. Wolfgang Benz, Hermann Graml, Hermann Weiß, München 1997, S. 135-153, hier S. 139. Grüttner sieht eine Verlagerung der Entscheidungsbefugnisse auf die Staats- und Parteibürokratie, erwähnt aber auch die „Nebenregierungen" von NS-Dozentenbund (NSDDB), NS-Studentenbund (NSDStB) und örtlichen Parteistellen – also das Fehlen einer klaren Hierarchie. Die Ordinarien waren damit nur partiell entmachtet.

[37] Ernst Forsthoff: Der totale Staat, Hamburg 1933, S. 35f.

Versuche zur Übersetzung der Leitbegriffe in die wissenschaftliche Sprache wurden begrüßt, aber auch die unpolitisch-opportunistische Übernahme der Begriffe auf oberflächlicher Ebene wurde als „Selbst-Gleichschaltung" schon akzeptiert und honoriert. Auf dieser Ebene kommt es zu einer weitgehenden „temporären Komplizenschaft" der zumeist deutschnationalen Professoren mit dem Nationalsozialismus.[38]

Vehemente Forderungen kamen von den Studenten, wo der Nationalsozialismus schon seit Anfang der Dreißiger Jahre vorherrschend war.[39] Die Auseinandersetzungen erreichten die Formen eines Generationenkonflikts.[40] Jüngere, auch neokonservative Intellektuelle nahmen die Herausforderung in Angriff, zugleich selbst in den Status der Mandarine aufzurücken und der veränderten Nachfrage an Forschung gerecht zu werden.[41] Neben die mittlerweile bekannten „jungen" Gruppen einiger Schriftsteller aus dem Umfeld der Konservativen Revolution[42] und der völkischen Jura-Studenten der späteren SS-Elite vom Schlage Werner Best[43] muß in der Darstellung auch die Gruppe derjenigen treten, die eine akademische Karriere anstrebten.[44] Für die akademische Laufbahn mußte nach wie vor die Unterstützung der vorigen Generationen gesucht werden[45] –

---

[38] Bruno W. Reimann: Die „Selbst-Gleichschaltung" der Universitäten nach 1933, in: Jörg Tröger (Hg.): Hochschule und Wissenschaft im Dritten Reich, Frankfurt a. M./New York 1986, S. 38-52, hier S. 47.

[39] Die meisten AStA-Wahlen wurden von den Nationalsozialisten deutlich gewonnen. Vgl. Helmut Kuhn: Die deutsche Universität am Vorabend der Machtergreifung, in: Jörg Tröger (Hg.): Hochschule und Wissenschaft im Dritten Reich, Frankfurt a. M./New York 1986, S. 13-44, hier S. 34f.

[40] So auch Grüttner, vgl. S. 135 und Jeremy Noakes: The Ivory Tower under Siege: German Universities in the Third Reich, in: Journal of European Studies 23 (1993), S. 371-407, hier S. 371. Vgl. zu den Generationen der Weimarer Republik Detlev Peukert: Die Weimarer Republik, Frankfurt a. M. 1987.

[41] Vgl. Frank-Rutger Hausmann: Der „Kriegseinsatz" der Deutschen Geisteswissenschaften im Zweiten Weltkrieg (1940-1945), in: Winfried Schulze/Otto Gerhard Oexle (Hg.): Deutsche Historiker im Nationalsozialismus, Frankfurt/Main 1999, S. 63-86, hier S. 78.

[42] Vgl. als Beispiel Ernst Günther Gründel: Die Sendung der jungen Generation. Versuch einer umfassenden revolutionären Sinndeutung der Krise, München 1932.

[43] Vgl. Ulrich Herbert: Best. Biographische Studien über Radikalismus, Weltanschauung und Vernunft, 1903-1989, Bonn 1996.

[44] Vgl. Noakes, S. 390ff.

[45] Die „Gruppenmentalität" der Historiker war laut Faulenbach potentiell bedingt durch große Einheitlichkeit der sozialen Herkunft, wurde aber vor allem beim Nachwuchs durch „individuelles Identifikationsstreben, Anpassungsmechanismen und Konformitätsdruck" hergestellt. Bernd Faulenbach: Die Historiker und die „Massengesellschaft" der Weima-

Mentoren aus dem Kreis der Mandarine und Aspiranten bemühten sich deshalb um eine gemeinsame Verständigungsbasis. Die Notwendigkeit zu einer eingespielten Verständigung war in der Weimarer Republik für die Professoren schon aus strukturellen Gründen spürbar, denn mehr als ein Drittel der Lehrstühle waren nach 1918 neu besetzt worden.[46] Für die kommenden Jahre war ein neuerlicher Schub zu erwarten – akademischer Konkurrenzneid wurde mit den anstehenden antisemitischen Repressalien für jüdische Kollegen kompensiert. „Volkstum", „Raum" und der „Osten" waren dabei Begriffe, die über ihre unmittelbare politische Attraktivität hinaus den Brückenschlag von Generation zu Generation und von verschiedenen fachlichen Ausrichtungen zueinander erlaubten.

Der Göttinger Landeshistoriker Karl Brandi mobilisierte zur Gründung eines Instituts für historische Landesforschung in Göttingen musterhaft freigewordene Ressourcen durch den Verweis auf erfolgversprechende Versatzstücke im Umfeld von „Volk und Raum". Karl Brandis Vorbild bei der Gründung seines Instituts war das Bonner „Institut für geschichtliche Landeskunde der Rheinlande" unter der Leitung von Hermann Aubin[47]. Der Raum Niedersachsen wurde in diesen Legitimationsprozeß konstituiert über die „Idee" Wilhelm Peßlers von Niedersachsen als einem „Ursitze des Germanentums"[48]. Außerdem sollten mit der These Norbert Zimmers – Niedersachsen als zeitweilige „Ostmark des Reiches" – Prestige und Forschungsmittel geerntet werden, gelang damit doch auch die „Einreihung der Landesuniversität in die kleine Front der Osthochschulen"[49]. Die guten Beziehungen zum nunmehr derart aufgewerteten Auslandsdeutschtum wurden dazu nicht nur aus Gründen der Forschungsförderung ausgebaut. Der Lehrauftrag für den jungen Rigaer Gelehrten Reinhard Wittram, der so 1935 Göttingen kennenlernte, sollte beiden Seiten ein Gutes tun.

rer Republik, in: Klaus Schwabe: Die Hochschullehrer als Elite, 1815-1945, Boppard am Rhein 1988, S. 225-246, hier S. 233.

[46] Geschichte entwickelte sich dabei zwar schon zu einem „Massenfach", die Hochschullehrerschaft und der potentielle Nachwuchs blieb aber noch so „überschaubar", daß man sich kannte. Vgl. Faulenbach, S. 227.

[47] Vgl. Dietmar von Reeken: Wissenschaft, Raum und Volkstum: Historische und gegenwartsbezogene Forschung in und über „Niedersachsen" 1910-1945. Ein Beitrag zur regionalen Wirtschaftsgeschichte, in: Niedersächsisches Jahrbuch für Landesgeschichte 68 (1996), S. 43-90.

[48] Ebd., S. 74.

[49] Ebd., S. 81. Auch von Reeken betont die Konsensfähigkeit von „Ostraum"-Konstruktionen: „Mit einer solchen, innerhalb von Wissenschaft, Partei und Heimatbewegung konsensfähigen Selbstbeschreibung erhielt der Niedersachsengedanke eine unter neuen politischen Bedingungen verstärkte Dignität und trug gleichzeitig zur geistigen Vorbereitung und indirekten Legitimation nationalsozialistischer Ostpolitik bei." (S. 89).

2. Die Etablierung und Ausweitung der Ostforschung

2.1. Konservative Startrampen: Die Historikertage in Göttingen und Warschau

Der Wandel der Geschichtswissenschaft zu Beginn der dreißiger Jahre ist markant, auch wenn er eher eine Radikalisierung längst gängiger Positionen widerspiegelte als eine qualitative Änderung. Der Rechtsruck der ohnehin stark konservativen Historikerzunft läßt sich gut festmachen an der Haltung zur internationalen Wissenschaft und an den Aussagen über die politische Rolle der eigenen Arbeit. Innerhalb der Wissenschaftsdisziplin kannte der Wandel Profiteure und Verlierer – die einflußreichsten Positionen befanden sich dabei lange keineswegs am nationalsozialistischen Randbereich, sondern in der Mitte des insgesamt nationalen und rechtslastigen Spektrums.

Noch auf dem Internationalen Historikertag 1928 in Oslo brachten die erfolgreichen deutschen Teilnehmer Hermann Oncken und Karl Brandi mit deutschfranzösischen Dialogen die Entstehung einer „Ökumene der Historiker" – im Sinne einer internationalen scientific community – entscheidend mit voran.[50] Sogar Ansätze zur Auseinandersetzung mit marxistischer Geschichtsschreibung waren möglich. Oncken prägte für die konstruktive Atmosphäre den Begriff „Geist von Oslo".[51] Offene Diskussionen über die Unangemessenheit des klassischen Nationenkonzeptes für den Raum Osteuropa endeten mit der Hoffnung auf die Emanzipation vom Nationalismus und auf übernationale Organisationen wie den Völkerbund.[52] Ein guter Ruf von 1928 war nach 1930 in Deutschland jedoch bald eher ein Hindernis. Oncken selbst, trotz Gastprofessur in Chicago und Lasalle-Biographie durchaus national gesinnt, auch mit den üblichen Sympathien für das Auslandsdeutschtum, konnte 1935 von seinem eigenen Schüler Walter Frank öffentlich als zu unpolitisch demontiert werden, ohne daß es von den Kollegen Proteste gab.[53]

---

[50] Vgl. Karl Dietrich Erdmann: Die Ökumene der Historiker. Geschichte der Internationalen Historikerkongresse und des Comité International des Sciences Historiques, Göttingen 1987, S. 174f.
[51] Ebd., S. 164. In diese produktive Atmosphäre fällt auch die Ankündigung der Gründung der Zeitschrift „Annales", vgl. S. 172.
[52] Vgl. ebd., S. 168.
[53] Vgl Klaus Schwabe: Hermann Oncken, in: Hans-Ulrich Wehler (Hg.): Deutsche Historiker, Göttingen 1973, S. 189-205, hier S. 189-191 u. 197. Oncken mußte seine Lehrtätigkeit nach Schmähartikeln Walter Franks im „Völkischen Beobachter" beenden: „L'Incorruptible, eine Studie über Hermann Oncken", 3. Feb. 1935, S. 191. Vgl. a. Hel-

Der anstehende 7. Internationale Historikerkongreß in Warschau 1933 wurde in Deutschland generalstabsmäßig geplant. Brandi nutzte seinen persönlichen Erfolg in Oslo auch institutionell und war sowohl an der internationalen wie an der nationalen Vorbereitung der Tagung beteiligt.[54] Brandis Linie, daß „der Osten vorzüglich als Raum deutscher Möglichkeiten betrachtet werden" soll, reichte in seinen integrativen Möglichkeiten von kultureller Repräsentation Deutschlands im Osten bis zur Ausarbeitung expansiver Besitzansprüche. Diese integrative Haltung hatte Brandi 1932 zu seiner Wahl zum Vorsitzenden des Verbandes der Historiker Deutschlands auf dem Historikertag 1932 in Göttingen verholfen.[55] Dort war für den Kongreß in Warschau beschlossen worden, „den deutschen Teilnehmern den Charakter einer geschlossenen Delegation zu geben – vergleichbar der faschistischen Organisation der Italiener, die man in Oslo beobachten konnte."[56] Der Göttinger Historikertag war ganz den „Ostfragen" gewidmet und stand damit stark unter dem Einfluß jungkonservativer Positionen. Hermann Aubin betonte die Gefährdung des „deutschen Eigenwesens" und seine Mittelposition zwischen einer Verwaltungsgrenze im Westen und einer „Außengrenze" im Osten, die zugleich „Kulturscheide" und „Mischgürtel" sein sollte[57] – damit missionarische Herausforderung und kulturelle Bedrohung verbindend. Der Vortrag von Hans Rothfels setzte stärker auf eine objektivierte Variante zur Legitimation der Herrschaftsansprüche im Osten: nur in Bismarcks dynastisch-ständischer Nationalitätenpolitik habe gegenüber dem Einfluß von Nationalismus, Sozialismus und Katholizismus die Chance des friedlichen Miteinanders von Germanen und Slawen gelegen. Damit war die polnische Nation eine „lebensfremde Doktrin" und eine Revision der vorigen „naturgegebenen Lage" als notwendig erwiesen.[58] Mit seinem Bekenntnis zur „kämpfenden Wissenschaft" stand Hans Rothfels in einem besonderen Verhältnis zu seinen Assistenten und Schülern, die ihrerseits studentische Deutschtumsarbeit organisier-

mut Heiber: Walter Frank und das Reichsinstitut für Geschichte des neuen Deutschlands. Stuttgart 1966, hier S. 201f.
54 Vgl. Wolfgang Petke: Karl Brandi und die Geschichtswissenschaft, in: Hartmut Boockmann/Hermann Wellenreuther (Hg.): Geschichtswissenschaft in Göttingen. Eine Vorlesungsreihe. Göttingen 1987. S. 287-320, hier S. 302f.
55 Petke, S. 303.
56 Erdmann, S. 197.
57 Ingo Haar: „Revisionistische" Historiker und Jugendbewegung: Das Königsberger Beispiel, in: Peter Schöttler (Hg.): Geschichte als Legitimationswissenschaft, 1918-145. Frankfurt a. M. 1997, S. 52-103, hier S. 77.
58 Vgl. ebd., S. 79. Diese und weitere Auftritte von Erich Maschke, Max Hildebert Boehm ließen auch die „Deutsche Allgemeine Zeitung" feststellen, daß die deutschen Historiker sich nun in einer „Angriffsstellung gegenüber Polen" befänden.

ten.[59] Theodor Schieder, Werner Conze, Rudolf Craemer und auch die Soziologen Karl Heinz Pfeffer, Gustav Giere und Giselher Wirsing waren in bündischen Gilden aktiv, die versuchten, Ostromantik und ostpolitisches Engagement zu verbinden. Der Ort Königsberg wurde für Werner Conze als Vorposten im Forschungsgebiet Osten oder für Theodor Schieder als elitäres Milieu zum Anziehungspunkt und entwickelte eine große ideologische und wissenschaftliche Dynamik. Beim Historikertag in Göttingen wirkte dieser Impuls des akademischen Nachwuchses, offen vermittelt über Lehrer wie Rothfels, auf die historische Zunft zurück. Seine völkische und gegenwartsorientierte Geschichtswissenschaft fand in Göttingen großen Beifall.[60]

Die allgemeine Bereitschaft der deutschen Historiker, sich in ein (ausreichend großes) völkisches Paradigma integrieren zu lassen[61], wird auch bei der deutschen Delegation von 59 Teilnehmern für den Internationalen Historikertag in Warschau deutlich. Alle Teilnehmer erhielten vor der Konferenz ein „Vademecum", das auftretende kontroverse Diskussionspunkte mit polnischen Kollegen auf etwa 50 Seiten so abdecken sollte, daß der deutsche Agitator sicher die Oberhand behielt. Das Vademecum sollte sogar vor der Fahrt nach Warschau wieder abgeliefert werden.[62] In Warschau dominierten dann zwar die älteren Fachgenossen, aber „die deutsche Delegation war die einzige auswärtige, in der das Element der Jugend eine deutlich hervorragende Rolle spielte."[63]

Manche Attacke im Namen der Jugend und der neuen Wissenschaft nach 1933 verletzte jedoch die noch gültigen konservativen Konventionen und mußte scheitern. Als in Göttingen 1934 zum Reichsgründungstag der Althistoriker Ulrich Kahrstedt die deutsche Delegation wegen ihres Besuchs in Warschau der „Ehr- und nationalen Würdelosigkeit" anklagte, stellten sich die Historische

---

[59] Vgl. ebd., S. 73. Rothfels übernahm auch die Verantwortung für die Königsberger Ortsgruppe des Vereines für das Deutschtum im Ausland (VDA) zu übernehmen, vgl. S. 72.
[60] Vgl. ebd., 79f.
[61] Die akademisch schon akzeptierten älteren Förderer der völkischen Geschichtswissenschaft waren Adolf Helbok und Erich Keyser. Rhetorisch leicht abgeschwächt fand eine „Volksgeschichte" bei Hans Rothfels und Franz Steinbach aktive Förderung. Vgl. Karen Schönwälder: Historiker und Politik. Geschichtswissenschaft im Nationalsozialismus, Frankfurt/New York 1992, hier S. 43-46.
[62] Vgl. Petke, S. 304 und Erdmann, S. 198.
[63] Brandi nennt Beiträge von Hermann Aubin, Albert Brackmann, Percy Ernst Schramm, Gerhard Ritter, Erich Brandenburg, Otto Hoetzsch, Hans Rothfels und Erich Keyser (S. 218f.). Vgl. Karl Brandi: Der siebente Internationale Historikerkongreß zu Warschau und Krakau, 21.-29. August 1933, in: Historische Zeitschrift 149 (1934), S. 213-220, hier S. 218f., Zitat S. 214. Zum Auftreten der Teilnehmer vgl. S. 220.

Zunft, die Universität und das Ministerium[64] auf Seiten Brandis. Brandi, in Warschau zum Vizepräsidenten des Comité Internationale Sciences Historique gewählt, forderte, sekundiert von seinem Freund und Kollegen Percy Ernst Schramm, von Kahrstedt Genugtuung.[65] Sowohl Brandi wie auch Kahrstedt interessierte das Auslandsdeutschtum und das damit verbundene Prestige wurde von beiden gezielt instrumentalisiert. Aber Kahrstedts Rede unterschied sich im Ton von den akademischen Gepflogenheiten der älteren Generation, und darin sollte sie sich auch unterscheiden:

„[...] wir sagen ab der internationalen Gelehrtenrepublik, wir sagen ab der Forschung um der Forschung willen. [...] Bei uns wird Geschichte gelehrt und gelernt nicht um zu sagen, wie es eigentlich gewesen ist, sondern um die Deutschen aus dem wie es war lernen zu lassen."[66]

Kahrstedt bot in dieser bei Studenten stimmungsmäßig gut plazierten Rede für seine Wissenschaft allerdings keine eigene konzeptionelle Alternative zu internationaler Anerkennung und den sicheren Pfaden rankeanischer Geschichtsschreibung. Ideologische Postulate allein konnten akademisch orientierte Historiker nicht auf ihre Seite ziehen[67] – und finanzielle Mittel hatte Kahrstedt auch nicht zu verteilen. Die erfolgreiche Durchsetzung gegen Brandi war 1935 erst Walter Frank beschieden, der das Konzept „kämpfender Wissenschaft" überzeugender adaptierte[68] und als Referent der NSDAP für Geschichte dem Verlag der Historischen Zeitschrift seine „Erwägungen" für eine Neuordnung der HZ

---

[64] Brandi erreichte eine Entschuldigung des Rektor im Namen der Universität und ein Mißbilligungsschreiben des nationalsozialistischen Innenministers Wilhelm Frick an den Verband der Historiker. Vgl. Petke, S. 307.

[65] Ulrich Kahrstedts Rede erschien auch in der Göttinger Zeitung vom 19. Jan. 1934, S. 5f. Kahrstedt war in der Weimarer Republik führendes Mitglied der Göttinger DNVP und des Stahlhelm. Petke charakterisiert die Attacke dennoch angemessen als „nationalsozialistischen Angriff" (vgl. Petke: Karl Brandi, S. 306). Auf sein Duell mußte Brandi allerdings verzichten: Kahrstedt lehnte ab. Vgl. ferner Robert P. Eriksen: Kontinuitäten konservativer Geschichtsschreibung am Seminar für Mittlere und Neuere Geschichte: Von der Weimarer Zeit über die nationalsozialistische Ära bis in die Bundesrepublik, in: Heinrich Becker/Hans-Joachim Dahms/Cornelia Wegeler: Die Universität Göttingen unter dem Nationalsozialismus. 2., erw. Aufl., München 1998, S. 427-453, bes. S. 437.

[66] Cornelia Wegeler: „... wir sagen ab der internationalen Gelehrtenrepublik". Altertumswissenschaft und Nationalsozialismus. Das Göttinger Institut für Altertumskunde 1921-1962. Wien u. a. 1996, S. 156. Zu Kahrstedt und dem Auslandsdeutschtum vgl. S. 94.

[67] So auch das Urteil von Rudolf Vierhaus. Vgl. Vierhaus, S. 619.

[68] Vgl. Heiber: Frank, S. 730f. Franks Erfolg in der Auseinandersetzung mit Brandi war zwiespältig, trat doch Siegfried A. Kaehler die Nachfolge von Brandi an, der zwar – antisozialistisch und nationalistisch – eine für den NS noch akzeptable konservative Einstellung hatte, aber doch unkooperativ blieb. Vgl. Heiber: Frank, S. 853.

ankündigte. Franks Haltung war eine kämpferische Flucht nach vorn: Er mußte gleichzeitig demonstrativ 1934/35 die Habilitation für sich ablehnen[69] wie auch später die Berufung auf den geräumten Lehrstuhl von Oncken[70], um für sich die Leitung der fälligen nationalsozialistischen Alternative zur akademischen Geschichtswissenschaft zu sichern: des „Reichsinstituts für Geschichte des neuen Deutschlands". Selbst für dieses Instituts mußten noch ältere Fachvertreter in den Beirat berufen werden, der Motor waren jedoch junge Aktivisten.[71] Der Bereich dezidierter ideologischer Nähe zum Nationalsozialismus war von Frank damit institutionell abgedeckt.

Bis zum Einsetzen einer aktiven Ressourcenpolitik der Ostforschung durch ihre führenden Organisatoren Brackmann und Aubin war der aktivste Faktor das stetig steigende Prestige einzelner Versatzstücke, die in der Ostforschung beheimatet waren und integriert werden konnten.[72] Über klassische, konservative Kanäle, wie sympatisierende Ordinarien, Historikerverband und Historikertage wurde die aufsteigende Ostforschung zu einem maßgeblichen Teil in der Geschichtswissenschaft verankert.

2.2. Die Gruppierung um das Gravitationszentrum Brackmann

Von der wissenschaftlichen Umstrukturierung und Expansion der Ostforschung profitierte vor allem die Publikationsstelle Dahlem (PuSte) und ihr Leiter Albert Brackman.[73] Im Gegensatz zu dem Rückhalt, den Ulrich Kahrstedt in seinem Angriff auf Karl Brandi vergeblich suchte, wußte Brackmann durch Integration zu wirken.

Bis zum Beginn der dreißiger Jahre war die Ostforschung nur dezentral institutionalisiert und verteilte sich auf Heimatbewegung, Deutschtumsverbände[74],

---

[69] Vgl. ebd., S. 115.
[70] Als Zeitzeuge Hans Rothfels: Die Geschichtswissenschaft in den dreißiger Jahren, in: Andreas Flitner (Hg.): Deutsches Geistesleben und Nationalsozialismus. Eine Vortragsreihe der Universität Tübingen, Tübingen 1965, S. 90-108, hier S. 100.
[71] Vgl. ebd., S. 102.
[72] Vgl. Michael Burleigh: Germany Turns Eastwards. A Study of Ostforschung in the Third Reich, Cambridge UP 1988, S. 32-39.
[73] „The Publikationsstelle Dahlem was to become a command post for the scholarly sensors facing towards the East. The commander was Albert Brackmann.", Burleigh, S. 39.
[74] Walter Kuhn beschreibt, wie seine „Sprachinseln"-Wanderungen und -Interviews zuerst vom Verein für das Deutschtum im Ausland (VDA) gefördert wurden und er sie später im Projekt „Handwörterbuch des Grenz- und Auslandsdeutschtums" einbringen konnte. Vgl. Kuhn: Sprachinselforschung, S. 247-250.

Kunstgeschichte[75], Landesforschung[76], kleinere Ost-Institute[77], sowie Osteuropa-Seminare[78] und allgemein „sympathisierende" Lehrstühle.[79] Einer zentralen Instanz am nächsten kam die Leipziger „Stiftung für Volks- und Kulturbodenforschung", die als großes Projekt das „Handwörterbuch des Grenz- und Auslandsdeutschtums" herausgab und so in die Reihe der „Sozialisationsinstanzen"[80] von Wissenschaft aufstieg.[81] Der „Niedergang" der Leipziger Stiftung brachte Brackmann ins Spiel. Ihr Gründer Penck setzte in einem Brief an Brackmann 1932 dieser seit 1930 dauernden Entwicklung ein Ende, erklärte seinen Rücktritt und qualifizierte die alte Redaktionsgruppe damit ab, daß er „deren

---

75 Kunstgeschichte war z. T. volkskundlich ausgerichtet. Vgl. bisher nur Michael Fahlbusch: Wissenschaft im Dienste der nationalsozialistischen Politik. Die „Volksdeutschen Forschungsgemeinschaften" von 1831-1945. Baden-Baden 1999. S. 47-54.

76 Nach der rein rhetorischen Verbindung von Landesforschung und Ostforschung bei Karl Brandi entwickelte Hermann Aubin, zuerst in Bonn, dann ab 1929 in Breslau am landeshistorischen Institut, eine reformierte Landesgeschichte als „Kulturmorphologie". Methodisch ähnlich wirkte Rudolf Kötzschke in Leipzig, vgl. Willi Oberkrome: Volksgeschichte. Methodische Innovation und völkische Ideologisierung in der deutschen Geschichtswissenschaft. Göttingen 1993. S. 32-35. Für Westpreußen unternahm Ähnliches Erich Keyser, vgl. ebd., S. 56-72.

77 So z.B. das „Institut für ostdeutsche Wirtschaft" in Königsberg (seit 1916) und das „Osteuropa-Institut Breslau" (seit 1918). In Berlin existierten noch drei kleinere Institute. Vgl. Felix Heinrich Gentzen/Johannes Kalisch/Gerd Voigt/Eberhard Wolfgramm: Die „Ostforschung" – ein Stoßtrupp des deutschen Imperialismus. in: Zeitschrift für Geschichtswissenschaft. 6. Jg. (1958). S. 1181-1220, hier S. 1187f. Weitere Institute bei Christoph Kleßmann: Osteuropaforschung und Lebensraumpolitik im Dritten Reich. in: Peter Lundgreen (Hg.): Wissenschaft im Dritten Reich. Frankfurt a. M. 1985. (vgl. Anm. 78). S. 356 und Oberkrome, S. 25-29. In Torun gab es ein Baltisches Institut, vgl. Burleigh, S. 50.

78 Vgl. Kleßmann: Osteuropaforschung, S. 350-383, hier S. 354-357. Kleßmann spricht zwar von einem „Dualismus" von osteuropäischer Geschichte und Ostforschung, hält eine präzise Trennung jedoch nicht für möglich und sieht davon ab (vgl. S. 350). Plausibel wäre eine Abtrennung von der Ostforschung nur für das Berliner Seminar von Otto Hoetzsch, das aber nach der Demontage von Hoetzsch auch an die Ostforschung fällt. Neben Berlin gab es noch osteuropäische Ordinariate in Hamburg und Leipzig. Extraordinariate in Breslau und Königsberg. Vgl. dazu Erwin Oberländer: Historische Osteuropaforschung im Dritten Reich. Ein Bericht zum Forschungsstand. in: ders. (Hg.): Geschichte Osteuropas. Zur Entwicklung einer historischen Disziplin in Deutschland, Österreich und der Schweiz (1945-1990). Stuttgart 1992. S. 12-30, hier S. 15.

79 Dies gilt z. B. für den Soziologen Gunther Ipsen, Lehrer von Werner Conze, nach seiner Berufung nach Königsberg 1933, vgl. Oberkrome, S. 104.

80 Rössler, S. 53.

81 Weitere Projekte, die für die kommende Ostforschung rekrutierten, waren der „Atlas der deutschen Volkskunde", der von Aubin in das Förderungsprogramm der Notgemeinschaft der deutschen Wissenschaft gehievt wurde. Vgl. Oberkrome, S. 84f.

wissenschaftliche und wirtschaftliche Gebarung nicht mehr zu verantworten vermochte"[82]. Der Geograph Wilhelm Volz hatte sich zu sehr von Penck entfernt, um nach finanziellen Unstimmigkeiten und seiner Unterstützung des unpopulären Young-Plans noch die Leitung zu behalten.[83]

So paßte die Gründungsphase der Volksdeutschen Forschungsgemeinschaften in eine akute Machtlücke innerhalb der Ostforschung, während gleichzeitig die Erwartungen an sie durch den neuen außenpolitischen Kurs gestiegen waren. Brackmanns Rolle bei der Gründung der Forschungsgemeinschaften wurde zum ersten Mal deutlich, als er dafür sorgte, daß das Innenministerium von der Verantwortung für den Niedergang der Leipziger Stiftung freigesprochen wurde, gleichzeitig davon abriet, gegen die Drahtzieher des Umsturzes – Albrecht Penck, Walter Goetz und Friedrich Metz – vorzugehen und eine Fortsetzung die Kampagne für den kommenden Geographentag schlicht untersagte.[84] Die Konstellation, daß Brackmann mit allen Parteien, die an Konflikten beteiligt waren, mehr oder weniger autoritär umzuspringen in der Lage war, versicherte ihn einer einflußreichen Mittelstellung.[85] Für seine Mittelstellung gab es mehrere Gründe, die aus dem bisher Dargestellten plausibel sein müßten: Brackmann hatte schon früh die Metaphern „Deutschland und der Osten" und „Volkstum" besetzt. Er war bereit zur Kooperation mit der Politik, hatte – als zuerst DVP- dann DNVP-Mitglied – sogar Otto Braun schon auf seine Seite zu ziehen gewußt. Brackmann war kaum angreifbar: mit radikalen Studenten wurde er als Generaldirektor der preußischen Archive recht wenig konfrontiert, galt aber dadurch „traditionsgemäß als der höchstrangige deutsche Historiker"[86]. Andere Leiter von Instituten konnten dagegen zwar oft ihre einflußreichen Positionen ausbauen, hatten jedoch ungleich geringere Möglichkeiten ihre jeweiligen Machtpositionen im akademischen und politischen Bereich gegeneinander auszuspielen.[87]

---

82 Zitiert nach Rössler, S. 55.
83 Vgl. Fahlbusch: Wissenschaft, S. 65. Unter den Ostforschern gab es beim jungkonservativen – insbesondere Königsberger – Nachwuchs eine aktive Anti-Young-Plan Bewegung.
84 Vgl. ebd., S. 66-68.
85 Brackmann schrieb im August 1933 an Hitler, daß man im kürzlich erschienenen Sammelband zum Historikertag gegenüber Polen so zurückhaltend wie möglich an Hitlers eigener Rede orientiert habe. Vgl. Burleigh, S. 64.
86 Wolfgang J. Mommsen: Vom „Volkstumskampf" zur nationalsozialistischen Vernichtungspolitik in Osteuropa. Zur Rolle der deutschen Historiker unter dem Nationalsozialismus, in: Schulze/Oexle (Hg.), S. 183-214, hier S. 183.
87 Ein weiteres Machtzentrum entstand um den Vorsitzenden des Volksbundes für das Deutschtum im Ausland (VDA) Hans Steinacher. Steinacher übernahm während der ersten drei Jahre die Geschäftsführung der Forschungsgemeinschaften, geriet aber leichter als der Brackmann-Kreis in Kollision mit Parteistellen, z. B. bei so heiklen Angelegen-

In der Situation nach der Machtergreifung war Brackmanns Mittelstellung stabil. Als die Gelder für die „Forschungsstelle für Nachkriegsgeschichte", für die Friedrich Meinecke noch 1933 bei Wilhelm Frick persönlich erschienen war, auszulaufen drohten, wandte Meinecke sich im März 1934 an Hindenburg. In der Kommissionssitzung wurde der Vorschlag von Donnevert aufgegriffen: man müsse die Forschungsstelle der von Brackmann geleiteten Ostforschungsstelle des Preußischen Geheimen Staatsarchivs zuführen, um die Gelder zu retten – was auch erfolgreich war.[88] Brackmann fand zudem einen jungen Verbündeten in Hermann Aubin, der in seinem Sinn die Brücke zum Nachwuchs schlagen konnte.[89] Brackmann hatte gerade selbst siebzehn Schüler in seinem neuen Institut für Archivwissenschaft untergebracht, als vom Innenministerium 1932 weitere Mittel für eine neue „Zentrale für Ostforschung" unter der Bedingung ausgelobt wurden, daß diese von der Archivleitung und dem Ministerium gebildet werden müßte. Dies war der Beginn der Publikationsstelle Dahlem, die zur zentralen Koordinationsstelle der Forschungsgemeinschaften werden sollte, die ja eigentlich einer ganz anderen Initiative entstammten. Damit wurde Brackmann die perfekte Anlaufstelle für junge Ostforscher; direkt förderte die PuSte unter anderem Theodor Schieder, Erich Maschke und Kurt Forstreuter.[90]

Zu Brackmanns Taktik gehörte auch, nationalsozialistische PGs in Kommissionen zu holen, um „künftigen, etwa von außen drohenden Versuchen politischer ‚Gleichschaltung' zuvorzukommen"[91]. Brackmann repräsentierte eine Alternative zur Gleichschaltung von außen, den Zusammenschluß um ihn herum. Er war sich nicht zu schade, sein Image als „liberaler Geheimrat" mit der Verurteilung der unwürdigen Angriffe auf Hermann Oncken zu pflegen und gleichzeitig den letzten Oncken-Vortrag am Noch-Herausgeber der Historischen Zeitschrift Meinecke vorbei ausfiltern zu lassen.[92] Dieses Handeln ließ sich als

---

heiten wie der neuen „fünften Kolonne" des Deutschtums im Osten, der NSDAP-AO. Vgl. Fahlbusch: Wissenschaft, S. 106f.

[88] Vgl. Heiber: Frank, S. 362.
[89] Vgl. Fahlbusch: Wissenschaft, S. 69. Zusammen mit Hans Rothfels versuchten diese nach einem Begriff von Fahlbusch und Haar „ethnohistorisch" arbeitenden Historiker, die Historische Reichskommission zu übernehmen. Entsprechend betont Fahlbusch, daß die entscheidende Trennlinie nicht zwischen Walter Frank und Brackmann, sondern zwischen Meinecke und Brackmann verlief (vgl. dazu auch Heiber: Frank, S. 146-164). Innerhalb des nationalsozialistischen Herrschaftssystems war gerade eine (im Grunde stabile) Dauerkontroverse Frank – Brackmann für nicht nationalsozialistische Historiker die Motivation, sich auf die vermeintlich verwandte Seite zu schlagen.
[90] Vgl. Burleigh, S. 53-55.
[91] Zitiert nach Heiber: Frank, S. 170.
[92] Vgl. ebd., S. 227. Zitat S. 854.

Vermeidung von Konflikten mit dem Regime rationalisieren, und so wurde Brackmann von seinen Kollegen auch in Anspruch genommen. Die Charakterisierung Brackmanns durch eine nationalsozialistische Dienststelle liefert das passende Gegenstück:

„Br. ist ein sehr umstrittener Mann. Er ist ohne Zweifel sehr ehrgeizig und machthungrig, andererseits aber durchaus liebenswürdig und hilfsbereit, wenn man ihm entsprechend entgegenkommt. Politisch wird er von seiten der Partei im großen und ganzen abgelehnt, wohl aber wissenschaftlich anerkannt. Nationalsozialist ist er nicht, wird er auch nie werden, wohl aber ist er stets ein deutschbewußter, nationaler Mann gewesen."[93]

Damit wurde Brackmann eine Art Pate der Ostforschung. Zeitgenössisch war auch vom Brackmann-Kreis die Rede.[94] Aubin als sein Kronprinz ergänzte diese Struktur um seine eigene „Breslau-Connection"[95].

Walter Frank erreichte zwar später die Pensionierung Brackmanns, gewann aber selbst niemals Einfluß auf die Ostforschung. Innerhalb der gegen die Geschichtswissenschaft zunehmend abgeschirmten Ostforschung konnte Brackmann als „Graue Eminenz"[96] weiterwirken und noch zwei Zeitschriften gründen; insgesamt blieb er länger aktiv als Walter Frank, der 1941 von Alfred Rosenberg kaltgestellt wurde.[97] Die Verteilung der Ressourcen lief nicht nur direkt über den von Brackmann, Aubin und Papritz geleiteten Teil der Volksdeutschen Forschungsgemeinschaft, die „Nordostdeutsche Forschungsgemeinschaft" (NOFG). Auch über jene Forschungsprojekte, die der Brackmann-Kreis halb annektiert, halb in treuliche Verwahrung genommen hatte, über Zeitschriften, sowie eine Reihe von Forschungs- und Kulturpreisen war eine solche Vermittlung steuerbar. Fast alle Kuratoriumsmitglieder der Johann-Wolfgang-Goethe-Stiftung waren gleichzeitig in den Volksdeutschen Forschungsgemeinschaften aktiv – folgerichtig galt das auch für etwa die Hälfte der etwa 60 Preisträger.[98]

---

[93] Ebd., S. 852.
[94] Tatsächlich wird vom konkurrierenden Walter Frank im Zusammenhang mit Brackmann von der „liberalen akademischen Mafia" gesprochen. Vgl. Burleigh, S. 148.
[95] Vgl. Jakob Michelsen: „Ostforscher" am historischen Seminar nach 1945. Anmerkungen zu Hermann Aubin und zur „Breslau-Connection", in: Der Forschung? Der Lehre? Der Bildung? – Wissen ist Macht! 75 Jahre Universität Hamburg. Studentische Gegenfestschrift zum Universitätsjubiläum 1994, Hamburg 1994, S. 304-321.
[96] So auch Charakterisierung von Gentzen/Kalisch/Voigt/Wolfgramm, S. 1193.
[97] Vgl. Heiber: Frank, S. 856.
[98] Vgl. Fahlbusch: Wissenschaft, S. 116-119.

II. KÄMPFENDE WISSENSCHAFT: OSTFORSCHUNG VOR 1945

Der nationalsozialistische Staat konnte begreiflicherweise nicht effektiv auf einzelne Fachhistoriker zugehen und bestimmte Arbeiten verlangen. Der unerwartete Schwenk in der Außenpolitik gegenüber Polen, das Deutsch-polnische Nichtangriffsabkommen 1934, stellte zudem öffentlich gegen Polen agierende Forscher vor ein Problem. Brackmann machte die Ostforscher dafür sensibel, was gerade opportun war und empfahl ideologischen Hardlinern ein rhetorisches Moratorium.[99] Brackmann war kein „Führer" der Ostforschung – seine Mittelstellung stellte vielmehr ein Zentrum großer Anziehungskraft dar, weil hier von Politik und Wissenschaft Ressourcen „sicher" unterzubringen waren.

2.3. Die Absicherung und Ausdifferenzierung der Disziplin in den 30er Jahren

Einrichtungen, die längst so etabliert waren, daß sie nicht umgehend unter den Einfluß des Brackmann-Kreises gerieten, waren die Lehrstühle für osteuropäische Geschichte in Leipzig und Berlin. Allerdings rutschten beide Lehrstühle in ihrem Anpassungsprozeß an die Situation nach 1933 weiter nach rechts, als dies eine Einbindung in den flexibel geführten Brackmann-Kreis hätte bedeuten müssen.[100] Nachfolger Rudolf Kötzschkes in Leipzig wurde der Volkshistoriker Adolf Helbok, der mit Hermann Aubin befreundet war und sich wissenschaftlich an Erich Keyser orientierte. Die Trennungslinien zwischen Helbok und Kötzschke verliefen entlang des Bekenntnisses zu „kämpfender Wissenschaft" und der Verwendung des Rassebegriffes als Teil der Forschung. Streitobjekt war das landeshistorische Institut. Für seine Pläne zum Aufbau eines „Reichsinstitutes für Volkstumsforschung" blieb Helbok auf Kötzschkes Schüler angewiesen, die ihn aber nach und nach wissenschaftlich demontierten und eigene Verbindungen zum zuständigen Ministerium hielten. Aufgrund seiner thematischen Legitimation war Helbok aber nicht zu vertreiben, bis er freiwillig 1941 nach Innsbruck ging. Die Situation bis dahin war ein Patt verschiedener, aber am Ende ebenbürtiger Legitimationen.[101] Der Faktor Brackmann war für keine der beiden Seiten zu mobilisieren, denn Helbok war mit Aubin freundschaftlich wie fachlich ver-

---

[99] Vgl. Burleigh, S. 62f.
[100] Nachfolger von Otto Hoetzsch wurde Hans Uebersberger.
[101] Vgl. Esther Ludwig: „Ein sonniges Neuland" oder der Historiker als „Diagnostiker am Leibe des Volkes". Zum Verhältnis von politischem Legitimationsbedarf und wissenschaftlichem Erkenntnisinteresse anhand der Kontroverse der „Kötzschke-Schule" mit Adolf Helboks Volksgeschichte, in: Westfälische Forschungen 46 (1996), S. 49-71, bes. S. 62-67. Bekanntester und aktivster Schüler Kötzschkes war Walter Schlesinger.

bunden und Kötzschke war aktiv bei Projekten der von Aubin und Brackmann geleiteten Nordostdeutschen Forschungsgemeinschaft.[102]

Das Berliner Seminar von Otto Hoetzsch hatte traditionell Rückhalt beim Auswärtigen Amt und während der Weimarer Republik auch bei Wirtschafts- und Finanzkreisen, die an Informationen für Investitionen und Handelsgeschäfte im Osten interessiert waren.[103] Nach der Machtergreifung versuchte Hoetzsch in drei Schritten, seiner Zeitschrift die Eigenständigkeit zu erhalten. Klar programmatisch fügte er einem fertigen Artikel einen bekenntnishaften Absatz ein, der nun auch die Zeitschrift „Osteuropa" zu „einer Art geistiger Mobilmachung im ‚Kampf um den Osten'" verpflichtete – zuvor waren noch fast in jeder Ausgabe auch russische Beiträge (nicht nur von Emigranten) erschienen.[104] Zweiter Schritt war im April ein Memorandum an das Kultusministerium, in der ihr Schriftleiter Klaus Mehnert den Standort der Zeitschrift mit Worten aus einer Reichstagsrede Hitlers darlegte. Später im Jahr wandte sich Hoetzsch an das Auswärtige Amt und versuchte unter Hinweis auf die lange bestehenden Beziehungen von hier aus auch politische Rückendeckung zu erhalten – als vierten Schritt versprach Hoetzsch, die Zeitschrift „einzuschalten" (statt „gleichzuschalten"), indem mehrere Parteivertreter aufgenommen würden. Der Dialog mit konkurrierenden Instanzen aus der Politik wurde schließlich vom Kultusministerium beantwortet, indem Mitgliederkartei und Spendenliste beschlagnahmt wurden. Warnung genug, um einen ausreichend weit rechts orientierten, aber gerade noch „klaren und vernünftigen Mann", nämlich Werner Markert als Schriftleiter einzusetzen.[105] Markert habilitierte erst nach dem Krieg 1948 in Göttingen. Inhaltlich war Markert 1934 nicht allzu weit von Hoetzsch entfernt, aber er beherrschte die entscheidende rhetorische Ressource, den kämpferischen, radikalen Ton:

---

[102] Kötzschke war für die NOFG der einzige Spezialist in der Sorbenfrage. Vgl. Fahlbusch: Wissenschaft, S. 234f.

[103] Vgl. Fritz T. Epstein: Otto Hoetzsch und sein „Osteuropa", 1925-1930, in: Osteuropa 25 (1975), S. 541-554, hier S. 544. Vgl. v. a. für die Zeit vor 1933 Uwe Liszowski: Osteuropaforschung und Politik. Ein Beitrag zum historisch-politischen Denken und Wirken von Otto Hoetzsch, 2 Bde., Berlin 1988.

[104] Vgl. Jutta Unser: „Osteuropa". Biographie einer Zeitschrift, in: Osteuropa 25 (1975), S. 555-60 2, hier S. 583.

[105] Vgl. ebd., S. 584. Klaus Mehnert reiste zu Markert, um ihn für den Posten zu gewinnen. Markert bekam die Schriftleitung von Mehnert und Hoetzsch dann ohne Order von außen übertragen: eine aktiv betriebene, taktische Selbstgleichschaltung, die es selbst dem unter (vollkommen unangebrachten) Verdacht des „Kulturbolschewismus" stehenden Mehnert noch fast zwei Jahre ermöglichte, seine Artikel in „Osteuropa" zu plazieren.

"Der Weg nach Osten heißt auch in der Wissenschaft Kampf. Kampf auf Vorposten um Neuland. Wir haben die *Kleinarbeit* zu leisten für den Ausbau des Weges, den der Führer vorgezeichnet hat. Das ist heute die wissenschaftliche und politische Aufgabe des Osteuropastudiums."[106]
Der unvermeidliche Beirat zur Zeitschrift wurde von Markert geschickt durch die Aufnahme von 32 Behörden-/Verbandsvertretern und über 20 Einzelpersonen weitgehend handlungsunfähig gehalten.[107] Theodor Oberländer, Dozent in Königsberg, attestierte der Zeitschrift „Osteuropa" danach für die Notgemeinschaft der Deutschen Wissenschaft, daß der Redaktionskörper sich „einer erheblichen Reinigung unterzogen" habe und die Person Werner Markerts dafür garantiere, daß neben der fatalen Dominanz von Otto Hoetzsch nunmehr auch ein größerer Kreis junger Ostforscher an der Neubelebung der Zeitschrift beteiligt werde.[108] Für die Zeitschrift war diese Strategie dann bis 1939 erfolgreich. Inhaltlich rutschte sie mit der Aufnahme antisemitischer Beiträge von Peter-Heinz Seraphim[109] und dem Nachfolger von Hoetzsch, Hans Uebersberger[110], sukzessive nach rechts. Mit der Einbindung von Theodor Oberländer aus der jungkon-

---

[106] Ebd., S. 588.
[107] Vgl. ebd., S. 588.
[108] Vgl. ebd., S. 591. Daher ist die Darstellung Klaus Zernacks, wonach Brackmann und Papritz „ohne Einschränkungen [...] die zentralen Figuren bei der nationalsozialistischen Politisierung der Ostforschung von Berlin aus gewesen sind" eine Abschiebung der aktiven Rolle auf Personen, die nach 1945 von einer Osteuropaforschungs-Tradition abgetrennt werden konnten. Zernack verweist damit bestenfalls auf den zentralen Charakter der PuSte als Anlaufstelle. Vgl. Klaus Zernack: „Deutschland und der Osten" als Problem der historischen Forschung, in: Reimer Hansen/Wolfgang Ribbe: Geschichtswissenschaft in Berlin im 19. und 20. Jahrhundert. Persönlichkeiten und Institutionen, Berlin/New York 1992, S. 571-593, hier S. 585.
[109] Der Königsberger Peter-Heinz Seraphim wird schon in der ersten Selbstdarstellung der osteuropäischen Geschichte in der Bundesrepublik von Werner Philipp aus der Tradition wissenschaftlicher Ostforschung ausgeschlossen. Wie eng Seraphim zum Königsberger Kreis gehörte und welche Rolle seine extrem antisemitische Position im Kreis ggf. ausfüllte, ist bisher ungeklärt. Vgl. Werner Philipp: Nationalsozialismus und Ostwissenschaften, in: Universitätstage 1966. Nationalsozialismus und die deutsche Universität, Berlin 1966, S. 43-62, hier S. 50.
[110] Uebersberger war Nationalsozialist und hatte 1934 Österreich verlassen müssen. 1938 begrüßte er den Anschluß Österreich als Rettung vor einer mit „blutigem Terror" einhergehenden „systematische[n] Verelendung ganz Österreichs mit Ausnahme von Juden und Trabanten der Regierung". Zitiert nach Schönwälder, S. 128.

servativen Königsberger Schule[111] in die Leipziger Runde war der Kreis der Ostforscher wieder an das Berliner Machtzentrum angeschlossen.

Gegenüber den Königsbergern trat Brackmann beschwichtigend auf – so riet er Hans Rothfels zur Entschärfung einiger Passagen im Sammelband zum Historikertag von 1933.[112] Königsberg repräsentierte die am meisten akademisch geprägte Variante einer ideologisch gleichwohl radikalen Ostforschung. Kurt Forstreuter, Erich Maschke, Theodor Oberländer, Werner Conze, Theodor Schieder, Reinhard Wittram wurden von der Grenzlanduniversität Königsberg angezogen. Die Anziehung des Grenzlandes wirkte auch ohne finanzielle Reize:

„There, near the spits, dark lakes and endless woods, the young men found a model for their own aspirations in the German Knights."[113]

Wie schon Michael Burleigh in dieser Charakterisierung beschrieb Ingo Haar jüngst das Königsberger Milieu als eine Fortsetzung der Kriegsjugendbewegung und Ostromantik mit wissenschaftlichen Mitteln und der Entschlossenheit, für die Realisierung der Ziele auch Opfer zu fordern.[114]

Eine weniger elitär und akademisch, sondern praktisch geprägte Variante der Aufnahme in den Kreis der Ostforscher erfuhr Oskar Kossmann 1936. Nach einigen kleinen heimatgeschichtlichen Publikationen rekrutierte ihn nach einem Vortrag Brackmanns Verwalter der PuSte Johannes Papritz. Der polnische Staatsbürger Kossmann sollte den Übersetzungsdienst für polnische Literatur und Tageszeitungen übernehmen[115] und galt dabei als „wissenschaftlicher Stipendiat"[116]. Zu diesem Zeitpunkt beschäftigte die PuSte Dahlem mit wachsender Tendenz 23 feste Mitarbeiter, davon 14 Akademiker.[117] Als kleiner, zentraler Beitrieb versorgte die PuSte die weiträumige Organisationsstruktur der NOFG. Sechs Reihen und Zeitschriften wurden betreut. Im Beirat waren 25 Vertreter verschiedener Ostgebiete vertreten und 29 Vertreter verschiedener Disziplinen aktiv. Fast alle Personen, die diese Untersuchung streift, waren hier

---

[111] Oberländer leitete auch das Institut für Osteuropäische Wirtschaft in Königsberg, das zur Weimarer Zeit stark der deutschen Wirtschaft und der Zeitschrift Osteuropa verbunden gewesen war. Vgl. Fahlbusch: Wissenschaft, S. 217.

[112] Albert Brackmann (Hg.): Deutschland und Polen. Beiträge zu ihren geschichtlichen Beziehungen, München 1933. Vgl. dazu Burleigh, S. 63.

[113] Burleigh, S. 57.

[114] Haar: „Revisionistische" Historiker und Ingo Haar: Historiker im Nationalsozialismus. Deutsche Geschichtswissenschaft und der „Volkstumskampf" im Osten, Göttingen 2000.

[115] Vgl. Kossmann, S. 160.

[116] Vgl. ebd., S. 170.

[117] Vgl. Fahlbusch: Wissenschaft, S. 221. Die Zahl wuchs bis auf 53 Mitarbeiter an. Vgl. ebd., S. 187.

eingebunden.[118] Die zentrale Rolle der NOFG wird darin deutlich, daß dort insgesamt über 400 mit Ostforschung befaßte Projekte zur Begutachtung vorgelegt wurden.[119]

Außerdem waren der NOFG eine Vielzahl an Instituten nachgeordnet. Die größeren von ihnen waren das Ostland-Institut in Danzig, das Osteuropa-Institut Breslau, das Institut für osteuropäische Wirtschaft Königsberg und die Zentralstelle für Nachkriegsforschung.[120] Institute in zweiter Reihe waren das Herder-Institut in Riga mit Reinhard Wittram als Leiter der Abteilung für Lettland, die Historische Gesellschaft für Polen in Posen, das Oder-Donau-Institut unter Peter-Heinz Seraphim, das Institut für Heimatforschung der Universität Berlin, die Anstalt für Sudetendeutsche Heimatforschung, das Institut für Landes- und Volksforschung an der Universität Kiel, das degradierte Institut für Landesgeschichte in Leipzig unter Rudolf Kötzschke, das Südosteuropa-Institut in Leipzig mit Hans Freyer als Vizepräsident und die Forschungsstelle Bayrische Ostmark. Diese Institute umfaßten selbst noch weitere Einrichtungen wie z. B. die Historischen Kommissionen für Ostpeußen, Westpreußen, Schlesien und die im Territorium angesiedelten Universitäten. Auf einer letzten Ebene wurden auch Historische Vereine, Heimatvereine und Arbeitskreise integriert.[121]

Die Etablierung der Ostforschung in den dreißiger Jahren ist gekennzeichnet durch zwei miteinander verbundene Entwicklungen: die wachsende öffentliche Akzeptanz der Forschungsthemen und Prominenz speziell plazierter Publikationen stand neben einer immer weiter expandierenden, uneinheitlichen Struktur von Einrichtungen, die Forscher verschiedenen Alters und verschiedenster Ausbildung beschäftigten.[122] Vom Gravitationszentrum der PuSte in Berlin aus verteilte sich nach den Regeln des alten Mandarinentums Prestige an die akademisch-publizistische Leitung und finanzielle Versorgung sowie die intellektuelle

---

[118] Albert Brackmann, Hermann Aubin und Johannes Papritz leiteten die NOFG. Beiratsvertreter waren u. a. Erich Keyser, Adolf Diestelkamp, Hermann Aubin, Rudolf Kötzschke, Reinhard Wittram, Hans Koch, Erich Maschke, Hans Uebersberger, Adolf Helbok, Walter Kuhn, Hans Mortensen, Theodor Oberländer, Hans-Günther Seraphim, Wolfgang LaBaume. Vgl. Fahlbusch: Wissenschaft, S. 187. Nach einer Neuorganisation kommen zu Fahlbuschs Aufzählung an hier relevanten Personen noch Hermann Heimpel und Gunther Ipsen hinzu. Vgl. Burleigh, S. 136.
[119] Vgl. Fahlbusch: Wissenschaft, S. 206.
[120] Vgl. ebd. Zur „Zentralstelle für Nachkriegsforschung" vgl. auch Anm. 88
[121] Die größeren Institute sind beschrieben bei Fahlbusch: Wissenschaft, S. 188-197. Ein gröber gerastertes Organigramm findet sich auf S. 83.
[122] In Fahlbuschs Urteil wirkten auf die Volkstumspolitik „zahlreiche Forschungsverbünde und hochspezialisierte wissenschaftliche Einrichtungen". Vgl. Fahlbusch: Südostdeutsche Forschungsgemeinschaft, S. 244.

Anleitung zu empirischer Arbeit an den Nachwuchs. Immer mehr empirische Arbeit wurde in immer weniger, dafür auflagenreichen Publikationen verwendet. Erst die Neugründung von Ostforschungsinstituten im Rahmen des Zweiten Weltkrieges und der Expansion des Dritten Reiches nach Osten brach dieses System wieder auf. In den dreißiger Jahren waren für Vertreter der traditionellen Geschichtswissenschaft bzw. ihrer nationalistischen Mehrheit gute Möglichkeiten gegeben, Stellen und Institute innerhalb einer förderungswürdig gewordenen Ostforschung zu schaffen. Die Mittlerrolle der Berliner Zentrale um Albert Brackmann, Hermann Aubin und ihren Verwalter Johannes Papritz nutzte den ideologischen Überschuß eifrig „kämpfender" Ostforscher, um für „unpolitische" Fachvertreter die Berührungspunkte zum Regime zu minimieren. Dabei handelte es sich keineswegs um ehrenvolles oder widerständiges Handeln, sondern um die Behauptung und Ausweitung von Ressourcen. Auf der kühl agierenden Koordinationsebene waren ideologische Faktoren ebenso Verhandlungsmasse wie Posten und letztlich sogar Kollegen: So wurde der Kommunist Georg Sacke, als solcher etikettiert, aus der Ostforschergemeinde ausgestoßen und damit regelrecht der Gestapo zur Behandlung anempfohlen.[123]

2.4. Wissenschaftliche Gutachten im Kriegseinsatz

Die Bildung der patenschaftlichen Struktur um Brackmann war gleichzeitig der Auftakt zum schrittweisen Rückzug der Historiker-Mandarine aus der Öffentlichkeit, die zunehmend ideologisch stärker aufgeladene Äußerungen privilegierte. Die starke Institutionalisierung der Ostforschung in den Forschungsgemeinschaften und anderen Instituten, die gleichzeitig Kompensation und Motor für den Rückzug aus der Öffentlichkeit darstellte, verschob die Legitimationsnotwendigkeiten. Als im Zuge der Ostexpansion von seiten des Staates Legitimation in Form von Fachgutachten angefordert wurde, stand der Ostforschung keine alternative akademische Existenz mehr zur Verfügung. Die Entwicklung zu einer spezialisierten Geheimwissenschaft[124] machte die Ostforschung für die

---

[123] „To dismiss someone on these grounds, and in this political context, was to throw them to the wolves.", so Burleigh, S. 38. Vgl. auch Dietrich Geyer: Georg Sacke, in: Hans-Ulrich Wehler (Hg.): Deutsche Historiker, Göttingen 1973, S. 603-615. Sacke fand nach KZ-Haft 1940 noch einmal eine Anstellung als Osteuropa-Referent im Weltwirtschafts-Institut in Hamburg, bis er im März 1945 verhaftet und vermutlich vier Wochen später von der SS erschossen wurde. Vgl. Geyer, S. 604.

[124] Vgl. Burleigh, S. 71f. und Fahlbusch: Wissenschaft, S. 96. Die Deutschtumsarbeit sollte nach außen als die Privatarbeit einzelner erscheinen.

Androhung von Konkurrenz anfällig[125] und entsprechend radikalisierungsbereit. Albert Brackmann kompensierte seine durch Walter Frank betriebene Pensionierung durch Kontakte zur SS. Die hoch aufgelegte, gut dotierte Auftragsarbeit Brackmanns für den SS-Ahnenerbe-Verlag[126] ist das öffentliche Zeugnis einer Verschiebung des Gesamtcharakters der Ostforschung. Populär geschriebene Abhandlungen auf der einen und problembezogen verwertbare Gutachten auf der anderen Seite ersetzten die traditionell dazwischen gelagerte historische Publizistik.

Die Diskussion von angeblichen „Besitzständen" auf polnischem Gebiet – die gleichwohl Deutschland völkerrechtlich nicht gehörten – radikalisierte sich zum zupackenden Entwurf über das Schicksals des gesamten Polen: „a form of 'intellectual liquidation' of Poland"[127]. Die „Stunde der Experten" (Burleigh) schlug mit Ausbruch des Krieges. Brackmann und Aubin versuchten, ihre Experten gezielt anzusetzen, um gegenüber den nunmehr hemmungslos diskutierten Neuordnungsphantasien im Osten nicht den Anschluß zu verlieren.[128] Die offensive Aufdrängung der eigenen Kompetenz bei der politisch-administrativen Führung zeitigte so treffliche Wirkung, daß man sich im Oktober schon zur Eile bequemen mußte, da „bei einigen höheren Reichsstellen der dringende Wunsch besteht, wenigstens eine knappe Ausfertigung unserer Gedankengänge zu erhalten."[129] In Theodor Schieder sahen Brackmann und Aubin den geeigneten

---

[125] Angelika Ebbinghaus/Karl Heinz Roth: Vorläufer des „Generalplan Ost". Eine Dokumentation über Theodor Schieders Polendenkschrift vom 7. Oktober 1939, in: 1999. Zeitschrift für Sozialgeschichte des 20. und 21. Jahrhunderts, 7 (1992), H. 1, S. 62-91, hier S. 66. Ebbinghaus/Roth deuten eine „Gruppe nachwachsender SD-Historiker" an. Angesiedelt beispielsweise beim Deutschen Auslands-Institut in Stuttgart oder Münchner Deutschen Akademie, gehörten sie nicht zum Apparat der Forschungsgemeinschaften und setzten diesen von außen unter Druck. Ein junger aggressiver „SD-Historiker" war Günther Franz, der allerdings zur Ostforschung keine direkten Kontakte hatte. Vgl. dazu Wolfgang Behringer: Bauern-Franz und Rassen-Günther. Die politische Geschichte des Agrarhistorikers Günther Franz (1902-1992), in: Schulze/Oexle (Hg.), S. 114-141.

[126] Albert Brackmann: Krisis und Aufbau in Osteuropa. Ein weltgeschichtliches Bild, Berlin 1939. Vgl. Michael H. Kater: Das „Ahnenerbe" der SS, 1935-1945. Ein Beitrag zur Kulturgeschichte des Dritten Reiches, Stuttgart 1974. Vgl. zu Brackmanns Werk S. 199.

[127] Vgl. Burleigh, S. 149f. u. S. 155. Für Brackmann war die Strategie erfolgreich: er wurde Hans Frank von der SS als eine Art „General" innerhalb der Wissenschaft vorgestellt.

[128] Wolfgang Mommsen beschreibt diese Initiative als Antwort auf eine Krise: „Die Historiker der NOFG sahen ihre Felle wegschwimmen [...] die Dienstleistungen des Netzwerks der Arbeitsstellen drohten mit einem Male obsolet zu werden." Vgl. Wolfgang Mommsen: „Volkstumskampf", S. 196f.

[129] Schreiben des Leiters der Publikationsstelle Berlin-Dahlem Johannes Papritz an Hermann Aubin vom 4.10.1939, in: Ebbinghaus/Roth, Dokument Nr. 3, S. 83f.

Verfasser einer Denkschrift, die die Vorstellungen der „empirischen" Siedlungs- und Sprachinselforscher (wie Walter Kuhn) in ihrem Sinne bündeln konnte.[130] Angelika Ebbinghaus und Karl Heinz Roth weisen auf die Verpflichtung hin, die Schieder gegenüber Brackmann empfinden mußte, hatte dieser ihn doch in der schwierigen Situation unterstützt, als Schieder 1934 seine Habilitation vorerst abbrechen mußte.[131] In mehreren Schritten entwirft Schieder in der Denkschrift einen Legitimationsrahmen für Eroberungen, Enteignungen und Vertreibungen im Osten.[132]

„Die Herstellung eines geschlossenen deutschen Volksbodens in diesen Gebieten macht Bevölkerungsverschiebungen allergrößten Ausmaßes notwendig. Eine solche Entwicklung erfordert ein Programm nicht für wenige Jahre, sondern Pläne auf lange Sicht."[133]

Das Expertengutachtens von Schieder gewann eine hohe Verwertbarkeit dadurch, daß es nicht einfach nur die deutsche Grenze weit in den Osten zu verschieben und nach Möglichkeit sämtliche Polen aus dem Deutschen Reich zu vertreiben empfahl. Es zeigte den Anschein lückenloser Planungskompetenz, indem auch die Frage beantwortet wurde, wohin die Polen zu gehen hätten und wie ökonomisch mit dem Problem der damit „exportierten" Überbevölkerung im übriggebliebenen Polen umzugehen sei:

„Eine stärkere Einwanderung nach Restpolen erscheint unter zwei Voraussetzungen möglich: 1) der Herauslösung des Judentums aus den polnischen Städten, 2) der landwirtschaftlichen Intensivierung [...]"[134]

Diese „Herauslösung" der Juden aus den polnischen Städten führte von der Vertreibung über die Unterbringung in Ghettos und Zwangsarbeit für Millionen polnischer Juden in Konzentrations- und Vernichtungslager.[135] Götz Aly modi-

---

[130] Vgl. Ebbinghaus/Roth, S. 68.
[131] Vgl. ebd., S. 70f. Schieders Königsberger Lehrer Hans Rothfels hatte trotz massiver Intervention seiner jungkonservativen Schüler und Teilen der Universitätsverwaltung 1934 die Professur verloren, weil studentische Gruppen gegen den Sohn eines „Oberrabiners" hetzten. Vgl. Haar: „Revisionistische" Historiker, S. 52.
[132] Gefährlich originell war Schieders Idee, die Wiedergutmachung habe nicht in (langwierige Verfahren erfordernden) Einzelfällen, sondern „von Volk zu Volk" zu erfolgen. Vgl. „Aufzeichnung über Siedlungs- und Volkstumsfragen in den wiedergewonnenen Ostprovinzen: Erster Entwurf Theodor Schieder. [vom 4.1.0.1939], in: Ebbinghaus/Roth, Dokument Nr. 4, S. 84-91, hier S. 85.
[133] Ebd., S. 87.
[134] Ebd., S. 90.
[135] Vgl. Götz Aly: „Endlösung". Völkerverschiebung und der Mord an den europäischen Juden. Frankfurt a. M. 1995. Zuletzt 1997 und 1999 kam von Aly der Hinweis, daß Heinrich Himmler und Hans Frank Vokabular und Thesen der Gutachten „früh" adaptiert hät-

fizierte und in Radikalisierungsschritte aufgetrennte „Vordenker"-These wurde in Frage gestellt von Ulrich Herbert. Problematisch ist jedoch im flexiblen Feld der Ressourcenverteilung die Forderung Ulrich Herberts „Rassismus [...] als geschlossenes Weltbild zu begreifen". Auch die fraglichen Denkschriften wären nach Herbert zu verstehen als „Hilfskonstruktionen [...], die die rassistisch motivierte Judenpolitik der Nazis aber nicht kaschieren, sondern die Richtigkeit, die Überlegenheit, ja die Wissenschaftlichkeit des nationalsozialistischen Rassismus geradezu empirisch belegen [...] sollten"[136]. Dazu müßte man letztlich die Identität von politisch erwünschter und bei den Forschern virulenter Ideologie oder eine Art ideologisches Harmoniebedürfnis annehmen, das andere Konflikte überdeckte und auch die Forscher miterfaßte. In der vorliegenden Untersuchung wird die Notwendigkeit zur Identität von Ideologien durch die Einziehung einer „strategischen" Zwischendecke überflüssig gemacht, die die Motive im politischen und wissenschaftlichen Modell zwar interagieren, aber different sein läßt. Dies läßt zu, daß zum Abbau von Konflikten oder zur Erhaltung von Ressourcen wissenschaftliche Gutachten versuchen, im Sinne der Politik zu funktionieren – aber gleichzeitig, falls die Anpassung im wissenschaftlichen Feld mit zu hohen Kosten verbunden wäre, dieser Dienst nicht geleistet wird.

Es lassen sich jeweils Gründe anführen, daß Schieder „seine" Denkschrift so schreiben „wollte" oder „mußte", wie er sie schrieb.[137] Außerhalb einer biographischen Darstellung ist jedoch vor allem relevant, wie Schieder sie zusammensetzen und so schreiben „konnte". Die Denkschrift faßte immerhin die Meinungen mehrerer „Spezialisten" mit den strategischen Interessen eines Institutes und seiner Leiter in eins zusammen. Sie bringt die kartographischen Arbeiten der Volkskundler[138] und Sprachinselforscher[139] zusammen mit den ökonomischen

    ten und daß Schieder den Sprachgebrauch Himmlers um Monate vorweggenommen hätte. Vgl. Götz Aly: Rückwärtsgewandte Propheten. Willige Historiker – Bemerkungen in eigener Sache, in: ders.: Macht – Geist – Wahn. Kontinuitäten deutschen Denkens. S. 153-183, hier S. 164 und Götz Aly: Theodor Schieder, Werner Conze oder Die Vorstufen der physischen Vernichtung, in: Schulze/Oexle (Hg.). S. 163-182, hier S. 164.

[136] Ulrich Herbert: Rassismus und rationales Kalkül. Zum Stellenwert utilitaristisch verbrämter Legitimationsstrategien in der nationalsozialistischen „Weltanschauung", in: Wolfgang Schneider (Hg.): „Vernichtungspolitik". Eine Debatte über den Zusammenhang von Sozialpolitik und Genozid im nationalsozialistischen Deutschland. Hamburg 1991. S. 25-36. Zitate S. 28 u. S. 33.

[137] Wolfgang Mommsen betont Schieders untergeordneten Rolle als intellektueller „Sekretär": „Unübersehbar ist, daß er der Junior unter den Teilnehmern der Breslauer Besprechung war und, zumal ihm die Weihen einer akademischen Position bislang fehlten, eine dienende Funktion innegehabt hat.". Wolfgang Mommsen: „Volkstumskampf". S. 199.

[138] Ein Gutachten Walter Kuhns vom September 1938 hatte „volkstumspolitisch" aber eben nicht wirtschaftspolitisch schon Vorarbeit geleistet. Vgl. Ebbinghaus/Roth. S. 83. Fußnote

Empfehlungen des Königsberger Wirtschaftsinstitutes unter Theodor Oberländer.[140]
Eindringlich warnt die Denkschrift davor, die Neuansiedlung der Deutschen oder die Umsiedlung der Polen einer „ungeregelten Entwicklung" ohne Aufsicht von Experten zu überlassen.[141] Leitmotiv des Textes der Denkschrift war unverhohlen die strategische Orientierung, gleichzeitig den Experten ein Arbeitsfeld zu bereiten und sich damit selbst an die Spitze der Expertenstruktur zu setzen.

2.5. Die Dynamik der Expertenorientierung

Den Höhepunkt ihres Einflusses erreichte die Ostforschung, von ihrer Berliner Zentrale um Brackmann aus gesehen, im Jahr 1940. Die Neugründung der zuvor ausradierten polnischen Universität in Poznan wurde vom Brackmann-Kreis maßgeblich beeinflusst, und auch die von Hans Frank initiierte Gründung des Institutes für deutsche Ostarbeit (IdO) wurde anfänglich noch von der NOFG betreut. Beide Projekte waren aufeinander bezogen. Die Gründung der Universität Posen stieß auf keineswegs außergewöhnliche Schwierigkeiten: Die bestehenden Universitäten Breslau und Königsberg sorgten sich um ihre angesehene und lukrative Stellung als „Ostuniversitäten" – bis Alfred Rosenberg in bewährter ostplanerischer Manier eine „Lücke" zwischen Breslau und Königsberg ausmachte und sich damit Einfluß auf die weltanschauliche Ausrichtung der Universität sicherte. Bei den zu berufenden Ostforschern nahm Rosenberg allerdings sein Recht auf Einspruch nicht wahr.[142] In der Universität Posen wurden die baltischen Wissenschaftler zusammengezogen, die auf langjährige Erfahrung im „Volkstumskampf" zurückblicken konnten: von der Universität Dorpat, der

---

4. Eine Liste zehn weiterer Gutachten von Juni 1938 bis November 1941 liefert Fahlbusch: Wissenschaft, S. 473f.
[139] Der Leiter der Publikationsstelle Dahlem Johannes Papritz wird vom Innenministerium aufgefordert, Vorschläge zur Grenzziehung zu machen, aber von der Realität überholt. So der Bericht Oskar Kossmanns, vgl. ders.: Erinnerungen, S. 180.
[140] Von Oberländer kam 1935 auch die These von der „agrarischen Überbevölkerung" Polens. Vgl. Götz Aly/Susanne Heim: Vordenker der Vernichtung. Auschwitz und die deutschen Pläne für eine neue europäische Ordnung, Frankfurt a. M. 1993, S. 96. Oberländer warnt vor revolutionären Spannungen nach dem Vorbild der Sowjetunion.
[141] Schieder, in: Ebbinghaus/Roth, S. 89.
[142] Vgl. Helmut Heiber: Universität unterm Hakenkreuz, Teil II, Die Kapitulation der Hohen Schulen, Bd. 1, München u. a. 1992, S. 215f.

Lettländischen Universität Riga sowie dem dortigen Herder-Institut.[143] Der dort tätige Reinhard Wittram war Gebietsvertreter der NOFG und wurde aktiv beim Aufbau der neuen Reichsuniversität. In Posen wurde er 1939 zum Wissenschaftsbeauftragten der Volksgruppenführung und Sprecher der baltischen Wissenschaftler. Mit dieser neuen Stellung konnte er innerhalb der Baltischen Volksgruppe seinen Einfluß gegenüber dem konservativeren Vertreter der älteren Generation Kurt Stavenhagen vergrößern.[144] Über die stereotype Formel, daß sich der betreffende Kandidat im Volkstumskampf bewährt habe – was bei den Baltendeutschen schon allein durch ihre der NS-Diplomatie zu verdankenden Rücksiedlung ins Reich kaum zu bestreiten war – gelang es, bis 1943 fünfzig von insgesamt 152 wissenschaftlichen Kräften der Reichsuniversität Posen mit Balten zu besetzen.[145] Auf der akademischen Ebene ließ sich vom Zentrum der Ostforschung die Besetzung der leitenden Stellen, wie bei der Besetzung mit Wittram, stark beeinflussen. Mit zunehmender Bedeutung mußten jedoch ideologische Faktoren mitberücksichtigt werden[146]: Wittram war hierfür ein dankbarer Kandidat, denn akademische Eignung und Orientierung kamen bei ihm mit volkstumspolitischem Engagement und elitärer Ideologie zusammen. Außerdem war Wittram praktisch genug orientiert, auch die materiellen Schwierigkeiten der baltischen Kollegen aufzugreifen und vor dem Beginn des Lehrbetriebes entsprechende Mittel zu mobilisieren.[147]

Schwung kam in die Eröffnung der Reichsuniversität Posen dann nicht zuletzt durch den Druck des Instituts für deutsche Ostarbeit, das schon ein Jahr vor der endgültigen Eröffnung der Reichsuniversität seine Arbeit aufgenommen hatte. Die Perspektive Hans Franks bei der Gründung war eine spätere Umwandlung des Ostforschungsinstituts in eine regelrechte Ostforschungsuniversität; den Namen „Kopernikus-Universität Krakau" hatte Frank schon ausgesucht. Die umgehende Gründung des Institutes verdankte sich jedoch gerade dem Ausschluß der Öffentlichkeit. Nach bewährter Methode hatten Brackmann und Au-

---

[143] Vgl. Rudi Goguel: Über die Mitwirkung deutscher Wissenschaftler am Okkupationsregime in Polen im Zweiten Weltkrieg: untersucht an drei Instituten der deutschen Ostforschung. Phil. Diss. Berlin 1964. S. 108.
[144] Vgl. ebd.. S. 109f.
[145] Vgl. ebd.. S. 111.
[146] Am 28.2.1940 gab es eine öffentliche Mitteilung und am 2.3. schrieb der Universitätsbeauftragte Streit im „Völkischen Beobachter", daß an dieser ersten nationalsozialistischen Universitätsgründung der Posener Hochschullehrer nicht nur Wissenschaftler sein dürfe, sondern auch „im Volkstumskampf des Ostens seinen Mann zu stellen habe". Vgl. Heiber: Universität II/1. S. 219.
[147] Vgl. Goguel. S. 111.

bin Hans Frank gegen Ende 1939 über die Bandbreite ihrer Ostforschungseinrichtungen – akademische und statistische Arbeit – informiert. Folgerichtig fordert Frank einen Repräsentanten der PuSte Dahlem an, um die nötige Verbindung für die Gründung einer Nebenstelle Krakau der PuSte herzustellen.[148] Aubin war in der Gründungsphase für das IdO viel stärker engagiert als der gesamte Brackmann-Kreis in Posen. Der Schwerpunkt der Gründung lag von vornherein beim Aufbau einer schnell und nicht für die Öffentlichkeit produzierenden Institution, wozu eine relative hohe Zahl relativ junger Mitarbeiter eingestellt werden mußte, die – der Krieg erzeugte Personalknappheit – zum größten Teil nicht dem akademischen Nachwuchspool des Brackmann-Kreises entstammten.[149] Frank betrachtete das Institut als seinen „intellektuellen Hofstaat" und steuerte richtungsweisende Referate in der Art bei, wie sie bei anderen Instituten vom Berliner Brackmann-Zentrum bekannt waren.[150] Eine der frühesten Arbeiten des Institutes war die Eindeutschung der Straßennamen.[151] Nach der „Krakauer Hochschulwoche" im Juni 1940 wurde dem Leiter des IdO Sappok, der nun schon wieder zu eng mit der NOFG verbunden war, gekündigt.[152] Die wissenschaftlich aktivste Sektion des IdO war – mit jungen Historikern wie Gotthold Rhode – fortan die stark geographisch arbeitende Landeskunde. Die wichtigste Aufgabe dieser Sektion war, eine Raumplanung für das Generalgouvernement aufzustellen – eine Aufgabe, die direkt die Politik Hans Franks unterstützen sollte, aus dem Generalgouvernement doch noch irgendwie seinen „Mustergau" zu formen.[153] Die primäre Orientierung dieser Sektion wanderte von der NOFG zur Reichsarbeitsgemeinschaft für Raumforschung und verließ damit weitgehend das geschichtswissenschaftliche Gravitationssystem.

---

[148] Vgl. Burleigh, S. 190.
[149] Vgl. ebd., S. 192-194. Peinliche Fehler waren die Folge. Erich Keyser mußte Hans Frank informieren, daß die „eroberten" polnischen Flaggen, die ihm vom IdO für sein Arbeitszimmer geschenkt worden waren, Fälschungen waren.
[150] Vgl. Goguel, S. 133.
[151] Vgl. Fahlbusch: Wissenschaft, S. 570.
[152] Vgl. ebd., S. 572.
[153] Vgl. Rössler, S. 86f. Die Binnendifferenzierung innerhalb des Nationalsozialismus darüber, was mit dem Generalgouvernement geschehen solle, ist relativ groß. Gemeinsames Merkmal der Ostforscher war, daß sie meist gegen die totale Tabula rasa in ihrem intellektuellen Herrschaftsbereich eintraten. So empörte sich Hans Graul, der die Raumordnung im IdO leitete, über einen Distriktchef, der zu ihm sagte: „hier werde nichts geordnet, nur demontiert" – von dieser „wahnsinnigen" Idee der Demontage seines Forschungsobjektes brachte ihn der Raumforscher verständlicherweise ab und rechnete sich dies als Verdient an. Rössler, S. 86.

Wo ein völkisches Paradigma Volkstumsforschung gefördert hatte, fanden sich auch die für Volkstumspolitik mobilisierbaren Ergebnisse. Theoretische, empirische und eher ideologische Ergebnisse stellten sich – nicht ausgewogen, aber in ihrer gesamten Bandbreite – verläßlich ein. Der Kreis war geschlossen und bewies seine Funktionsfähigkeit. Die grundsätzliche Bereitschaft, als Experten zu wirken und „reales oder fiktives Spezialwissen zur Lösung sozialer Probleme einzusetzen"[154], war bis in das Milieu des Mandarinentums hinauf auch bei den Historikern vorhanden. Es ist kaum möglich zu sagen, wann der Brackmann-Kreis einen „Fehler" machte und deshalb in der Folgezeit seinen Einfluß verlor. Verwertbares Wissen – oder wenigstens ihr Anschein – wurde privilegiert, da auch die Nachfrage einer Öffentlichkeit geringer geworden war. Von den Produkten, die Akademiker zu bieten hatten, trat die mandarine Legitimation staatlichen Handelns immer weiter in den Hintergrund. In dieser Situation wurden die Ausbilder der Experten im Bereich der Geschichtswissenschaft tendenziell so austauschbar wie die Experten selbst. Den Grundkonflikt beschreibt Lutz Raphael, daß zwar

> „die akademischen Expertengruppen es geschickt verstanden, ihre eigene Position im Kompetenzgerangel und in der Ämterkonkurrenz zu verstärken, während umgekehrt die großen Machtapparate des Regimes Expertenstäbe mobilisierten, um eigene Machtansprüche durch Gestaltungsideen und Planvorgaben durchzusetzen."[155]

Innerhalb der Volksdeutschen Forschungsgemeinschaften bahnte sich eine Ausweitung der Kompetenzen an, die nicht mehr von der Zentrale strategisch gelenkt werden konnte.[156] Die ausbalancierte arbeitsteilige Struktur, bestehend aus einer Leitungsebene, die Denkschriften verfaßte, diversen zentralen Sammelstellen, wo der Nachwuchs der Leitungsebene agierte, und operativ eingesetzten Materialsammlern auf Versorgungsstellen, verschob sich mehr und mehr zugunsten letzterer. Die zweite Leitungsebene übernahm selbstbewußt die Initiative in den polnischen Instituten und bekam eigene Leitungsbezirke.[157] Aus

---

[154] Lutz Raphael: Experten im Sozialstaat, in: Hans Günter Hockerts: Drei Wege deutscher Sozialstaatlichkeit. NS-Diktatur, Bundesrepublik und DDR im Vergleich. München 1998, S. 231-258, hier S. 237.
[155] Ebd., S. 237.
[156] „Die Angebotspalette wuchs in dem Maße, wie sich die Großforschungseinrichtung VFG als vielseitig verwendbare Forschergruppe präsentierte.", so Fahlbusch: Wissenschaft, S. 472. Strukturelle Faktoren oder Hintergründe für diesen Trend deckt Fahlbusch leider nicht auf, sondern beruft sich nur auf die aktivierende Wirkung möglicher Konkurrenz.
[157] So beschrieben von Oskar Kossmann: „Vom Innenminister kam der Auftrag, das Baltische Institut in Gdingen aufzusuchen. Papritz entschloß sich, selbst hinzufahren und mich

den Datensammlern wurden dabei nicht selten schlichte Kulturräuber. Jürgen von Hehn war als Sonderführer des Sonderkommandos „Kühnsberg" dem Einsatzkommando Hamburg zugeordnet. Hehn ließ Karten und einen „halben Waggon" an Buchbeständen nach Deutschland schaffen. Mitte Oktober 1941 beteiligte er sich an der Selektion Deutschstämmiger um Leningrad für die Umsiedlung ins Reich. Teile der mit seiner Unterstützung geraubten Gegenstände wurden vor einigen Jahren in den Beständen des Herder-Instituts in Marburg wieder aufgefunden.[158]

Dieses materielle Erbe der Ostforschung ist eine unmittelbar auch heute noch präsente Anklage des damaligen Handelns. Es verschwand denn auch für die Außenwelt auf Jahrzehnte hinter Institutsmauern. Was von der Ostforschung nach 1945 sichtbar übrigblieb, waren in erster Linie die Forscher selbst.

---

als sprachkundigen Experten mitzunehmen. Als wir vor dem Gebäude erschienen – es war ein Mietshaus wie die Nachbarhäuser auch – saßen auf den Stufen der Vortreppe einige offensichtlich gelehrte Personen, sicher Mitarbeiter des Instituts. Sie machten uns langsam Platz. Ich spürte Ablehnung und Mißtrauen. Wir besichtigten kurz die Bibliothek, dann das Büro.", Kossmann, S. 179.
[158] Vgl. Fahlbusch: Wissenschaft, S. 477 u. S. 490-493.

III. Fluchtpunkt Göttingen: Überleben und Überdenken

Die große Gemeinsamkeit fast aller Ostforscher war ihre Flucht, der Verlust ihrer Dienststelle oder Universität und die Diskreditierung ihres verbindenden völkischen Bezugsrahmens. Die Umstände von Flucht, Kriegseinsatz, Gefangenschaft oder Internierung ließen bei Ostforschern nicht weniger als bei anderen Betroffenen familiäre, soziale und berufliche Verbindungen vorerst abreißen. Eigenständige taktische Erwägungen bei der Flucht aus den Ostgebieten oder den deutschlandweiten Fußwanderungen als übriggebliebener Soldat konnten sich auf kaum mehr als auf verwandtschaftliche Überreste und die bevorzugte Besatzungszone beziehen. Überleben, die Familie wiederfinden und irgendwie zusammen unterkommen standen im Vordergrund. Dennoch gab es qualitative Unterschiede. Die wenigen Hoheits- oder Titelträger flüchteten nicht einfach aus ihren Institutionen in den Westen, sie flüchteten mit ihnen. Der Kurator der Albertina-Universität Königsberg, Friedrich Hoffmann, wurde mitsamt wichtigen Akten evakuiert und noch während des Krieges mehrmals wieder an „sichere" Plätze in Norddeutschland verfrachtet. Wer Professor gewesen war und seine Universität im Osten zurückgelassen hatte, blieb auch in den Vorlesungsverzeichnissen von Asyluniversitäten vom Titel her „Professor". Johannes Papritz blieb auch mit einer Rumpfmannschaft der „Publikationsstelle Dahlem" Ansprechpartner für die Ostforscher. Materiell hingen die Titel in der Luft; ihr Potential lag brach, ging aber nicht verloren, sondern mußte an die neuen geographischen und politischen Bedingungen neu angeknüpft werden. Soweit es von den äußeren Umständen her möglich war, wurden allerdings die Kommunikationskanäle der Ostforscher durch die Phase des Chaos hindurch intakt gehalten. Lediglich für die „praktischen", stark geographisch oder nachrichtendienstlich orientierten Teile der Ostforschung ergab sich auch gleich nach dem Krieg eine willkommene Wiederverwendung in alliierten Diensten, auch Geheimdiensten. Den Vertretern der geographischen Landeskunde in der NOFG um Emil Meynen, der den „Generalplan Ost" entworfen hatte, und Hans Graul, den zeitweiligen Leiter des Instituts für deutsche Ostarbeit in Krakau wurde die Entnazifizierung dadurch bequem gemacht. Während 1945 Naturwissenschaftler von alliierten Head-Huntern zum dauerhaften Dienst für die Besatzungsmacht mit Vergütungen oder Drohungen angeworben wurden, mußten sich die Geographen den Besatzungsmächten schon selbst anbieten und erhielten auch „geringeren" Lohn für ihr nur einmalig abgeliefertes Wissen – darin ehemaligen deutschen Geheimdienstvertretern nicht unähnlich.[1] Aber diese frühen Verbindungen knüpften aus der Gruppe der Ostforscher Einzelpersonen nur als Einzelpersonen in persönlichem und nicht „fachlichem" Interesse.[2]

Die Förderung der Ostforschung als Disziplin war allein schon aus strukturellen Gründen abgerissen: Das Reichssicherheitshauptamt hatte keinen direkten Nachfolger. Und es fand sich nach dem Krieg verständlicherweise auch kein Bereich der Ostforschung, der mit ideologischer Kontinuität begründet, durch die Implantation in das RSHA hindurchlaufend, öffentlich Zahlungen fordern wollte. Die ansonsten betonte Tradition macht hier einen diskreten Bogen.

Der Ort, an dem nach 1945 für mehrere Jahre ungewöhnlich viele Ostforscher zusammenkamen, war Göttingen. Hier entstand ein Raum, an dem von der Menge und Prominenz der Ostforscher her genug kritische Masse zusammengekommen wäre, um die Ostforschung als Disziplin zu restaurieren. Allerdings war die

---

[1] Vgl. z. B. Susanne Meinl/Dieter Krüger: Der politische Weg von Friedrich Wilhelm Heinz: Vom Freikorpskämpfer zum Leiter des Nachrichtendienstes im Bundeskanzleramt, in: Vierteljahrshefte für Zeitgeschichte 42 (1994), S. 39-70. Heinz ergatterte von der französischen Besatzungsmacht sogar eine der restriktiv vergebenen Verlagslizenzen. Seine Bekanntschaft mit Theodor Oberländer verband Heinz mit der Ostforschung (vgl. ebd. S. 55). Vgl. ferner Reinhard Gehlen: Der Dienst. Erinnerungen 1942-1971, Mainz/Wiesbaden 1971. Gehlen überzeugte die amerikanische Besatzungsmacht davon, daß ihre Kenntnisse über „den Osten" mangelhaft und von ihm zu füllen seien (vgl. S. 145).

[2] Vgl. Mechthild Rössler: „Wissenschaft und Lebensraum". Geographische Ostforschung im Nationalsozialismus. Ein Beitrag zur Diziplingeschichte der Geographie, Berlin/Hamburg 1990, S. 208ff., zu Meynen und Graul vgl. S. 220f. Vgl. auch die Erinnerungen des „Head-Hunters" Samuel A. Goudsmit: Alsos, New York 1947 und allg. Michel Bar-Zohar: Die Jagd auf die deutschen Wissenschaftler 1944-1960, Frankfurt a. M./Berlin 1966.

Ostforschung nicht mehr die geheime, staatlich geförderte Einrichtung, der keine öffentlichen Resultate abverlangt wurden und die einige Mitglieder auch lange vor der harten Realität des Kriegsdienstes bewahrt hatte. Das Netzwerk der Ostforscher war vorerst nur Kommunikationskanal. Es vermittelte Unterkommen und Informationen – vor der Entnazifizierungsprozedur bewahrte es nicht. Anders als bei dem hofierten „Edelwild" der Naturwissenschaftler blieb den meisten Ostforschern eine Auseinandersetzung mit ihrer Vergangenheit nicht erspart. Sie war denkbar schlecht „als Ostforscher" zu bewältigen. Zwar wurden taktisch günstige Angaben vor den Alliierten untereinander kommuniziert, der Fragebogen blieb jedoch eine individuelle Angelegenheit, gerade weil die kollektive Verantwortung von Organisationsmitgliedern unplausibel gemacht werden mußte.

Neben die individuelle Rehabilitation trat die Notwendigkeit zur Neuplazierung der eigenen Forschung. Dabei mußten vielfältige äußere Faktoren berücksichtigt werden. Den Ostforschern, die vor 1945 breit publiziert hatten, wie Werner Conze und Erich Keyser, erschienen ihre alten Werke jetzt selbst in neuem, nunmehr gefährlichem Licht. Im Rückblick wurden die eigenen Schriften neu interpretiert und mit minimalen, aber schlagenden Veränderungen neu aufgelegt. Allein mit Schweigen konnten diejenigen, die das akademische Feld als Ostforscher wieder betreten wollten, nicht reagieren. Denn an der Universität Göttingen hatte die jüngste Vergangenheit schon 1945 wieder lebhafte Konjunktur. Neben den großen, moralisch getragenen Vorlesungen, die neuen Sinn verbreiteten, etablierten sich zwei stark nachgefragte Richtungen der „Zeitgeschichte". Daß Percy Ernst Schramm über den Krieg las, war weithin populär, aber fachlich nicht so stark herausfordernd wie die Aktivitäten des Instituts für Völkerrecht, das willkommene Interpretationen der internationalen Lage verbreitete. Der Selbstplazierung einer zeitgemäßen Geschichtsschreibung – wie sämtlicher akademischer Aktivitäten – setzte darüber hinaus die prestigeträchtige „Göttinger Universitätszeitung" einen wachsamen Rahmen von studentischer Seite.

Wer in Göttingen geographisch wieder seßhaft geworden war, mußte lernen, sich als Historiker in diesem Rahmen zwischen Vergangenheit und Zukunft fachlich zu plazieren. Die Potentiale zur sozialen Anknüpfung an alte Ostforschungsbekanntschaften wurden offengehalten, gerieten aber zunehmend mit den individuellen und wissenschaftspolitischen Orientierungen der Forscher in Konflikt und erzeugten einen eigenständigen Trend zur Absetzung von vormals kultivierten Kontakten.

1. Rückzug nach Göttingen

1.1. Die Nachkriegssituation in der Universitätsstadt

Göttingen war vom Krieg weitgehend verschont geblieben. Nur vereinzelte ernsthafte Bombenangriffe hatte die Stadt seit dem Sommer 1944 erlebt.[3] Während örtliche Honoratioren ab Anfang April 1945, als amerikanische Truppen nahe Göttingen standen, verlangten, Göttingen zur offenen Stadt zu erklären, deklamierte die Gauleitung noch öffentlich: „Lieber tot als Sklav!". Denn der Eroberung durch amerikanische Truppen werde kein (erhofftes) „englischamerikanisches Westeuropa" mit Deutschland als Bollwerk gegen ein „bolschewistisches Osteuropa folgen", denn „Der Diktator der Alliierten ist Stalin."[4] Zwar gab sich die Führung der Wehrmacht vor Ort keinen Illusionen hin und beschloß, die Stadt Göttingen nicht zu verteidigen, konnte sich aber der Zusammenbruchslogik dennoch nicht entziehen. Weil die öffentliche Erklärung Göttingens zur „offenen Stadt" einen Dominoeffekt auf andere deutsche Städte hätte auslösen können, wurde intern eine kampflose Übergabe beschlossen, aber nach außen hin der Schein der Verteidigungsbereitschaft gewahrt. Das ersparte Göttingen immerhin die von Gauleitung und politischer Führung verlangte Taktik der verbrannten Erde, jedoch nicht die Artillerieattacken.[5] Nach 1945 ließ sich die Stadt Göttingen wiederum von einem Ausschuß gutachten, daß sie am 8. April nicht etwa kapituliert hätte, sondern nach der Besetzung von ziviler Seite übergeben worden sei.[6]

Am 1. Juli 1945 wurde das nunmehr britisch besetzte Göttingen zur Grenzstadt: Die sowjetische Besatzungszone rückte bis ins Eichsfeld heran, und die Grenze zur amerikanischen Besatzungszone verlief zwischen Göttingen und Kassel. Göttingen wurde zu einem Schwerpunkt in der neuen britischen Besatzungsverwaltung. Universitätsgebäude wurden von der Militärverwaltung und

---

[3] Jens-Uwe Brinkmann: „Noch mehr zusammenrücken ..." – Die letzten Kriegsmonate in Göttingen, in: Göttingen 1945. Kriegsende und Neubeginn. Texte und Materialien zur Ausstellung im städtischen Museum 31. März – 28. Juli 1985, Göttingen 1985, S. 9-24, hier S. 12f.
[4] Ebd., S. 23f.
[5] Vgl. Walther Hubatsch: Wie Göttingen vor der Zerstörung bewahrt wurde. Die Vorgänge vom 1.-8. April 1945, in: Göttingen 1945. Kriegsende und Neubeginn, Göttingen 1985, S. 27-46, hier S. 34.
[6] Vgl. Hubatsch: Göttingen, S. 44.

III. FLUCHTPUNKT GÖTTINGEN: ÜBERLEBEN UND ÜBERDENKEN

dem „College of the Rhine Army" genutzt.[7] Wie andernorts, war die Wohnungsnot in Göttingen groß. Zwar war wenig Wohnraum zerstört worden, aber die Aufnahmekapazität der Stadt wurde bis zum Aufnahmestopp ausgereizt.[8]
„Friedland! Die Grenze zur Russischen Zone ist offen. Unaufhörlich ergießt sich der Strom der ins englisch besetzte Gebiet ziehenden Menschen über die ausgefahrenen, vom Regen aufgeweichten Straßen."[9]
Das unmittelbar bei Göttingen gelegene Umsiedlungslager Friedland sollte den Flüchtlingsstrom aus den Ostgebieten unterbringen und verwalten. Bis Ende 1945 allein passierten eine halbe Million Menschen das Lager bei Göttingen.[10]
Beginnend mit einem Ausgehverbot nach 21 Uhr bekamen die Göttinger Einwohner durch die britische Besatzungsmacht die sicherlich auch als Bevormundung gedachte Einschränkung ihrer Freiheit zu spüren. Wegen Nichtbefolgung der Ausgangssperre verweigerte der Kommandant eine Lockerung derselben, bis er nach einigen Tagen brave Besserung feststellen konnte. Aufgehoben wurde die Sperre als feste Institution jedoch im Jahr 1945 noch nicht. Überraschend schnell dagegen wurde die Freizügigkeit ohne Passierschein auf die ganze britische Zone ausgedehnt. Vom 13.8.1945 an galt sie für die gesamte Zone[11], noch vor dem Beginn des ersten Nachkriegssemesters. Trotz der betont guten Situation Göttingens im Vergleich mit anderen Städten, waren auch hier Erfahrungen und Erschütterungen tiefgehend. In einem Bericht zur Stimmungslage der deutschen Bevölkerung schilderte der Oberbürgermeister Schmidt die Frustration der Bürger über das demütigende Fraternisierungsverbot, die schlechte Versorgung an Kleidung und Lebensmitteln und malte für den Beginn des Semesters das Schreckbild von etlichen Schwarzhandel treibenden jungen Männern, die nicht zum Studium zugelassen worden waren.[12] Das Kulturleben der Stadt schließlich war seit Juli nicht mehr ausgesetzt und wurde zunehmend, seit November 1945

---

[7] Wiebke von Thadden: Göttingen und seine Militärregierung, in: Göttingen 1945. Kriegsende und Neubeginn, Göttingen 1985, S. 69-92, hier S. 78f.
[8] Vgl. Hans-Georg Schmeling: Die überfüllte Stadt, in: Göttingen 1945. Kriegsende und Neubeginn, Göttingen 1985, S. 105-136, hier S. 118. Schon 1944 befanden sich rund 3500 Flüchtlinge in der Stadt (Vgl. S. 106), außerdem lebten dort – unterschiedlich lange – über 10.000 Displaced Persons. Göttingen hatte zu der Zeit etwa 70.000 Einwohner.
[9] Göttinger Universitätszeitung vom 24.12.1945, zitiert nach: Schmeling: Stadt, S. 132.
[10] Vgl. Helga Hagelüken/Rainer Rohrbach: Hilfe in der Not: Friedland 1945, in: Göttingen 1945. Kriegsende und Neubeginn, Göttingen 1985, S. 137-148.
[11] Vgl. Hans-Georg Schmeling: Göttinger Nachkriegsalltag 1945, in: Göttingen 1945. Kriegsende und Neubeginn, Göttingen 1985, S. 149-199, hier S. 153f.
[12] Vgl. Schmeling: Nachkriegsalltag, S. 193f.

in Kooperation von Besatzungsmacht und Professoren wie Herman Nohl bilateral gefördert.[13]

Die Göttinger Universität war die erste deutsche Universität, die wieder den Lehrbetrieb aufnahm.[14] Der zuvor als Weltuntergang dramatisierte Untergang Deutschlands, das entsetzliche Ende des Holocaust und sein Bekanntwerden in gegenständlichen Bildern, der schockierende Abwurf der Atombombe – kurz, die Dreh- und Angelpunkte des Zwanzigsten Jahrhunderts, die Neuordnung der Welt – kosteten die Universität Göttingen lediglich ein Semester: Das Sommersemester 1945 fand nicht statt. Daß dieser Preis sogar als sehr hoch erschien, bezeugt den großen abstrakten Wert, der der Institution Universität in Deutschland noch immer zugute kam. Dafür zu sorgen, daß es bei nur einem Semester blieb, war in den Augen der alten Mandarine sowohl der Versuch, das Mögliche zur Besserung der allgemeinen Lage zu tun, als auch die entscheidende Möglichkeit, der Universität die Legitimation zu sichern, die ihre Zukunft sichern würde.[15] Die Nachfrage sinnsuchender, kriegsmüder Soldaten korrespondierte mit diesem Legitimationsangebot.

Am 1. August 1945 gab die Militärbehörde den Bescheid, daß die Universität zum 1. September wieder eröffnet werden konnte. Zum Rektor wurde Hermann Rein ernannt. Die Presse zeigte in ihrer Meldung über die Wiedereröffnung, wie man auf alliierte Erwartungen einzugehen hatte und den fremden Richtlinien doch Positives abgewinnen konnte:

„Aus dem Lehrkörper sind die Vertreter des Nationalsozialismus entfernt worden. Die Universität kann jetzt anstelle der zum großen Teil sehr minderwertigen Kräfte, die durch die Partei in die Fakultäten gekommen waren, Persönlichkeiten wählen, die dem alten Ruhm der Georgia Augusta wieder Ehre machen. Die schwere Zerstörung vieler deutscher Universitäten erlaubt z. Z. eine Auswahl wie zu keiner anderen Zeit."[16]

Tatsächlich konnte die Universität etliche, von ihren Universitäten im Osten (und Westen) geflohene Professoren rekrutieren, zumeist „unter Wert". Im Ge-

---

[13] Vgl. Jens-Uwe Brinkmann: „Nach Jahren der Entbehrung ..." – Kultur und Schule, in: Göttingen 1945. Kriegsende und Neubeginn, Göttingen 1985, S. 215-256, hier S. 216f.
[14] Vgl. Hartmut Boockmann: Wissen und Widerstand. Geschichte der deutschen Universität, Berlin 1999, S. 253. Das dortige Eröffnungsdatum unterliegt jedoch einem Tippfehler.
[15] So auch die Wertung Thomas Ellweins: „Die Universitäten mußten, um institutionell zu überleben, möglichst schnell ihre Pforten öffnen". Thomas Ellwein: Die deutsche Universität. Vom Mittelalter bis zur Gegenwart, Wiesbaden 1997, S. 243.
[16] Jens-Uwe Brinkmann: „Das Vorlesungsverzeichnis ist noch unvollständig ...". Der Wiederbeginn an der Georgia Augusta, in: Göttingen 1945. Kriegsende und Neubeginn, Göttingen 1985, S. 301-316, hier S. 305.

genzug erschienen die zwar nur als Lehrbeauftragte honorierten Professoren standesgemäß mit vollem Titel im Vorlesungsverzeichnis. Flüchtende Akademiker erreichten Göttingen vor allem aus Königsberg, Posen, Prag, Breslau und Straßburg. Die offiziöse Anerkennung des in seinem realisierbaren Wert noch unklaren Mandarinen-Status war bei allen finanziellen Einbußen und alltäglichen materiellen Schwierigkeiten ein wichtiger mentaler und sozialer Faktor. Wegen der raschen Wiederaufnahme des Lehrbetriebes in Göttingen wurde von der Besatzungsmacht hier ein beschleunigtes Entnazifizierungsverfahren angewandt, das vorerst nur in verwendungsfähige, nicht verwendungsfähige und weiter zu verfolgende Fälle unterteilte.[17] Auch Studenten sollten überprüft werden. Keine Nazis und keine Militaristen sollten zugelassen werden, was nach belächelter alliierter Logik dazu führte, daß von den zahlreichen Wehrmachtsangehörigen untere Ränge bei der Immatrikulation bevorzugt wurden.[18]

Die Studenten sollten demokratisch denken und handeln lernen, sich aber jeglicher politischer Arbeit enthalten. Die Verwirrung, die solche widersprüchlichen Anforderungen auslösten, versuchte auch der damalige AStA positiv zu wenden und so auszudeuten, daß die Lehre der damit mehrfach unter Beobachtung stehenden Professoren nicht umstandslos hingenommen werden mußte:

„Unpolitisch ist der Student von heute insoweit, als es ihm verboten ist – und zwar von der Militärregierung – aktiv am Parteileben außerhalb der Universität teilzunehmen. Politisch ist er in seinem Bemühen, die studentische Gemeinschaft wahrhaft demokratisch zu formen. Zu den sogenannten ‚kleinen politischen Zwischenfällen' ist festzuhalten: Beifalls- und Mißliebensäußerungen während einer Vorlesung sind keine politische Demonstration. Auch in den vergangenen zwölf Jahren wurde in den Hörsälen öfters gescharrt ..."[19]

Aus dem Kreis des damaligen, unter Aufsicht der Alliierten gewählten AStA wurde auch die kritische und einflußreiche „Göttinger Universitätszeitung" gegründet. Die Selbstverwaltung von Studenten, Universität, Flüchtlingseinrichtungen und auch der Stadt wurde von der britischen Besatzungsmacht zunehmend gefördert, auch wenn deren eigene Verwaltungseinrichtungen in Göttingen bis Ende 1946 noch expandierten und erst danach sukzessive zurückgefahren wurden. Den Wissenschaftlern und Studenten, die die Nachkriegssi-

---

[17] Vgl. Hans-Joachim Dahms: Einleitung, in: Heinrich Becker/Hans-Joachim Dahms/Cornelia Wegeler (Hg.): Die Universität Göttingen unter dem Nationalsozialismus, 2. erw. Ausgabe, München 1998, S. 29-74, hier S. 60f.
[18] Brinkmann: Vorlesungsverzeichnis, S. 309.
[19] Zitiert nach ebd., S. 312.

tuation ohne hinderliche Bitterkeit betrachten konnten, eröffnete sich in Göttingen ein beachtliches Handlungsfeld.

1.2. Die Inkorporation der verlorenen Grenzlanduniversität Königsberg

Der „Vorposten" deutscher Wissenschaft nach Osten, die Albertus-Universität zu Königsberg, wurde im letzten Kriegsjahr von sowjetischen Armeen erobert. Zahlreiche ihrer Wissenschaftler, auch solche, die während des Krieges schon gar nicht mehr in Königsberg selbst aktiv waren, kamen nach Göttingen. Die große Bedeutung der akademischen Heimat für Forscher der Universität Königsberg fand ihren komplementären Part in dem Pflichtbewußtsein der geflohenen Königsberger Verwaltungsbeamten, die die Universität wie in einem Zustand vorübergehender Evakuierung weiterzuführen suchten und damit auch eine markante Wirkung auf die sozialen Verbindungen der Königsberger Professoren und Nachwuchswissenschaftler untereinander hatten. Bei den Nachlaßverwaltern der Universität Königsberg kam genug Rest von Institutionalisierung, akademischer Legitimität und Prestige aus der Tradition alter, lange vor dem NS existenter Bildungstradition zusammen, um die Königsberger Universität als Fiktion in dem Ersatzkörper der Göttinger Universität fortleben zu lassen. Weit über die reine Nachlaßverwaltung hinaus wurde der Universität Göttingen die heilige Pflicht zur Patenschaft für ihre untergegangene Schwester aus dem Osten auferlegt, die zuletzt 1994 feierlich wahrgenommen wurde: „Wir alle sind Erben der Universität Königsberg!"[20] Mit diesen Worten eröffnete der Rektor der Universität Göttingen Hans-Ludwig Schreiber die Ausstellung „Albertina-Universität in Königsberg 1544-1994" in der Universitätsbibliothek Göttingen. Seit Ende der achtziger Jahre überwiegen bei dieser Partnerschaft jedoch wieder die Chancen auf kulturelle Verständigung, gegenüber der bis dahin zunehmend selbstreferentiell gewordenen Folklore. Die Universitätsgeschichte der Albertina wird jedoch auch 1994 noch als eigenständige Erzählung weitergeschrieben:

„Im November 1944 endete der Lehrbetrieb endgültig. Mit der Vertreibung der deutschen Bevölkerung starb auch die Königsberger Universität, für die keine deutsche Nachfolge-Universität gegründet wurde. Doch ihr Geist und ihre Geschichte wirken weiter. Das zeigt neben den Vorträgen in Bonn am 27. Oktober eine Vorlesungsreihe in Göttingen vom 23. November bis 8. Februar 1995 [...] In Göttingen hatte man nach Kriegsende eine Art Patenschaft für die untergegangene

---

[20] Bärbel Beutner: Vom Erbe der Universität Königsberg. Akademische Feierstunde in Göttingen, in: Kulturpolitische Korrespondenz 922/923 vom 30. Dezember 1994, S. 12-14.

Königsberger Universität übernommen – zunächst aus ganz pragmatischen Gründen, da ja Königsberger Professoren und Studenten eine Stelle brauchten, wo man ihnen mit Beglaubigungen und Ersatzdokumenten helfen konnte. Doch hatte man sich in Göttingen auch um die Tradition der Albertina bemüht – was in den letzten Jahren freilich nicht mehr so recht erkennbar war."[21]

Von der vorangegangenen Feier in Königsberg berichtet Schreiber immerhin, wie zahlreich dort ehemalige Studenten angereist wären, um die Verbundenheit mit ihrer Alma mater zum Ausdruck zu bringen. Dort waren unter anderem Festvorträge der Göttinger Professoren Dietrich Rauschning, Bernd Moeller und Hartmut Boockmann zu hören gewesen:

„Mit der Gesamtheit ihrer akademischen Leistungen und Wirkungen setzt sich die geistige Existenz der Albertina dennoch fort und das Bewußtsein davon ist in vielen lebendig."[22]

Zunächst pragmatische Gründe transportierten 1945 mit den Personen auch Geist und Geschichte der Albertina nach Göttingen. Am deutlichsten materialisierten sich diese pragmatischen Gründe wohl in Form des Universitätsstempels, den der langjährige Kurator der Universität Königsberg Friedrich Hoffmann mit nach Göttingen brachte. Die Restverwaltung der Universität Königsberg, die im Januar 1945 nach Greifswald, im April nach Flensburg umgezogen war, wurde vom Oberpräsidenten Schleswig-Holsteins nach dem Krieg „mit der Betreuung der Angehörigen der Albertus-Universität beauftragt [...] ein Auftrag, der infolge der Übersiedlung des Kurators nach Göttingen von der niedersächsischen Landesregierung, wenigstens für einige Zeit, übernommen wurde"[23].

Ob dieser Rest von Universität einem großen Teil seiner Dozenten- und Studierendenschaft eher hinterher- oder ihnen voransiedelte, ist für die Nachkriegswirren nicht zu recherchieren. Ab Oktober 1945 bestand dann in Göttin-

---

21 Hartmut Boockmann: Die Feier des Königsberger Jubiläums in Kaliningrad, in: Nordost-
Archiv. Zeitschrift für Regionalgeschichte, NF III (1994), S. 560-563, S. 560.
22 Dietrich Rauschning/Donata v. Nerée: Zum Gedenken an die Albertus-Universität aus Anlaß ihrer Gründung vor 450 Jahren, in: dies. (Hrsg.): Die Albertus-Universität zu Königsberg und ihre Professoren. Aus Anlaß der Gründung der Albertus-Universität vor 450 Jahren, Berlin 1995 (Jahrbuch der Albertus Universität zu Königsberg/Pr. 29 (1994), S. 11-16, hier S. 11.
23 Götz von Selle: Die Geschichte der Albertus-Universität zu Königsberg in Preußen, 2., durchges. u. vermehrte Aufl., hrsg. v. Göttinger Arbeitskreis in Gemeinschaft mit dem Königsberger Universitätsbund, Würzburg 1956, hier S. 363. Das Vorwort des Bandes verweist auf Streichungen und Änderungen „damals zeitbedingter Stellen" (S. V) gegenüber der ersten Auflage von 1944. Die Finanzierung dieser zweiten Auflage geschieht mit dem Restvermögen des Universitätsbundes Königsberg, der damit 1956 seine aktive Tätigkeit erlöschen, bzw. in den Göttinger Arbeitskreis einfließen sieht.

gen offiziell eine Meldestelle für ehemalige Angehörige der Universität Königsberg. Während heimatlos gewordene Studenten, die Soldaten gewesen waren, oftmals viele Zwischenstationen auf ihrer Wanderung nach Göttingen hatten, kann doch zumindest bei den bis zuletzt aktiven Professoren, die schon vorher einmal in Göttingen gelehrt oder – extrem häufig – dort studiert hatten, eine vergleichsweise direkte Umsiedlung in die Stadt angenommen werden. Auf dieser Schiene zog es auch den Historiker Götz von Selle zurück nach Göttingen, der durch seine gute Bekanntschaft mit Friedrich Hoffmann den „Umzug" der „Rest-Albertina" dorthin auch aktiv betrieben haben wird.[24] Auch Reinhard Wittram kannte Göttingen schon aus seiner Studienzeit, ebenso sein baltischer Kollege Leonid Arbusow. Siegfried Kaehler bot Wittram und dessen großer Familie ebenso für eine Weile Unterschlupf wie er es auch für seinen Freund Hermann Heimpel tat. Der Göttinger Geograph und Ostforscher Hans Mortensen schloß sich dem Kreis um Selle und Hoffmann sehr eng an; er war in Königsberg Privatdozent gewesen.[25] Der frisch habilitierte Walther Hubatsch fand als Göttinger Dozent zum Königsberger Kreis, obwohl er keine akademischen, wohl aber biographische Wurzeln in Königsberg hatte.[26]

In Göttingen organisierten Friedrich Hoffmann und Götz von Selle zusammen eine ganze Reihe an „Königsberger" Einrichtungen: 1945 die „Meldestelle", 1946 den „Göttinger Arbeitskreis" ostdeutscher Wissenschaftler, 1947 die Wiedergründung der „Gesellschaft der Freunde Kants" und schließlich die Herausgabe des „Jahrbuchs der Albertus-Universität zu Königsberg/Preußen" mit dem ersten Jahrgang 1951.[27] Das Jahrbuch wurde der Ort, wo Königsberger Akademiker und die Ostforschung Berührungspunkte fanden, wenn solche nicht schon längst, wie bei Werner Conze, Theodor Schieder und Reinhard Wittram bestanden hatten. Im Göttinger Arbeitskreis und dem von ihm herausgegebenen Jahrbuch verdichtete sich so das Erbe der Universität Königsberg. Die personelle Überschneidung von ehemaliger Universitätsleitung und in der Verwaltung einflußreicher Professoren wie Götz von Selle mit Arbeitskreis und Jahrbuchredaktion war groß. Die ehrenamtliche Leitung hatte bis zu seinem Tod 1951 Friedrich Hoffmann inne, der auch danach in allen Jahrgängen als Begründer der

---

[24] Vgl. Karl O. Kurth: Götz von Selle. In Memoriam, in: Jahrbuch der Albertus-Universität zu Königsberg/Pr. 8 (1959), S. 5-34, hier S. 20.
[25] Vgl. Rössler, Kurzbiographie Mortensens, S. 272.
[26] Vgl. Wolfgang Weber: Biographisches Lexikon zur Geschichtswissenschaft in Deutschland, Österreich und der Schweiz. Die Lehrstuhlinhaber für Geschichte von den Anfängen des Faches bis 1970, Frankfurt a. M. u. a. 1984, S. 262.
[27] Vgl. Kurth, S. 20f.

Jahrbücher der Universität Königsberg geführt wird. Das Jahrbuch wurde insgesamt aber eher von Ostforschern genutzt, die in der Geschichtswissenschaft keine akademische Karriere machten. Neben den genannten Einrichtungen wurde noch ein Rundbrief der Albertus-Universität fortgeführt und ein Unterstützungsfonds für ehemalige Angehörige der Universität eingerichtet. 1947 begann außerdem eine Auseinandersetzung um das ehemalige Staatsarchiv Königsberg, das zeitweise in Goslar Göttinger Historikern zur Verfügung gestellt und von 1949 an über Jahre hinweg gegen ein polnisches Gesuch um „Auslieferung" mit juristischen Gutachten verteidigt wurde.[28] Der Gutachter selbst, der Völkerrechtler Herbert Kraus, lehrte von 1928-1938 und 1946-1953 in Göttingen öffentliches und anglo-amerikanisches Recht – dazwischen auch in Königsberg.

Aus der pragmatischen Abwicklung der Geschäftsangelegenheiten der Königsberger Universität entstand sehr bald schon um den Kern der Arbeitsgemeinschaft und des Kant-Kreises eine neue, sinnstiftende Gemeinschaft. Die „Alma mater Albertina" wurde mit bisweilen lächerlich anmutendem Gesten aber stets hohem und ernstem Pathos virtuell am Leben erhalten. So zielte auch die Ernennung Götz von Selles zum „ständigen Kanzler" der Gesellschaft der Freunde Kants 1956 verdeckt in Richtung der untergründig zu repräsentierenden Universität.[29] Die Universität Göttingen unterstützte die Königsberger Gemeinschaft auf einem ähnlichen Level: Sie ernannte Friedrich Hoffmann zum Ehrenbürger der Universität. Götz von Selle wieder in Lehrtätigkeit zu bringen, schien aussichtslos, aber immerhin konnte er mit der Leitung des Universitätsarchivs in Lohn und Brot gebracht werden. Als koordinierende graue Eminenz hinter der im Arbeitskreis aktiven Gruppe wiedereingegliederter Königsberger Dozenten mag Götz von Selle über bemerkenswerten Einfluß verfügt haben.

Hinter der schlicht geschäftsmäßigen Unterbringung und Versorgung von Kollegen und Studierenden scheint eine nostalgische und metaphysische Sprache auf. Götz von Selle charakterisiert das Wirken des Kurators Hoffmann in Göttingen nach dessen Tod folgendermaßen:

„Friedrich Hoffmann, dem der Krieg selbst schwerste Wunden geschlagen hatte, trat als erster und einziger bald auf den Plan und rief zur Sammlung der Geister der Menschen auf, die da dem Chaos entronnen waren. Nunmehr weithin für jeden

---

[28] Teile des Archivs mußten nach streng befristeter Auswertung an Polen zurückgegeben werden. Vgl. Walther Hubatsch: Göttinger historische Arbeiten am Königsberger Staatsarchiv 1947-1952, in: Jahrbuch der Albertus-Universität zu Königsberg/Pr. 4 (1954), S. 227-242, hier S. 229-231.

[29] Die Gesellschaft der Freunde Kants. Die Ansprache des „Bohnenkönigs", Staatsarchivdirektor Dr. Kurt Forstreuter, am 12. April 1957 in Göttingen, in: Jahrbuch der Albertus-Universität zu Königsberg/Pr. 9 (1959), S. 448-450, hier S. 449.

sichtbar, begründete er die allen Königsbergern bekannte Meldestelle der Albertus-Universität, an die sich ein jeder wenden konnte, der da in Not und Bedrängnis geraten war. [...] Ein Helfer, ein Berater, ein Freund wurde er uns allen, die wir von Königsberg kamen, ein getreuer Ekkehard, wie man von ihm gesagt hat."[30] Diese sprachliche Regression sucht einen christlichen Ton und trifft am Ende doch noch einen zuvor gründlich völkisch umdefinierten Ritterhelden; der Kurator Hoffmann ragte leuchtturmartig hervor und bot den Versprengten in erster Linie räumliche, aber auch intellektuelle und emotionale Orientierung. In Nachrufen wird deutlich, wie die Kerngemeinschaft Königsberger Wissenschaftler in Göttingen aneinander festhielt und sich nicht gegen ihre, sondern mit ihrer ostpreußischen Vergangenheit nostalgisch wieder aufzurichten verstand:

„Der Gegenwart in ihrer tiefen geistigen Not den 'Spiegel Preußens' vorzuhalten zur Selbstbesinnung, zur ernsten Warnung vor den Versuchungen der Resignation, Verzweiflung oder des egoistischen Materialismus, also zur Gewinnung neuer Zuversicht: Das ist der letzte große Auftrag, dessen Erfüllung Götz von Selles sittliche Pflicht im Kantischen Sinne war."[31]

Auch die Tradition der Königsberger „Bohnenkönige aus der Gesellschaft der Freunde Kants" wurde fast nahtlos fortgesetzt. Noch 1945 war an Kants Grab vom „Bohnenkönig" ein Kranz abgelegt und eine Rede gehalten worden – hierbei konnte Göttingen später nur Erbe sein, niemals gleichwertiger Ersatz. Das jährliche Ritual vergegenwärtigte einen unwiderbringlichen Verlust an Heimat und Kultur. Solche Uneinholbarkeit von Vergangenheit schuf die Grundlage für eine Nostalgie, die mit keiner ernüchternden Gegenwart mehr konfrontiert werden mußte. Ein Rest der Haltung konnte sich bis 1994 zum 450jährigen „Jubiläum" einer seit 50 Jahren nicht mehr existierenden Universität erhalten.

Der Kreis der Königsberger Wissenschaftler erhielt seine Universität als Legitimationsreserve ihrer universitären Stellung in fiktiver Form aufrecht. Der Status dieser Personengruppe als Vertriebene und Unterstützungsberechtigte bekam so einen außergewöhnlich symbolkräftigen und präsenten Ausdruck. Die Flüchtlinge aus den anderen Ost-Universitäten Breslau, Danzig und Posen standen in der öffentlichen Wahrnehmung in Göttingen dahinter zurück. Einzig Breslau hatte noch genug Tradition, um vom Göttinger Arbeitskreis vorübergehend auch ein fortlaufendes Jahrbuch herausgegeben zu bekommen. Die Vertreter der „Reichsuniversität Posen", Reinhard Wittram und Leonid Arbusow, erschienen aus der Sicht des Arbeitskreises denn auch umstandslos eher als Ge-

---

[30] Götz von Selle: Friedrich Hoffmann. In memoriam, in: Jahrbuch der Albertus-Universität zu Königsberg/Pr. 1 (1951), S. 7-9, hier S. 8.
[31] Kurth, S. 27.

legenheits-Königsberger, denn als Rigaer oder Posener. Das sich hier abzeichnende Göttinger Netzwerk ist eine der frühesten erkennbaren Chancen zur Wiederherstellung von netzwerkartigen Verbindungen großen Stils für die Ostforschung. Seine Entstehung ist unmittelbar mit Flucht und Nachkriegswirren verbunden und geht anderen, eher taktischen Orientierungen, z. B. der Entnazifizierung, der Neuanstellung an anderen Universitäten oder erneuter publizistischer Tätigkeit voraus. Während hier gezeigt wurde, wie sich die genannten Institutionen in der Nachkriegszeit ideologisch etablieren konnten, steht ihre langfristige Wirkung unter dem Einfluß weiterer Faktoren, der Erlangung alternativer Ressourcen über neuere, eher fachlich ausgerichtete Netzwerke, neue Projekte und Publikations-, sowie Forschungsfelder. Die Königsberger Nostalgie wurde dazu im Göttinger Arbeitskreis jedoch nicht überwunden, sondern programmatisch.

1.3. Das Historische Seminar setzt sich zusammen

Die neue Struktur des historischen Seminars zeichnete sich schon bei Kriegsende ab. Begegnungen spielten in der überschaubaren Stadt die entscheidende Rolle; die Historikerin Annelise Thimme schildert ein nicht untypisches Konglomerat aus Kommunikation und erschütterndem Zufall: den Tag der Kapitulation in Göttingen, dem 8. April 1945, einem Sonntag: „Wir wußten: An diesem Tag geht der Krieg in Göttingen zu Ende". Auf ihrem Rückweg vom Spaziergang zum Haus Siegfried Kaehlers beginnt die Beschießung Göttingens mit Artilleriegeschossen:

> „Mich traf es vor dem Fridtjof Nansen-Haus in der Merkelstraße. Mein einer Fuß war sofort abgerissen, der andere verletzt. Im Fridtjof Nansen-Haus befand sich eine Erste Hilfe- und Sanitäterstation, die mich hereinholten und versorgten"[32]

Ursprünglich auf dem Weg nach München blieb Annelise Thimme in Göttingen und promovierte anschließend bei Siegfried Kaehler, bei dem sie schon früher einige Semester studiert hatte und dem sie auch lange Zeit persönlich verbunden war. Kaehler wurde auch für arrivierte Forscher zum Anziehungspunkt. Er holte 1945/46 für einige Monate Friedrich Meinecke nach Göttingen, wo dieser an seiner Abrechnung mit der deutschen Vergangenheit „Die deutsche Katastro-

---

[32] Annelise Thimme: Geprägt von der Geschichte. Eine Außenseiterin, in: Hartmut Lehmann/Otto Gerhard Oexle (Hg.): Erinnerungsstücke. Wege in die Vergangenheit. Rudolf Vierhaus zum 75. Geburtstag gewidmet. Wien u. a. 1997. S. 153-224. Zitat S. 185.

phe" arbeitete.³³ Auch Hermann Oncken, „zerfallen mit seinem eigenen Lebenswerk"³⁴, zog 1945 in unmittelbare Nähe von Kaehler. Dieser berichtet, wie die Ehefrau Meineckes zusammen mit Fritz Hartung den im Kampf um Breslau am Arm verwundeten Aubin in Berlin besucht hatte.³⁵ Persönliche Begegnungen im „Milieu" der Historiker waren seit der Endphase des Krieges wichtiger geworden und blieben es für die Zeit, in der einige ihre Leiden, manche ihre Entwurzelung oder ihre Hilflosigkeit gegenüber dem Leiden anderer realisieren mußten.

Das allgemeine Interesse aller Überlebenden, wen es aus dem Milieu wohin verschlagen hatte, ob unversehrt und mit der Familie vereint, kam in dieser Situation mit dem lebhaften Interesse daran zusammen, wie dieser oder jener Kollege den „Zusammenbruch" Deutschlands professionell aufnehmen und verkraften konnte. Ein aufschlußreicher Versuch, verbindende akademische Bräuche über den Zusammenbruch zu retten, stellt die „Festschrift" für Kaehlers sechzigsten Geburtstag dar, die im Mai 1945 Kaehler nur persönlich und im getippten Original übergeben werden konnte:

„Eine ganz besondere Freude war die Tatsache, daß trotz der schlechten Zeiten meine Freunde und Schüler eine Festschrift beabsichtigt hatten, die selbstverständlich nicht zustande gekommen war, deren hiesige Teilnehmer aber gestern ihre Beiträge in Maschinenschrift überreichten, u. a. auch Brandi und mein aus Riga und Posen vertriebener Kollege und Freund Wittram. Merkwürdige Wiederkehr altbekannter akademischer Formen"³⁶

Das Historische Seminar konstituierte sich schon zum Wintersemester mit einem beachtlichen Lehrangebot. Einige Professoren wie Ulrich Kahrstedt konnten Lehrveranstaltungen ankündigen, obwohl sie ihre Entlassung im Zuge des Entnazifizierungsverfahrens noch vor sich haben sollten.³⁷ In jedem Fall signalisierten die Ankündigungen den Anspruch, akademisch in der neuen Zeit weiter wirken zu können und zu wollen. Am Seminar für Mittlere und Neuere Geschichte hatten Kaehler, Schramm und Erich Botzenhart jeweils ein Ordinariat inne. Schramm und Botzenhart waren im Krieg nur selten in Göttingen gewesen,

---

33 Vgl. Thimme, S. 191.
34 Brief von Siegfried Kaehler an Peter Rassow vom 20. Mai 1945, in: Siegfried A. Kaehler: Briefe 1900-1963, hrsg. v. Walter Bußmann und Günter Grünthal, Boppard am Rhein 1993, Nr. 92, S. 301f.
35 Vgl. Brief von Siegfried Kaehler an Peter Rassow vom 13. Mai 1945, in: Kaehler, Briefe 1900-1963, Nr. 90, S. 295-298, hier S. 296.
36 Vgl. Brief von Siegfried Kaehler an Martin Kaehler vom 26. Mai 1945, in: Kaehler, Briefe 1900-1963, Nr. 93, S. 302-310, hier S. 310.
37 Vgl. das Vorlesungsverzeichnis Göttingens im Anhang.

so daß Karl Brandi – seit 1936 emeritiert – mit 77 Jahren immer noch Lehrveranstaltungen gegeben hatte. Der junge Walther Hubatsch, ein Schüler Brandis und Kaehlers, hatte zur Ergänzung des ausgedünnten Angebots schon seit Beginn des Krieges in Göttingen unterrichtet. Auch Hermann Heimpel war zu Gast in Göttingen. Bei Kriegsende befand sich Percy Ernst Schramm, der Tagebuchschreiber des Oberkommandos der Wehrmacht, zunächst in Kriegsgefangenschaft. Erich Botzenhart kehrte überhaupt nicht mehr in die Lehre zurück.

Die Stellung Kaehlers, der zurückgezogen lebte und agierte, doch populär las, war von äußeren Einflüssen im besten und ärgsten Sinne eines Mandarin unabhängig. Innerlich zwar stets tief bewegt, riß Kaehler weder der Nationalsozialismus zu besonderen Konzessionen hin, noch die neue Zeit nach dem Zusammenbruch.[38] Für ihn brachten die großen Umbrüche vor allem äußere Zumutungen: „Umlernen" 1918, „Gleichschaltung" 1933 und „reeducation" 1945 lagen dabei auf gleicher Ebene.[39] Nichtsdestoweniger sah sich Kaehler im Niedergang des Nationalsozialismus persönlich bestätigt und in die Pflicht genommen. Für die pädagogische „Umschulungswoche" steuerte er einen Vortrag „Darstellung und Kritik der Außenpolitik des Nationalsozialismus" bei, obwohl ihm der Titel nicht allzu genehm war.[40] Die Position Kaehlers in dem Kommunikationsnetzwerk dieser turbulenten Zeit erscheint so zentral, daß auch sein ehemaliger Assistent, Walter Bußmann, in einer biographischen Würdigung erklären zu müssen meinte, warum die naheliegende Mutmaßung, „Kaehlers Stunde hätte nach 1945" schlagen müssen, fehlgeht. Kaehler war durch wiederholte Krankheit in kontinuierlichem Wirken behindert. Außerdem blieb er von den sich abzeichnenden neuen sozialwissenschaftlichen Strömungen ähnlich di-

---

[38] Zu Kaehlers politischer Haltung zwischen (ernsthafter) innerer Emigration und einer „Variante des modernen Konservativismus" vgl. Helga Grebing: Zwischen Kaiserreich und Diktatur. Göttinger Historiker und ihr Beitrag zur Interpretation von Geschichte und Gesellschaft (M. Lehmann, A. O. Meyer, W. Mommsen, S. A. Kaehler), in: Hartmut Boockmann/Hermann Wellenreuther (Hg.): Geschichtswissenschaft in Göttingen. Eine Vorlesungsreihe, Göttingen 1987, S. 204-238, bes. S. 238.

[39] Kaehler laut Hermann Heimpel, zitiert nach: Walter Bußmann: Siegfried A. Kaehler. Persönlichkeit und Werk – Ein Essay, in: Siegfried A. Kaehler. Briefe 1900-1963, hrsg. v. Walter Bußmann und Günter Grünthal, Boppard am Rhein 1993, S. 33-90, hier S. 85.

[40] Brief von Siegfried Kaehler an Martin Kaehler vom 24. September 1945, in: Kaehler: Briefe 1900-1963, Nr. 100, S. 327-329, hier S. 327. Kaehler schrieb an Heimpel recht sarkastisch, daß er dort den „verblüfften Hörern die Kriegsschuld Hitlers für 1939 aufgrund der verschiedenen Farbbücher vor Augen geführt" habe. Vgl. Brief von Siegfried Kaehler an Hermann Heimpel vom 18. Oktober 1945, in: Kaehler: Briefe 1900-1963, Nr. 102, S. 331-334, hier S. 334.

stanziert wie von allen aufdringlichen zeitbedingten Konjunkturen vorher.[41] Zu den Ostforschern ist Kaehler selbst nicht zu zählen. Kontakte zur Ostforschung ergaben sich jedoch durch seine Schwester Anna, die am Handwörterbuch des Grenz- und Auslandsdeutschtums beteiligt gewesen war[42], sowie durch seine Lehrtätigkeit an der Breslauer Universität von 1928 bis 1932.[43]

Bei der Wiedereröffnung der Universität zum Wintersemester zog dennoch ein zu großer Form auflaufender Kaehler für das Historische Seminar die Fäden. Während Schramm aus seiner Kriegsgefangenschaft das Beste zu machen verstand und sich den Alliierten erfolgreich als Interpret des von ihm selbst geschriebenen Kriegstagebuches anbot[44], verpflichtete Kaehler den in Freiburg weilenden Hermann Aubin für dessen Vertretung. Den gut befreundeten Hermann Heimpel vermittelte er statt dessen an Rudolf Stadelmann in Tübingen.[45] Aubin kam im Spätherbst 1945 und blieb bis zu seiner Berufung nach Hamburg im Frühjahr 1946.[46] Auch Aubin wohnte bis Ende 1945 beim gastfreundlichen Kaehler, der der Reihe nach ihm schätzenswert erscheinende Historiker zur „Notlandung" aufnahm.

> „An seine Stelle hier ist Hermann Heimpel getreten, der zuletzt in Straßburg war und ebenfalls als Volkssturmmann im Herbst 1944 den märchenhaften Zusammenbruch der deutschen Stellung in Straßburg miterlebte. Er hat schon [im] Wintersemester 1944/45 hier die Vertretung übernommen und ebenfalls bei uns gewohnt, wenn auch in bequemerer Weise, da unsere Räume noch nicht voll belegt waren. Heimpel halte ich für den begabtesten und zukunftsreichsten Vertreter seines Faches, der trotz der Ungunst der Zeiten im besten Mannesalter und in originaler Produktion steht. Seit Februar 1945 sind folgende Posener hier notgelandet:
> 1. Wittram und Arbusow, welche Du beide wohl aus Deiner Besuchszeit in Riga

---

[41] Vgl. Bußmann, S. 88f.

[42] Michael Fahlbusch: Wissenschaft im Dienste der nationalsozialistischen Politik. Die Volksdeutschen Forschungsgemeinschaften 1931-1945, Baden-Baden 1999, S. 153.

[43] Biographische Daten zu Kaehler neben Bußmann, auch in Bernd Faulenbach: Art. „Siegfried August Kaehler", in: Rüdiger vom Bruch/Rainer A. Müller (Hg.): Historikerlexikon. Von der Antike bis zum 20. Jahrhundert, München 1991, S. 161f.

[44] Schramm spielte schon mit dem Gedanken, an ein neu zu gründendes historisches Institut für Kriegsgeschichte in Paris umzusiedeln: „Er befindet sich also wieder in einer Proszeniumsloge der Weltgeschichte, welche ihn mehr interessiert als seine Professur", schrieb Kaehler an Peter Rassow am 13. Oktober 1945, in: Kaehler: Briefe 1900-1963, Nr. 101, S. 329-330, hier S. 331.

[45] Brief von Siegfried Kaehler an Hermann Heimpel vom 18. Oktober 1945, in: Kaehler: Briefe 1900-1963, Nr. 102, S. 331-334, hier S. 332.

[46] Zu Aubin vgl. auch Luise Schorn-Schütte: Art. „Aubin, Hermann Carl William (1885-1969)", in: Rüdiger vom Bruch/Rainer A. Müller (Hg.): Historiker Lexikon. Von der Antike bis zum 20. Jahrhundert, München 1991, S. 15f.

kennst, und Conze, dessen wissenschaftliche Anfänge wohl unter Deiner Leitung gestanden haben. Er vertritt die Siedlungsgeschichte des Ostens und scheint ein tüchtiger Arbeiter zu sein. Er und Arbusow haben nur Leseerlaubnis, während Wittram die früher von Botzenhart besetzte Professur vertritt, was nicht ganz ohne Schwierigkeiten durchgesetzt werden konnte. Außerdem haben wir 2 neu habilitierte Dozenten, den aus Hartungs Schule stammenden W[ilhelm] Treue, hauptsächlich Wirtschafts- und Kulturhistoriker, und einen bei mir frisch ausgebackenen jüngeren Mann, W[alther] Hubatsch, dessen Arbeitsgebiet wesentlich im skandinavischen Raum liegt."[47]

Damit sind die Lehrenden der folgenden Jahre am Seminar für Mittlere und Neuere Geschichte in Göttingen vom spiritus rector Kaehler fast komplett vorgestellt und eingeordnet worden. Walter Bußmann, der in den Jahren nach 1945 der (vorerst einzige) Assistent des Historischen Seminars werden sollte, konnte auch schon im Juli, obwohl „aus englischer Gefangenschaft noch nicht endgültig entlassen", das Göttinger Terrain auf Zukunftsaussichten hin sondieren.[48] Karl Brandi, der im letzten Kriegssemester der Universität 1944/45 die Vorlesung „Mittelalter I" gehalten hatte, demonstrierte Kontinuität, indem er unerschütterlich im ersten Nachkriegssemester 1945 „Mittelalter II" las.[49] Brandi enthielt sich laut Annelise Thimme jeden Kommentars zu den Ereignissen der Gegenwart.[50] So unpolitisch, das legt Brandis Engagement in den dreißiger Jahren jedenfalls nahe, war Brandi erst in jüngerer Zeit geworden. Leonid Arbusow war, kaum angekommen, schon mit einer Vorlesung zur mittelalterlichen und humanistischen Historiographie im Vorlesungsverzeichnis offiziell vertreten. In den Folgejahren blieben an Arbusow vor allem die hilfswissenschaftlichen Pflichtveranstaltungen des Seminars hängen. Hermann Aubin lehrte ab November; der Titel seiner Veranstaltung ist unklar, und er verließ Göttingen auch im Frühjahr 1946 in Richtung Hamburg. Walther Hubatsch behandelte die Epoche nach dem Dreißigjährigen Krieg. Siegfried Kaehler überschritt mit seiner Vorle-

---

[47] Brief von Siegfried Kaehler an Hans Rothfels vom 29. Juli 1946, in: Kaehler: Briefe 1900-1963, Nr. 104, S. 336-346, Zitat S. 341f. Der Brief konjugiert auch noch das Schicksal einiger außerhalb Göttingens Lehrender durch.

[48] Brief von Siegfried Kaehler an Anna Kaehler vom 31. Juli 1945, in: Kaehler: Briefe 1900-1963, Nr. 98, S. 320-325, hier S. 324.

[49] Hermann Heimpel faßte Brandis Akt genau als eine solche Demonstration der Kontinuität auf. Vgl. Robert P. Eriksen: Kontinuitäten konservativer Geschichtsschreibung am Seminar für Mittlere und Neuere Geschichte: Von der Weimarer Zeit über die nationalsozialistische Ära bis in die Bundesrepublik, in: Heinrich Becker/Hans-Joachim Dahms/Cornelia Wegeler (Hg.): Die Universität Göttingen unter dem Nationalsozialismus, 2. erw. Ausgabe, München 1998, S. 427-453, hier S. 445.

[50] Vgl. Thimme, S. 190.

sung zum Zeitalter des Imperialismus in der Zeit von 1878 bis 1919 schon die von der Geschichtswissenschaft bisher selten „wissenschaftlich" überquerte Grenze zur Weimarer Republik. Seine (auch 1947 wieder angekündigte) Vorlesung „Von Versailles bis Danzig: 1919-1939" wurde weithin anerkennend erwähnt, wenn auch Annelise Thimme aus ihrer Erinnerung zu bedauern weiß, daß Kaehler „nicht einmal bis Versailles kam, von der Weimarer Republik gar nicht zu reden, was ihm freilich auch schwer genug geworden wäre."[51] Karl Brandis Lehrstuhl am Seminar wurde nach seinem Ausscheiden und Tod im März 1946 im Sommersemester 1946 von Hermann Heimpel besetzt. Schon in diesem Semester komplettierte sich mit Reinhard Wittram, Hermann Heimpel und Werner Conze die Liste derjenigen, die das Seminar über die nächsten Jahre maßgeblich prägen sollten.[52] Percy Ernst Schramm, der während der Nürnberger Prozesse als Zeuge in Nürnberg bleiben mußte, konnte erst für das Wintersemester 1948/49 wieder offiziell Veranstaltungen anbieten. Der mit Schramm über Brandi verfeindete Kahrstedt konnte weiter lehren, die – schon länger bestehende – Trennung des Seminars für Alte Geschichte von demjenigen für Mittlere und Neuere Geschichte kam jedoch immer stärker zum Tragen, so daß die Berührungspunkte sich minimierten. Der künftige niedersächsische Landeshistoriker Georg Schnath tauchte im Veranstaltungsverzeichnis mit dem Sommersemester 1949 zum ersten Mal auf.[53] In den nach 1945 folgenden Semestern ergänzten jüngere Wissenschaftler aus dem Umfeld der Ostforschung das Lehrangebot des Seminars. Neben dem schon vor 1945 aktiven Hubatsch boten ab 1946 Wilhelm Treue, ab 1948 Werner Markert und ab 1950 Walter Bußmann Lehrveranstaltungen an.

Im Sommersemester 1946 betrug der Anteil der „Ostforscher" am Seminar für Mittlere und Neuere Geschichte fünf von sieben Lehrenden. Auch noch im Wintersemester 1949/50 stammten von sechzehn Lehrenden sieben aus dem Umfeld der Ostforschung, das waren sechs in der Gruppe der dreizehn „nomi-

---

[51] Vgl. Thimme, S. 193. Unklar ist, in welchem Semester Thimme an der Veranstaltung teilnahm und ob Kaehler – früher oder später – nicht doch den „Durchbruch" schaffte.
[52] Vgl. die Veranstaltungslisten aus den Vorlesungsverzeichnissen im Anhang.
[53] Die niedersächsische „Saat" Brandis ging auf zum zehnjährigen Jubiläum des Landes Niedersachsen 1956 in der Gründung eines Instituts für Landesforschung, das den schwer belasteten Georg Schnath aufnehmen konnte. Vgl. Bernd Weisbrod: Region und Zeitgeschichte: Das Beispiel Niedersachsen, in: Niedersächsisches Jahrbuch für Landesgeschichte 68 (1996), S. 91-105, S. 91-93.

nellen" Professoren.⁵⁴ Der hohe Anteil ehemaliger Ostforscher stabilisierte sich ab Mitte der fünfziger Jahre auch als ein dauerhafter Schwerpunkt Göttingens im Bereich der osteuropäischen Geschichte. In ihrer Hochphase 1952/53 wurde in Göttingen sogar für zwei Semester ein offiziell angekündigtes, interdisziplinäres Kolloquium zur Ostforschung und auch eine Ringvorlesung abgehalten.

2. Entnazifizierung und Perspektiven

2.1. Die lange Entnazifizierung – Rückhalt in lokalen Netzwerken

Die politische Eignung der Hochschullehrerschaft für die Wiederaufnahme von Wissenschaft und Forschung stand nach 1945 für mehrere Jahre in Frage. Das Verfahren, das die Besatzungsmächte hierfür anboten, die „Entnazifizierung", mußte erfolgreich durchlaufen werden, um ohne Unterbrechung lehren zu können. Die einzelnen Fakultäten hatten oftmals von den Entnazifizierungsurteilen abweichende Vorstellungen in der Beurteilung ihrer Mitglieder. Sie leisteten in einzelnen Fällen erfolgreiche Fürsprache oder nutzten in anderen Fällen die Entnazifizierung zu einer eigenen „Aussortierung" von unkollegialen oder anderweitig unerwünschten Mitarbeitern.

Wenige Tage nach der Kapitulation wurde der Rektor der Universität Göttingen Hans Drexler verhaftet.⁵⁵ Der Theologe und passionierte Mitbegründer der Göttinger Volkskunde Eugen Mattiat wurde im Mai 1945 verhaftet und bis zum März 1948 interniert.⁵⁶ Beide Fälle sind, verglichen mit den anderen Historikern

---

⁵⁴ Läßt man im Wintersemester 1949/50 die mitverzeichneten Lehrangebote von außerhalb des Seminars Lehrenden (Will-Erich Peuckert, Wilhelm Jesse, Hans Hartmann) weg, erhöht sich der Anteil der Ostforscher auf sieben von dreizehn.

⁵⁵ Vgl. Einar Brynjólfsson: Die Entnazifizierung der Universität Göttingen am Beispiel der Philosophischen Fakultät. Magisterarbeit am Fachbereich Historisch-Philologische Wissenschaften der Universität Göttingen (Ms) 1996, S. 61.

⁵⁶ Vgl. Brynjólfsson, S. 83. Mattiat war im SD aktiv gewesen und SS-Mitglied. Da für Göttingen keine „schwarzen Listen" existierten, zählte Mattiat vermutlich zu den Glückstreffern des „automatic arrest" der Alliierten, die damit bisweilen eine groteske Form der Gerechtigkeit herstellten. So wurde z. B. als ähnlicher „Glückstreffer" höherer Gerechtigkeit auch Ernst von Salomon interniert, der sich während der NS-Zeit formal nichts hatte zu Schulden kommen lassen, aber davor maßgeblich am Aufstieg des Nationalsozialismus und der Ausprägung radikal-kämpferischer Ideologie beteiligt gewesen war. Vgl. Ernst von Salomon: Der Fragebogen, Reinbek 1961. Zu den schon früh begonnenen Verhaf-

in Göttingen, untypisch drastisch und frühzeitig abgewickelt worden. Mattiats jahrelange Internierung ließ ihn immerhin in Göttingen seinen Einfluß auf die an der Georgia Augusta während des Nationalsozialismus in ihrem Sinn etablierte Volkskunde verlieren.[57]

Geriet aus heutiger Sicht der Entnazifizierungsprozeß zunehmend zur Massenrehabilitierung, so war er für die Zeitgenossen doch anfänglich nicht unmittelbar als „Mitläuferfabrik" zu erkennen, sondern war in den Augen vieler Zeitgenossen Ursache für eine ernstzunehmende „zeitweilige Befürchtung" – trotz letztlich geringer Wirkung.[58] Noch zu Beginn des Jahres 1947 gab es – diesmal jedoch vor allem in der Wirtschaft – eine neue Welle von Anhörungen ehemaliger NSDAP-Mitglieder.[59] Irgendwie „komplizierte" Einzelfälle wurden (wenn überhaupt) erst später aufgegriffen, und auch die endgültige „Liquidation" der Entnazifizierung gelang der Bundesrepublik erst im Laufe des Jahres 1951 unter dem Druck der kleinen und radikalen Parteien.[60] Die nicht öffentlichen, lokalen Diskussionen um die Persilscheine diverser Honoratioren lösten dabei die offizielle Politik ab und hielten in eigenem Interesse die Erinnerung an Mißtritte wach. Im Jahre 1954 beanspruchte Eugen Kogon mit seiner Kritik an der Rückkehr von Belasteten in ihre Positionen das Recht zu öffentlicher moralischer Ächtung der „whitewashed". Ende der fünfziger Jahre setzte von deutscher Seite dann die Strafverfolgung von untergetauchten oder „wohlentnazifizierten" NS-Verbrechern auf öffentlichen Druck hier wieder an.[61] Gänzlich ungefährlich wurden die Sünden der Vergangenheit auch mit der Ausdünnung und Einstellung der Entnazifizierung nicht.

tungslisten, auf denen außer NS-Protagonisten auch Funktionäre wie Oberländer schon verzeichnet waren, vgl. Robert M. W. Kempner: Ankläger einer Epoche. Lebenserinnerungen, Frankfurt/Berlin 1986, S. 201-209.

[57] Da methodisch die Ostforschung volkskundlichen Ansätzen nahe stand, wäre Mattiat durchaus ein möglicher Bündnispartner der Ostforscher gewesen – jedoch hatte er auch vor 1945 keine Verbindungen zum Netzwerk der Ostforschung.

[58] Für das zunehmende Zusammenwirken von Säuberung und Rehabilitierung prägte Lutz Niethammer den Begriff „Mitläuferfabrik". Lutz Niethammer: Entnazifizierung in Bayern. Säuberung und Rehabilitierung unter amerikanischer Besatzung, Frankfurt a. M. 1972, S. 617 u. S. 653. Zur effektiven Wirkung vgl. S. 664.

[59] Vgl. Clemens Vollnhals (Hg.): Entnazifizierung. Politische Säuberung und Rehabilitierung in den vier Besatzungszonen, 1945-1949, München 1991, S. 50f.

[60] Vgl. Norbert Frei: Vergangenheitspolitik. Die Anfänge der Bundesrepublik und die NS-Vergangenheit, München 1996, S. 61-65.

[61] Vgl. Klaus-Dietrich Henke: Die Trennung vom Nationalsozialismus. Selbstzerstörung, politische Säuberung, „Entnazifizierung", Strafverfolgung, in: Klaus-Dietmar Henke/Hans Woller (Hg.): Politische Säuberung in Europa. Die Abrechnung mit Faschismus und Kollaboration nach dem Zweiten Weltkrieg, München 1991, S. 21-82, hier S. 52.

Von den Göttinger Professoren wurden bis zum Juli 1947 28% zeitweilig und 16% „endgültig" entlassen. Bei den jüngeren Dozenten und Assistenten waren es zeitweilig 34% und „endgültig" 22%. Die Professoren waren unter allen anderen Gruppen am erfolgreichsten, wenn es darum ging, mit einem Einspruch ihre Wiedereinstellung zu bewirken. Und Göttingen war in Hinblick auf Entnazifizierung die attraktivste Hochschule in Niedersachsen – an der TH Braunschweig wurden 30%, an der Bergakademie Clausthal 60% und an der TH Hannover 43% der Professoren „endgültig" entlassen.[62] Fast alle Professoren erreichten zu Beginn der fünfziger Jahre durch die Wirkung des Art. 131GG entweder ihre Wiedereinstellung oder die Anerkennung als emeritiert, „a. D." oder „z. Wv.", was den ehemals Entlassenen ein Ruhegehalt sicherte.[63]

In der britischen Zone bestand anders als in der amerikanischen keine allgemeine Entnazifizierungspflicht. Während die amerikanische Besatzungspolitik Aufenthaltsgenehmigungen und Lebensmittelkarten an die Entnazifizierungsprozedur koppelte, mußten sich in der britischen Besatzungszone nur Beschäftigte im öffentlichen Dienst oder in sonstigen verantwortlichen, öffentlichen Positionen entnazifizieren lassen.[64] Das ermöglichte den Belasteten zum einen ein geschickteres „timing" der Entnazifizierung, zum anderen war es für Flüchtlinge attraktiver. Ob der Ortswechsel bei der Entnazifizierung generell Vorteile brachte, ist bisher ungeklärt. Das lokale Umfeld aus Seminar, Fakultät und Bildungsbürgertum besaß über die geflüchteten Hochschullehrer jedenfalls weniger Informationen als über die Göttinger Professoren. Im Entnazifizierungs-Unterausschuß, der aus Dozenten und Honoratioren zusammengestellt war und über die Parteizugehörigkeit hinaus oftmals subtilere Urteile zu fällen in der Lage war, konnte dies von Bedeutung sein.[65]

Zwei Fälle aus der Philosophischen Fakultät zeigen die Bedeutung des lokalen Faktors und die starke Rolle der Fakultäten bei der Wiedereinstellung. Der Göttinger Ordinarius für Orientalische Philologie und Geschichte des Vorderen Ori-

---

[62] Vgl. Ullrich Schneider: Zur Entnazifizierung der Hochschullehrer in Niedersachsen 1945-1949, in: Niedersächsisches Jahrbuch für Landesgeschichte 61 (1989), S. 325-346, hier S. 338f.
[63] Vgl. ebd., S. 346.
[64] Vgl. ebd., S. 334. Dennoch wurden bis 1949 in Niedersachsen insgesamt über 2 Millionen Fälle bearbeitet. Vgl. Hubert Rinklake: Entnazifizierung in Niedersachsen und das Fallbeispiel des katholischen Emslandes, in: Bernd Weisbrod (Hg.): Rechtsradikalismus in der politischen Kultur der Nachkriegszeit. Die verzögerte Normalisierung in Niedersachsen, Hannover 1995, S. 175-196, hier S. 180.
[65] Diese Eigenschaft der Unterausschüsse und ihre Wirkung bei der „Selbstreinigung" des eigenen Standes über herausgehobene Personen beschreibt Brynjólfsson, S. 23f.

ents Walter Hinz, der 1936 auch einen Ruf nach Breslau auf einen Lehrstuhl für Osteuropäische Geschichte erhalten hatte, wurde in den verschiedenen Ausschüssen unterschiedlich beurteilt. Hinz war schon von Juni bis September 1945 wegen einer Tätigkeit als Abwehroffizier in Istanbul interniert gewesen. Der lokale Unterausschuß stellte 1947 fest, daß Hinz formal zwar nur gering belastet war, aber wegen seines aktiven Eintretens für den Nationalsozialismus sofort zu entlassen war. Als Beleg diente seine Karriere im Nationalsozialismus, obwohl diese formal in Ordnung war und keine Auffälligkeiten aufwies. Der übergeordnete Kreisausschuß setzte dagegen nur auf die formalen Kriterien und wertete den SA-Austritt vor dem Röhm-Putsch als Ausweis des Anstandes, stufte Hinz folglich in Kategorie V (entlastet) ein. Diese Beurteilung fand auch die Zustimmung des Hochschuloffiziers Bird.[66] Derweil hatte sein ehemaliger Lehrer Hans Schaeder als sein unbeamteter Stellvertreter jedoch die Fakultät auf seine Seite gezogen und verzögerte so bis zu seinem Tod 1958 die Rückkehr von Hinz in das Ordinariat.[67]

Allgemeine örtliche Fürsprache genoß hingegen Hans Plischke, der als Dekan zahlreiche Entlassungen aus rassenpolitischen Gründen mitbetrieben hatte. Sowohl der Unter- als auch der Kreisausschuß wollten Plischke mehrfach nur als Mitläufer und damit als im Amte zu belassen qualifizieren. Geoffrey Bird entließ Plischke davon unbeeindruckt im Januar 1946 und bestätigte seine Entscheidung ein Jahr später ausdrücklich. Nach der kompletten Übertragung der Entnazifizierung auf lokale deutsche Stellen wurde die völlige Rehabilitierung von Plischke von allen beteiligten Stellen bis zu einem Punkt betrieben, wo Plischke schließlich sogar als Gegner des Nazi-Regimes erschien.[68]

Der Historiker Erich Botzenhart, der 1939 auf politischen Druck hin und gegen Kaehlers Protest berufen worden war, wurde prompt am 17.7.1945 entlassen. Das Fehlen einer Habilitation hatte Botzenhart nur im NS politisch kompensieren können, unter den neuen Umständen wirkte es jedoch geradezu als der Beweis für eine rein politische Karriere. Das Seminar sträubte sich auf Dauer erfolgreich gegen eine Wiederaufnahme Botzenharts, war zwar willig, seine Bezüge wiederherzustellen, versagte ihm aber selbst 1953 noch einen Lehrauftrag.

---

[66] Vgl. ebd., S. 34f. Die beiden Verfahren lagen mit Februar und März 1947 so dicht zusammen, daß die sukzessive Aufweichung der Entnazifizierungskriterien in diesem Falle keine Rolle gespielt hat.
[67] Vgl. ebd., S. 36. Schaeder hatte Hinz in Berlin selbst habilitiert und griff nun in Göttingen dessen wissenschaftliche Qualifikation an. Hinz erhielt von 1951 bis 1958 nur Lehraufträge, so daß er gleichzeitig einer Beschäftigung in der Redaktion des Göttinger Tageblatts nachgehen mußte.
[68] Vgl. ebd., S. 46.

In die Koalition zur Fernhaltung Botzenharts aus Schramm und Kaehler reihte sich auch Heimpel ein. Botzenhart wurde die vorzeigbare Ikone des erfolgreichen akademischen Selbstreinigungsprozesses.

Der Althistoriker Ulrich Kahrstedt dagegen durfte nach seiner Entnazifizierung wieder lehren, obwohl seine öffentlichen Äußerungen mit Sicherheit schwerer wiegen als diejenigen Botzenharts.[69] Kahrstedt hatte zwar für das erste Nachkriegssemester noch ankündigen und wohl auch Veranstaltungen abhalten können; am 25. Januar 1946 jedoch erhielt er seinen Entlassungsbescheid. An diesem Tag wurde insgesamt 127 Universitätsangehörigen gekündigt. Kahrstedt begegnete der Entlassung mit einem Einspruch und einer Reihe von Briefen an Bekannte, die er um Hilfe bat. Es gelang ihm schließlich, den britischen Hochschuloffizier Geoffrey C. Bird, den er noch aus der Zeit vor dem Zweiten Weltkrieg kannte, für sich einzunehmen, und so wurde er mit Wirkung zum 16. Februar 1946 wieder eingesetzt.[70]

Percy Ernst Schramm war nach Kriegsende nicht in Göttingen anwesend, sondern im Dienste der Alliierten zuerst in Paris, dann als Zeuge im Internationalen Militärtribunal in Nürnberg. Vor Ort genoß Schramm reichlich Unterstützung. Lediglich Hochschuloffizier Bird befahl die Entlassung zu Beginn des Jahres 1947. Parallel dazu sah der Unterausschuß Schramm als Mitläufer, und der Hauptausschuß entnazifizierte ihn zum 8. September 1948, so daß er im Wintersemester 1948/49 wieder Lehrveranstaltungen abhalten konnte.[71]

Die Fälle Kahrstedt und Schramm zeigen, daß sich die Hochschullehrerschaft trotz der raschen Wiederaufnahme des Lehrbetriebs in Göttingen noch nicht in Sicherheit wiegen durfte. Das Verfahren geriet ja eben deshalb auch in Mißkredit, weil es für die Betroffenen kaum berechenbar war. Lediglich hinter den geheimen eigenen Befürchtungen dürften die Urteile regelmäßig zurückgeblieben sein. Verläßlich war allein der Rückhalt der Hochschullehrer in ihrem Kollegenkreis und ihrem lokalen Prestige. Mit fortschreitender Zeit wurde die Haltung der Fakultät und des Seminars zu den (rechtlich nach 1949 fast komplett) entnazifizierten Hochschullehrern immer bedeutender und letztlich entscheidend.

---

[69] Vgl. Eriksen, S. 427-453, hier S. 446f. Botzenharts Entnazifizierungsverfahren zog sich bis 1949 hin und endete schließlich mit einer Einstufung in Kategorie IV, womit er nach den 1949 schon aufgeweichten Bestimmungen zur Entnazifizierung für den Hochschuldienst wiederverwendbar war.

[70] Vgl. Cornelia Wegeler: „... wir sagen ab der internationalen Gelehrtenrepublik". Altertumswissenschaft und Nationalsozialismus. Das Göttinger Institut für Altertumskunde 1921-1962, Wien u. a. 1996, S. 271-275.

[71] Vgl. Brynjólfsson, S. 52f.

Stunde Null.

2.2. Hochschulpolitik – Die Chancen der britischen Zone

In der Phase unmittelbar nach 1945 hatte die Öffnung der Hochschulen und die Wiederaufnahme des Lehrbetriebs die Wirkung, den Blick der meisten Wissenschaftler und Studenten auf die Zukunft zu lenken. Der materielle Wiederaufbau war die sichtbare Negation der Zerstörung von Krieg und Nationalsozialismus, laut Konrad Jarausch „like a triumph over racist destruction"[72]. Es mutet als ein überraschendes Zeichen von Kontinuität an, wenn die Gehälter der Hochschulangestellten über die Kapitulation hinaus – nun von britischen Stellen verwaltet – für die meisten umstandslos weitergezahlt wurden.[73] Gegenüber der lähmenden Ungewißheit über die Zukunft der Institution Universität wurde das Bewußtsein, auch wieder einen Gegenwert zur materiellen Zuwendung in der neu eröffneten Hochschule leisten zu können, als Erlösung empfunden. Die Fortzahlung der Gehälter stärkte gleichzeitig das Bewußtsein, daß es auch nach dem Zusammenbruch noch etwas zu verlieren gab.

Die Wiederaufnahme des Hochschulbetriebs und die Herausgabe wissenschaftlicher Publikationen waren zunächst von der Erlaubnis und Unterstützung der Besatzungsmächte, erst später von den neuen Landesregierungen abhängig. Materielle Ressourcen stellte in der Zeit nach dem Zusammenbruch vorerst nur die Besatzungsmacht zur Verfügung. Für die Genehmigung und Verteilung dieser Ressourcen wurden den Hochschulen kommissarische Verwalter zugeordnet. Diese „University Control Officers" waren nicht in erster Linie für die Entnazifizierung zuständig. Vielmehr schufen sie die Bedingungen für den Wiederaufbau der Hochschulen und moderierten zwischen Hochschulen und Besatzungsmacht die jeweiligen Ansprüche und Notwendigkeiten. Desweiteren knüpften die Hochschuloffiziere die für die Universität begehrten Auslandskontakte und hoben auf diese Weise die wissenschaftliche Isolation der Hochschulen untereinander wieder auf.[74] Der erste zivile Besatzungsoffizier für die Belange der Universität Göttingen, L. H. Sutton, nahm seine Arbeit Anfang Oktober 1945 auf, der langjährige Göttinger Hochschuloffizier Geoffrey C. Bird übernahm im Dezember diese Aufgabe.[75]

---

[72] Vgl. Konrad H. Jarausch: The Humboldt Syndrome: West German Universities, 1945-1990 – An Academic Sonderweg? In: Mitchell G. Ash (Hg.): German Universities. Past and Future, Oxford 1997, S. 33-49, hier S. 36.
[73] Vgl. Manfred Heinemann: Hochschuloffiziere und Wiederaufbau des Hochschulwesens in Westdeutschland 1945-1952, Teil 1: Die Britische Zone, Hildesheim 1990, S. 44.
[74] Vgl. Schneider, S. 328f.
[75] Vgl. Heinemann: Hochschuloffiziere 1, S. 48.

Die Haltung der Britischen Verwaltung „If the German people is to have any future, it will need all the trained brains it can produce" zeigte die grundsätzliche Bereitschaft, Lehre und Forschung wieder anlaufen zu lassen. Insbesondere die Ausbildung von Medizinern war in der Nachkriegssituation schwer mit stichhaltigen Argumenten zu untersagen. Der Wunsch nach einer intakten, stabilen Gesellschaft zog schließlich auch die Wiederaufnahme der meisten anderen akademischen Gruppen, wie Juristen und Ökonomen, sowie auch Priestern nach sich. Die Humanwissenschaften rückten hierbei zwar in den Hintergrund, aber sie waren selbst in dieser utilitaristischen Logik nicht überflüssig geworden, sondern sollten dazu beitragen, daß „die Deutschen eine Art geistiges Gleichgewicht wiederbekämen"[76].

Die anfängliche Furcht vor radikalen Studenten wich bald einer ganz anderen Einschätzung: Der deutsche Student war fleißig, aber ohne Interesse an der Politik, zumeist verunsichert sowie bemüht, Ärger zu vermeiden. Es gälte, den Studenten nicht mehr zu kontrollieren, sondern zu stimulieren – das Zentralkomitee der Studenten in Hamburg und internationale Kontakte könnten, so ein Vorschlag Anfang 1946, diese „Ruhe" etwas stören.[77] Ansonsten nahm Bird für die Studenten die spätere allgemeine Jugendamnestie vorweg: Studenten wurden durch HJ-Ränge und Militärdienst in der Regel nicht am Studium gehindert. Die errregte Aula-Diskussion um den Widerstandskämpfer Axel von dem Bussche und die Verpflichtung des Führereides wurde von seiten der Briten als Zeichen für den Beginn konstruktiver demokratischer Auseinandersetzungen angesehen.[78] Die pädagogische Absicht „the only way to teach the responsibilities of freedom is giving increased doses of freedom"[79] verband sich darüber hinaus gut mit den administrativen Zwängen. Potentiell gefährlicher als Studenten, galten der Besatzungsmacht, der akademischen Hierarchie durchaus entsprechend, „herumhängende" Professoren:

---

[76] Vgl. ebd., S. 51.
[77] Vgl. ebd., S. 59. Heinemann referiert aus dem Abschlußbericht Marks vom 7.1.1946. Das Bild des vorherrschenden unpolitischen, in sich gekehrten, gegenüber den Alliierten ängstlichen Studenten beschreibt neben zwei anderen Typen lebendig L. H. Sutton in seinem ‚picture of Hans Löwe'. Vgl. L. H. Sutton: A Discourse on the University of Göttingen, in: Manfred Heinemann: Hochschuloffiziere und Wiederaufbau des Hochschulwesens in Westdeutschland 1945-1952. Teil 1: Die Britische Zone, Hildesheim 1990, S. 123-132, hier S. 123f. Vgl. zu den objektiven Bedingungen ebd. S. 125.
[78] Vgl. Manfred Heinemann: Zur Wissenschafts- und Bildungslandschaft Niedersachsens von 1945 bis in die 50er Jahre, in: Bernd Weisbrod (Hg.): Von der Währungsunion zum Wirtschaftswunder. Wiederaufbau in Niedersachsen, Hannover 1998, S. 77-95, hier S. 90.
[79] Sutton, S. 129.

„In Göttingen there are some eighty or more dismissed professors hanging about the town, each one of whom is a potential nucleus of a subversive cell."[80] Sichtbares Zeichen gegen solcherart verschwörerische Tätigkeiten müsse eine ausreichend große Zahl an Entlassungen sein, wobei sich, so Sutton, die wirklichen Nazi-Lehrer auch von der Aussicht, den Job zu verlieren, wohl nicht abhalten lassen würden.[81] Die stärkere disziplinarische Wirkung ist jedoch ohnehin den konstruktiven „Angeboten" und den von den Alliierten ostentativ eröffneten Möglichkeiten auf eine Zukunftsperspektive einzuräumen.[82] Signale der Besatzungsmacht in Richtung dessen, was abgesehen von allgemeiner Willfährigkeit langfristig auf Unterstützung hoffen konnte, waren allerdings schwer zu deuten. Generell zeigten die Briten z. B. gegenüber Lehrern ein fertig durchinterpretiertes Vorverständnis dafür, wie sehr diese als Pädagogen unter dem Nationalsozialismus gelitten haben mußten. Für alle Lehrer ohne offizielle NS-Parteimitgliedschaft war diese Deutung schon ein willkommenes Entgegenkommen auf dem halben Wege der inneren Emigration.[83]

Die britische Besatzungsmacht legte Wert darauf, trotz der Nervosität einzelner beim konkreten Entnazifizierungsverfahren insgesamt als konstruktive Autorität angesehen zu werden, die der eigentlichen Idee von Bildung und Universität viel offener gegenüberstand, als die Nationalsozialisten es getan hätten.[84] Der

---

[80] Ebd., S. 131.
[81] Ebd., S. 131f.
[82] Jugendliche, die in Aussicht auf eine Partei- und Militärkarriere im Nationalsozialismus oder aus sozialen Gründen statt des Abiturs den Weg über SS und Führerschule genommen hatten, benötigten nun eine komplett neue Lebensperspektive. Mit einem mindestens 8 Jahre breiten Alterskorridor von durch Arbeits- und Militärdienst am Studium im „normalen Alter" behinderter Studenten ist zu rechnen. Einen Fall von vom NS „abhängiger" Biographie beschreibt Wolfgang Benz: Potsdam 1945. Besatzungsherrschaft und Neuaufbau im Vier-Zonen-Deutschland, München ³1994, S. 13-18. Erich Hansen, 1917 geb. Lehrerssohn hatte nach Führerschule, Arbeitsdienst etc. seine Militärkarriere noch gar nicht richtig beginnen können, als der Krieg ausbrach. 1945 war er mit ca. 28 Jahren schon relativ alt und studierte nicht mehr, sondern wurde Lokalredakteur. Die „lokale" Option des Lokalredakteurs in Kiel war nach einer vorübergehenden Abstinenz von der Politik bald wieder kompatibel mit rechtskonservativer Betätigung im Soldatenverband. Eine „Bindung" an Demokratie oder den Westen war hier nicht zustande gekommen. Eine vergleichende Untersuchung zur Umwidmung von Bildungskarrieren von Studenten und wissenschaftlichem Nachwuchs bis zum Privatdozenten steht noch aus.
[83] Vgl. Edith Siemens Davis: Der britische Beitrag zum Wiederaufbau des deutschen Schulwesens von 1945 bis 1950, in: Manfred Heinemann (Hg.): Umerziehung und Wiederaufbau. Die Bildungspolitik der Besatzungsmächte in Deutschland und Österreich, Stuttgart 1981, S. 140-152, hier S. 143.
[84] Vgl. Heinemann: Hochschuloffiziere 1, S. 57.

pädagogische Auftrag der Demokratisierung sollte gemeinsam von Besatzern und Besetzten unter Erhaltung und Stärkung „guter" Traditionen beschritten werden. Die britischen Vorschläge zur Universitätsreform sollten jedoch zeigen, daß der Dissens bald nicht mehr darin bestand, die Gesellschaft zu demokratisieren. Bei diesem Ziel zeichnete sich unter den in der Hochschulpolitik aktiven Professoren weitaus mehr Einigkeit mit dem Hochschuloffizier Bird ab als bei Plänen zur strukturellen Reform der Ordinarienuniversität. Bird kam zu dem ernüchternden Schluß, daß jedwede Hochschulreform nur mit jungen Dozenten zu machen sei.[85] Diese mußten schließlich mehr als arrivierte ordentliche Professoren nicht nur auf Erhaltung des Bestehenden, sondern auf Kooperation und Zukunftsplanung setzten. In der konsequentesten britischen Initiative zur Hochschulreform, dem sogenannten „Blauen Gutachten" von 1948, war bezeichnenderweise der „Elan des jungen, rapide aufsteigenden Carl Friedrich Weizsäcker"[86] selbst schon Thema gegenüber den „müden alten Männern"[87] mit Ordinariat. Ende 1948 hatte sich die Situation schon soweit stabilisiert, daß die Kommission selbst ihre Besatzer-Autorität relativieren mußte. Nur die Bemerkung, es sei ein Fehler, die britischen und neutralen Mitglieder der Kommission als ein „Werkzeug der Politik der Besatzungsmacht oder als ein Mittel zu deren Unterrichtung"[88] zu betrachten, konnte den Weg zu konstruktiver Arbeit mit den deutschen Kommissionsmitgliedern freimachen. Nach außen entwertete es die Autorität der Kommission und ermöglichte die rigide Ablehnung der Reformvorschläge durch die Professoren:

> „Es sollte versucht werden, die deutschen Hochschulen wieder zu dem Hochstand zu entwickeln, den sie vor 1914 gehabt haben und der für viele Hochschulen des Auslandes ... Vorbild war und Ziel ist. Die wichtigste Grundlage dieser alten Stellung der deutschen Hochschulen war die gesicherte und unabhängige Existenz des beamteten Hochschulprofessors."[89]

Für die jüngeren Dozenten und Studenten war der Kontakt mit alliierten Stellen oder Initiativen auf individueller Ebene durchaus fruchtbar. Annelise Thimme

---

[85] Vgl. Geoffrey C. Bird: Wiedereröffnung der Universität Göttingen, in: Manfred Heinemann (Hg.): Umerziehung und Wiederaufbau. Die Bildungspolitik der Besatzungsmächte in Deutschland und Österreich, Stuttgart 1981, S. 167-171, hier S. 169.
[86] David Philips: Britische Initiativen zur Hochschulreform in Deutschland. Zur Vorgeschichte und Entstehung des „Gutachtens zur Hochschulreform" von 1948, in: Manfred Heinemann (Hg.): Umerziehung und Wiederaufbau. Die Bildungspolitik der Besatzungsmächte in Deutschland und Österreich, Stuttgart 1981, S. 172-188, hier S. 182.
[87] Ebd., S. 174. Vgl. auch die Bemerkungen zu Universitätsgenerationen auf S. 178.
[88] Ebd., S. 181.
[89] Ebd., S. 185.

beispielsweise fuhr zusammen mit dem Politikwissenschaftler Wilhelm Hennis und Geoffrey Bird zu einem internationalen Studententreffen nach Oxford und war begeistert. Selbst gelehrt hat Annelise Thimme später nur noch im angelsächsischen Raum.[90]

Die „Nordwestdeutsche Hochschulkonferenz" hatte da größere Einflußchancen, weil sie die deutschen Vertreter von Hochschule, Parteien, Gewerkschaften, Presse und Studenten mit den Alliierten zusammenbrachte. Zwar konnten sich dauerhaft nur die Studentenvertreter in der zur Rektorenkonferenz mutierten Veranstaltung halten, die allgemeine Mobilisierung zum Wohle der Institution Hochschule aber war auf immerhin zwei Konferenzen erreicht worden. Die erste britische Hochschulkonferenz fand im April 1946 noch ein halbes Jahr vor der ersten Konferenz im amerikanischen Sektor in Göttingen statt. Hier konnten auf großer Bühne wirksam weitere materielle Mittel eingefordert werden, und es ließ sich auch das Problem der „Hochschullehrer ohne Amt" in der Öffentlichkeit plazieren. Die Gegenleistungen der Hochschule waren die Beseitigung eindeutig nationalsozialistischer Elemente, die Durchbrechung der geistigen Isolation und – allerdings in ganz anderem Sinn als von den Alliierten intendiert – die Hochschulreform.[91] Schon die erste Konferenz im britischen Sektor befaßte sich mit der materiellen Versorgung der Hochschullehrer ohne Amt, womit zu diesem Zeitpunkt vor der Hand die Flüchtlinge aus dem Osten gemeint waren – aus anderen Gründen entlassene Professoren mögen höchstens stillschweigend hier einbezogen gewesen sein. Es wurde angeregt, für jede Universität ein „Ostreferat" einzurichten und einen „Generalfonds" zu schaffen, der von einer Selbstbesteuerung der akademischen Kollegen getragen werden sollte.[92] Die Betäti-

---

[90] Vgl. Thimme, S. 196. Die Themen, die studentische Vertreter auf Konferenzen mit Bildungsministern und alliierten Vertretern ansprachen, umfaßten auch die von den Alliierten als reformbedürftig angesehenen Probleme wie die Ordinarienuniversität, studentische Beteiligung an Universitätskörperschaften und die soziale Auslese der Universitäten. Hinzu kam allerdings noch die Kritik der inkonsequenten und widersprüchlichen Maßnahmen zur Entnazifizierung der Hochschulen. Vgl. Klaus Friedland: Wie es eigentlich gewesen. Geschichtsstudium und Studentenpolitik 1945-1948, in: Hartmut Lehmann/Otto Gerhard Oexle (Hg.): Erinnerungsstücke. Wege in die Vergangenheit. Rudolf Vierhaus zum 75. Geburtstag gewidmet, Wien/Köln/Weimar 1997, S. 89-100, bes. S. 96.

[91] Manfred Heinemann (Hg.): Nordwestdeutsche Hochschulkonferenzen 1945-1948, 2 Bde., Hildesheim 1990, hier Bd. 1, S. 9f. Diese Hochschulreform reichte von einer „Wiederherstellung der akademischen Selbstverwaltung" und der Einführung des Studium generale bis zum sog. „Abbau hierarchischer Strukturen". Gemeint war damit nur die Wiederaufnahme einer Verwaltungstätigkeit ohne „Führer-Prinzip".

[92] Vgl. Heinemann: Nordwestdeutsche Hochschulkonferenzen, Bd. 1, S. 72f. In der britischen Zone wohnten am 15.12.1945 295 Hochschullehrer ohne Amt, davon hatte die

gungsmöglichkeiten der aus politischen Gründen entlassenen Hochschullehrer wurden im Mai 1946 auf der vierten Hochschulkonferenz mit dem britischen Vertreter Colledge ausgelotet. Die Universität war nach Colledges Vorstellungen verpflichtet, entlassene Hochschullehrer nach Kräften an öffentlichen Vorträgen zu hindern. Eine literarische Betätigung sollte für diese Gruppe nicht in Frage kommen. Die Erlaubnis allgemeiner wissenschaftlicher Betätigung, von der Hermann Rein erklärte, daß er sie im Vorfeld schon unterstützt habe, ließ Colledge mit Hinweis auf Genehmigungen durch die Militärregierung offen.[93] Nicht-militärische Forschungsvorhaben konnten weitergeführt werden; es kam ohnehin kaum vor, daß Forschungsvorhaben aufgrund der Antworten einzelner Professoren in den Fragebögen untersagt wurden.[94] Schon auf der zweiten Hochschulkonferenz war darüber beraten worden, wie das Stiftungswesen z. B. die „Notgemeinschaft Deutscher Wissenschaft" wieder aktiviert werden konnte. Als eine Alternative dazu wurde der regionale Aufbau mehrerer Nachfolgeorganisationen über örtliche Spendenaufrufe und mit wenig alliierter Kontrolle angesehen.[95]

Im Oberpräsidium in Hannover war schon im Sommer 1945 eine taktische Marschroute zur Rettung der Kaiser-Wilhelm-Gesellschaft im Gespräch. Der spätere Kultusminister Adolf Grimme wußte, daß sich Institutionen bei verschiedenen Adressaten auf unterschiedliche Weise Legitimität sichern mußten:

„Es kam darauf an, Mitglieder zu finden, die der Militärregierung genehm sein würden und gleichzeitig, soviel wie möglich von der Kontinuität aus der Vorkriegszeit zu wahren."[96]

In Göttingen selbst hatte die Kaiser-Wilhelm-Gesellschaft mit der ansässigen „Research Branch" aufgrund des Prestiges der Göttinger Nobelpreisträger leichtes Spiel und genoß Unterstützung aus Hannover. Sie war von Anfang an im er-

---

Philosophische Fakultät mit 70 Hochschullehrern den zweitgrößten Anteil. Für Assistenten kann man etwa 1/3 dieser Zahlen annehmen. Vgl. ebd., S. 105. Fn. 47. Der Solidaritätsbeitrag wurde auf der dritten Hochschulkonferenz in Goslar vom 25.-27.2.1946 in die Beschlüsse unter Punkt 13 mit aufgenommen und auf 1% vom Gehalt inklusive Kolleggeldern festgesetzt. vgl. ebd., Bd. 1, S. 146-149 und zum Beschluß Bd. 2, S. 555, §13. Die Hochschullehrer aus dem Osten mußten dabei aber immer stärker schwindende Solidaritätsbereitschaft hinnehmen. Rudolf Smend bemerkte, die Behandlung dieser Angelegenheit zeige nicht mehr den Elan von September 1945. Vgl. ebd., Bd. 1, S. 148.

[93] Vgl. Heinemann: Nordwestdeutsche Hochschulkonferenzen, S. 173f.
[94] So das Urteil Thomas Stamms, in ders.: Zwischen Staat und Selbstverwaltung. Die deutsche Forschung im Wiederaufbau 1945-1965. Köln 1981, S. 56.
[95] Vgl. ebd., S. 74f.
[96] Vgl. ebd., S. 91.

sten niedersächsischen Landeshaushalt mit etatisiert.[97] Vor allem die Naturwissenschaften profitierten von der finanziellen Unterstützung. Wenn die schließlich doch neubelebte „Notgemeinschaft der Deutschen Wissenschaft" sich jedoch gegenüber der Forderung nach produktionsnaher Forschung mit den Zahlen rechtfertigte, es seien für angewandte und Grundlagenforschung 100.000 DM und für Geisteswissenschaften nur 15.000 DM angegeben worden, sind die Geisteswissenschaften mit einem Anteil von an die 15% doch einigermaßen stark bedacht worden.[98]

Ab der siebenten Hochschulkonferenz am 14.2.1947 wurde die Sensibilität und aufkeimende unterschwellige Renitenz der Rektoren gegenüber alliierten Verboten im Bereich der Forschung wieder offen deutlich:

„Rein teilt hierzu mit, daß Research Brand bisher den eingereichten Anträgen volles Verständnis entgegengebracht hat. In den Anträgen muß ausgeführt werden, was geplant wird [...] Es ist anzunehmen, daß manche Entlassenen später, wenn sie erst einige Publikationen herausgegeben haben, auch wieder zu einer Lehrtätigkeit zugelassen werden."[99]

Damit wurde den entlassenen Standeskollegen ein Rehabilitationspfad vorgezeichnet, der die zu nehmenden Hürden der Höhe nach ordnete: private Forschung, bezahlte Forschung, Publikation, Lehrtätigkeit, bezahlte Stellung mit Lehrerlaubnis. In frappierender Voraussicht war damit die tatsächliche Entwicklung der nächsten Jahre vorweggenommen.

Göttingen profitierte insgesamt sehr von seinen prominenten Wissenschaftlern und hohen Vertretern in überregionalen Forschungs- und Hochschulgremien. In einer Art „Göttinger Kontinuität" übergaben sich Hermann Friedrich Rein, Ludwig Raiser und Werner Heisenberg laufende Projekte, was ein kontinuierliches Engagement über die Amtszeiten hinweg am Leben erhielt. Sicher nicht zufällig konnte Hermann Heimpel – natürlich zusätzlich zu seinen anderen Qualitäten – in Göttingen vor Ort und als Vorsitzender der Westdeutschen Rektorenkonferenz genug Verbindungen knüpfen und Unterstützung gewinnen, um nach der Amtszeit die Gründung eines Max-Planck-Instituts für Geschichte in Göttingen erfolgreich durchfechten zu können.[100]

Anknüpfungspunkte zur Förderung von Hochschulen und akademischer Forschung waren bei den Alliierten vorhanden und auch bei der Privatwirtschaft bald wieder in einer Form zu bekommen, die bei den Alliierten keinen Anstoß

---

[97] Vgl. ebd., S. 99.
[98] Vgl. ebd., S. 120.
[99] Heinemann: Nordwestdeutsche Hochschulkonferenzen, S. 268.
[100] Vgl. Winfried Schulze: Geschichtswissenschaft nach 1945. München 1993, S. 246.

erregte. Die Qualitäts-, aber auch die Verhaltensmaßstäbe innerhalb der Hochschule richteten sich an den äußeren Gegebenheiten und den überkommenen Traditionen neu aus. Der Zugriff einzelner auf die akademischen Ressourcen gelang optimal durch demonstratives Engagement und Kommunikation mit alliierten Vertretern. Daneben stand der direkte Weg zur nicht universitären Forschung bei entsprechender Ausrichtung frei ebenso wie unter entsprechenden Bedingungen der Rückzug aus der Öffentlichkeit in jene unterstützenden Netzwerke, die eigenständig existierten.

3. Die wissenschaftliche Umschreibung der Belastungen

3.1. Der Rückblick der Umwidmung

Historiker, die den Nationalsozialismus ohne Kompromittierung überstanden hatten oder zu den Verfolgten, Ausgebooteten oder auch nur Schweigenden zählten, konnten nach 1945 öffentlich relativ unverblümt das Umdenken einfordern. Friedrich Meinecke, Fritz Hartung, Gerhard Ritter und Hans Rothfels nahmen damit jedoch eine Sonderstellung in der Kollegenschaft ein. Friedrich Meinecke konstatierte 1945, „unser herkömmliches Geschichtsbild [...] bedarf jetzt allerdings einer gründlichen Revision"; Ritter sah die Notwendigkeit „einer totalen Umstellung des deutschen Geschichtsdenkens" und Hartung definierte die Aufgabe der Geschichtswissenschaft für die Zukunft, wenn er betonte, daß „das deutsche Volk aus dem Zusammenbruch von 1918 nichts gelernt habe".[101]

Für diejenigen Historiker ohne den biographischen Bonus, sich nach neuer Auslegung vor 1945 „richtig" verhalten zu haben, war der Wandel jedoch ein komplizierter, schwieriger und mehrfach bedrohlicher Prozeß. Die individuellen wissenschaftlichen Ressourcen von Forschern materialisieren in ihren Publikationen und sind mit ihrer Persönlichkeit zumeist eng verflochten. Schon die Sozialisation der Ostforscher, wenn sie der deutschen Minderheit in Polen entstammten oder als Student der „Anempfehlung eines ‚Ostsemesters'"[102] gefolgt waren, hatte Biographie und Wissenschaft mehrfach fest aneinandergekettet. Die

---

[101] Alle Zitate aus Bernd Faulenbach: Zur Geschichtswissenschaft nach der deutschen Katastrophe, in: Walter H. Pehle/Peter Sillem (Hg.): Wissenschaft im geteilten Deutschland. Restauration oder Neubeginn nach 1945? Frankfurt a. M. 1992, S. 191-204, Zitate S. 195.
[102] Kurth, S. 18.

Art, wie Werner Conze stets den „Nimbus" von Königsberg betonte, zeigt die Untrennbarkeit der Bereiche; als eine der wichtigsten Gemeinsamkeiten in seinem Nachruf auf Theodor Schieder wird 1985 die gemeinsame Zeit am mystifizierten Ort Königsberg beschworen:

> „Die Stadt und die Universität übten damals allgemein eine starke Anziehungskraft auf die Studenten aus, die, wie man in Ostpreußen sagte, vom ‚Reich' kamen, um die abgeschnittene Provinz kennenzulernen."[103]

Neben der geographisch exponierten Position stand Hans Rothfels in Königsberg als charismatischer „Jugendführer" mit seiner Gefolgschaft auch für die wissenschaftlich exponierte Position.[104] Heimatforscher wie Walter Kuhn standen – mit geringerem und heute weniger bekanntem Schülerkreis – für ähnliche Verbindungen.

Der geschickte Zugriff von Hans Rothfels auf wissenschaftliche wie öffentliche Ressourcen verdient dabei genauere Aufmerksamkeit. Denn der Modus des Zugriffs und die Abhängigkeit der Zunft von solchen „zeitgemäßen" Leistungen blieb über sämtliche politischen Brüche hinweg derselbe. In den zwanziger und dreißiger Jahren spielte Rothfels (bis zu seiner Entlassung 1934) praktische finanzielle, ideologische und wissenschaftliche Elemente zusammen in die Grenzlandgeographie Königsbergs ein:

> „Im äußeren Sinn ist die Albertina aus einer Provinz- zu einer ‚Reichs'universität geworden. Aber dieses Wort enthält auch einen inneren Anspruch, und da wird man sagen dürfen, daß die ‚Ostbewegung' in der deutschen akademischen Welt nicht nur auf einer bewußten Politik der Berufungen und Stipendien beruht, auch nicht nur auf der Anziehungskraft des einen oder anderen Lehrfachs an der Albertina, sondern auf einer neuen wissenschaftlichen Ausrichtung, wie sie sich an ihr vollzieht."[105]

---

[103] Werner Conze: Die Königsberger Jahre, in: Andreas Hillgruber (Hg.): Vom Beruf des Historikers in einer Zeit beschleunigten Wandels. Akademische Gedenkfeier für Theodor Schieder am 8. Februar 1985 in der Universität zu Köln, München 1985, S. 23-32, S. 27.

[104] Rothfels machte „vor und nach 1933 aus seiner konsequenten politischen Haltung kein Geheimnis, er war, wie man es heute nennen würde, ein engagierter Wissenschaftler, kein Rothfels im Elfenbeinturm – engagiert rechts!", Wolfgang Neugebauer: Hans Rothfels (1891-1976), in: Jahrbuch der Albertus-Universität zu Königsberg/Pr. 29 (1994), S. 245-256, hier S. 249.

[105] Hans Rothfels: Die Albertina als Grenzlanduniversität, in: ders.: Ostraum, Preußentum und Reichsgedanke. Historische Abhandlungen, Vorträge und Reden, Leipzig 1935, S. 129-145, hier S. 144. Dem Artikel liegt ein Aufsatz von 1928 zugrunde, die zitierte Schlußpassage ist jedoch vermutlich aus einer Studentenansprache 1928 und einem Rundfunkvortrag von 1930 entnommen und hinzugefügt. Vgl. ebd., S. 253.

Bahnbrechende Synthesen von historischen Interpretationen und aktuellen politischen, wie intellektuellen Bedürfnissen waren Rothfels' große Stärke. 1932 auf dem Historikertag in Göttingen spannte sein Vortrag „Bismarck und der Osten" den methodischen Zugriff der Volksgeschichte zwischen die weithin ersehnte territoriale Revisionspolitik und die Idee einer Bismarckschen Reichsgründung als patriarchal-europäischen Herrschaftsauftrag über die staatsunfähigen Völker des Ostens.[106] Dieser paradigmatische Fingerzeig half in den dreißiger Jahren dem ganzen Feld der Volkshistoriker, ihre Forschungen gleichzeitig in der akademischen Kontinuität und der politischen Situation rhetorisch zu verankern.

Von ähnlich hilfreicher Wirkung war dann nach 1945 die Studie von Hans Rothfels zur Rolle des deutschen Widerstandes im Nationalsozialismus: „Die deutsche Opposition gegen Hitler. Eine Würdigung", die 1947 auf Englisch und 1948 auf Deutsch erschien.[107] Das Werk zeigte, wie die restriktiven Lebensbedingungen in totalitären Regimen dargestellt werden konnten, ohne ganz Deutschland als geistig gleichgeschaltet erscheinen zu lassen.[108] Es enthielt ganz nebenbei mit dem Personenregister eine wirksame „Positivliste" von letztlich gegenüber dem Nationalsozialismus „resistenten" deutschen Intellektuellen, darunter auch Gerhard Ritter.[109] Die hervorgehobene Plazierung, die Spannung, mit der die Rede von Hans Rothfels auf dem Historikertag 1949 erwartet wurde, und die „tiefe Erleichterung", die er beim Publikum mit einem erneuten Bismarck-Vortrag auslösen konnte, zeigt das große Bedürfnis der Historikerzunft in jener Zeit nach dieser spezifischen Art von Synthesen.

---

[106] Rothfels' Ausdruck „föderalistisch" für die anzustrebende Ordnung im Osten wird von Schulze mit Recht als unpassend, im heutigen Kontext verharmlosend klingend charakterisiert. Rothfels' revisionistische Tendenz fand seine Begrenzung nach rechts erst bei rassistischen Kategorien, beim „Blut", das er als Kategorie anderen Faktoren unterordnete. Vgl. Winfried Schulze: Hans Rothfels und die deutsche Geschichtswissenschaft, in: Christian Jansen, Lutz Niethammer, Bernd Weisbrod (Hg.): Von der Aufgabe der Freiheit. Politische Verantwortung und bürgerliche Gesellschaft im 19. und 20. Jahrhundert, Berlin 1995, S. 82-98, bes. S. 89.

[107] Vgl. Friedrich Freiherr Hiller von Gaertringen: Bemerkungen zur Neuausgabe, in: Hans Rothfels: Die deutsche Opposition gegen Hitler. Eine Würdigung, Zürich 1994, S. 7-18, hier S. 8.

[108] Vgl. Hans Mommsen: Hans Rothfels, in: Hans-Ulrich Wehler (Hg.): Deutsche Historiker, Bd. 9, Göttingen 1982, 127-147, hier S. 140f. Zur Bedeutung des Widerstandsdiskurses für die Interpretation des Nationalsozialismus in der Historiographie vgl. das einschlägige Kapitel „Widerstand ohne Volk?" bei Ian Kershaw: Der NS-Staat. Geschichtsinterpretationen und Kontroversen im Überblick, Reinbek 1993, S. 267-315, bes. S. 268 u. S. 273f.

[109] Auch Percy Ernst Schramm profitierte von seiner Verwandtschaft mit der hingerichteten Widerstandskämpferin Elisabeth von Thadden.

Wie wurden die zentralen interpretativen Eckpfeiler der Geschichtswissenschaft waren über den Zusammenbruch hinweg gerettet? Rothfels gelang es, Bismarcks Ablehnung nationalstaatlicher Lösungen für Osteuropa in eine generelle Ablehnung aggressiven Nationalismus zu wandeln und so in die jüngst florierende geistige Konjunktur um das abendländische Europa einzufügen.[110] Bismarck wurde zu dem Staatsmann, der bis heute die letzte Ikone „besonnener" deutscher Politik in Schulbüchern darstellen darf und damit den narrativen Kontrapunkt zur politischen Eskalation in Massenauftritten von Hitler und Goebbels bilden kann.[111] Das Bemühen, die „guten" Elemente deutscher Geschichte zu retten, war für die Historiker oftmals existentiell, waren doch Teile ihrer beruflichen Identität an Aussagen, Themen und Methoden gekoppelt. Thematik und Methodik war in der Ostforschung auch niemals säuberlich zu trennen gewesen. Nicht alle Ostforscher mußten sich dem Legitimationsdruck der Öffentlichkeit aussetzen. Und einige taten es auch mit demonstrativem Festhalten an der nationalsozialistischen Vergangenheit. Wer seine Publikationsliste jedoch als Ausweis wissenschaftlicher Qualifikation in die neue Zeit hinein transportieren wollte, war in der Regel zu diesen Anpassungsleistungen gezwungen.

Der Rückblick einer notwendigen Umwidmung ließ die eigenen Schriften vor 1945 zwingend in einem anderen Licht erscheinen. Das Postulat, diese Schriften aus ihrer Zeit heraus zu verstehen, ist für die Schriften selbst und eine biographische oder literarische Einordnung ihrer Bedeutung sicher gültig. In der Zeit nach 1945 kamen die betroffenen Historiker aber nicht umhin, ihre Schriften und sich selbst in ihrer neuen Gegenwart zu verstehen. Jeder aktive Verweis auf die Zeit vor 1945, auch die Forderung, das eigene Wirken doch bitte aus der Zeit heraus zu verstehen, paßte sich ein in die wissenschaftliche, soziale und politische Situation nach 1945 und war Teil einer Neuorganisation der wissenschaftlichen Biographie. Die Schriften überlebten ihren Kontext. Daher war es im Rahmen historischer Forschung vollkommen legitim, für den Kontext nach 1945 das Augenmerk auf jene Stellen zu legen, die nunmehr „brisant" sein mußten. Selbst was nach 1945 gerade nicht für die Legitimation künftiger Forschung mobilisiert

---

[110] Vgl. Schulze: Rothfels, S. 83f.
[111] Der Verzicht Rothfels' auf eine öffentliche Anklage der Historikerschaft und seine schließliche Rückkehr aus Chicago zuerst nach Göttingen und dann auf einen Lehrstuhl nach Tübingen, hat auch den Charakter einer Absolution. Wie Schulze berichtet (Schulze: Hans Rothfels, S. 84), war Rothfels sich seiner „Funktion" durchaus kritisch bewußt. Am wenigsten Verständnis brachte Rothfels nicht den „wenigen" ehemaligen Nazis, sondern der großen Gruppe der Mitläufer entgegen (vgl ebd., S. 95).

wurde oder vorher maßgeblich modifiziert werden mußte, hatte Bedeutung als Handlung durch aktives Vergessen oder Verändern.

Gadi Algazi beschreibt den Prozeß der Umorganisation wissenschaftlicher Ressourcen für das Werk von Otto Brunner, dem Leiter der Süddeutschen Forschungsgemeinschaft.[112] Bewußt wählte Algazi mit „Land und Herrschaft" dasjenige Werk Brunners, welches relativ wenig rassistische Passagen enthält, aber in seiner fachintern zitierfähig gewordenen vierten Auflage 1959 trotzdem von politisch anstößigen Begriffen gereinigt werden mußte.[113] Algazis Untersuchung, wie sich das Werk den Spuren seines geschichtlichen Enstehungskontextes entledigen kann, zeigt, daß dieser Prozeß nicht ohne Aufwand und Verlust vonstatten ging.[114] Zentrale Thesen des Werkes gingen mit dem nationalsozialistischen Entstehungskontext verloren: So hing die Interpretation der Gewaltsamkeit spätmittelalterlicher adliger Herren als Recht und Baustein einer mittelalterlichen „Verfassung" nach 1945 ohne die Mobilisierung der Staatsphilosophie Carl Schmitts in der Luft.[115] In der Erschütterung der vermeintlich so festgefügten deutschen Sprachgebilde von „Volk", „Gemeinschaft" etc. zersetzten sich auch Brunners „Grundbegriffe"[116], die den sozialen Verhältnissen trotzend die „konkrete Ordnung" konservieren sollten.[117] Brunner selbst gestand (sich) die zeitgenössische Herkunft seiner vermeintlich historisch festen und quellennahen Begriffe aus der Philosophie Carl Schmitts nicht offen ein. Allerdings suchte er die Anknüpfung an die anrollende Konjunktur der Sozialge-

---

[112] Vgl. Michael Fahlbusch: Die „Südostdeutsche Forschungsgemeinschaft". Politische Beratung und NS-Volkstumspolitik. in: Winfried Schulze/Otto Gerhard Oexle (Hg.): Deutsche Historiker im Nationalsozialismus. Frankfurt/Main 1999. S. 241-261.

[113] Gadi Algazi: Otto Brunner – „Konkrete Ordnung und Sprache der Zeit. in: Peter Schöttler (Hg.): Geschichte als Legitimationswissenschaft. 1918-1945. Frankfurt a. M. 1997. S. 166-203. hier S. 203f. Zur institutionellen Einbindung Brunners in die Volksdeutschen Forschungsgemeinschaften vgl. auch Fahlbusch: „Südostdeutsche Forschungsgemeinschaft".

[114] Algazi. S. 166.

[115] Ebd.. S. 170.

[116] Das Lexikonprojekt „Geschichtliche Grundbegriffe" werte ich als kollektive Reaktion auf die Erschütterung vieler solcher Begriffe. nicht als genuine „Verwirklichung" von Brunners Konzept. Werner Conze bemühte sich z. B. in seinem Artikel zu „Rasse". den Begriff wieder anthropologisch einzuhegen. Nicht primär. um ihn dort für eine vom Rassismus befreite Wissenschaft überhaupt wieder benutzbar zu machen. sondern vor allem um in der entstehenden Lücke die eigenen Begriffe gestärkt plazieren zu können.

[117] Zur Verengung sozialer Verhältnisse auf die begrifflich gebannte „konkrete Ordnung" in Brunners Denken gegen Ende der dreißiger Jahre vgl. Algazi. S. 178.

schichte[118] und wandelte 1959 seine Begriffe „politische Volksgeschichte" oder „Geschichte der Volksordnung" in „Strukturgeschichte" um.[119] Otto Brunner gilt als schlagendes Beispiel für eine ungebrochene Kontinuität über das Jahr 1945 hinweg, weil er die Begriffe scheinbar ohne weitere Konsequenzen austauschen konnte.[120] Algazis Analyse zeigt hingegen, daß Brunners wichtigstes Werk nicht ohne Verlust an logischer Kohärenz über den Zusammenbruch gerettet werden konnte.

Andere Beispiele scheinbar frappierend einfacher Reinigung von belasteten Begriffen fand Peter Schöttler bei den „Westforschern" Franz Petri und Franz Steinbach – in demonstrativer Fortsetzung der bisherigen Linie wurde aus Grenzkampf und Expansion „über Nacht" in beider Werk „europäische Zusammenarbeit"[121]. Petri tauschte bei der Veröffentlichung eines alten Manuskripts „rassisch" durch „anthropologisch" – laut Schöttler ein übliches „semantisches Wechselspiel".[122] Steinbach und Petri waren allerdings lautstarke Verweigerer jeglicher Vergangenheitsbewältigung. Wer sich nicht wie Petri im sicheren Rückhalt einer etablierten, nicht „vertriebenen" Landesgeschichte bewegen konnte, und darüber hinaus auch die jüngste Vergangenheit thematisch nicht vollkommen ruhen lassen wollte, mußte mehr Aufwand treiben.

---

[118] Vgl. Hans-Ulrich Wehler: Nationalsozialismus und Historiker, in: Schulze/Oexle (Hg.): Deutsche Historiker, S. 306-339, hier S. 329. Wehler lehnt Brunner als Vorreiter der modernen Sozialgeschichte im übrigen nicht erst seit der jüngsten Debatte ab. Vgl. schon Hans-Ulrich Wehler: Geschichte und Soziologie, in: Historische Sozialwissenschaft und Geschichtsschreibung, Göttingen 1980, S. 42-58, hier S. 43.

[119] Vgl. Schulze: Geschichtswissenschaft, S. 290. Vgl. auch Otto Gerhard Oexle: Sozialgeschichte – Begriffsgeschichte – Wissenschaftsgeschichte. Anmerkungen zum Werke Otto Brunners, in: Vierteljahrschrift für Sozial- und Wirtschaftsgeschichte 71 (1984), S. 321-327, hier S. 326.

[120] Vgl. Willi Oberkrome: Volksgeschichte. Methodische Innovation und völkische Ideologisierung in der deutschen Geschichtswissenschaft 1918-1945, Göttingen 1993, bes. S. 220-229. Oberkrome kann beabsichtigte und unbeabsichtigte, rhetorische und ideologische Kontinuitäten in der Volksgeschichte über das Jahr 1945 analytisch nicht mehr scharf unterscheiden. Die in den zwanziger und dreißiger Jahren liegende volksgeschichtliche „Innovation" wird demnach mit dem Austausch des Begriffs des Volkes zur Struktur über den Zusammenbruch hinweg gerettet. Vgl. ebd., S. 223.

[121] Peter Schöttler: Von der rheinischen Landesgeschichte zur nazistischen Volksgeschichte oder Die „unhörbare Stimme des Blutes", in: Winfried Schulze/Otto Gerhard Oexle (Hg.): Deutsche Historiker unter dem Nationalsozialismus, Frankfurt a. M. 1999, S. 89-113, hier S. 95.

[122] Schöttler, S. 103.

3.2. Die Altlasten der Ostforschung und ihr Zukunftspotential

Zwischen Öffentlichkeit und Vergangenheit befanden sich die alten Publikationen und die alten Publikationsstile der Ostforscher. Je größer der Verbreitungsgrad, umso mehr waren Publikationen aus der Vergangenheit mit politischem oder gar rassistischem Einschlag nach 1945 eine Hypothek. Die vier prominenten Ostforscher Erich Keyer, Werner Conze, Reinhard Wittram und Theodor Schieder, die je für sich eine Schnittstelle von Hypothek und Potential finden mußten, werden im folgenden detaillierter angesprochen.

Der Nestor der Ostforschung, Albert Brackmann, verlor mit der Institution der Nordostdeutschen Forschungsgemeinschaft auch seinen Einfluß. 1871 geboren, war Brackmann mit 74 Jahren beim Zusammenbruch zwar noch etwa neun Jahre jünger als Friedrich Meinecke, doch bewegte sich Brackmann mit seinem Verbleib in der DDR als (vorerst) einziger prominenter Ostforscher sozusagen zwischen gut und böse. Die Führungsaufgabe fiel so dem operativ schon vor 1945 damit betrauten Hermann Aubin fast automatisch zu. Praktisch gesehen bildet Aubins Alterskohorte sozusagen die „erste" Generation der Ostforscher.[123] Der 1885 geborene Aubin war fast genauso alt wie der Göttinger Ordinarius Siegfried Kaehler. Zu einer zehn Jahre jüngeren Kohorte gehörten der Göttinger Ordinarius Schramm (geb. 1894), der eine feste Position in Göttingen hatte, die es nur zurückzuerobern galt; der aus Danzig geflohene Erich Keyser (geb. 1893) mußte erst eine neue Heimat und Anstellung finden. Auch Hans Rothfels (geb. 1891) gehörte im übrigen zu dieser Altersgruppe.

Die zweite, oft „Kriegsjugendgeneration" genannte Kohorte umfaßt Reinhard Wittram (geb. 1902), Werner Markert (geb. 1905), Theodor Schieder (geb. 1908), Wilhelm Treue (geb. 1909) und Werner Conze (geb. 1910). Gegenüber Schieder und Conze fallen die drei anderen Forscher in der Karriere zurück. Wittram ist im Göttinger Vorlesungsverzeichnis immerhin stabil schon seit 1945 als „Professor" verzeichnet – der einmal erreichte „Stand" wurde auch durch den Verlust des Arbeitsplatzes nicht vernichtet, doch mußte Wittram noch zehn Jahre auf einen eigenen Lehrstuhl warten. Werner Markerts Karriere stagnierte nach dem fulminanten Start mit der Übernahme der Zeitschrift für Osteuropa von Otto Hoetzsch gegen Ende des Dritten Reiches. Diese Generation hat neben eventuellen akademischen Titeln auch schon einige fachlich wichtige Publikationen vorzuweisen. Das Profil, das sich diese Forscher im publizistischen oder

---

[123] Zu den Alterskohorten allg. vgl. Walter Jaide: Generationen eines Jahrhunderts. Wechsel der Jugendgenerationen im Jahrhunderttrend. Zur Geschichte der Jugend in Deutschland 1871 bis 1985. Opladen 1988.

auch methodischen Bereich bis 1945 verschafft hatten, galt es, in der Zeit nach 1945 erneut zur Wirkung zu bringen.

Von der Angehörigen einer „dritten" Generation von Ostforschern hatte Walther Hubatsch (geb. 1915) einen frühen, vergleichbar einfachen Karrierestart, weil er vor und nach 1945 die Personaldecke des Seminars verstärken mußte – aufgrund seiner „organisatorischen" Talente bekam Hubatsch sehr früh den Titel „Professor".[124] In einem ähnlichem Alter waren Walter Bußmann (geb. 1914) und der nicht in Göttingen selbst lehrende Gotthold Rhode (geb. 1916).[125] In dieser Kohorte greift bei den Ostforschern jedoch schon die Dynamik der Expertenstruktur, die den Großteil der Forscher heute unbekannt sein läßt.

Erich Keyser hatte 1931 mit seinem Werk „Die Geschichtswissenschaft. Aufbau und Aufgaben" eine Einführung in die Geschichtswissenschaft vorgelegt, die weite Verbreitung gefunden hatte. Volkskunde und Landeskunde wurden hier als zentrale Elemente der neuen Geschichtswissenschaft vorgestellt, die materialisiert als Kartographie und in Museen verbreitet werden konnte. Ihren intellektuellen Niederschlag fand die Geschichtswissenschaft in einer anwendungsorientierten Raum- und Bevölkerungsgeschichte. Hier solle Geschichte im Sinne einer „modernen Kulturphilosophie" Nietzsches Ruf nach dem „Nutzen"[126] in der Geschichte einlösen:

> „Sie will die Gegenwart nicht deuten, sondern meistern. Denn während ein Teil unseres Volkes von der Problematik der Kultur auf das tiefste erschüttert wird, leidet ein anderer ebenso schwer und ebenso ehrlich unter dem Druck der politischen Sorgen, die unsere Zeit belasten."[127]

Die Geschichtswissenschaft war aufgerufen, einer ungeliebten Weimarer Republik und abgelehnten Zwanziger-Jahre-Kultur der deutschen Geschichte entnommene Werte entgegenzuhalten. Das Leiden der Deutschen außerhalb der Grenzen des Reiches, besonders sein verlorenes Westpreußen lag dem Danziger Keyser besonders am Herzen; es sollte die von Dekadenz bedrohten Weimar-Deutschen an „unsere heiligste Pflicht, uns der Wurzeln unseres Volkstums bewußt zu werden" mahnen.[128] Die Probleme der Gegenwart, die Suche nach den

---

[124] Siehe unten, Kap. IV.1.1, S. 131, sowie dort Anm. 22.
[125] Biogaphische Daten bei Wilhelm Ebel: Catalogus Professorum Gottingensum, 1784-1962, Göttingen 1962 und Wolfgang Weber: Biographisches Lexikon zur Geschichtswissenschaft in Deutschland, Österreich und der Schweiz. Die Lehrstuhlinhaber für Geschichte von den Anfängen des Faches bis 1970, Frankfurt a. M. u. a. 1984.
[126] Friedrich Nietzsche: Vom Nutzen und Nachteil der Historie für das Leben, Stuttgart 1994.
[127] Erich Keyser: Die Geschichtswissenschaft. Aufbau und Aufgaben, München 1931, S. 5.
[128] Vgl. ebd., S. 7.

Ursachen der Misere des Ersten Weltkrieges (gemeint war sein Ende, nicht sein Beginn) und die Bewertung von dessen Folgen führe den Historiker zur Verbindung von Geschichtskunde und Geographie als neue Methode, der „Geopolitik".[129] Keyser wandte sich damit auch gegen den Historismus klassischer Prägung. Dabei bleibt er letztlich ohne eindeutige Option gefangen zwischen breit diskutierter Subjektivität und Objektivität, zwischen „Erkennen" und „Handeln" als Aufgaben des Historikers. Einerseits: „Der Historiker ist ein Denker, nicht ein Täter", andererseits von konservativ-revolutionärer Unruhe gepackt: „Hinter ihm erhebt sich die Forderung des jungen Fichte: ‚Handeln, handeln, das ist es, wozu wir da sind.'"[130] Als Danziger wußte Keyser für sich selbst schon 1919, wie und wo es zu handeln galt. Auch die Entscheidung wider wissenschaftliche Objektivität hatte Keyser in seinen Kampfschriften gegen die Versailler Verträge längst getroffen. Mit kruden Argumentationen versuchte Keyser die in Frage gestellten preußischen Volkszählungszahlen zu retten. Seine blinde Argumentationswut entwertete manch stichhaltigere Argumente. Dabei bemühte sich Keyser eines breiten – in der Breite modernen – interdisziplinären Arsenals an Beweismitteln. In Westpreußen hätten von 850.000 zur Nationalversammlung wahlberechtigten Personen 554.000 ihre Stimme abgegeben. Die Zahl der Stimmenthaltungen abzüglich einer Karenz für kranke und verhinderte Wähler ergebe für Westpreußen eine klare polnische Minderheit von 211.000 Personen. Zwar waren Polen auch wahlberechtigt, aber „die Polen hatten ihre Volksgenossen zur Wahlenthaltung aufgefordert."[131] Ein „guter Pole" konnte also nicht gewählt haben – Befürworter einer nicht-nationalstaatlichen Lösung und gemischtethnische Familien kamen in Keysers Bild von Westpreußen nicht vor. Die Nationalität zur Entscheidungsfrage zu machen, wäre eine moderne Einstellung Keysers gewesen, wenn für Polen daraus auch Rechte erwachsen wären. In Gebieten, wo rein zahlenmäßig Polen unwiderlegbar in der Mehrheit waren, betont Keyser die größere wirtschaftliche Leistungsfähigkeit und den größeren Grundbesitz der Deutschen als Argument für die größere Prägekraft des deutschen Volkstums.[132] Daß zuweilen der Besitz von sämtlichen Großbetrieben durch deutsche und von sämtlichen Kleinbetrieben durch polnische Bürger für eine vorwiegend polnische kulturelle Durchdringung des fraglichen Gebietes spricht, übersieht Keyser geflissentlich. Selbst die quantitative „Steuerkraft" zieht Key-

---

[129] Vgl. ebd., S. 6.
[130] Vgl. ebd., S. 28. Zur Subjektivität/Objektivität vgl. S. 19-23.
[131] Vgl. Erich Keyser: Westpreußen und das deutsche Volk. Nebst einer Bevölkerungskarte, Danzig 1919, S. 5.
[132] Vgl. ebd., S. 7f.

ser heran – als ob Polen, die so nationalbewußt waren, wie Keyser unterstellt, nicht alles getan hätten, um ihre tatsächlichen Steuerzahlungen niedrig zu halten.[133] Abstruse Formulierungen waren inklusive: Selbst das „ausgeführte Getreide ist vornehmlich deutscher Herkunft"[134]. Keyser räumte letztlich der polnischen Bevölkerung nirgends in ganz Westpreußen eigenständige Rechte ein. Seine vehementen, die zwanziger und dreißiger Jahre durchziehenden Angriffe auf die Versailler Verträge und die Einrichtung des polnischen Korridors ließen Keyser auch bei den Alliierten nicht unbekannt bleiben.[135] Zwar ohne auffällige antisemitische oder offen rassistische Parolen, standen Keysers Publikationen nach 1945 doch in einem recht ungünstigen Licht da.

Werner Conze hatte im Nationalsozialismus einige – wenn auch entlegen publizierte – antisemitische Äußerungen getätigt. Wenn ein Ankläger Conzes Rede über „stark verjudete Marktflecken" und die geforderte Konsequenz, „die Entjudung der Städte und Marktflecken"[136] direkt nach 1945 gegen Conze in Anschlag gebracht hätte, wäre damit seine akademische Karriere sicher schwer beschädigt worden.[137] Für Conze selbst war diese Aussage unschuldiges Ergebnis einer wissenschaftlichen Untersuchung. Daß die kleinen und kleinsten Handwerksbetriebe – auch in deutschen Städten – durch viele unfreiwillig Selbständige „übersetzt", lies übersetzt waren, gehörte zwar zu den (bis heute diskutierten) ökonomischen Überzeugungen der zwanziger Jahre.[138] Der Lösungsvor-

---

[133] Vgl. ebd., S. 10f.
[134] Vgl. ebd., S. 13.
[135] Vgl. Erich Keyser (Hg.): Der Kampf um die Weichsel. Untersuchungen zur Geschichte des polnischen Korridors, Stuttgart/Berlin/Leipzig 1925; Erich Keyser: Preussenland. Geopolitische Betrachtungen über die Geschichte des Deutschtums an Weichsel und Prag, Danzig 1929 und den Tourismusführer mit hoher Auflage Erich Keyser: Danzigs Entwicklung, Danzig ⁴1933; Erich Keyser: Geschichte der deutschen Weichsellandes, 2., vermehrte Auf., Leipzig 1940.
[136] Werner Conze: Die Besiedlung der litauischen Wildnis, in: Deutsche Monatshefte in Polen 5 (1938/39), S. 427-443, zit. nach Götz Aly: Theodor Schieder, Werner Conze oder Die Vorstufen der physischen Vernichtung, in: Winfried Schulze/Otto Gerhard Oexle (Hg.): Deutsche Historiker im Nationalsozialismus, Frankfurt/Main 1999, S. 163-182, S. 172.
[137] Werner Conze: Die ländliche Überbevölkerung in Polen, in: Arbeiten des XIV. Internationalen Soziologen-Kongresses București. Mitteilung, Abteilung B: Das Dorf, Bd. 1, Bukarest o. J. [1940], S. 40-48, hier S. 47f., zitiert nach Aly: Schieder, Conze, S. 173.
[138] Die sich erholende Konjunktur der frühen dreißiger Jahre und die aktive Beschäftigungspolitik baute im „Reich" diese Übersetzung des Kleinsthandwerkes allmählich ab. Ziel der nationalsozialistischen Propaganda war der alte Mittelstand, dem die selbständig gewordenen Arbeitslosen die Auftragslage verschlechterten. Möglicherweise wirkte die – obwohl bis 1938 nicht durch die breite Ausschaltung jüdischer Bürger aus dem Wirt-

schlag allerdings, die Juden zu entfernen, entstammte antisemitischer Gesinnung. Diese zwischen Ökonomie und Ideologie stehenden Überlegungen sollen zu dem zweiten Teil von Conzes Habilitationsschrift gehören, der allerdings nie erschien. Seine Methodik konnte und wollte Conze nach 1945 nicht hinter sich lassen – von antisemitischer Ideologie ist eine stille Trennung schwer zu belegen, aber anzunehmen. Götz Aly zeigte, wie Conze die mit der „Entjudung" der Marktflecken" korrespondierende brenzlige Passage für einen Aufsatz 1949 umgearbeitet hatte:

> „Die Funktionen des Bürgertums aber lagen vorwiegend in der Hand eines deutschen oder ursprünglich deutschen Stadtbürgertums oder des Judentums, das in die Städte eingedrungen war und die für den Osten typischen Marktflecken beherrschte. So mußten die Agrarreformen in Ostmitteleuropa nicht allein in die Sozialverfassung umwandelnd eingreifen, sondern mit der alten Ordnung auch die nationalen Stellungen umstürzen oder brüchig machen."[139]

Die Diagnose und der Zugriff hatten sich nicht verschoben. Hinter den Aktivitäten Conzes nach 1945 stand schon sehr bald wieder der Versuch zur Etablierung einer methodischen Alternative zum klassischen Historismus. Als Beispiel für eine neue Sozialgeschichte mobilisierte er auch seine eigene Schrift „Hirschenhof. Die Geschichte einer deutschen Sprachinsel in Livland" von 1934. Die dort grundlegenden Begriffe von deutscher „Volksordnung" und deutschem „Kulturboden"[140] waren zwar nicht gerade indiziert, aber in der neuen Situation zur Mitarbeit und Weiternutzung wenig einladend geworden. Um das Projekt der Sozialgeschichte durchsetzen zu können und attraktiv zu machen, mußten die Begriffe ersetzt werden. Das Programm mußte nach 1945 auch öffentlich wieder gegen die etablierte methodisch-konservative Forschung schlagkräftig

---

schaftsleben – erfolgte strukturelle Harmonisierung im Handwerkssektor als eine vermeintlich wissenschaftliche Verifizierung rassistischer Propaganda. Die „Übersetzung" wurde jedoch auch noch 1938, also in konjunkturell guten Zeiten von Berufsverbänden beklagt, was vermuten läßt, daß größere Betriebe den Druck auf Kleinbetriebe und die „zügellose Gewerbefreiheit" aus rein interessenpolitischen Motiven aufrecht erhielten. Auch die gebräuchliche Vokabel der „Auskämmung" der Kleinstbetriebe steht dem rassistischen Vokabular ziemlich nahe. Vgl. Heinrich August Winkler: Der entbehrliche Stand, in: Archiv für Sozialgeschichte 17 (1977), S. 1-40, bes. S. 15. Vgl. auch Adelheid von Saldern: Mittelstand im „Dritten Reich". Handwerker - Einzelhändler - Bauern, Frankfurt a. M. 1979.

[139] Werner Conze: Die Wirkungen der liberalen Agrarreformen auf die Volksordnung in Mitteleuropa im 19. Jahrhundert, in: Vierteljahrschrift für Sozial- und Wirtschaftsgeschichte 38 (1949), S. 2-43, hier S. 28. Vgl. dazu Aly: Schieder, Conze, S. 181, Anm. 40.

[140] Werner Conze: Hirschenhof. Die Geschichte einer deutschen Sprachinsel in Livland, Berlin 1934 (Neue Deutsche Forschungen. Abteilung Volkslehre und Gesellschaftskunde 2), S. 11.

gemacht werden und hatte Angriffsflächen abseits der fachlichen Kontroverse schon aus strategischen Gründen zu vermeiden.

Reinhard Wittrams kompromittierende Äußerungen bei der Eröffnung der Reichsuniversität Posen und seine allgemeine Haltung waren einem größeren Kreis von Insidern wohlbekannt. Seiner gastgebenden Hochschule Göttingen im speziellen hatte Wittram 1937 in dem Sammelband „Volk im Umbruch" seine Interpretation von „Geschichtsauffassung und Außendeutschtum" hinterlassen:

„Wo ein Gefühl für Zucht und Rasse die liberale Auflösung unverbildet überdauert hat oder neu erwacht ist, wird die Wiederbesinnung unseres Volkes auf die rassischen Erbwerte als ein Gesundungsvorgang begriffen werden."[141]

Das „Artgesetz" des eigenen Volkes war „mit einem theologischen Begriff als Ordnung"[142] zu verstehen. Diesem „local knowledge" über seine Haltung im NS gerade in Göttingen zu entkommen, wäre naiv gewesen, wurde von Wittram aber auch von Anfang an nicht versucht. Interessant ist, daß Wittram nicht nur von deutscher Volksgeschichte spricht, sondern die „Volksgeschichten" aller in Osteuropa agierenden Völker mit einem eigenen Recht versieht, das er gesammelt gegen die „bolschewistische" Geschichtsauffassung in Stellung bringt. Wittrams Hoffnung, daß sich die „Spannungen der Volksgeschichten [...] in einen fruchtbaren wissenschaftlichen Austausch wandeln" scheint jedoch von der Vorrangstellung der Deutschen abzuhängen, die allein die Menge der Volksgeschichten aus der Nähe kenne, sie also zu moderieren in der Lage wäre.[143] Da Wittram sich auch darwinistischen Positionen annähert, die in dem Prinzip „Kampf" „das eigentliche Thema der Weltgeschichte"[144] sehen, müßte als Konsequenz in der Einigung der osteuropäischen Völker unter deutscher Herrschaft gegen den Bolschewismus für Wittram die willkommenste politische Option gelegen haben. Mit der Flucht aus dem Osten, der für Wittram Heimat und Forschungsinhalt war, erledigte sich in ihrem Scheitern auch die theologische Führungsqualität des „Artgesetzes". Kaehler, der Wittram in Göttingen nach dessen Flucht aufnahm, versagte dem schwer desillusionierten Wittram jede Schonung: Er antwortete auf Wittrams Ausruf „Gott könnte doch nicht zulassen, daß das Deutsche Reich und Volk zugrunde gingen", kurz und trocken „Warum denn nicht?". Wittram nahm im Plural der Volksgeschichten schon einen Teil ge-

---

[141] Reinhard Wittram: Geschichtsauffassung und Außendeutschtum, in: Artur Schürmann (Hg.): Volk und Hochschule im Umbruch. Zur 200-Jahrfeier der Georg-August-Universität zu Göttingen, Oldenburg/Berlin 1937, S. 105-117, hier S. 107.
[142] Ebd., S. 107.
[143] Ebd., S. 116f.
[144] Ebd., S. 109.

samteuropäischer Abendlandmetaphorik vorweg, die sich eigentlich ohne große Schwierigkeiten als rhetorische Ressource in den europäischen und später westlich-antikommunistischen Diskurs hätte einbringen lassen. Doch Wittram war anscheinend auch im Glauben erschüttert.

Wenn Aly feststellt, daß Theodor Schieder sich mit seiner „Tonlage" in den Gutachtentexten Anfang der vierziger Jahre als getreuer Schüler seines Münchner Doktorvaters Karl Alexander von Müller ausweist[145], trifft er zugleich auch den wunden Punkt Schieders bei seiner Neuorientierung in der Zeit nach 1945. Tonlage, Argumentationsweise, Sprache überhaupt ist vom geistigen Prozeß kaum so zu trennen, daß sie unter neuen Bedingungen komplett austauschbar wäre.

> „Diese rein äußerliche Tünche hat das jüdische Element, das seine Rasse genauso zäh wie früher bewahrte, nur um so besser befähigt, wichtige wirtschaftliche Schlüsselstellen zu besetzen."[146]

Schieders Texte, die sich mit seiner fatalen Forderung nach „Bevölkerungsverschiebungen größten Ausmaßes"[147] vorwiegend im nicht öffentlichen und sogar vertraulichen Bereich bewegten, stellten für ihn nach 1945 keine unmittelbare Gefahr dar. Diese antisemitischen und sozialtechnischen Äußerungen scheinen jedoch zu einem festen Teil des literarischen Stils Schieders geworden zu sein. Wer gewohnt war, rassistisch zu argumentieren, mußte alternative Erklärungsformen erst neu finden. Eine vollkommen neue „Tonlage" zu finden, war nicht ohne weiteres und auch nicht ohne Übergang zu bewerkstelligen. Schieders erste Veröffentlichung nach 1945 im Jahr 1948 war vermutlich eine Auftragsarbeit für den Göttinger Arbeitskreises. Obwohl es sicherlich nicht unwichtig war, publizistisch hervorzutreten, blieb die Schrift „Ostpreußens Geschichte und Kultur in ihrer europäischen Bedeutung" anonym und konnte Schieder so den Testfall einer „neuen" Tonlage im verwandten „Milieu" bieten. Recht konventionell betont Schieder denn auch das entscheidende „höhere Niveau der westlichen deutschen Kultur und Gesittung"[148]. Auffallend aktuell ist das Attribut „westlich", das sich in ähnlich gelagerten Besitzanspruchsschriften Keysers niemals gefunden hätte und finden sollte. Die beschriebene historische

---

[145] Vgl. Aly: Schieder, Conze, S. 167.
[146] Theodor Schieder: Die völkischen Verhältnisse des Bezirks Bialystok und ihre geschichtliche Entwicklung. Vertraulich! Nur für den Dienstgebrauch, gedruckt, 20 Seiten, hier S. 16f. Zitiert nach: Aly: Schieder, Conze, S. 167, vgl. auch S. 179, Anm. 11.
[147] Siehe oben, S. 64f., Anm. 133.
[148] [Theodor Schieder:] Ostpreußens Geschichte und Kultur in ihrer europäischen Bedeutung, hrsg. v. Göttinger Arbeitskreis, Göttingen 1948, S. 7.

Bedeutung Ostpreußens, seine europäische Bedeutung, drohe damit als Ganzes dem Westen Europas verloren zu gehen. Kants Grab und sein kulturelles Erbe waren vom Osten bedroht:

„Ist es darum gleichgültig, so muß die ernste Frage lauten, in wessen Hand dieser Platz sich befindet, von dem durch die Zeiten hindurch so vieles Bedeutsame für die Menschheit geschaffen wurde an edelstem Gut? Wir Deutschen haben heute weder die Macht noch das Recht, eine Antwort zu geben. Aber wir haben die Pflicht, diese Frage zu stellen an jeden, in dem Bewußtsein abendländischen Gemeinschaftssinnes lebendig ist."[149]

Die Übung zur Einschreibung in den neuen „europäischen" Diskurs eines gemeinsamen Abendlandes, in dem sich auch von deutscher Seite – mit demonstrativer Demutsgeste – wieder Forderungen stellen ließen, war ansatzweise geglückt. Auch wenn die unpassende Komposition von „abendländischem Gemeinschaftssinn" zeigte, das die Einübung damit noch nicht abgeschlossen war. Die universitäre Öffentlichkeit in Göttingen war tolerant gegenüber nostalgischen Artikeln, rassistische Äußerungen wären jedoch nicht nur bei der Besatzungsmacht, sondern auch bei den Studenten auf eine kritische Aufmerksamkeit gestoßen.

3.3. Die öffentliche Nachfrage nach Sinn und Zeitgeschichte

Die beeindruckende Blüte der ungefähr 200 kulturell-politischen Zeitschriften bot in der Nachkriegszeit ein riesiges Diskussionsforum zu den Fragen der jüngsten Vergangenheit und ihrer Lehren für die Zukunft. Dabei überwog fast durchweg der Blick nach vorn, reichte von der Frage nach der Zukunft Deutschlands über Besatzungsfragen bis zur atomar bedrohten Zukunft der Menschheit. In ihrer Auflage lagen einzelne Blätter weit über der Auflage von Tageszeitungen.[150]

---

[149] Ebd., S. 34.
[150] Vgl. Christoph Kleßmann: Die doppelte Staatsgründung. Deutsche Geschichte 1945-1955, 5., überarb. u. erw. Aufl., Bonn 1991, S. 161. Die optische Konfrontation mit der unmittelbaren Vergangenheit, wie in dem alliierten Film „Todesmühlen" über die Konzentrationslager, empfand die Bevölkerung hingegen als aufgenötigt. Diskussionsbereitschaft bestand zu den „großen Themen" und der gemeinsamen abendländischen und europäischen Zukunft. Vgl. Axel Schildt: Der Umgang mit der NS-Vergangenheit in der Öffentlichkeit der Nachkriegszeit, in: Wilfried Loth/Bernd-A. Rusinek (Hg.): Verwandlungspolitik. NS-Eliten in der westdeutschen Nachkriegsgesellschaft, Frankfurt a. M./New York 1998, S. 19-54, hier S. 26-30.

Bei der Zeitschrift „Die Gegenwart" wappnete man sich für die fällige Bestandsaufnahme:

> „Sie wird schwer zu gewinnen und nicht angenehm zu ertragen sein. Weil ein Zusammenbruch in seinem ganzen Umfang abgeschritten wird, und weil untersucht werden muß, inwieweit die Fundamente gelitten haben."[151]

Selten hatten die Blätter jedoch eine starke redaktionelle Linie und ein dezidiertes Zukunftsmodell, kaum eine wagte sich so weit vor wie die Zeitschrift „Der Ruf", die sich im April 1947 allzu deutlicher Linkstendenz „schuldig" gemacht hatte und deshalb die alliierte Genehmigung verlor.[152] Oftmals tendierten die Zeitschriften zu Literaturdiskussionen, die klassische Dichter in das Vakuum des Autoritätsverlustes fallen ließen, praktizierten „die Entdeckung der Klassiker als Moralisten" für die Übergangszeit bis zur politischen Restauration nach dem Ende dieser „Zwischenphase".[153] Ihre Orientierung machte die kulturellpolitischen Zeitschriften trotz ihrer oft halbmonatlichen Erscheinungsweise so zu einem relativ langsamen Medium, das vor allem die „Rückkehr der Kultur" eine Zeitlang erfolgreich demonstrierte. Auch „aufgestaute" Artikel, in Schubladen oder innerlich emigrierten Schreibern verborgen, begegneten einer aufnahmebereiten Nachfrage[154], die noch nicht wieder pikiert an einer politischen Generallinie ausgerichtet war.

Der kulturelle „Aufbruch" war eine der ersten plausiblen Möglichkeiten, sich aktiv gestaltend gegenüber der NS-Vergangenheit zu verhalten. So wie Karl Jaspers in der ersten Ausgabe der Zeitschrift „Die Wandlung" seine Gedanken zur „Erneuerung der Universität" präsentierte, wurde der demonstrative Aufbruch zur Pflicht all jener, die für die Jahre zwischen 1933 und 1945 eine „innere Emigration" für sich in Anspruch nehmen wollten. Jaspers erklärte den „Kern" des universitären Gedankens für unbelastet:

---

151 „Eine neue Zeitschrift", in: Die Gegenwart 1 (1945), Nr. 1, S. 1.
152 Vgl. Hermann Glaser: Deutsche Kultur. Ein historischer Überblick von 1945 bis zur Gegenwart. Bonn 1997, S. 157. Gerade der Ruf hatte einen großen Einfluß bei allen Kriegsheimkehrern, die sozialistischen Gesellschaftsmodellen an und für sich sehr offen gegenüberstanden. Das Verbot ist durchaus auch als Disziplinierungsaktion der westlichen Alliierten zu werten, die gesellschaftspolitischen – nicht etwa besatzungspolitischen – Maßgaben folgte.
153 Vgl. Anselm Doering-Manteuffel: Die Kultur der 50er Jahre im Spannungsfeld von „Wiederaufbau" und „Modernisierung", in: Axel Schildt/Arnold Sywottek (Hg.): Modernisierung und Wiederaufbau. Die westdeutsche Gesellschaft der 50er Jahre. Studienausgabe. Bonn 1998, S. 533-540, Zitat S. 535.
154 Vgl. Glaser: Kultur, S. 156. Glasers These von der „Rückkehr der Kultur" für die Charakterisierung von Publizistik nach 1945 ist sinnvoll als hermeneutische Sonde.

„Wohl hat der Kern der Universität in der Verborgenheit standgehalten. Es gab Professoren und Studenten, die innerlich frei blieben. Sachlich erfüllten sie ihren Beruf."[155] Doch alle derart (unbelastet) Überlebenden trügen gegenüber den Toten, die aktiv Widerstand geleistet hatten, die Verpflichtung des Lebens: „Daß wir leben, ist unsere Schuld."[156] Also selbst diejenigen, die sich in ihrer „Wissenschaftlichkeit" durch den Nationalsozialismus nicht hätten antasten lassen, waren doch an seiner Entstehung mitschuldig: Die Amputation der Wissenschaft von der „Humanität" war fatal gewesen.[157] Die existentialistische Botschaft Jaspers' von der grundmenschlichen Chance, einen neuen Anfang zu setzen, ließ sich von Intellektuellen zur Erfindung der „Stunde Null" hervorragend mit der Verlockung, persönliche Verantwortung zu vergessen, in Übereinklang bringen.[158]

Wer einen wirkungsvolleren Ablaß von Schuld benötigte als den Willen zum Neubeginn, fand ab 1947 bei Eugen Kogon Beistand. Der Buchenwalder Häftling hatte eine der ersten Deutungen der nationalsozialistischen Herrschaft („Der SS-Staat") verfaßt, die noch in den vierziger Jahren mehrere Auflagen erlebte.[159] Objekt zahlreicher Anrufung wurde Kogons Artikel „Das Recht auf politischen Irrtum" in seiner kulturpolitischen Zeitschrift „Frankfurter Hefte". Doch selbst eine solche Berufung auf den bedauerlichen Folgesatz Kogons „Irren ist menschlich"[160] kam nicht völlig ohne das implizite Zugeständnis zur Notwendigkeit eines Neuanfanges aus. Für eine nachhaltige Teilnahme am überregio-

---

[155] Karl Jaspers: Erneuerung der Universität. Eine Rede, in: Die Wandlung. Eine Monatsschrift 1 (1945/46), Heft 1, S. 66-74, Zitat S. 66. Jaspers schrieb auch im Namen der Herausgeber das Geleitwort der ersten Ausgabe: ähnlich wie in seinem Artikel betont er, daß „wir" alles verloren hätten – Würde, Normen und Volk – außer dem Leben selbst (vgl. ebd., S. 3-6).
[156] Ebd., S. 67. Vgl. auch Werner Schüßler: Karl Jaspers zur Einführung, Hamburg 1995.
[157] Vgl. Jaspers: Universität, S. 70f.
[158] Die intensive Schulddebatte war, nach einer Bezeichnung von Axel Schildt, von einer „Gegenelite" unter alliierter Bevorzugung getragen, die in diesem „zwischen Entlastung und redlich-hilfloser Erklärungen oszillierenden Diskurs" bis zum Abebben der Diskussion durch die Ost-West-Konfrontation ab 1947/48 nur einen wirkungslosen Übergang darstellt. Vgl. Schildt: Umgang, S. 31f. Diesem globalen Urteil stehen die im folgenden angesprochenen Artikel der Göttinger Universitätszeitung ebenso entgegen wie die markanten Konsequenzen, die Einzelpersonen in dieser Zeit gezogen haben.
[159] Eugen Kogon: Der SS-Staat. Das System der deutschen Konzentrationslager, München [10]1974. Zur Entstehung des Werkes vgl. ebd. S. 5-12.
[160] Eugen Kogon: Das Recht auf politischen Irrtum, in: Frankfurter Hefte 2 (1947), S. 641-655, abgedruckt in: Clemens Vollnhals (Hg.): Entnazifizierung. Politische Säuberung und Rehabilitierung in den vier Besatzungszonen, 1945-1949, München 1991, S. 302-308, Zitate S. 302.

nalen kulturellen Diskurs markierte dieses Zugeständnis vorerst den kleinsten gemeinsamen Nenner.

Ein subtiles Beispiel des öffentlichen Spiels mit Überlegenheit und Großmut bot Gerhard Ritter in seinem Artikel „Der deutsche Professor im Dritten Reich" in der Zeitschrift „Die Gegenwart". Ritter betont ausgiebig, wie leicht es ihm im Dritten Reich gefallen wäre, eine oppositionelle Position einzunehmen und durchzuhalten. Zugleich spricht er seine gesamte Fakultät als oppositionell von Verantwortung frei, ebenso wie – geschickterweise – sämtliche ministeriellen Hochschulreferenten mit Ausnahme ihres Vorgesetzten.[161] Die zur politischen Überwachung der Hochschullehrer „eingesetzten Organe waren vielfach zu plump, um Erscheinungen des höheren Geisteslebens überhaupt richtig zu erfassen."[162] Wer nicht zumindest subversiv widerständig gewesen war, mußte offenbar noch plumper sein als seine Überwachungsorgane. Ritter brachte sich mit diesem Artikel für eine zukünftige wissenschaftspolitische Einflußnahme taktisch geschickt in Stellung.

Die universitäre Öffentlichkeit war zum einen mit alliierten Zielvorstellungen vielfacher verzahnt als die zwischen Genehmigung und Verbot stehende Presse. Zum anderen waren Professoren mit ihren Studenten viel unmittelbarer, sozusagen „handgreiflicher" konfrontiert als Literaten mit ihrem Publikum oder Verwaltungsbeamte mit ihrem Entnazifizierungsverfahren.

In Göttingen betonte 1946 der Rektor Friedrich Hermann Rein bei der Neuimmatrikulation der Erstsemester-Studenten seine ausdrückliche Würdigung einer Wahrnehmung der Selbstverwaltung durch die Studenten als „kritische Mitarbeit". Daß es in der Verantwortung der Studenten läge bei der Wahl zu den Selbstverwaltungsorganen über die Universität Göttingen nach außen kein falsches Bild entstehen zu lassen, ist als Empfehlung gegen politisch radikale Voten zu verstehen.[163] Auch wenn die Wahlbeteiligung vor Reins Rede noch äußerst bescheiden gewesen war, so konnte doch die enorme Bedeutung, die Rein,

---

[161] Vgl. Gerhard Ritter: Der deutsche Professor im „Dritten Reich", in: Die Gegenwart. Eine Halbmonatsschrift 1 (1945), Heft 1, S. 23-26, hier S. 23f. Ritters Verhaftung nach dem Attentat vom 20. Juli 1944 geschah wegen seiner Bekanntschaft mit Goerdeler und nicht etwa wegen evtl. vorhandener Materialsammlungen des SD über seinen für Uneingeweihte geradezu unmerklich fein in Publikationen versteckten intellektuellen Widerstand.

[162] Ebd., S. 24.

[163] Vgl. Friedrich Hermann Rein: Die gegenwärtige Lage der Universität. Rede des Rektors Prof. der Physiologie Dr. F. H. Rein bei der feierlichen Verpflichtung der Studenten an der Georg August Universität in Göttingen am 18. Juni 1946, Göttingen 1947, S. 9f. Im Anschluß an die Rede wurden die Studenten „zum Wohle der Menschheit" auf ihre akademischen Pflichten mit stellvertretendem Handschlag vereidigt (S. 12).

und mit ihm die Besatzungsmächte, studentischem Engagement beimaß, die Wirkungsmacht der wenigen Aktiven steigern.

Die universitäre Öffentlichkeit produzierte in Göttingen ein halbmonatlich erscheinendes und damit sehr „schnelles" Medium zur Diskussion der unmittelbaren Vergangenheit und ihrer universitären Konsequenzen. Die „Göttinger Universitätszeitung" (GUZ) wurde von seiten des alliierten Hochschuloffiziers Geoffrey Bird, von seiten des ersten Nachkriegsrektors Rudolf Smend und seines Nachfolgers Rein wohlwollend gefördert. Ihre Auflage von über 10.000 Exemplaren wurde überregional verbreitet – nach 1949 wurde die Göttinger Universitätszeitung dann konsequenterweise zur „Deutschen Universitätszeitung" (DUZ).[164] Aber auch die „Nachfrage" nach der GUZ als Publikationsorgan war überwältigend – die Prominenz der Hochschulrektorenkonferenz stand ebenso Schlange, Artikel zu plazieren, wie viele einheimische Professoren und Nachwuchswissenschaftler. Die GUZ repräsentierte das Renommee, das in der Zeit zwischen 1945 und 1949 von Wert war. Unter anderem waren Friedrich Hermann Rein, Karl Barth, Karl Mannheim, Siegfried Kaehler, Rudolf Smend, Werner Heisenberg, Fritz von Unruh, Helmuth Plessner, Ortega y Gasset, Peter von Oertzen, August Nitschke, Ludwig Raiser, Erich Weniger, André Gide und Herman Nohl vertreten. Außer Walther Hubatsch steuerten auch von den Göttinger Historikern alle Ostforscher Beiträge bei: Hermann Aubin, Leonid Arbusow, Wilhelm Treue, Manfred Hellmann, Wolfgang Zorn, Reinhard Wittram, Hans Rothfels, Werner Conze. Einige Ostforscher wie Reinhard Wittram, Wolfgang Zorn und Wilhelm Treue publizierten mehrere exponierte Texte und machten die Göttinger Universitätszeitung zu einem Teil ihrer Biographie.

Chefredakteur Dietrich Goldschmidt (später Nachfolger von Hellmut Becker als Direktor des Max-Planck-Instituts für historische Bildungsforschung) charakterisierte die Leitprinzipien des studentischen Herausgebergremiums: „Humanität, Liberalität, Demokratie nach westlicher Vorstellung"; sie waren „keine Politiker oder gar Revolutionäre". Aber die Zeitschrift war trotzdem scharf, sie wurde eine „lokale Macht", gerade weil die Artikel, wie bei einem abgedruckten Vortrag Martin Niemöllers, „heftig, meist befremdet oder ablehnend diskutiert"[165] und in dem schnellen Medium sogleich Erwiderungen und Verteidigungen nach sich zogen.

Die Kontroverse um Axel von dem Bussche, der als Soldat und knapp verhinderter Hitler-Attentäter die Widerstandsdiskussion um „Eid und Schuld" in Göt-

---

[164] Vgl. Dietrich Goldschmidt: Als Redakteur bei der „Göttinger Universitäts-Zeitung". Erinnerungen 1945 bis 1949, in: Das Argument 37 (1993), S. 207-222, hier S. 210f.
[165] Ebd., S. 211f.

tingen auf sich zog, folgten wenig später selbstkritische Artikel des Ostforschers Reinhard Wittram über „Nationalismus". Zugleich wurde in der GUZ mancher Ostforscher unangenehm mit seiner alten Kollegin Hildegard Schaeder konfrontiert, die dort den Leidensbericht ihrer Haft im Konzentrationslager Ravensbrück veröffentlichte.[166] Die GUZ bemühte sich auch um eine angemessene Berücksichtigung des Marxismus. Die Stellung von Zeitschrift und Chefredakteur Goldschmidt war stark genug, um selbstbewußt eine neue Wissenschaft und Revision der mandarinen Strukturen einfordern zu können:

„Auch für die verbliebenen Lehrkräfte, deren fachliche Leistung nicht angezweifelt wird, gilt es, die eigene, persönliche Stellung zu Gott, Welt und Wissenschaft neu zu fundieren. Die wird nicht ohne Wirkung auf ihre Verkündigung der Wissenschaft bleiben. [...] Daß wir es ganz deutlich sagen: wir müssen beide nicht so sehr gegen den Geist von gestern, den spezifischen NS-Geist der letzten 12 Jahre angehen, er hat sich selbst ad absurdum geführt. Wir müssen vielmehr gegen den Geist von vor 1933 kämpfen, den Geist nationaler Spießbürgerlichkeit und Reaktion wie doktrinären Klassenhasses, der allerdings Ausgangspunkt für die NS-Gesinnung gewesen ist."[167]

Gerade weil diese Stellungnahme von geschätzt kritischer, jedoch nicht von marxistischer Seite kam, war sie für die Professorenschaft nicht leicht zu ignorieren. Die Göttinger Universitätszeitung hielt den Reformdruck auf die Universität so gut als möglich aufrecht. Der Bericht der Delegation der British Association of University Teachers erschien Ende 1947 in der GUZ in Übersetzung – später übernahm auch „Die Sammlung" den Bericht.[168] Die Kritik machte auch vor dem Vorlesungsverzeichnis nicht halt. Goldschmidt, der selbst schon früh in der Volkshochschulbildung aktiv war, kritisierte 1948 die mangelnde Eignung der öffentlichen Vorlesungen zur Allgemeinbildung, die verzögerte Wiederbesetzung von wichtigen, vor allem geisteswissenschaftlichen Lehrstühlen – vermutlich wegen des Art. 131GG. Entscheidender Mangel jedoch war:

„3. Die Aneignung allgemeiner, fachlicher und politischer Bildung leidet unter dem Mangel an Auslandskunde und unter der Scheu vor Behandlung politisch oder geistig aktueller Probleme seitens vieler akademischer Lehrer."[169]

---

[166] Vgl. ebd., S. 213. Oskar Kossmann berichtet von der Verhaftung Hildegard Schaeders als Vertraute von Niemöller durch die Gestapo. Vgl. Oskar Kossmann: Es begann in Polen. Erinnerungen eines Diplomaten und Ostforschers, Lüneburg 1989, S. 176f.
[167] Goldschmidt: GUZ, S. 214.
[168] Ebd., S. 217. Vgl. Die Universitäten in der Britischen Zone Deutschlands (Bericht der Delegation der britischen Association of University Teachers), in: Die Sammlung 3 (1948), Heft 2, S. 1-32; zuerst in The University Review 19 (1947).
[169] Goldschmidt: GUZ, S. 218.

Die Forderung nach Behandlung der drängenden Zeitgeschichte war unüberhörbar. Nur zwei Veranstaltungen des Historischen Seminars fanden die Gnade der GUZ: Siegfried Kaehler und Wilhelm Treue, der selbst zu dieser Zeit mehrere Beiträge zur GUZ beisteuerte, durften sich angesprochen fühlen. Dabei war der Gesamtanteil aktueller historischer Seminare zum späten 19. und zum 20. Jahrhundert in den Jahren 1945 bis 1952 in Göttingen, auch im Vergleich zur heutigen Situation, insgesamt nicht einmal schlecht. Auch der weiteren Kritik der GUZ, „USA und UdSSR fallen völlig aus", wurde selten, aber doch zeitweise von den Ostforschern der Boden entzogen.

Doch die Nachfrage nach zeitgeschichtlichen Diskussionen drohte sich zumindest beim engagierten Kreis aktiver Leser und Redakteure der Göttinger Universitätszeitung außeruniversitär zu verselbständigen. In den Jahren 1947/48 zog sich über mehrere Ausgaben eine Diskussion über die Veröffentlichung Alexander Mitscherlichs und Fred Mielkes zur „Medizin ohne Menschlichkeit"[170] hin. Nicht nur der Nürnberger Ärzteprozeß, auch der Prozeß gegen die Hauptkriegsverbrecher fand in Göttingen Interesse – allerdings gaben nicht die Historiker diese Veranstaltungen zur Zeitgeschichte. Das Institut für Völkerrecht unter dem rechtsgerichteten, aber persönlich unbelasteten Herbert Kraus wurde zu einem „Geheimtip" für die Interessenten der Zeitgeschichte. Kraus konnte dem Ostforscher Hans-Günther Seraphim dort ein eigenes „Referat für Zeitgeschichte" einrichten. Beide waren mit dem Göttinger Arbeitskreis enger als mit dem Historischen Seminar verbunden. Zeitlich erst nach Goldschmidts Kritik begannen auch die stürmisch besuchten Vorlesungen Percy Ernst Schramms zur Geschichte des Zweiten Weltkrieges. Schramms Bemühungen zur Einrichtung eines Referats für Zeitgeschichte im Historischen Seminar[171] zeigen, daß der Interpretationsvorsprung des Instituts für Völkerrecht und die außeruniversitären Aktivitäten zumindest vor Ort eine ernstzunehmende Konkurrenz darstellten, wenn es um die Allokation von Ressourcen – finanzieller, kognitiv-konzeptioneller und öffentlicher – zur Erforschung der jüngsten Vergangenheit ging.

---

[170] Vgl. Alexander Mitscherlich/Fred Mielke (Hg.): Medizin ohne Menschlichkeit. Dokumente des Nürnberger Ärzteprozesses, Frankfurt a. M. 1978. Die Erstveröffentlichung geschah 1948 als Abschlußbericht der Gutachter im Nürnberger Ärzteprozeß noch als interne Veröffentlichung unter dem Titel „Wissenschaft ohne Menschlichkeit". Vgl. ebd., S. 4.

[171] Vgl. Manfred Hagen: Göttingen als „Fenster zum Osten" nach 1945, in: Hartmut Boockmann/Hermann Wellenreuther: Geschichtswissenschaft in Göttingen. Eine Vorlesungsreihe, Göttingen 1987, S. 321-343, hier S. 331.

IV. Legitimationen des wissenschaftlichen Neubeginns

Für die Bewältigung der unmittelbaren Nachkriegszeit wurden von den Ostforschern die übriggebliebenen Netzwerkstrukturen mobilisiert – zumeist persönliche Bekanntschaften und Korrespondenz über das Schicksal von Kollegen. Selten jedoch konnte die bloße Bekanntschaft mit unbelasteten, einflußreichen Kollegen in den Besatzungszonen über mehr als die größten materiellen Probleme hinweghelfen. Kaehlers Aktivitäten, die vorübergehende Unterbringung einzelner, auch die Hilfe bei der Organisierung einiger weniger Lehraufträge ging schon sehr weit – und dabei war Kaehler zum Netzwerk der Ostforscher gerade nicht zu zählen. Wenngleich die provisorischen Lehraufträge der Ost-Professoren Conze und Wittram weit über fünf Jahre bestanden, war der Druck sehr groß, wieder zu festeren und aussichtsreicheren Zuständen zu kommen. Junge Wissenschaftler, die bisher kaum mehr als eine subalterne Anstellung gehabt hatten und noch nicht einmal den nominellen, anscheinend unverlierbaren Titel „Professor" vorweisen konnten, mußten sich nach 1945 schließlich in einer gänzlich ungewohnten Situation erst noch wissenschaftlich profilieren. Auch hatte die dynamische Institutionalisierung der Ostforschung im Nationalsozialismus große Teile ihrer Protagonisten aus dem akademischen Bezugsrahmen in ein anwendungsorientiertes Expertentum hinauskatapultiert. Einige Ostforscher mußten also auch nach nicht-universitären Möglichkeiten zur Wiederaufnahme ihrer Tätigkeit suchen. Diese heute fast anonyme Gruppe traf sich mit denjenigen älteren Ostforschern und Hochschullehrern aus dem Osten, die ausreichend belastet und akademisch unattraktiv waren, um sich auch selbst keine Rückkehr in den Hochschuldienst mehr ausrechnen zu können.

Die „Umgestaltung der Ressourcenkonstellationen", wie sie Mitchell Ash für den Bruch 1945 notwendig sieht, sah für die verschiedenen Gruppen verschieden aus. Unterscheidbare Ressourcen, wie z. B. finanzielle, apparativ-institutionelle, kognitiv-konzeptionelle, rhetorische oder öffentliche Ressourcen, waren für drei idealtypisch unterscheidbare Gruppen zeitlich gestaffelt und unterschiedlich gut verfügbar. Der Zugang zu den Ressourcen erfolgte für die Ostforscher zum größten Teil über die Legitimation ihrer Forschung. Das pure Netzwerk scheint dem vorgelagert, doch konnte die Netzwerkstruktur auch nur bereits erlangte Ressourcen zuteilen und mußte somit mittelfristig auch „legitimiert" sein. Gänzlich von allein hatte auch der vormalige Selbstläufer „Osten" in der Besatzungszeit kein privilegiertes Anrecht auf irgendwelche Zuwendung.

Die Umgestaltung von Ressourcenkonstellationen ist, abstrakt gesprochen, möglich durch die legitimierte Ankoppelung an bestehende Ressourcenpotentiale, ihre Nutzung und Umnutzung sowie die bewußte Neuschaffung solcher Potentiale durch Legitimation. Finanzielle Ressourcen waren während der ersten Besatzungsjahre knapp, aber in der Universität, von den Besatzungsmächten und bald auch den Landesregierungen zu bekommen. Fast alle apparativ-institutionellen Forschungsressourcen außer der Universität waren vernichtet. Kognitivkonzeptionelle Ressourcen wie z. B. der „Volkstumskampf" waren erschüttert. Der fluchtartige Übergang zur Abendland- und Europametaphorik zeigt die fließende Grenze zu rhetorischen Ressourcen.

Die Öffentlichkeit als Ressource ist schwer zu fassen. Mit der Teilöffentlichkeit der Flüchtlinge aus dem Osten bot sich den Ostforschern jedoch eine ureigene Ressource geradezu an. Auch die akademische Öffentlichkeit und die Göttinger Universitätszeitung sind in diesem Sinne als öffentliche Ressource zu betrachten. Jüngere, aber auch ältere Ostforscher nutzten die Göttinger Universitätszeitung als Publikationsorgan, das es erlaubte, sich ganz im Gegensatz zu Fachorganen der Geschichtswissenschaft und Ostforschung demonstrativ in eine kritische und progressiv-orientierte Öffentlichkeit zu plazieren.

Allein die Universität Königsberg hatte einen Rest institutionalisierter Struktur nach Göttingen retten können. Die Wiederbelebung der institutionellen Strukturen der Nordostdeutschen Forschungsgemeinschaft unter ihrem operativen Leiter Johannes Papritz in Berlin scheiterte zunächst und gelang erst im zweiten Anlauf in Marburg. Aus dem Kreis der geflüchteten Königsberger Hochschullehrer entstand schon 1946 der „Göttinger Arbeitskreis für den Deutschen Osten". Nicht entnazifizierbare Hochschullehrer und nicht akademisch sozialisierte Ostforscher fanden hier, anfänglich noch neben später prominenten Historikern, einen Publikations- und Arbeitsort. Gelder flossen dem Arbeitskreis zum einen aus seinen hochgeschätzten Dienstleistungen für die landsmannschaftlichen Verbände sowie aus bald einsetzender staatlicher Förderung zu. Der Arbeitskreis und die dort aktiven Forscher verstanden es, sich den Landesregierungen und nach 1949 der Bundesregierung nützlich zu machen. Seine Verwurzelung in den politisch einflußreichen Vertriebenenorganisationen brachte zugleich öffentliche Gelder und Verbandsmittel ein. Wie sehr der Göttinger Arbeitskreis es verstand, seine Forschung *pragmatisch* einer bestehenden Nachfrage nachzuführen, wird daran deutlich, daß auch bedeutende Geldmengen aus US-amerikanischen Stiftungen für die Aufklärung im Osten eingeworben werden konnten. Finanzielle und – innerhalb der Vertriebenenmitteilungen – öffentliche Ressourcen standen dieser Legitimationsstrategie 1946 schon unmittelbar zur Verfügung. Die apparative Institutionalisierung des Göttinger Arbeitskreises glückte unmittelbar im Anschluß daran. Die „pragmatische Legitimation" der Forschung über den Osten zündete Anfang der fünfziger Jahre ihre zweite Stufe zur Etablierung apparativ-institutioneller Ressourcen mit der Rekonstituierung der renommiert-berüchtigten Nordostdeutschen Forschungsgemeinschaft in der Zeitschrift für Ostforschung und dem Marburger Herder-Institut. Im Zuge des Kalten Krieges wurde eine pragmatisch an den Bedürfnissen ausgerichtete Ostforschung mehr und mehr politisch förderungswürdig. Die Angriffe von DDR-Forschern auf die NS-Vergangenheit der Protagonisten der Ostforschung stabilisierte nur diese pragmatisch-politische Legitimation. Gleichzeitig stattete der Gegensatz auch auf DDR-Seite für einige Jahre eine pragmatische „Anti"-Ostforschung mit Ressourcen aus.

Eine andere Strategie zur Legitimierung ihrer Geschichtswissenschaft schlugen Hermann Heimpel und Reinhard Wittram ein. Heimpel als „Westforscher" ergänzt als zusätzliches Beispiel den ansonsten hier singulär auftretenden Wittram. Die „*moralische* Legitimation" von Geschichtswissenschaft spricht von Schuld. Anders als die verfolgten, emigrierten, remigrierten und auch gestorbenen Wissenschaftler, die durch das ihnen zugefügte Unrecht über eine selbstverständliche Art moralischer Legitimation verfügten, sprachen Wittram und Heimpel von eigener Schuld. Im Jahr 1947, und damit innerhalb des Vergangenheitsdiskurses relativ früh, publizierte Wittram einen selbstkritischen Beitrag in der Göttinger Universitätszeitung. Damit wird deutlich, welche Ressource Wittram und Heimpel mit einer „moralischen Legitimationsstrategie" für sich mobilisieren konnten: eine rhetorische Ressource. Kaum jemand fand als Beteiligter so früh Worte wie jene, die sich schuldig bekannten. Die unmeßbare Ressource der Selbstachtung mag für die ernsthaft Reuigen hinzugekommen sein – der Begriff „Strategie" impliziert hier nicht Heuchelei, er zielt vielmehr auf das, was man erfolgreich gegen das alte Selbst und in Interaktion mit der Öffentlichkeit aufs Spiel setzen konnte. Heimpel konnte mit der Gründung des Max-

Planck-Instituts für Geschichte in Göttingen weitere, apparativ-institionelle Ressourcen freilegen, und Wittram führte nicht zuletzt die neuerworbene rhetorische Ressource zur einer originären verantwortungsethischen, neohistoristischen Geschichtstheorie als kognitiv-konzeptioneller Ressource.

Eine „*akademische* Legitimationsstrategie" zielte auf den langfristigen Zugriff auf die finanziellen und institutionellen Ressourcen der Universitäten. Forscher wie Werner Conze konnten dabei auf ihre existierenden kognitiv-konzeptionellen Ressourcen zugreifen, die sich in der Regel in ihren Publikationen materialisierten. Während Forscher ohne prominente Publikationen und Stellungen im NS die Wissenschaft während des Nationalsozialismus als Trivialisierung oder Vernichtung wahrer Wissenschaft abtaten, mußte Conze seine Schriften in akademisch brauchbarem Sinne wiederverwertbar machen. Conze verfolgte aktiv schon während des Nationalsozialismus eine langfristige Strategie, in der Geschichtswissenschaft einen soziologischen oder volksgeschichtlichen Begriffsapparat zu etablieren, die er als Forschungskontroverse nach 1945 weiterführen konnte, als ob oder sogar weil sich keinerlei Fronten dabei verändert hatten.

Das Betrauen Schieders mit dem Projekt zur Dokumentation der Vertriebenen aus Ostmitteleuropa hingegen hatte für das aus politisch-pragmatischen Gründen eingerichtete Großforschungsprojekt unerwartete und z. T. unerwünschte kognitiv-konzeptionelle Folgen. Gemeinsam ist den beiden letzteren Forschern nach 1945 der vorläufige Verzicht auf pragmatisch-politische und rhetorische Ressourcen. Die akademische Legitimationsstrategie brauchte daher einen längeren Atem, bis sie ihre notwendigen Ressourcen zu aktiver Gestaltung wieder beisammen hatte.

1. Die Option der pragmatischen Legitimation

1.1. Der Göttinger Arbeitskreis im wissenschaftlichen Feld

Eine Art Kettenwanderung von Wissenschaftlern aus den deutschen Ostgebieten, zumeist in die westlichen Besatzungszonen, war der Grund, der gleich mehrere Königsberger (auch Danziger und Rigaer) Wissenschaftler in Göttingen konzentrierte. Zudem boten sich mit der „Meldestelle" und dieser Konzentration in Göttingen gute Möglichkeiten, einen weiteren Karriereweg aus der NS-Zeit heraus zu finden.

Der Göttinger Arbeitskreis war fast folgerichtig eine der ersten Institutionen, die die Arbeit am Projekt „Osten" wieder aufnehmen konnten. Allgemein gilt er als das erste Institut überhaupt, das sich aktiv mit der „Deutschen Frage" auseinandersetzte. Der Name „Göttinger Arbeitskreis" bedurfte bei seiner Zielgruppe dafür auch keines weiteren Zusatzes, er schien für sich selbst sprechen zu können. Das Arbeitsgebiet war der verlorene, „deutsche Osten", zumeist mit einem regionalen Schwerpunkt in Ostpreußen und der engen Bindung an Königsberg. Die Gründung des Arbeitskreises zielte explizit auf die Beeinflussung der Deutschlandpolitik der Alliierten.[1] Im ersten Fünfjahresbericht des Arbeitskreises formuliert Joachim Freiherr von Braun 1952 die ursprüngliche Aufgabe:

„Für die erste Moskauer Konferenz im April 1947 war den westlichen Alliierten eine Ausarbeitung vorzulegen, welche die Unentbehrlichkeit der deutschen Ostgebiete aufzuzeigen hatte."[2]

Den Erfolg dieser Initiative sieht Braun darin, daß in Moskau „nicht nur" der vorläufige Charakter der Oder-Neiße-Linie festgeschrieben, sondern vom Außenminister der Vereinigten Staaten, George Marshall, noch einmal eine „Revision" dieser Grenze gefordert wurde – „zum erstenmal aus wirtschaftlichen Gründen", mit einer scheinbar wissenschaftlichen Begründung also.[3] In der Versorgung des deutschen Auswärtigen Amtes mit Informationen lag fortan ein Schwerpunkt im Wirken des Arbeitskreises, der 1951 aus drei ständigen Mitarbeitern bestand, einer Schreibkraft und mehreren regelmäßig herangezogenen Studenten.[4] Seit 1949 erschien wöchentlich der vom Arbeitskreis zeitweilig auch in Englisch und Französisch herausgegebene „Pressedienst der Heimatvertriebenen". Selbstbewußt stellte der Arbeitskreis in seinem fünfjährigen Tätigkeitsbericht das Bild seines Wirkungskreises dar: die regelmäßigen Presseinformationen wurden sogar ins Ausland versandt und die zugehörigen Adressen

---

1 Vgl. Jörg Hackmann: „An einem neuen Anfang der Ostforschung". Bruch und Kontinuität in der ostdeutschen Landeshistorie nach dem Zweiten Weltkrieg, in: Westfälische Forschung 46 (1996), S. 232-258, bes. S. 239-241, und Eduard Mühle: „Ostforschung". Beobachtungen zu Aufstieg und Niedergang eines geschichtswissenschaftlichen Paradigmas. „Ostforschung" – ein Gegenstand des 4. Deutschen Historikertages, in: Zeitschrift für Ostmitteleuropa-Forschung 46 (1997), S. 317-336.
2 Joachim Freiherr von Braun: Fünf Jahre Arbeit für den deutschen Osten. Der Göttinger Arbeitskreis. Tätigkeitsbericht zu seinem fünfjährigen Bestehen, in: Jahrbuch der Albertus-Universität zu Königsberg/Pr. 2 (1952), S. 208-251, hier S. 209. Vgl. als frühe Außenwahrnehmung den Überblick zur Osteuropa-Forschung von 1960 von Jens Hacker: Osteuropa-Forschung in der Bundesrepublik, in: Aus Politik und Zeitgeschichte. B 37 (1960), S. 591-622, hier S. 606.
3 Von Braun: Osten, S. 209.
4 Ebd., S. 211.

statistisch präsentiert. Nach Anzahl der Exemplare geordnet, liest sich die Auslandsliste wie ein Atlas deutscher (wenngleich nicht durchweg durch nationalsozialistische Belastung verursachter) Emigration: USA, Schweden, Schweiz, Österreich, Chile, Argentinien, England, Frankreich, [Süd-]Afrika, Brasilien, usw. Im Jahr 1951 entstand sogar eine spanische und eine portugiesische Version der Pressemitteilungen, die über alle Staaten Lateinamerikas gestreut wurde.[5] Weitere, etwas kleinere Periodika dieser Art kamen 1953/54 auf immer noch beeindruckende Auflagenzahlen: die „German Canadian Review" auf 1400 und die „Tatsachen" für Argentinien auf 3000 Exemplare, die „Noticias APG" in Spanisch und Portugiesisch auf jeweils 2000 Exemplare.[6] Diese Serviceleistung des Arbeitskreises war gleichermaßen für politische und sympathisierende oder selbst von der Vertreibung betroffene Stellen gedacht. Unterstützt wurden der Göttinger Arbeitskreis und ein Bad Nenndorfer Gremium dabei vom gerade entstehenden Land Niedersachsen und namentlich seinem Ministerpräsidenten Hinrich Kopf. Auch die US-amerikanische Rockefeller-Foundation war finanziell mit engagiert. Diese doppelte Orientierung an Nachfrage und Förderung – bei politisch getragenen Massenpublikationen keine ungewöhnliche Erscheinung, immerhin war die spätere „Bundeszentrale für Heimatdienst" noch lange nicht in Sicht – findet sich auch bei den wissenschaftlichen Aktivitäten des Arbeitskreises wieder. Die Sprachregelung für die Forschung der ja auch biographisch Betroffenen lautete: „Aufklärung" über die Probleme und Sorgen der Vertriebenen. Diese Sorgen der Vertriebenen reichten von einer Bilanz deutscher Kulturleistungen in Osteuropa, über diplomatische Handreichungen an Alliierte oder Auswärtiges Amt bis zum wirtschaftswissenschaftlichen Nachweis, daß Deutschland ohne Ostgebiete nicht existieren könne. Diese schiefe Zusammenfassung der unterschiedlichen Anbindungen des Arbeitskreises in einer griffigen Aufgabe zeigt die ständige Überlappung von empirischem Ansatz und klarer Interessenvertretung.

In der Identifikation der Probleme der Vertriebenen mit dem Wohlergehen der – nicht existenten – Nation, findet sich darüberhinaus der Ausdruck einer kollektive Identitätskrise wieder. Die hauseigene Geschichte des Arbeitskreises spricht zum fünfzigjährigen Jubiläum 1998 von einer „Erneuerung des deutschen Staatswesens und einem Wiederaufstieg Deutschlands unter aktiver Mitwirkung

---

[5] Ebd., S. 228f.
[6] Joachim Freiherr von Braun: Der Göttinger Arbeitskreis. Tätigkeitsbericht 1953/54, in: Jahrbuch der Albertus-Universität zu Königsberg/Pr. 5 (1954), S. 371-400, S. 387.

der Heimatvertriebenen"[7] als übergeordneter Aufgabe. Die etwas mehr als ein Jahrzehnt ältere Version der hauseigenen Historiographie rührt auch ihrem Tonfall noch von der Erschütterung und Aufgabensuche des Zeitgenossen von 1945 her:

> „Hierin besteht die selbstgesetzte Aufgabe des Arbeitskreises. Sie war in einer Zeit aufzunehmen, der alle geistigen und materiellen Voraussetzungen fehlten, in der aber an rechtlichen und psychologischen Behinderungen kein Mangel war. Diesen Umständen konnte nur die Überzeugung entgegengesetzt werden, daß es eine deutsche Zukunft gibt, die entscheidend von den Heimatvertriebenen gestaltet und von ihrer Haltung bestimmt wird."[8]

Folgerichtig reflektierte der Göttinger Arbeitskreis neben der politischen Aufklärung als fast traditioneller Aufgabe der Ostforschung die folkloristischen Aktivitäten der geflohenen Königsberger Hochschullehrer. Die „Jahrbücher" als repräsentatives Organ der ehemaligen Universität Königsberg enthalten eine breite Palette an Artikeln verschiedenster Aufgabenstellung. Ein stark vertretenes Genre im Jahrbuch sind Artikel an der Grenze von Geschichte, Heimatkunde und persönlichen Rückblicken. Einen gewissen „Höhepunkt" markiert dabei der Artikel des ehemaligen Mitarbeiters am Institut für Ostforschung in Krakau, Walther Freiherr von Ungern-Sternberg: „Etwas vom Elch". Begleitend zu einem Lichtbildervortrag über „Das verlorene Jagdparadies Ostpreußen" heißt es:

> „Ostpreußens Stolz, Deutschlands stärkstes Wild, der Elch, ist nicht mehr! Menschliche Vernichtungswut hat unseren Recken, der seine einstigen Zeitgenossen, den Ur und Wisent (diesen um fast zwei-, jenen um mehr als drei Jahrhunderte), überlebte, nach dem Versinken in der roten Flut des Ostens, ausgerottet."[9]

---

[7] Boris Meissner: Die Entwicklung des Göttinger Arbeitskreises e. V. seit 1946 und sein Beitrag zur Osteuropaforschung, in: 50 Jahre Göttinger Arbeitskreis e. V., hrsg. v. Boris Meissner und Alfred Eisfeld, Göttingen 1998, S. 19-34, hier S. 20.

[8] Herbert G. Marzian: Der Göttinger Arbeitskreis, in: Helmut Neubach/Hans-Ludwig Abmeier (Hg.): Für unser Schlesien. Festschrift für Herbert Hupka, München/Wien 1985, S. 142-152, hier S. 143. Marzian betreute von der zweiten Ausgabe an die „Ostdeutsche Bibliographie" des Jahrbuchs der Albertus-Universität zu Königsberg und war von 1974 bis 1988 Vorsitzender des Arbeitskreises. Vgl. 50 Jahre Göttinger Arbeitskreis e. V., hrsg. v. Boris Meissner und Alfred Eisfeld, Göttingen 1998, S. 69f.

[9] Walther Freiherr von Ungern-Sternberg: Etwas vom Elch, in: Jahrbuch der Albertus-Universität zu Königsberg/Pr. 4 (1954), S. 243-260, hier S. 260 und S. 243. Durchaus kritisch wird im Text z. B. auch die wilhelminische Jagdpolitik betrachtet, die in großen Schüben per Erlaß wohl der Ausrottung der Elche Vorschub geleistet hat. Im Zweiten Weltkrieg wurden die letzten 1300 Elche Opfer von sowjetischen Soldaten und Ansässigen, bevor diese selbst Opfer von Hunger und Kälte wurden. Diesen Zusammenhang aber auch auszusprechen, scheint der Autor nur für die Zeit nach dem Ersten Weltkrieg fähig.

Hier geht es nicht allein um ein vertriebenes ausgerottetes Tier. Die Parallele zur altbekannten Botschaft der Ostforschung – vor allem der Deutsche sei kulturschaffend und -erhaltend – ist offensichtlich, auch wenn sie hier eher unbewußt durchscheint, denn der Artikel bemüht sich im folgenden redlich um eine Konzentration auf den Elch als ökologisches Thema. Nostalgische Rückwendung zum alten Osten und aktives Handeln zur Rückgewinnung der Ostgebiete beherrschten das Verhältnis des Göttinger Arbeitskreises zur Vergangenheit. Mit zunehmender Aussichtslosigkeit einer Revision der Grenzen mußte dieses Projekt jedoch nicht zwangsläufig aufhören, beruhte doch der Gründungsimpuls des Arbeitskreises auf diesem einfach zu handhabenden Sprechen über Vergangenheit, das von der politischen Realität auch abtrennbar war.

Das nostalgische Sprechen als beredtes Schweigen stand bei einer Vertriebenenorganisation wie dem Göttinger Arbeitskreis auch neben heftiger interessegeleiteter Artikulation. Der Zugriff auf die vor allem finanziellen und apparativ-institutionellen Ressourcen des Arbeitskreises konnte nur unter Bedingungen geschehen, die die pragmatisch-politische Legitimation des Arbeitskreises selbst nicht verletzten, sondern zu stützen imstande waren. Die neben diversen Dokumentationen zur Oder-Neisse-Frage wohl erfolgreichste Veröffentlichung des Arbeitskreises, „Dokumente der Menschlichkeit", ist für die pragmatische Legitimation der Arbeitskreis-Aktivität ein gutes Beispiel. In etlichen Ausgaben mit hoher Auflage wurden auf ungefähr zweihundert Seiten Erlebnisberichte von flüchtenden Deutschen abgedruckt:

„über Taten der Hilfsbereitschaft und Nächstenliebe, die den Heimatvertriebenen zu jener Zeit von Angehörigen der Völker zuteil wurden, die die Massenaustreibungen durchführten"[10].

Das Vorwort widersprach dabei der gemutmaßten Kritik, durch die ergreifenden Berichte würden die Vertreibungen als zu human und geordnet erscheinen.[11] Diese Abwehr einer überhaupt nicht geäußerten Kritik ist tatsächlich ein Diskurs über die Sakralität des Gegenstands und den Umgang mit ihr. Gleichzeitig wurde zu Spenden aufgerufen und der internationalen Solidarität gedankt. Auch das bolschewistische Feindbild wurde stabilisiert: Aufgrund der „furchtbaren Verwirrung" in Europa sei es nicht möglich, die Berichte der Wohltäter von Ange-

---

[10] Dokumente der Menschlichkeit aus der Zeit der Massenvertreibungen, gesammelt und hrsg. vom Göttinger Arbeitskreis, Kitzingen/Main o. J. [erstmals 1950 u. ö.]. Eine englische Übersetzung „Documents of humanity during the massexpulsion" erschien 1952. Zitat S. 8.

[11] Ebd., S. 13.

hörigen der „Ostvölker" zu nennen.¹² Das fein austarierte Spiel von Zugeständnis und Insinuation wirkt geschmacklos, besonders, wenn auch noch die wohlwollende Erwähnung der Publikation durch Albert Schweitzer bei seiner Nobelpreis-Rede ins Spiel gebracht wird. Doch es entsprach einem Werben um Legitimation: als politisch flexibel verwendbares Gut und als Überlebens-Mythos bei der eigenen Zielgruppe.

Die wichtigste Funktion des Arbeitskreises für Historiker mit Karriereambitionen war die Möglichkeit, mit seiner Hilfe von der britischen Besatzung die Erlaubnis zur Publikation zu erreichen. Die Schriftenreihe startete schon 1947 und brachte bis 1949 mindestens 17 bekannte Schriften heraus. 1955 waren es schon 142.¹³ Der Göttinger Arbeitskreis bot als Verleger sogar die Möglichkeit, Auftragsschriften oder heikle, zwar spezifisch publikumsreife, aber noch nicht mit Sicherheit alliiertengerechte Arbeiten unter seinem eigenen Namen zu veröffentlichen, „um die Autoren vor politischen Schwierigkeiten zu bewahren"¹⁴. Auch Theodor Schieder faßte zwei Denkschriften anonym unter diesem Etikett ab.¹⁵ Die zweite Publikation, „Ostpreußens Geschichte und Kultur in ihrer europäischen Bedeutung", gehörte schon zu den Heften der Schriftenreihe, die „in knapper Form zu günstigen Preisen", immer noch anonym, die Vertriebenen auf breiter Basis ansprechen sollten.¹⁶

---

12 Die internationale Solidarität erstreckt sich auf die Länder, die auch auf der Publikationsliste des Göttinger Arbeitskreises bevorzugt erscheinen: die USA, England, Skandinavien, Südamerika, Südafrika u. a., vgl. ebd., S. 11.
13 Bis 1998 erschienen mind. 469 Publikationen in der Schriftenreihe. Vgl. die offiziöse Publikationsliste in: 50 Jahre Göttinger Arbeitskreis e. V., hrsg. v. Boris Meissner und Alfred Eisfeld, Göttingen 1998, S. 19-34, hier S. 20. Als Verzeichnis sämtlicher Publikationen des Göttinger Arbeitskreises einschließlich der Schriftenreihe des „Jahrbuchs der Albertus-Universität zu Königsberg", der Reihe „Deutsche Baukunst im Osten" und „Ostdeutsche Beiträge aus dem Göttinger Arbeitskreis" und der Einzelschriften bis 1961 vgl. Gisela Rohr: Die Veröffentlichungen der Institute und Arbeitskreise für Ostforschung, als Manuskript gedruckt, Prüfungsarbeit der Hamburger Bibliotheksschule 1961, 104 S., hier S. 4-18.
14 Von Braun: Osten, S. 214.
15 Vgl. Mathias Beer: Im Spannungsfeld von Politik und Zeitgeschichte. Das Großforschungsprojekt „Dokumentation der Vertreibung der Deutschen aus Ost-Mitteleuropa", in: VfZ 46 (1998), Heft 3, S. 345-389, hier S. 355 und Anm. 50. Auch in der Publikationsliste des Göttinger Arbeitskreises von 1998 in: 50 Jahre Göttinger Arbeitskreis (S. 89), ist Theodor Schieder noch nicht als Autor der beiden Schriften, immerhin Nr. 1 und Nr. 10 in der Schriftenreihe angemerkt.
16 Vgl. Marzian: Arbeitskreis, S. 149. Zur ambivalenten Ausrichtung von Schieders „Heft" s. o., S. 114, Anm. 149.

Der Inhalt der wissenschaftlichen Artikel im Jahrbuch der Albertus-Universität ist relativ einseitig ausgerichtet. Das anfängliche Niveau der ersten beiden Ausgaben von 1951/52 mit Artikeln von Hans Rothfels, Gunther Ipsen, Walter Ziesemer, Götz von Selle und Herbert Kraus konnte nicht gehalten werden. Mit Götz von Selle, Hans Mortensen, Walther Hubatsch und Herbert Kraus sind die wichtigsten Autoren der folgenden Jahre genannt. Fast die Hälfte der Artikel der ersten Jahre beschäftigt sich zumindest vordergründig mit Immanuel Kant. Aber auch diesen Beiträgen ist eine Stoßrichtung anzumerken, wenn beispielsweise Herbert Kraus einen völkerrechtlichen Artikel von 1931 „Kant und das Problem der internationalen Ordnung" für das Jahr 1950 zu einer Rede mit dem Titel „Von ehrlicher Kriegsführung und gerechtem Friedensschluß. Eine Studie über Immanuel Kant" umbaut. Darin wird Kants strikte Ablehnung jeglicher territorialer Annektionen betont.[17] In einem anderen Artikel „Massenaustreibung und Völkermord" bewertet Kraus das UNO-Abkommen zu Völkermord von 1948 als unzureichend:

> „Was die als Völkermord zu qualifizierenden Handlungen anlangt, die im Bereiche der Sowjetzone begangen werden, so ist nach dem Inhalt des Genocidium-Abkommens die deutsche Bundesrepublik zur Bestrafung zuständig. Diese Zone gehört zwar nicht zum Geltungsbereich des Grundgesetzes, jedoch ist sie deutsches Gebiet, und Taten, welche dort begangen werden, sind auf deutschem Gebiet begangen. Entsprechendes gilt natürlich auch für den Völkermord, verübt in dem deutschen Raum jenseits der Oder-Neiße-Linie."[18]

Diesem Pochen auf rechtliche Verurteilungsverantwortung für „den" – offenbar nur einen sowjetischen – Völkermord ist eine Funktionalisierung des Völkerrechts zur Behauptung der verlorenen Ostgebiete kaum abzusprechen. Stets penibel aktualisiert werden im Jahrbuch Zeittafel und Dokumente zur Oder-Neiße-Linie.

Die Arbeit an einer – vornehmlich für die Gruppe der Vertriebenen – gerechten Friedensordnung bot auch für politisch schwer belastete Forscher noch einiges an Rückkehrpotential. Christoph Kleßmann weist darauf hin, daß der Arbeitskreis in den fünfziger und sechziger Jahren „wissenschaftlich" untermauerte, antipolnische Öffentlichkeitsarbeit unterstützte und selbst betrieb. Entsprechende Arbeiten von Kurt Lück und Victor Kauder aus dem Dritten Reich

---

[17] Herbert Kraus: Von ehrlicher Kriegsführung und gerechtem Friedensschluß. Eine Studie über Immanuel Kant, in: Jahrbuch der Albertus-Universität zu Königsberg/Pr. 1 (1951), S. 38-54.
[18] Herbert Kraus: Massenaustreibung und Völkermord, in: Jahrbuch der Albertus-Universität zu Königsberg/Pr. 4 (1954), S. 118-138, hier S. 135.

IV. LEGITIMATIONEN DES WISSENSCHAFTLICHEN NEUBEGINNS

wurden mit kaum mehr als kosmetischen Änderungen neu aufgelegt. Erhard Riemann, der im Dritten Reich die bedeutende Sektion für „Rasse- und Volkstumsforschung" im Krakauer Institut für deutsche Ostarbeit geleitet hatte, war einer derjenigen, die die Publikationschance im Göttinger Arbeitskreis zu nutzen verstanden.[19] Riemanns Kontakte zur jungkonservativen Gesinnungsostforschung um die Rothfels-Schüler und zum mächtigen Apparat der Volksdeutschen Forschungsgemeinschaft waren verschwindend gering – ein typisches Merkmal der Krakauer Forschergruppe. Anders als ältere Volkskundler wie Walter Kuhn konnte Riemann offenbar keinen Anschluß an die Zunft der Historiker finden – zur Zeit des IdO in Krakau war auch die Notwendigkeit dazu nicht vorhanden. Schon im Dritten Reich erschienen seine Schriften „Ostpreußisches Volkstum" (1937) und „Germanen erobern Britannien" (1939) in der Reihe des Königsberger Universitätsbundes, was für einen guten Kontakt zu dem Königsberger Verwaltungsestablishment spricht, das in Göttingen auch den Arbeitskreis gegründet hatte.[20] Als Studienrat und „früher Dozent für Volkskunde, Elbing-Westpr." brachte er sich 1952 mit seiner „Volkskunde des Preußenlandes" wieder ins Spiel. Rhetorisch gezähmt brachte Riemann die Geschichte von kulturbringendem Deutschtum mit jeweiligem Aufsatz von örtlichem Brauchtum unter dem Begriff der „Trachteninseln"[21] wieder ins Spiel. Erst 1955 fand Riemann eine Stelle in Kiel und wurde 1963 dort Professor.

Als relativ junger, wenngleich in seiner Karriere über 1945 hinweg ungebrochen erfolgreicher Wissenschaftler, bediente sich auch Walther Hubatsch des Göttinger Arbeitskreises. Hubatsch war schon vor 1945 in Göttingen in der Lehre aktiv und ihm wurde in Göttingen 1949 auf Betreiben Kaehlers „leider etwas zu früh, als Anerkennung für organisatorische gute Leistungen, zum Professo-

---

[19] Vgl. Christoph Kleßmann: Osteuropaforschung und Lebensraumpolitik im Dritten Reich, in: Peter Lundgreen (Hg.): Wissenschaft im Dritten Reich, Frankfurt a. M. 1985, S. 350-383, hier S. 371 und 381, Anm. 65.

[20] Erhard Riemann: Ostpreußisches Volkstum um die ermländische Nordgrenze. Beiträge zur geographischen Volkskunde Ostpreußens. Ost-Europa-Verlag: Königsberg/Berlin 1937 (Schriften der Albertus-Universität, Geisteswiss. Reihe, 8) und Erhard Riemann: Germanen erobern Britannien. Die Ergebnisse der Vorgeschichte und der Sprachwissenschaft über die Einwanderung der Sachsen, Angeln und Jüten nach England. Ost-Europa-Verlag: Königsberg/Berlin 1939 (Schriften der Albertus-Universität, Geisteswiss. Reihe, 27). In der Reihe erschienen keine Schriften prominenter Ostforscher, außer dem noch recht jungen Baltendeutschen Jürgen von Hehn. Methodisch war Riemann nicht allzu weit von der Konjunktur-Ostforschung entfernt: er benutzte Aubins und Keysers Werke.

[21] Erhard Riemann: Volkskunde des Preussenlandes. Kitzingen/Main 1952 (Der Göttinger Arbeitskreis, Schriftenreihe 19), S. 23. Beruflich-biographische Angabe s. S. 1.

rentitel verholfen"[22]. Hubatsch war nicht geflohen, aber in Königsberg geboren, somit im Arbeitskreis adoptierbar und gehörte neben Friedrich Hoffmann und Wolf von Wrangel zur ersten Leitungsebene der Einrichtung. Mit Schieder und von Wrangel besprach Hubatsch, wie in Zusammenarbeit mit dem Büro für Friedensfragen in Stuttgart wirksam Anspruch auf Teile des „deutschen Korridors" erhoben werden konnte.[23] Vorstand und Beirat des Arbeitskreises deckten ein interessantes Spektrum ehemaliger Ostforscher und Königsberger Historiker ab und ermöglichten derartige konspirative Verständigungen.[24]

Das Verhältnis einzelner Historiker zum Arbeitskreis unterlag aber auch Veränderungen, die durch die ungebrochen bestehende formale Mitgliedschaft überdeckt werden. Laut Mathias Beer vermied beispielsweise Theodor Schieder trotz immer stärkerer Distanz zum Arbeitskreis einen Austritt, um die wachsenden Differenzen eben nicht offen thematisieren zu müssen – zu sehr fühlte Schieder sich dem Arbeitskreis verpflichtet, der ihm 1946 und 1947 in sehr großzügiger Weise geholfen hatte[25]. Hubatsch hatte 1951 nach Differenzen mit dem Arbeitskreis den Vorstand verlassen, blieb aber weiterhin mit regelmäßigen Publikationen in Jahrbuch und Schriftenreihen vertreten.[26] Er war es auch, der den Kontakt zu Johannes Papritz und Hermann Aubin gewährleistete. Papritz hoffte auf die Hilfe von Hubatsch bei der Neuinstallation seiner Publikationsstelle – doch Göttingen durfte als Ort nicht in Frage kommen, da Papritz aus Standesgründen an einem Universitätsstandort die Leitung ohne Habilitation nicht hätte übernehmen können.[27]

---

[22] Brief von Siegfried Kaehler an Ernst Robert Curtius vom 5. April 1950, in: Kaehler: Briefe 1900-1963, hrsg. v. Walter Bußmann und Günter Grünthal, Boppard am Rhein 1993, Nr. 115, S. 370f.
[23] Aktenvermerk über eine Besprechung Hubatschs mit Freiherrn von Wrangel und Professor Schieder am 8.9.1947, zitiert nach Hackmann: Ostforschung, S. 240.
[24] Der Vorstand bestand 1949 aus Herbert Kraus, W. Freiherr von Wrangel, Götz von Selle und Joachim Freiherr von Braun. Der Beirat aus Max Hildebert Boehm, H. von Dirksen, Gunther Ipsen, F. Krech, Karl O. Kurth, Werner Markert, E. W. Meyer, Hans Mortensen, Karl Alexander von Müller, Theodor Oberländer, Theodor Schieder, R. Schreiber, Vollert, Wilhelm Weizsäcker, F. K. von Zitzewitz-Muttrin. Vgl. Von Braun: Osten, S. 210.
[25] Dies ist das Urteil Mathias Beers, vgl. Beer: Spannungsfeld, S. 388, Anm. 206.
[26] Hackmann: Ostforschung, S. 241.
[27] Ebd., S. 238f.

IV. LEGITIMATIONEN DES WISSENSCHAFTLICHEN NEUBEGINNS   133

1.2. Zurück zu Herder: Aubin, Keyser und die neue Ostforschung

Mit stark reduziertem Personal bestand die Publikationsstelle Dahlem als wohl letzte aktive Einrichtung der Nordostdeutschen Forschungsgemeinschaft bis Mitte 1946 in Coburg vor allem als Rest an Buchbeständen fort. Offiziell aufgelöst wurde sie auch als hohler Körper nicht. Zuletzt, noch im November 1946, standen dort Johannes Papritz, Oskar Kossmann und Harald Cosack auf der Gehaltsliste, die formelle Leitung wechselte von Papritz zu Kossmann, zu Cosack und durch das Arbeitsamt wieder zu Papritz. Das offenbar zuständige Bayrische Landesamt verlangte schließlich bis zum 31.7.1946 die Entlassung sämtlicher Mitarbeiter, da „zur Zeit keine besonderen Aufgaben zu erfüllen sind". Außerdem wurde von der amerikanischen Militärregierung ausdrücklich verboten, Papritz als Leiter oder auch nur als Mitarbeiter zu halten. Kossmann berichtet für diese Zeit von Reisen nach Göttingen, „um unser Institut eventuell in die dortigen Institutspläne einzubringen und auf diese Weise Kontinuität und Arbeit zu sichern."[28] Kossmann traf kurze Zeit später in Hamburg Hermann Aubin und seinen Assistenten Gotthold Rhode. Auch in Kiel wurde nach Chancen zur Anknüpfung des Instituts an die Universität und das dortige Weltwirtschaftsinstitut gesucht.[29] Eine Möglichkeit unterzukommen, war zumindest für den nach außen unbelasteten Kossmann jedoch auch eleganter zu haben: Mehr verpflichtet als verhaftet kam Kossmann 1947 in das amerikanische „Lager" (ein Militärcamp inmitten der Stadt) in Oberursel bei Frankfurt und traf dort die Buchbestände der Publikationsstelle zur Katalogisierung wieder. Im Jahr 1948 bewarb sich Kossmann erfolgreich bei einer weiteren Auffangstelle der Ostforschung, im Stuttgarter Büro für Friedensfragen. In diesem Institut, wo das ehemalige und künftige Auswärtige Amt geparkt war, nutzte er seine im Kontakt mit den Amerikanern erworbenen diplomatischen Kontakte ab 1950 als erster Ostreferent der Adenauer-Regierung.[30] Für die Memoiren stilisiert beschreibt Kossmann, wie er beim Umherwandeln im amerikanischem Camp und dem Anblick von „Slawen verschiedener Schattierung" sich der ersten Rede des amerikanischen Außenministers Byrne von 1946 erinnerte, in welcher die Differenzen zwischen amerikanischen und russischen Alliierten artikuliert wurden: „Es fiel mir jetzt wie

---

[28] Oskar Kossmann: Es begann in Polen. Erinnerungen eines Diplomaten und Ostforschers, Lüneburg 1989, S. 217.
[29] Vgl. ebd., S. 221.
[30] Vgl. ebd., S. 254-232.

Schuppen von den Augen, daß sich die Welt offenbar neu formiert und in ein neues Zeitalter tritt."[31] Das erwachende Interesse der Amerikaner an den Restbeständen der PuSte war für ihre Nachlaßverwalter die Andeutung der Zukunftschance als eigenes Institut, vorausgesetzt man war bereit, die neuen Weltgesetze zu beachten und stützen zu helfen: die Polarisierung der internationalen Politik in zwei Weltmächte und die Einreihung in die Front des Antikommunismus. In seinen verdeckten Bemühungen zur Neuinstallation des Instituts scheint Papritz – aus Unverständnis, persönlicher Zurückhaltung oder Renitenz – genau diese geforderte Karte nicht gespielt zu haben. Seine taktischen Pläne zielten auf die „Hervorhebung des Ostseeraumes" und sollten für die Besatzungsbehörden relativ unverdächtige Beschreibungen enthalten. Im erwachten amerikanischen Interesse vermochte Papritz nur das Ende der Hoffnung, nicht die kündenden Chancen zu sehen. Seine Mitteilung an Aubin vom September 1948, er sei aufgefordert worden, „das Institut in Marburg neu zu begründen. Ohne Zweifel hätte es heute mehr Existenzberechtigung denn je ...", klingt danach, als müßte der im politischen Auftreten eingeschüchterte Papritz letztendlich von der Besatzungsmacht zum Jagen getragen werden.[32] Denkschriften, in denen Papritz den USA die sechzehnjährige Erfahrung seines Institutes anbietet, kommen 1948 zu spät, um eine institutionelle Unterstützung der USA noch zu mobilisieren, lediglich die Bibliothek der PuSte wird nach Washington verbracht.[33] Hermann Aubin, der im Dritten Reich als Nachfolger von Walter Goetz in Leipzig mehrmals von der nationalsozialistischen Fraktion abgelehnt worden war und vermutlich deshalb nach 1945 als „politisch unbelastet" galt, konnte forscher auftreten.[34] Erst nachdem Aubin selbst die Initiative im Frühjahr 1949 an sich gezogen hatte, bekam die Neugründung eine Perspektive. Aubin setzte mit seiner Hoffnungen auf politi-

---

31 Ebd., S. 226.
32 Vgl. Hackmann: Ostforschung, S. 237f. Hackmann diagnostiziert hierfür – nach der These Winfried Schulzes – den Rückzug in die „Objektivität". Die Zurückhaltung von Papritz erklärt sich jedoch aus dem frühzeitigen scharfen und ausdrücklichen Vorgehen der Besatzungsmacht gegen seine Person. Zur „Objektivität" als Heilmittel vgl. auch Winfried Schulze: Deutsche Geschichtswissenschaft nach 1945, München 1993, S. 201-206.
33 Vgl. Michael Fahlbusch: Wissenschaft im Dienste der nationalsozialistischen Politik. Die „Volksdeutschen Forschungsgemeinschaften" von 1831-1945, Baden-Baden 1999, S. 777.
34 Den Lehrstuhl in Leipzig besetzte schließlich Hans Freyer. Dazu und zu der Ablehnung Aubins vgl. Jerry Z. Muller: The Other God That Failed. Hans Freyer and the Deradicalization of German Conservatism, Princeton UP 1997, S. 283f. Fahlbusch merkt an, daß Aubin später „als einer der wenigen politisch Unbelasteten" die Verhandlungen mit der Bundesregierung bevorzugt zu führen hatte. Vgl. Fahlbusch: Wissenschaft, S. 779.

sche Verbündete schon wieder auf die kommende Bundesregierung, nicht mehr auf die ihr Engagement immer mehr einschränkende Besatzungsmacht. Auch die Fachkollegen scheinen in dem Zusammenwirken dieser beiden Faktoren den entscheidenen Anstieg der Erfolgschancen gesehen zu haben. Aubin war sich seiner Funktion als Motivator bewußt:

> „Die Menschen müssen gesammelt werden, müssen sich wieder aussprechen und anregen und müssen angetrieben werden und Ziele gewiesen bekommen. Die 1. Tagung wird freilich ein großer Friedhofsbericht sein."[35]

Papritz selbst war nicht bereit, seine Stellung am Staatsarchiv in Marburg noch einmal zu verlassen; dennoch war er damit neben Bibliotheksbeständen aus Berlin einer der „Standortfaktoren", die das Institut stark in Richtung Marburg zogen. Die Nordostdeutsche Forschungsgemeinschaft wurde – kraft Vererbung vom nunmaligen DDR-Bewohner Albert Brackmann – von Aubin als Vorsitzendem mit Erich Keyser, Werner Markert und als Ergänzung Walther Hubatsch wieder ins Leben gerufen. Auch Kossmann, Schieder und Werner Essen waren bei der Gründung aktiv.

Die Positionsbestimmung der zu gründenden Institution zeigt schon aus der Genese heraus Unterschiede zum Göttinger Arbeitskreis auf, läßt sich aber in der grundlegenden Legitimationsstrategie durchaus vergleichen und bei einer gewissen Arbeitsteilung im Feld „pragmatischer Legitimation" gegen andere Strategien abgrenzen. Kossmann hielt als Richtlinie für die Arbeit, mithin die Legitimation des Instituts, fest:

> „Die Oder-Neisse-Frage soll im Rahmen der Arbeiten der Forschungsgemeinschaft im Hintergrund bleiben und keinen maßgeblichen Einfluß auf ihre Tätigkeit ausüben. Man will sich [von] direkteren politischen Aufgaben fernhalten und der reinen Forschung dienen."[36]

Die pragmatische Orientierung an politischen Bedürfnissen wurde zwar hinter einem – gegenüber dem Göttinger Arbeitskreis – deutlich erhöhten wissenschaftlichen Anspruch verdeckt[37], dabei aber effektiv aufgewertet und als wissenschaftliche Objektivität nur zu höheren Preisen feilgehalten:

> Man würde sich auf „wissenschaftlich unantastbare Information" beschränken, weil klar sei, „daß eine deutsche Regierung, wenn sie sich mit diesen Gebieten

---

35 Aubin an Papritz 2.6.1946, zitiert nach Hackmann: Ostforschung, S. 241.
36 Oskar Kossmann, zitiert nach Hackmann: Ostforschung, S. 243.
37 Hackmann deutet diese Bekenntnisse als eine kontinuierliche semantische Maskierung der Anpassung an die ostpolitischen Ziele der Bundesregierung. Vgl. Hackmann: Ostforschung, S. 246.

und Fragen zu befassen hat, es nicht auf der Grundlage von politischen Phrasen, sondern wissenschaftlich unantastbarer Beweismittel sein muß."[38]

Diese „Aufwertung" benötigte als Teil der Strategie eine Anpassung an politische Stellen und gleichzeitig die vordergründige Verweigerung politischer Arbeit.

Der Göttinger Arbeitskreis, der von vornherein mit der Oder-Neiße-Frage verbunden war, gefährdete die noch fragile Legitimationskonstruktion mit zwei eigenen Vorstößen zur Neuorganisation der Ostforschung. Während Markert zusammen mit Hubatsch die Gründung einer zentralen Forschungseinrichtung der Vertriebenen blockierte, gutachtete Hubatsch im Herbst 1949 in einer Denkschrift an die Bundesregierung, daß die bisher bestehenden Einrichtungen – das betraf vorrangig den zu dieser Zeit starken Göttinger Arbeitskreis – zur Forschung absolut ausreichend seien und das Stuttgarter Büro für Friedensfragen kompetente politische Aufklärung zu bieten in der Lage sei. Eine zweite Denkschrift reagierte auf die inzwischen erfolgte Neugründung der NOFG, versuchte den Göttinger Arbeitskreis aber als „die Mittelstelle und das Publikationsorgan" zwischen Forschungseinrichtungen und ihrer Nachfrage zu plazieren, was dem Modell der Publikationsstelle Dahlem im Nationalsozialismus entsprochen hätte. Aubin beschwerte sich bei Hubatsch, dessen Stellung im Arbeitskreis jedoch gerade durch einen anderen internen Richtungsstreit unsicher geworden war.[39] 1949/50 wurden diese Differenzen in einer Einigung zur Arbeitsteilung zwischen Göttinger Arbeitskreis und dem kommenden Herder-Institut beigelegt. Der Göttinger Arbeitskreis hatte fortan populärwissenschaftliche Veröffentlichungen und allgemeine Publizistik zu betreuen, während die Marburger Forschungsstelle für die wissenschaftliche Arbeit zuständig sein sollte.[40]

Der Namenspatron Herder spiegelte sowohl die Anknüpfung an eine europafähige, unkompromittierte Philosophie als auch das Erbe der ehemaligen deutschen Auslandseinrichtung „Herder-Institut" in Riga, an der Reinhard Wittram aktiv war, wieder. Die für Deutungen offene, aber nicht auf verlorenem ideologischen Posten vorpreschende Orientierung ist charakteristisch für die pragmatische Legitimation von Wissenschaft:

„Ost-, Raum-, Abendland- gehen nicht. Zentraleuropa ist falsch, klingt großdeutsch, wenn nicht alldeutsch! Bei Herder kann, aber muß nicht an Riga gedacht

---

[38] Johannes Papritz: Zur deutschen Ostforschung, 30.8.1949, unveröffentlicht, zitiert nach: Hackmann: Ostforschung, S. 243.
[39] Vgl. Hackmann: Ostforschung, S. 244.
[40] Vgl. ebd., S. 246.

werden. Der Name muß ganz unpolitisch klingen, logisch braucht er weniger zu sein."⁴¹

Der baltendeutsche Historiker Kurt Stavenhagen, der neben Wittram im Rigaer Herder-Institut tätig gewesen war, hielt zur ersten Tagung des neugegründeten Johann-Gottfried-Herder-Forschungsrates am 16. Oktober 1950 die Rede, in der Herder als Schutzpatron präsentiert wurde. Der Philosoph sei als Namenspatron geeignet, weil seine Auffassung vom „Wesen des Volkes" den Ostvölkern die nationale Existenz ermöglicht hätte.⁴² Die Spitze richtete sich gegen die Sowjetunion. Stavenhagen erfüllte bis zu seinem Tod 1951 einen Lehrauftrag für Philosophie in Göttingen.

Auch in Hermann Aubins persönlichem Stil spiegelte sich diese Überdeckung politischer Orientierung durch das Ausweichen auf im „Raum" als Kategorie verortete, zeitlose natürliche Kräfte wieder. In den Kräften des Raumes liegt auch die Unausweichlichkeit des Geschehens. Den Effekt dieser Rhetorik charakterisiert Michael Burleigh treffend mit „trivialising the political status quo"⁴³; als vordergründige Entpolitisierung bot sie für die Ostforscher den Vorteil, bei ihrem räumlich unerreichbarem Untersuchungsobjekt den Anspruch auf Gestaltungsmacht latent und unausgesprochen im Raum stehen lassen zu können. Die erneute aktive Gestaltung wurde wiederum Aufforderung und Angebot an die Tagespolitik, indem sie sich nicht an Deutschland, sondern an Europa und das Abendland als Agenten wandte. Waren die „Spannungen zwischen der abendländischen Welt und dem ihr im tiefsten Grunde wesensfremden Osten"⁴⁴ derart als überzeitlich festgestellt, ergab sich wie selbstverständlich, daß die frühere, en passant legitimierte deutsche Ordnungsfunktion im Osten, durch die neuen Machtverhältnisse brach liegen mußte:

„Eine Ordnung dieses Raumes ohne Rücksicht auf seine starken Nachbarn, Rußland und Deutschland und seine natürlichen Teilhaber, die Deutschen, ja gegen sie, konnte nur solange bestehen, als diese durch ihre Niederlagen ausgeschaltet waren [...] Der Nationalsozialismus trat an mit dem Bekenntnis zum Nationalitätenprinzip für alle Völker, das einen Ordnungsgedanken bot, dessen ernsthafte Anwendung wesentlichen Teilen der ostmitteleuropäischen Problematik Abhilfe versprach: er trat an mit dem Bekenntnis unüberbrückbarer Gegnerschaft gegen-

---

41 Erich Keyser an Werner Essen, 17.3.1950, zitiert nach: Hackmann: Ostforschung, S. 247.
42 Kurt Stavenhagen: Herders Geschichtsphilosophie und seine Geschichtsprophetie, in: Zeitschrift für Ostforschung 1 (1952), S. 16-43, hier S. 16.
43 Michael Burleigh: Germany Turns Eastwards. A study of Ostforschung in the Third Reich, Cambridge 1988, S. 304.
44 Hermann Aubin: An einem neuen Anfang der Ostforschung, in: Zeitschrift für Ostforschung 1 (1952), S. 3-16, hier S. 7.

über dem Bolschewismus, das in der gemeinsamen Abwehr desselben alle abendländischen Kräfte und namentlich des Ostraumes vereinigen konnte."⁴⁵

Diejenigen Kräfte des Ostraumes, die in der Abwehr des „Bolschewismus" ihre Zugehörigkeit zum „nationalsozialistischen Abendland" bewiesen hatten, so wird bei Aubin an anderer Stelle deutlich, waren z. B. die Kroaten, aus dessen Reihen sich bekanntermaßen größere eigenständige SS-Kontingente gebildet hatten.⁴⁶

Unverblümt erhob Aubin Anspruch auf methodische Modernität und versetzte ihn ohne Bedenken auch in die Zeit des Dritten Reiches. Eine „Volksforschung vorwiegend im soziologischen Sinne – der Westen spricht bei ähnlicher Arbeit von Demographie"⁴⁷, sei das Erbe und das Ziel einer künftigen Ostforschung. Derart gerüstet, erging in der ersten Nummer der neuen „Zeitschrift für Ostforschung" 1951 Aubins Aufruf an die „Schar der Ungebrochenen" zur erneuten Sammlung im Namen der Ostforschung:

„Noch viele Jahre wird die deutsche Wissenschaft gewaltige Anstrengungen machen müssen, um die außerordentlichen Verluste und tiefgehenden Schäden zu überwinden, die sie im Zusammenbruch des Zweiten Weltkrieges erlitten hat. Am schwersten getroffen wurde dabei die deutsche Ostforschung. Ihre Einrichtungen sind vernichtet oder ihr durch die Kriegs- und Nachkriegsereignisse entzogen worden. Die meisten Forscher sind aus Amt und Heimat vertrieben, ihrer Bücher und Sammlungen beraubt. Nicht wenige hat die Not der Kriegsjahre dahingerafft. Viele haben im Inferno des Jahres 1945 ihre Treue zu Heimat und Wissenschaft mit dem Leben bezahlen müssen. Andere wieder sind noch in der Gewalt eines ungewissen Schicksals oder in ihrer wissenschaftlichen Bewegungsfreiheit behindert. Die zusammengeschmolzene Schar der Ungebrochenen aber sieht sich einer verwandelten Welt gegenüber, die gerade der Ostforschung doppelt oder gar dreifach gesteigerte Aufgaben stellt."⁴⁸

Die „Zeitschrift für Ostforschung. Länder und Völker im östlichen Mitteleuropa", erst seit den 1990er Jahren „Zeitschrift für Ostmitteleuropa-Forschung", ist das Publikationsorgan des Johann-Gottfried-Herder-Forschungsrates. Als Herausgeber fungierten bei der Gründung Hermann Aubin, als Kopf der neuen und alten Nordostdeutschen Forschungsgemeinschaft, der heimatlos gewordene Landeshistoriker Erich Keyser und Herbert Schlenger. Im ersten Jahrgang der Zeitschrift finden sich lauter hier schon genannte Namen aus der Ostforschung

---

⁴⁵ Ebd., S. 10.
⁴⁶ Vgl. ebd., S. 7. Auch die „Madjaren" und die Polen unter Pilsudski hätten dieses Abendlandangebot annehmen können. Vgl. ebd., S. 10.
⁴⁷ Ebd., S. 13.
⁴⁸ Hermann Aubin: Zum Geleit, in: Zeitschrift für Ostforschung 1 (1952), S. 1.

erneut versammelt, in Auswahl: Hermann Aubin, Walther Hubatsch, Theodor Schieder, Walter Schlesinger, Kurt Stavenhagen, Reinhard Wittram, Wolfgang Zorn, Erich Keyser, Hellmuth Weiss, Erhard Riemann, Walter Kuhn, Manfred Hellmann, Eugen Lemberg, Gotthold Rhode, Herbert Ludat, Georg von Rauch, Ludwig Petry und Wilhelm Weizsäcker. Davon waren Hubatsch, Stavenhagen und Wittram nach 1945 dauerhaft in Göttingen tätig. Vorübergehend in Göttingen oder innerhalb des Arbeitskreises tätig waren Aubin, Schieder, Schlesinger, Riemann, Keyser und Weizsäcker. Wolfgang Zorn publizierte auch einige Artikel in der Göttinger Universitätszeitung. Die pragmatische Legitimationsstrategie bestand für die Wiedererrichtung der Ostforschung um Hermann Aubin neben der Erlangung der finanziellen Ressourcen in einem breiten Sammlungseffekt, der verfügbare und willige Ostforscher für die frisch gegründete apparativ-institutionelle Ressource, das Herder-Institut, mobilisierte. Erst mit der Verbreiterung der Ressourcenbasis auch auf eine institutionelle Grundlage, war die Kontinuität der Ostforschung im Sinne ihrer Altvorderen überhaupt möglich.[49] Junge Ostforscher, wie Aubins Assistent Gotthold Rhode, konnten so über diffizilere Karrierestufen aufgebaut und an ihre akademischen Väter rückgebunden werden.

Die Bandbreite der in der „ZfO" vertretenen Artikel ist daher größer als im Jahrbuch des Göttinger Arbeitskreises und stärker forschungsorientiert. Die von Ipsen angedachte und von Conze in „Sprachinsel Hirschenhof" vorgeführte analytische Trennung von Sprache, Volk und Nation scheint hier in manchen Aufsatztiteln durchzuschlagen. Auch der Forschungsrat gab einen „Wissenschaftlichen Dienst" mit bibliographischen Hinweisen zu Osteuropa heraus. Trotz der anfänglichen Konkurrenz wurden die Chancen der Arbeitsteilung mit dem Göttinger Arbeitskreis früh erkannt, und vor allem schien die Notwendigkeit zu gegenseitiger Legitimierung beiden Organen instinktiv klar zu sein; sich gegenseitig aneinander aufzurichten war nicht nur Konvention:

> „Wir beglückwünschen den Göttinger Arbeitskreis zum Erscheinen des Königsberger Jahrbuches. Dieses Unternehmen verdient in jeder Hinsicht tatkräftige Unterstützung und Mitarbeit."[50]

---

[49] Eduard Mühle betont den in den Gründungsakten feststellbaren „Rekurs auf die Tradition" als roten Faden aller Verhandlungen. Dies zeigt einerseits den relativ offenen Umgang mit der in weiten Teilen gegenseitig bekannten (offiziellen) Vergangenheit, andererseits aber auch den Anspruch auf die Fortführung dieser Tradition. Vgl. Mühle: „Ostforschung", S. 337.

[50] Wolfgang LaBaume: Jahrbuch der Albertus-Universität zu Königsberg (Rez.), in: Zeitschrift für Ostforschung 1 (1952), S. 621f.

IV. Legitimationen des wissenschaftlichen Neubeginns

Der Johann-Gottfried-Herder-Forschungsrat sollte nach seiner Gründung 40 Mitglieder umfassen, tatsächlich nahm die Zahl im Laufe der Jahre um etwa 50% zu. Die hohe Zahl kam zustande, weil die Vertreter verschiedenster Disziplinen und aller überhaupt vertretbarer Regionen nach dem Muster berücksichtigt wurden, mit dem auch schon die Nordostdeutsche Forschungsgemeinschaft ihren netzwerkartigen Beirat geformt hatte.[51] Der Forschungsrat war als Verein das Organ, das das Herder-Institut in Marburg errichten und seinen Unterhalt sicherstellen sollte.

Erich Keyser, der 1951 zum Direktor des Herder-Instituts gewählt wurde, informierte in seinem Aufruf, gegenüber der Vergangenheit im Dritten Reich eine Umkehr zu vollziehen, verdeckt auch über die vermeintlichen Defekte der alten Ostforschung.

„Wir müssen die Selbständigkeit dieser Nationen achten um ihret- und unsertwillen. Die neue deutsche Ostforschung muß und will sich daher gründen auf die Achtung der Völker des Ostens. Sie muß um der Nation willen übernational sein. [...] Die Ostforschung muß von der Gegenwart ausgehen, gerade weil sie früher vorwiegend der Vergangenheit zugewandt war."[52]

Die Gegenwartsorientierung der neuen Wissenschaft stand kaum verhohlen unter eigennützigem, pragmatischem Motiv.

Keyser hatte schon im August 1945 vergeblich versucht, an der Universität Hamburg unterzukommen. Seine schon seit der Weimarer Republik bekannten zahlreichen Publikationen enthielten zwar belastende Passagen, fatal scheint jedoch vor allem der Verbreitungsgrad der Schriften – Zeugnisse politisch-publizistischer Aktivität überdauerten den Zusammenbruch 1945 zuverlässiger als Uniformen und diskrete Schandtaten. In Hamburg widersprach Emil Wolf so lange einer Beschäftigung Keysers, bis sich 1947 mit Aubin und Paul Johansen gleich zwei Hamburger Kollegen für den ehemaligen Danziger Keyser aussprachen. Bis zu seinem Umzug nach Marburg, zuerst an die „Forschungsstelle für Städtegeschichte", dann 1951 an das Herder-Institut, blieb es für Keyser nur bei einem Lehrauftrag.[53]

---

51 Vgl. den Gründungsbericht Erich Keysers in der ersten Ausgabe der ZfO, Erich Keyser: Der Johann Gottfried Herder-Forschungsrat und das Johann Gottfried Herder-Institut, in: Zeitschrift für Ostforschung 1 (1952), S. 101-106, hier S. 103.
52 Keyser: Herder-Forschungsrat, S. 102.
53 Jakob Michelsen: „Ostforscher" am historischen Seminar nach 1945. Anmerkungen zu Hermann Aubin und zur „Breslau-Connection", in: Der Forschung? Der Lehre? Der Bildung? - Wissen ist Macht! 75 Jahre Universität Hamburg. Studentische Gegenfestschrift zum Universitätsjubiläum 1994. Hamburg 1994. S. 304-321, hier S. 320.

IV. LEGITIMATIONEN DES WISSENSCHAFTLICHEN NEUBEGINNS

Um die postulierte Umkehr glaubhaft zu machen, die Gemeinschaft der Ostforscher konsensfähig zu halten und sich persönlich durch Nachdenkliches zu rehabilitieren, lieh sich Keyser die rhetorischen Ressourcen beim dafür in Front aufgestellten Namenspatron der neuen Ostforschungszentrale Johann Gottfried Herder. Auch hier wird der Nutzeffekt der Anknüpfung und Rhetorik „Im Geiste Herders" mitgeteilt:

„Wir meinen, daß es bei der Auseinandersetzung über die Grundfragen unserer Zeit vorteilhaft ist, an Herder anzuknüpfen."[54]

In einer Zitat-Text-Collage läßt Keyser Herder die Geschichte deutscher Ostbesiedlung erzählen. Dabei werden ideologische Fundamente der Ostforscher-Generationen durch Herders Autorität und „Zeitlosigkeit" entproblematisiert und der Haben-Seite der Ostforschung erneut zugeschlagen: Die starke Orientierung an der „Tat"[55], Freyers „Wirklichkeitswissenschaft"[56], das pulsierende Blut gegenüber der gedankenlosen Maschine[57], der Vorrang des Erlebens vor dem Argument, bis zur Romantik des gelebten Augenblicks aus der Jugendbewegung[58], sind zu zentral, um verloren gehen zu dürfen. Wo Herder die Prägekraft geographisch-klimatischer und darin sozialer Faktoren auf die verschiedenen Völker offen läßt und somit für umgebungsorientierte Konzepte von Sozialtheorie integrierbar bleibt, schlägt Keyser mit einem bedingungslosen „Primat" ursprünglicher Prägung des Wesens der Völker die Tür jeglicher interethnischer Entwicklung zu:

„Jede Nation formt nach ihrer Art die Kulturgüter um, die ihr von außen zugetragen werden."[59]

Natürlich, so Keyser, könne Herder nicht für die „Auswüchse des Nationalismus haftbar"[60] gemacht werden. In ähnlich unschuldiger Distanz zur Verantwortung

---

[54] Erich Keyser: Bekenntnis zu Herder, in: Erich Keyser (Hg.): Im Geiste Herders. Gesammelte Aufsätze zum 150. Todestage J. G. Herders, Kitzingen/Main 1953, S. 1-29, Zitat S. 1. Mit Leonid Arbusow war im dem Sammelband ein Göttinger Mediävist beteiligt, der langjährige Studien zu Herder getrieben hatte und für eine derart „aktuelle" Funktionalisierung seines Forschungsobjektes nicht anfällig gewesen war.
[55] Vgl. ebd., S. 4.
[56] Vgl. ebd., S. 22.
[57] Vgl. ebd., S. 8.
[58] Vgl. ebd., S. 25 und S. 26.
[59] Vgl. ebd., S. 11. Keysers Herder-Deutung ist verbreitet. Eine Interpretation dieser Faktoren als soziale, etwa im Sinne von Montesquieu liegt dem deutschen Herder-Verständnis bis heute fern. Vgl. Charles de Montesquieu: Vom Geiste der Gesetze, in neuer Übertragung. Eingel. u. hrsg. v. Ernst Forsthoff, Tübingen ²1992. Vgl. z. B. 14. Buch, hier S. 310-328.

sollte auch die neue Ostforschung gesehen werden. Verbindungen zu knüpfen sollte als geradezu absurd erscheinen. Aus seiner kreativen Herder-Lektüre gewann Keyser immerhin in historiographischer Praxis anwendbare Mindeststandards für die künftige rhetorische Behandlung der „slawischen Völker", bei der nicht länger Volks- bzw. Rassenmerkmale im Vordergrund stehen, sondern das Ziel der Bekämpfung eines östlichen Totalitarismus:

> „Herder hat darauf hingewiesen, daß die slawischen Völker das gleiche Lebensrecht besitzen wie die übrigen Völker. [...] Aber er hat niemals an ein Erlösertum der Slawen für die Menschheit und an ihre Herrschaft über die Erde gedacht. [...] Die Schrecken des totalen Staates haben unzählige Persönlichkeiten in der Entfaltung ihrer schöpferischen Kräfte behindert und sind heute noch ein Verderben der Völker und der Menschheit."[61]

Aubins und Keysers Argumentationsweisen sind unterschiedlich, treffen sich jedoch in ihrem pragmatischen Umgang mit vorgegebenen, erfolgversprechenden Begriffen. Im Gegensatz zu anderen konservativen Sammlungsinitiativen verwenden die beiden Forscher die Begriffe Europa und Abendland bei pragmatischen Legitimationsstrategien ohne moralisch-pädagogische Konnotation. Das christliche Abendland konstituiert sich dabei nicht durch die Christlichkeit seiner Bewohner, sondern durch die Abgrenzung gen Osten. Erich Keyser funktionalisiert diese Begrifflichkeit ebenso, wie das Ende seiner Texte nach 1945 oftmals zum passenden Schluß mit frommen Gottesworten garniert ist, ohne daß theologische oder christlich-ethische Kategorien den Kerntext als solchen verunziert hätten.[62]

1.3. Ostforschung und Osteuropaforschung

Im Gegensatz zur direkten Aufarbeitung von verdeckten Tätigkeiten der Ostforscher im Dritten Reich flossen bis in die neunziger Jahre erhebliche Mühen in die Abgrenzung der Osteuropäischen Geschichte von der Ostforschung. Im folgenden wird auf die Anfänge einer Etablierung der Disziplin „Osteuropaforschung" in den fünfziger Jahren gegen den vorherrschenden Begriff der Ostforschung eingegangen.

---

[60] Keyser: Bekenntnis, S. 16. Der Vorkommen des Ausdrucks „haftbar", wenn auch in Negation, zeigt die sehr wohl erfolgte Beschäftigung mit den Zusammenhängen.
[61] Ebd., S. 28f.
[62] Vgl. ebd., S. 28 und Keyser: Herder-Forschungsrat, S. 106.

1951 erschien als erste Veröffentlichung in der Reihe „Wissenschaftliche Beiträge zur Geschichte und Landeskunde Osteuropas" des Herder-Instituts eine Art Verzeichnis „übriggebliebener" Ostforscher.[63] Klaus Mehnert, später einer der bekanntesten Publizisten der frühen Bundesrepublik, hatte das Verzeichnis zusammengestellt; mit seinen Auslandsaufenthalten hatte er die Zeit des NS relativ unverdächtig hinter sich gebracht.[64] Im Vorwort stellte Werner Essen das schmale Manuskript als „sehr brauchbare Übersicht über den Stand der deutschen Ostforschung"[65] vor. Mehnert selbst leitete die Schrift allerdings feinsinnig als eine Bestandsaufnahme für „die deutsche Osteuropaforschung" ein, die während des Nationalsozialismus „in eine politische Angelegenheit umzubiegen" versucht worden war.[66] Ansonsten unterscheidet sich Mehnerts Schrift von Aubins Aufruf „An einem neuen Anfang der Ostforschung" dadurch, daß vor aller weiteren Erörterung die Unterdrückung einzelner Forscher (Otto Hoetzsch, Hildegard Schaeder u. a.) im Nationalsozialismus betont und auch des im Konzentrationslager ermordeten Georg Sacke gedacht wird.[67] Mehnerts Verzeichnis ist an sich auch ein stiller Appell an das Zusammengehörigkeitsbewußtsein der Ostforscher, die Krieg und Verfolgung überlebt haben. Die semantischen Unterscheidung in der Beschreibung des Forschungsgegenstandes mit „Ostforschung" und „Osteuropaforschung" legt eine Spur zur Absonderung unerwünschter Kontinuitäten und hebt die Traditionslinie von Hoetzsch präventiv vom Mainstream ab, auch wenn sich diese Unterscheidung auf die Liste der Forscher nicht weiter auswirkt, sondern dem starken Sammlungscharakter der frühen Jahre erst einmal Vorrang gibt.

Der pragmatischen Legitimation von Wissenschaft bleiben auch die späteren Bestandsaufnahmen und öffentlichen Denkschriften zur Ostforschung und Ost-

---

63 Klaus Mehnert: Abriß der slawistischen und Osteuropa-Forschung in Deutschland seit 1945, als Manuskript gedruckt, Marburg 1951 (Wissenschaftliche Beiträge zur Geschichte und Landeskunde Ostmitteleuropa 1). Der Artikel war ursprünglich als Veröffentlichung in „American Slavic and East European Review" gedacht. Die gesammelten „Daten" des Textes stammen von Januar 1950.
64 Vgl. Klaus Mehnert: Ein Deutscher in der Welt. Erinnerungen 1906-1981, Stuttgart 1983. Erst in den sechziger Jahren werden Anschuldigen gegen Mehnert als Spion in Moskau, den USA, Hawaii und Schanghai laut. Vgl. dazu Michael Kohlstruck: Der Fall Mehnert, in: Helmut König (Hg.): Der Fall Schwerte im Kontext, Opladen 1998, S. 138-172, bes., S. 138 und 142f.
65 Werner Essen in: Klaus Mehnert: Abriß der Osteuropa-Forschung, Vorbemerkung (unpaginiert).
66 Mehnert: Osteuropa-Forschung, S. 1.
67 Ebd., S. 2. Innerhalb der Aufzählung „hervorragender Forscher" erscheint der bemerkenswert knapp codierte, für sich selbst sprechende Eintrag: „Georg Sacke (KZ)".

europaforschung treu. Im Anschluß an die Entschließung des Bundestages zur Förderung der Kenntnisse über Osteuropa vom 3. Juni 1953 mußte die nunmehr staatlich anerkannte Legitimation von Ostforschung noch in die „richtigen" Bahnen gelenkt werden. Im Jahr 1954 entstand aus der „Deutschen Gesellschaft für Wissenschaft und Forschung e. V." die Publikation „Beiträge zur Ostforschung" von Walter Hoffmann, Hans Koch und Gerhard von Mende. Sie erschien als drittes Heft der Reihe „Vergessene Wissenschaft" des „Notverbandes vertriebener Hochschullehrer", in dem auch der ehemalige Göttinger Professor Herbert Grabert führend aktiv war. Die Ostforschung nehme, so die Argumentation Mendes, eine besondere Stellung ein, weil ihr Forschungsobjekt in der „hermetischen Abgeschlossenheit der Sowjetunion und der Ostblockstaaten" für die Forscher unzugänglich sei.[68] Einzelforschung könne der Notwendigkeit, alle irgendwie erhältlichen Quellen zu horten und auszuwerten, nicht gewachsen sein, „sondern nur feste Institutionen mit größtmöglichen Bibliotheken und einem angemessenen Mitarbeiterstab"[69]. Die Betonung der Notwendigkeit langfristigen Arbeitens und des Mangels an Nachwuchs gingen Hand in Hand, wobei jegliche Ausbildung von Nachwuchs „in lebendigem Kontakt mit den vorhandenen Institutionen" vor sich zu gehen haben sollte.[70] Walter Hoffmann nimmt zu der Vergangenheit der Ostforschung Stellung, indem er die traditionelle Landesforschung von einer sich eigenständig entwickelnden Volkstumsforschung separiert:

 „Eindeutig ist also festzustellen, daß die wissenschaftliche Forschung um die Probleme der deutschen Volksgruppen in Ost- und Südosteuropa unabhängig von der wissenschaftlichen Forschung über Ost- und Südosteuropa entstand und auch nicht mit ihr vermischt wurde."[71]

Die Volkstumsforschung schließlich sei im Dritten Reich gefördert worden, um sie „für machtpolitische Zwecke zu benutzen", jedoch „ohne es mitunter vielleicht selbst zu wissen und zu erkennen."[72]. Auch zu Mitarbeitern von heute dubiosen Dienststellen hätten Ostforscher laut Hoffmann ohne eigenes Wissen werden können.

---

[68] Gerhard von Mende/Walter Hoffmann/Hans Koch: Beiträge zur Ostforschung, Göttingen 1954 (Vergessene Wissenschaft, Schriftenreihe des Notverbandes vertriebener Hochschullehrer 3), S. 3.
[69] Ebd., S. 4.
[70] Ebd., S. 4.
[71] Ebd., S. 5.
[72] Walter Hoffmann: Belebung der deutschen Ostforschung und Lehre, in: Mende/Hoffmann/Koch: Ostforschung, S. 6-10, hier S. 6.

IV. LEGITIMATIONEN DES WISSENSCHAFTLICHEN NEUBEGINNS

„Daß damit die deutsche Ostforschung nach dem Zusammenbruch zunächst als diskreditiert galt, nimmt nicht wunder. Aber damit geschah ihr bitter Unrecht. Denn von ganz wenigen Ausnahmen abgesehen, war sie intakt geblieben. Die Pseudoostforscher waren bald ausgeschaltet – und auf dem Trümmerfeld begannen alte Ostforscher wieder mit ihrer Arbeit."[73]

Um die Wünsche der Bundesregierung zur Belebung der Ostforschung umzusetzen, sollten an jeder Hochschule Arbeitskreise von Dozenten gebildet werden, die bereit waren, entsprechende Veranstaltungen abzuhalten. Zur Koordinierung hätten sich die jeweiligen Obleute dieser Arbeitskreise dann an das Herder-Institut zu wenden, wo die erwähnten „alten" Ostforscher zu finden waren.[74] Der Göttinger Arbeitskreis für den Deutschen Osten wurde in der Broschüre von Hoffmann, Mende und Koch dagegen gezielt ausgeblendet. Neben dem Institut der FU-Berlin, dem Osteuropa-Institut in München und der Deutschen Gesellschaft für Osteuropakunde Stuttgart führte sie jedoch die kleine Göttinger Konkurrenzgründung „Arbeitsgemeinschaft für Osteuropaforschung" auf.[75] Die tabellarische Beigabe der Broschüre zeigte, in welchen Fächern und in welchen Stellungen im Jahre 1954 „Ostforscher" beschäftigt waren. In weitem Abstand folgt dabei die Geschichte mit dreizehn Lehrenden der Slawistik mit 53 Lehrenden. Unter den sieben Professoren im Bereich osteuropäische Geschichte befand sich zu diesem Zeitpunkt nur ein Ordinarius – Werner Philipp in Mainz.[76] In Hamburg vertrat offiziell Paul Johansen osteuropäische Geschichte, nicht etwa der Mentor der Ostforschung und dortige Ordinarius Hermann Aubin. Die akademische Konjunktur des Faches hatte 1954, ganz im Gegensatz zu derjenigen einer regen Institutslandschaft, noch nicht richtig begonnen.

Auch 1958 konnte sich die pragmatische Legitimation bequem am Kalten Krieg orientieren. Stellungnahmen wie jene von Theodor Litt und Gerhard Ritter auf der Tagung des Bundeskuratoriums „Unteilbares Deutschland", „den Studenten unserer westlichen Hochschulen das geistige Rüstzeug zu geben, um sich mit der geistigen Welt des Marxismus [...] besser als bisher auseinandersetzen zu können"[77], wurden willkommen als Legitimation der eigenen Arbeit zu-

---

[73] Ebd., S. 8.
[74] Vgl. ebd., S. 9.
[75] Hans Koch: Die Osteuropaforschung in der Deutschen Bundesrepublik, in: Mende/Hoffmann/Koch, S. 11-14, vgl. hier S. 13.
[76] Vgl. Mende/Hoffmann/Koch, S. 15.
[77] Jens Hacker: Die Entwicklung der Ostforschung seit 1945. Ein Blick auf die bestehenden Institute und ihre Arbeitsweise. Sonderdruck des Landesbeauftragten für staatsbürgerliche Bildung und des Landeskuratoriums „Unteilbares Deutschland" Schleswig Holstein, Kiel 1958.

geschlagen. In seiner Bestandsaufnahme von 1958 spricht Jens Hacker davon, daß die Ostforschung bis 1948 brach gelegen hätte, „abgesehen vom Sonderfall des Göttinger Arbeitskreises"[78]. Der Göttinger Arbeitskreis begann mit seinem neuen Präsidenten, dem Völkerrechtler Herbert Kraus, 1951 recht früh, als eine der ersten Institutionen aus dem Forschungsfeld der Ostforschung und osteuropäischen Geschichte langsam wieder herauszufallen. Die Veranstaltungen von Herbert Kraus, Strafverteidiger von Hjalmar Schacht in Nürnberg, behandelten mit „Völkerrechtliche Gegenwartsfragen", der „Besprechung völkerrechtlicher Fälle", „Uno", „Kriegsverhütungsrecht" und in der öffentlichen Vorlesung „Entwicklungstendenzen im Völkerrecht" diejenigen „Gegenwartsfragen", die beim Publikum großen Zulauf fanden.[79] An seinem Institut für Völkerrecht war mit Hans-Günther Seraphim der ehemalige Ostforscher und Bruder des weithin bekannten Antisemiten Peter-Heinz Seraphim „Referent für Zeitgeschichte" geworden. Seraphims Veranstaltungen für Zeitgeschichte wurden vom Wintersemester 1951/52 an auch beim Historischen Seminar mit aufgeführt: zur Vorgeschichte des Zweiten Weltkrieges, zur Judenverfolgung, ganzjährig zum Rußlandfeldzug und auch eine öffentliche Veranstaltung zur Methodik der Zeitgeschichte.[80] Zwar war das Göttinger Historische Seminar in der Zeit nach 1945 überraschend aktiv in der Bearbeitung der jüngsten Geschichte. Die für Kriegsheimkehrer und junge Pazifisten neuralgischen Punkte der Zeitgeschichte, wie den „unbegreiflichen" Rußlandfeldzug und die Kriegsvermeidung traf aber das Institut für Völkerrecht zielsicherer. Auch der Göttinger Arbeitskreis hatte eine Tendenz zu derart vielversprechenden Themenstellungen, wenn auch mit nostalgischem Einschlag.

Das Abdriften des Göttinger Arbeitskreises aus dem akademischen Feld läßt sich auch anhand der ostforschenden Universitätslehrer in Göttingen beobachten. Neben den erläuterten Aktivitäten Hermann Aubins und Walther Hubatschs war mit Werner Markert noch ein weiterer Göttinger Ostforscher bei der Mobilisierung institutioneller Ressourcen aktiv gewesen. Im Jahre 1934 als

---

[78] Hacker: Ostforschung, S. 6.
[79] Die von Herbert Kraus herausgegebene Reihe „Göttinger Beiträge zu Gegenwartsfragen" griff die brisanten Themen der Zeitgeschichte auf, wie das „Krupp-Urteil", den Remer-Prozeß oder das Rechtsgutachten „Besatzungsmacht und Freiheitsrechte". Vgl. z. B. die Nr. 3: Hans Kruse: Besatzungsmacht und Freiheitsrechte. Rechtsgutachten nebst Anhang, Göttingen 1953, und Nr. 7: Hermann M. Maschke: Das Krupp-Urteil und das Problem der Plünderung. Göttingen 1951. Selbständig erschienen: Herbert Kraus (Hg.): Die im Braunschweiger Remerprozeß erstatteten moraltheologischen und historischen Gutachten nebst Urteil. Göttingen 1953.
[80] Vgl. den Auszug aus den Vorlesungsverzeichnissen im Anhang.

Freyer-Schüler von seinem Vorgänger Klaus Mehnert zum politisch passenden neuen Chefredakteur von „Osteuropa" angeworben, war Markert seit dem Wintersemester 1948/49, gerade bei Kaehler habilitiert, im Vorlesungsverzeichnis vertreten.[81] Die von ihm im Herbst 1951 gegründete „Arbeitsgemeinschaft für Osteuropaforschung" hatte Markert nach seiner Berufung nach Tübingen mit dorthin genommen. Im Wintersemester 1952/53 und im Sommersemester 1953 war der Arbeitskreis auch im Vorlesungsverzeichnis der Universität Göttingen mit seinem Kolloquium (selbstverständlich „privatissime") geführt. Die führenden Mitglieder wurden aufgelistet: Der Slawist Maximilian Braun, der Finno-Ugrist Julius von Farkas, der Geograph Hans Mortensen, der Volkskundler Will-Erich Peuckert und die Historiker Walther Hubatsch, Werner Markert, Percy Ernst Schramm und Reinhard Wittram. Im Wintersemester wurde von diesen Professoren eine ebenfalls dort angekündigte Ringvorlesung „Deutscher Osten und Osteuropa" abgehalten.[82] Lediglich der Historiker des Instituts für Völkerrecht, Hans-Günther Seraphim, zusammen mit seinem Bruder Peter-Heinz vor 1945 vollwertiges Mitglied der Ostforschergemeinde, ebenfalls Königsberg verbunden und selbst durch öffentliche Vorlesungen hervorgetreten, war nicht mit einem Vortrag vertreten.[83] Auch Walther Hubatsch, dem Göttinger Arbeitskreis immer noch verhaftet, war zwar Mitglied, trat aber ebenfalls nicht mit einem Vortrag hervor. Es waren Hubatschs Versuche zur Rehabilitierung der militärischen und politischen Traditionen Deutschlands, die ihn im Historischen Seminar seinen Einfluß allmählich verlieren ließen.[84]

Die weiteren Aktivitäten der Arbeitsgemeinschaft für Osteuropaforschung erhärten diese Indizien einer Schwerpunktverlagerung. Nachdem Markert 1954 mit „Jugoslawien" den ersten Teil seiner Osteuropa-Handbücher herausgegeben hatte, folgte 1958 der zweite Teil zu Polen. Mitarbeiter an dem Band waren u. a. Werner Conze, Hans Roos (später mit Wittrams Hilfe Professor in Göttingen),

---

[81] Vgl. Wolfgang Weber: Biographisches Lexikon zur Geschichtswissenschaft in Deutschland, Österreich und der Schweiz. Die Lehrstuhlinhaber für Geschichte von den Anfängen des Faches bis 1970. Frankfurt a. M. u. a. 1984. S. 364f.
[82] Vgl. den Auszug aus den Vorlesungsverzeichnissen im Anhang.
[83] Hans-Günther Seraphim hatte in der Völkerrechtlichen Reihe zur Zeitgeschichte z. B. veröffentlicht Hans-Günther Seraphim: Die deutsch-russischen Beziehungen 1939-1941. Hamburg 1949 (Göttinger Beiträge für Gegenwartsfragen 1).
[84] So auch das Urteil des damaligen Studenten am Historischen Seminar Göttingen Herbert Obenaus, vgl. Herbert Obenaus: Geschichtsstudium und Universität nach der Katastrophe von 1945: das Beispiel Göttingen, in: Karsten Rudolph/Christl Wickert (Hg.): Geschichte als Möglichkeit. Über die Chance von Demokratie. Essen 1995. S. 307-337, hier S. 322.

Hans Koch, Walter Kuhn, Gotthold Rhode, Gunther Ipsen und Dietrich Geyer.[85] Wie Ipsens Beteiligung zeigt, wurde politische Belastung dabei schon weniger wichtig als der Anschein methodisch-fachlicher Kompetenz. Für die – regelmäßig veröffentlichten – Bestandsaufnahmen zur Ostforschung scheint der Verweis auf renommierte und fachlich versierte Historiker auch an Gewichtung gegenüber der politischen Rechtfertigung zugenommen zu haben. Wie etwa Jens Hacker, der in seinem 1960 erscheinenden, äußerst umfangreichen Überblick zur Osteuropaforschung (statt wie noch 1958 zur Ostforschung) Werner Conze, Theodor Schieder und Walther Hubatsch zwar nicht in seinem weitaufgefächerten Raster unterbringen kann, sie aber in einer Fußnote als „Sachkenner" nochmals ausdrücklich für den Kreis der Osteuropaforscher reklamiert.[86] Außer der Titelverschiebung bei Jens Hacker deuten bis 1960 wenig Anzeichen auf eine Trennung von Ostforschern und Osteuropa-Forschern hin. Die Zahl der Lehrenden hingegen, die an Universitäten auf „Osteuropäische Geschichte" ausgeschrieben waren, erhöhte sich bis 1960 innerhalb der Geschichtswissenschaft auf 14, davon mittlerweile sieben Ordinariate.[87]

Die Trennung von Ostforschung und Osteuropaforschung macht für die Zeit der fünfziger Jahre also nur in der Rückschau auf die Wurzeln einer späteren Ausdifferenzierung Sinn. Erst die Kritik aus der DDR scheint die Zeitgenossen dann stärker motiviert zu haben, die Trennung mit Konturen zu versehen.

1.4. Die stabilisierende Wirkung der Kritik aus der DDR

Schon 1954 erschien in der Zeitschrift für Geschichtswissenschaft, dem zentralen Publikationsorgan der Geschichtswissenschaft in der DDR, ein Artikel über Ostforscher, ihre Karrieren und die neue Organisationsstruktur der Ostforschung in der BRD.[88] Neben der Empörung über faschistische Kontinuitäten wurde auch mit Hinweisen auf die aktive Vorbereitung eines dritten Weltkrieges mit der Kompetenz der Ostforscher gearbeitet.[89] Die Attacken kamen jedoch für eine größere Resonanz ungelegen früh, richteten sich gegen relativ unbekannte

---

[85] Werner Markert (Hg.): Polen. Köln/Graz 1959 (Osteuropa-Handbuch 2). Herausgegeben war der Band „namens der Arbeitsgemeinschaft für Osteuropaforschung".
[86] Vgl. Hacker: Osteuropa-Forschung, S. 599, Anm. 36.
[87] Vgl. ebd., S. 599.
[88] Waldemar Szeczinowski: Die Organisation der „Ostforschung" in Westdeutschland, in: Zeitschrift für Geschichtswissenschaft 2 (1954), S. 288-309.
[89] Vgl. ebd., S. 288.

Forscher oder kaum noch denunzierbare Wissenschaftler wie den – gewissermaßen geständigen und reuigen – Wittram oder den nicht sehr plausibel der Vorbereitung eines dritten Weltkrieges verdächtigbaren Conze.[90] Conze brach ja mit seiner Sympathie für den Parteifreund und Führer der Ost-CDU Jakob Kaiser sogar aus der immer mehr geschlossenen Phalanx der Adenauer-Bewunderer heraus.

Mit der zunehmenden Spannung innerhalb des bis 1958 ja noch „gesamtdeutschen" Historikerverbandes[91] wurde die Unterstellung feindlich operierender Westkollegen opportun und zur ebenso pragmatischen Legitimation einer konkreten historischen Gegenwehr. Was als eine unkontrollierte Eskalation bis hin zur ungewollten Spaltung anmutet, stabilisierte doch die Situation auf beiden Seiten der Grenze. Die bundesdeutsche Seite rechtfertigte ihre Aussperrung der DDR-Teilnehmer vom Historikertag in Trier als Maßnahmen, die der Verband der Historiker Deutschlands auf die „Maßnahmen und Angriffe der ‚Deutschen Historiker-Gesellschaft der DDR' erteilen mußte"[92]. Im Jahr 1958 setzte eine regelrechte Publikationsschwemme zur westdeutschen Ostforschung ein, die bis zur Mitte der 60er Jahre anhielt, dann aber schnell und endgültig ihren Schwung verlor.[93] Als Vorsitzender des Verbandes der Historiker und Drahtzieher des

---

[90] Vgl. ebd., S. 300.
[91] Vgl. Martin Sabrow: Ökumene als Bedrohung. Die Haltung der DDR-Historiographie gegenüber den deutschen Historikertagen von 1949 bis 1962, in: Comparativ, Heft 5-6 (1996), S. 178-202, hier S. 178 und S. 194. Vgl. außerdem zur DDR-Historiographie Joachim Käppner: Erstarrte Geschichte. Faschismus und Holocaust im Spiegel der Geschichtswissenschaft der DDR, Hamburg 1999, Werner Berthold: Zur Geschichtswissenschaft der DDR. Vorgeschichte, Konfrontation, Kooperation, in: Ernst Schulin (Hg.): Deutsche Geschichtswissenschaft nach dem Zweiten Weltkrieg (1945-1960), München 1989, S. 39-52 und Schulze: Geschichtswissenschaft, S. 183-200.
[92] Vgl. Theodor Schieder/Walter Kienast: Der Historikertag in Trier, in: Historische Zeitschrift 186 (1958), S. 728-731, hier S. 729. Durch die Auseinandersetzung erhielt der Historikertag „seine besondere Note".
[93] Vgl. dazu als erste Artikel Felix Heinrich Gentzen/Johannes Kalisch/Gerd Voigt/Eberhard Wolfgramm: Die „Ostforschung" – ein Stoßtrupp des deutschen Imperialismus, in: Zeitschrift für Geschichtswissenschaft, 6. Jg. (1958), S. 1181-1220; Ingrid Hagemann: Die mittelalterliche deutsche Ostexpansion und die Adenauersche Außenpolitik, in: Zeitschrift für Geschichtswissenschaft 6 (1958), S. 797-816; Gerd Voigt: Methoden der „Ostforschung", in: Zeitschrift für Geschichtswissenschaft 7 (1959), S. 1781-1803; Basil Spiru: Ostforscher – Ostfälscher – Ostfahrer, in: Jahrbuch der Geschichte der UdSSR und der volksdemokratischen Länder Europas 3 (1959), S. 34-79; Felix Heinrich Gentzen/Eberhard Wolfgramm: „Ostforscher" – „Ostforschung", Berlin 1960. Die sorgfältige und noch immer aktuelle Dissertation Rudi Goguels erscheint vermutlich zu spät, um aus der Konjunktur ein akademisches Forschungsfeld machen zu können. Die Studie mit einem interessanten Dokumentenanhang leidet auch heute noch unter ihrer geringen

IV. LEGITIMATIONEN DES WISSENSCHAFTLICHEN NEUBEGINNS

Ausschlusses der DDR-Historiker wurde Hermann Aubin zum bevorzugten Feindbild der DDR-Historiker.[94] Die Historiker der Bundesrepublik weigerten sich in der Regel, mit DDR-Forschern in Kontakt zu treten. Lediglich Conze und Wittram waren bereit, den ehemaligen KZ-Häftling Rudi Goguel und „anständigen" Kommunisten bei seiner Dissertation über die NOFG und die Reichsuniversität Posen zu unterstützen.[95]

Untersuchungen über die Arbeit der westdeutschen Ostforscher kamen sowohl aus der DDR wie auch aus Polen. Von vielen Artikeln westdeutscher Ostforschung durften sich Polen durchaus zu Recht angegriffen fühlen. Die DDR-Historiker betrachteten aber dogmatisch jedwede Beschäftigung der BRD mit dem Osten schon als imperialistischen Akt. Die Besetzung von Stellen in Bundeswehrführung, politischen Bildungseinrichtungen und historischen Instituten mit ehemaligen, nicht ausgesprochen prominenten nationalsozialistischen Ostforschern wurden daher hier systematisch (nicht nur von der Staatssicherheit) gesammelt[96]. Die Einschätzungen der westdeutschen Ostforschung aus der DDR kamen dabei auch zu einige interessanten, erwägenswerten Einsichten. Dem Eigenlob der Ostforschung, sie beginne eine deutsche Variante der „histoire totale", steht aus der DDR die lapidare Erkenntnis, dies sei die altbekannte „Ganzheitsforschung", gegenüber: Die Ostforschung „bricht immer stärker mit jeglichem Rationalismus, wendet sich dem Irrationalismus und der Mystik zu

---

Verbreitung als getipptes Manuskript, Vgl. Rudi Goguel: Über die Mitwirkung deutscher Wissenschaftler am Okkupationsregime in Polen im Zweiten Weltkrieg, untersucht an drei Institutionen der deutschen Ostforschung, Diss. Berlin 1964, als Manuskript gedruckt. Vgl. zu den „Konjunkturen" der DDR-Historiographie auch Joachim Käppner: Erstarrte Geschichte, S. 82-84, S. 98-101. Die Flut der Dokumentationen über den zeitweiligen Vertriebenenminister der Bundesrepublik, Theodor Oberländer, wird von Käppner z. B. stark entwertet. Vgl. ebenfalls zum Nachweis von Fälschungen neben aufrecht zu erhaltenden Vorwürfen: Götz Aly: Kleine Fluchten West. Freispruch für Theodor Oberländer, in: Götz Aly: Macht – Geist – Wahn. Kontinuitäten deutschen Denkens, Frankfurt a. M. 1999, S. 99-120.

[94] Z. B. in Gentzen/Kalisch/Voigt/Wolfgramm; S. 1181-1220, S. 1182. Der informative Gehalt dieses und anderer ostdeutscher Artikel hatte bis zum Erscheinen von Michael Burleighs Untersuchung eine Monopolstellung und wurde dennoch in der westdeutschen Öffentlichkeit gemieden und anscheinend eher „still" rezipiert.

[95] Vgl. Burleigh, S. 311.

[96] Vgl dazu beispielsweise Helmut Schnitter: „Ostforschung" und Militarismus. Zur Zusammenarbeit zwischen den westdeutschen Militaristen und den imperialistischen „Ostforschern" bei der Vorbereitung des Aggressionskrieges gegen die sozialistischen Staaten, in: Auf den Spuren der „Ostforschung". Eine Sammlung von Beiträgen der Arbeitsgemeinschaft zur Bekämpfung der westdeutschen „Ostforschung" beim Institut für Geschichte der europäischen Volksdemokratien, Gesamtredaktion: Claus Remer, Leipzig 1962, S. 106-116, hier S. 106f.

und leugnet die Notwendigkeit des gesellschaftlichen Fortschritts"⁹⁷. Hier ist zu erkennen, wie Historiker, die keinen Legitimationsvorteil aus der Umwidmung der Begriffe ziehen konnten und in einem nur nahe verwandten akademischen Feld standen, die propagierte methodische „Innovation" durchschauen und auf ihren Ursprung zurückführen konnten.

Insgesamt blieb die Bewertung der westlichen Geschichtsforschung aber zu undifferenziert und gewann einen verfestigten, auch festigenden Charakter, der eine eigene Vergangenheitsbewältigung in Form einer antifaschistisch moralischen Legitimation darstellte. Immerhin befanden sich unter den DDR-Wissenschaftlern auch ehemalige, „konvertierte" Ostforscher wie Eberhard Wolfgramm.⁹⁸ Wolfgramm gehörte nach 1945 zum Netzwerk der Ostforschung; Werner Essen kündigte noch 1951 eine vom Herder-Forschungsrat geförderte Publikation Wolfgramms an.⁹⁹ Seine Übersiedlung 1956 in die DDR verkündete Wolfgramm 1959 als Gewissensentscheidung wegen der verpaßten Umkehr der faschistischen Ostforschung und als seine persönliche Abkehr von politisch funktionalisierter Wissenschaft:

> „Es ist für mich beschämend, aber auch lehrreich, wenn ich in meinen Publikationen dieser Jahre zurückblättere. [...] Aber gerade wie und zu welchen Zielen diese Kenntnisse eingesetzt werden, das halte ich für sehr aufschlußreich auch für die westdeutsche ‚Ostforschung'."¹⁰⁰

Dabei war die Unterstellung an die westdeutsche Ostforschung, sie würde für den Fall einer Eroberung Spezialisten zur Übernahme von Regierungs- und Verwaltungsfunktionen in der DDR ausbilden, von der Selbstlegitimierung der Ostforschung im Westen Deutschlands gar nicht nicht so weit entfernt. Jens Hacker schrieb 1958:

> „Wie auch immer die in unserem Sinne zu gestaltende Wiederherstellung der staatlichen Einheit Deutschlands sich eines Tages vollziehen wird, es muß vor und

---

⁹⁷ Basil Spiru: Zum Geleit .... in: Auf den Spuren der „Ostforschung". Eine Sammlung von Beiträgen der Arbeitsgemeinschaft zur Bekämpfung der westdeutschen „Ostforschung" beim Institut für Geschichte der europäischen Volksdemokratien, Gesamtredaktion: Claus Remer, Leipzig 1962, S. VI-IX, hier S. VIII.
⁹⁸ Vgl. Burleigh; S. 308.
⁹⁹ Werner Essen in: Klaus Mehnert: Abriß der Osteuropa-Forschung, Vorbemerkung (unpaginiert).
¹⁰⁰ Eberhard Wolfgramm: Kämpft für den Frieden, arbeitet für die Zukunft des deutschen Volkes. Abrechnung mit der Vergangenheit, von einem ehemaligen „Ostforscher", in: Deutsche Außenpolitik 4 (1959), S. 991-1000, Zitat S. 993.

am Tage X Menschen geben, die sich besonders in der Rechts- und Wirtschaftsentwicklung der Zone genau auskennen."[101] Doch die gegenseitige Kritik wurde im Rahmen des Kalten Krieges von vornherein als rein taktische Maßnahme der Gegenseite entwertet, anbei wurde die eigene Situation gestärkt. Für einige Jahre wurde die pragmatische Legitimation der Gegnerabwehr im Osten Deutschlands so stark gespiegelt, daß die „Anti-Ostforschung" hier in Gestalt einer „Arbeitsgemeinschaft zur Bekämpfung der westdeutschen Ostforschung" auch einen institutionellen Niederschlag fand.

Burleigh urteilt, daß die DDR als Quelle der Kritik an der Ostforschung es der westdeutschen historischen Zunft erlaubt habe, eine Selbstreflexion aufzuschieben und „discreet silence" zu wahren.[102] Die Attacken auf die „Ostforschung" waren ein Faktor, wenn insbesondere jüngere Forscher von vornherein auf die unbelastete Variante der „Osteuropaforschung" oder „osteuropäischen Geschichte" auswichen.[103] Den endgültigen Schub zur Privilegierung einer eigenständigen „osteuropäischen" Legitimation der Forschung brachte die Beteiligung der SPD an der Regierung. Schon seit 1953 hatte Willy Brandt die Bindung der Ostforschung an eine „Zweckpolitik" und zugleich einige mit Bundesmitteln geförderte Publikationen als unzureichend kritisiert.[104] 1968 drehte schließlich Herbert Wehner als Bundesminister für gesamtdeutsche Fragen den Hahn finanzieller Ressourcen für die konservativ-national gebundene Ostforschung weiter zu.[105]

Finanzielle Ressourcen, erlangt mit pragmatisch-politischer Legitimation waren, wie sich hier zeigte, leicht verlierbar. Auch institutionelle Strukturen litten unter schwindenden finanziellen Mitteln, hatten jedoch eine längere Halbwertszeit. So auch der Göttinger Arbeitskreis, der nach 1970 über längere Zeit hinweg gänzlich ohne Bundesmittel auskommen mußte. Der Pressedienst und das Breslauer Universitätsjahrbuch wurden eingestellt, die Jahrbücher der Albertus-Universität zu Königsberg erschienen nur noch unregelmäßig. Der Arbeitskreis verfiel in einen Winterschlaf, bis niedersächsische Landesmittel wieder einen

---

[101] Hacker: Ostforschung, S. 19.
[102] Burleigh, S. 300.
[103] Gotthold Rhode (geb. 1916) und Walter Schlesinger (geb. 1908) antworteten z. B. öffentlich auf die Vorwürfe aus der DDR. Vgl. Mühle: „Ostforschung", S. 321, Anm. 11. Frühere Versuche und Initiativen beispielsweise von Eugen Lemberg 1957 zur Auseinandersetzung um die Ostforschung waren diskret mit Papritz, Aubin und – dem darin ambivalenten – Keyser besprochen und abgebrochen worden, vgl. ebd., S. 340.
[104] Vgl. Mühle: „Ostforschung", S. 342.
[105] Vgl. Fahlbusch: Wissenschaft, S. 784.

hauptamtlichen Mitarbeiter ermöglichten und in den achtziger und neunziger Jahren wieder ein Ausbau der Personaldecke auf über zehn Mitarbeiter möglich wurde.[106] Das Herder-Institut überstand die politischen Umbrüche etwas besser, da es seine institutionellen und finanziellen Ressourcen mit einer jüngeren Generation von Forschern zunehmend akademisch legitimieren konnte. Die Lehrstühle für osteuropäische Geschichte, die lange Zeit hinter den zahlreichen Instituten zurückstanden, dürften von der Umschichtung finanzieller Ressourcen am meisten profitiert haben.

2. Die Option der moralischen Legitimation

2.1. Heimpel: Entlastung im öffentlichen Bekenntnis

Hermann Heimpel wurde mit der Gründung des Max-Planck-Instituts für Geschichte zu einem der bekanntesten Historiker der Bundesrepublik.[107] Heimpel konnte sein öffentliches Renommee und seine rhetorische, mithin publizistische Gewandtheit dazu nutzen, als „Mann des Ausgleichs" die schwierige Gründungsphase des Instituts zu überwinden. Durch persönliche Beziehungen zu Gerhard Ritter, zu den Mitgliedern der Historischen Kommission und der Monumenta Germaniae Historica in München konnte Heimpel die nach dem Krieg aktivsten Zentren der Geschichtswissenschaft vernetzen. Eines der ersten Treffen zur Reorganisation der Zunft und der Neugründung eines Historikerverbandes fand im November 1946 in Göttingen statt.[108]

Von den laufenden Initiativen an der Universität Göttingen zog Heimpel auch die Diskussion um eine Neuordnung der Hochschulen an sich, die er an prominenter Stelle als Göttinger Rektor und Vorsitzender der Westdeutschen Rekto-

---

[106] Vgl. Meissner, S. 26.
[107] Zu Hermann Heimpel im Dritten Reich vgl. Hans-Erich Volkmann: Deutsche Historiker im Umgang mit Drittem Reich und Zweitem Weltkrieg 1939-1949, in: Hans-Erich Volkmann (Hg.): Ende des Dritten Reiches – Ende des Zweiten Weltkrieges. Eine perspektivische Rückschau, München/Zürich 1995, S. 860-911, bes. S. 870f.; ferner Pierre Racine: Hermann Heimpel à Strasbourg, in: Schulze/Oexle (Hg.): Deutsche Historiker, S. 142-156. Zur „Westforschung" vgl. Peter Schöttler: Die historische „Westforschung" zwischen Abwehrkampf und territorialer Offensive", in: Peter Schöttler (Hg.): Geschichte als Legitimationswissenschaft 1918-1945, Frankfurt a. M. 1997, S. 204-261.
[108] Vgl. Schulze: Geschichtswissenschaft, S. 161f.

renkonferenz weiterführte. Die Diskussion entgegenzunehmen und radikalere Vorschläge abzuwehren, wurde vom akademischen Milieu honoriert – Norbert Kamps Würdigung Hermann Heimpels von 1981 führt diesen Dank, schon mit einer Wirkungsanalyse dieser Leistung versehen, fort:

„Die Frage nach den Irrwegen der Vergangenheit gab Anstößen unter dem bündelnden Wort der Hochschulreform Legitimation und Anziehung zugleich. Für Göttingen waren Sie es, Herr Heimpel, der als Dekan und Senatsmitglied die ersten Antworten sammelte und in einem gemeinsamen Votum erarbeitete, das unverkennbar die Handschrift Ihrer exemplarischen Arbeit als Universitätslehrer [...] trug."[109]

Dabei mußte Heimpel dankbar sein, überhaupt die Chance als Ordinarius in Göttingen bekommen zu haben. In München scheiterte 1946 seine Berufung am Einspruch von Hermann Maus „aufgrund gewisser literarischer Äußerungen aus früherer Zeit".[110] Auch die Annahme des Rufs an die „Reichsuniversität" Straßburg, deren Einrichtung – wie im Osten bei den Universitäten in Prag und Posen – mit der Entlassung und auch Deportation der früher dort Lehrenden verbunden war, geriet nach 1945 ins Zwielicht. Allgemein bekannt war die Konzeption, die Reichsuniversitäten zu nationalsozialistischen Musterschulen zu formen. Heimpel führte sich vor Augen, daß die Konsequenz einer immer tieferen Verwicklung in den NS eigentlich die Konsequenz einer frühen Verweigerung gefordert hätte: Die Rede zum Führergeburtstag in Straßburg hätte nicht gehalten werden dürfen – wie war die Rede im Dritten Reich zu verweigern? – Der Ruf nach Straßburg hätte nicht angenommen werden dürfen.[111] Die Konsequenz aus der eigenen Verstrickung in die nationalsozialistische Wissenschaftsstruktur behandelte Hermann Heimpel als wichtigen Punkt seiner Biographie, seine öffentliche Bußehaltung wurde zum geachteten und honorierten Habitus.[112] Er kultivierte eine sehr eigene, beachtliche Art von Taktgefühl, wenn er bei seiner eigenen

---

[109] Norbert Kamp: Festvortrag, in: Hermann Heimpel zum 80. Geburtstag. Reden gehalten am 19. Oktober 1981 in der Aula der Georg-August-Universität in Göttingen zur Feier des 80. Geburtstages von Hermann Heimpel am 19. September 1981, Göttingen 1981, S. 10-12, Zitat S. 11.

[110] Obenaus: S. 311, Anm. 15.

[111] Hartmut Boockmann zeichnete diesen fiktiven Gedankengang nach. Vgl. Hartmut Boockmann: Der Historiker Hermann Heimpel, Göttingen 1990, S. 59, Anm. 82.

[112] Obenaus deutet an, daß die ähnliche Haltung Reinhard Wittrams zu seiner Vergangenheit möglicherweise dazu führte, daß aus Heimpels Sicht dieser Habitus in eine Art „Konkurrenzverhältnis" mündete, darin, wie die „zwei Protestanten ihre Bußfertigkeit demonstrierten.". Vgl. Obenaus, S. 316.

IV. LEGITIMATIONEN DES WISSENSCHAFTLICHEN NEUBEGINNS 155

Feierstunde zum 80. Geburtstag öffentlich auf die eigenen Fehler zu sprechen kam:

> „Einer meiner Leipziger Hörer [...] schrieb mir zu diesem Geburtstag: ‚Von der Generation ihrer Schüler meines Alters sind, wie ich weiß, nur sehr wenige am Leben geblieben.'. Sehr wahr: denn sie liegen in Massengräbern. Ich füge hinzu: mein Vorgänger auf dem Leipziger Lehrstuhl, Siegmund Hellmann, mußte in Theresienstadt in einer Masse von Gequälten einsam sterben. In München war er mein Lehrer gewesen, und oft hatte ich ihm meine Verehrung gezeigt – solange das kein Risiko war. Also: ging das geschonte Leben wirklich mit rechten Dingen zu?"[113]

1986 kommentierte Heimpel die Rede Herbert Schöfflers vom Oktober 1945, in der dieser seinem „Drang" zur Selbstanklage und Anklage des Nationalsozialismus in beeindruckender Weise Ausdruck verschaffte, und fand das Urteil: „Schöffler gab in jenen zwei Doppelstunden sein Lebenswerk."[114]. Auch für Heimpel scheint das Bekennen mehr und mehr Teil des „Lebenswerkes" geworden zu sein. Die Pflicht, aus der Geschichte und aus eigener Schuld zu lernen, betonte Heimpel schon in seiner Rektoratsrede aus dem Jahr 1953:

> „Diese historische Bildung tut freilich dem deutschen Volke not. Denn sie gibt ihm und seinem Bewußtsein die geschichtliche Tiefe und rettet so seine Menschlichkeit. [...] Sie [die Lehren] aufzunehmen, nicht parteiisch, nicht reaktiv, nicht mit Wallungen und nicht mit Ressentiments ist die Aufgabe einer durch historische Bildung vorbereiteten Zeitgeschichte. Alle diese Bildung nützt nichts, wenn der eigene Irrtum und die eigene Schuld vergessen werden.[115]

Heimpels Umgang mit seiner nationalsozialistischen Belastung war von unmeßbaren inneren Gewissensqualen begleitet. Arnold Eschs Urteil über jüngere Quellenstudien zu Heimpels Vergangenheit, „einem Geständigen kann das nichts mehr anhaben"[116], trifft partiell zu – denn nur Heimpel selbst konnte sich

---

[113] Hermann Heimpel: Schlußwort, in: Hermann Heimpel zum 80. Geburtstag. Reden gehalten am 19. Oktober 1981 in der Aula der Georg-August-Universität in Göttingen zur Feier des 80. Geburtstages von Hermann Heimpel am 19. September 1981. Göttingen 1981, S. 41-47, Zitat S. 42.

[114] Hermann Heimpel: „Zur Lage". Eine Vorlesung des Professors der Englischen Philologie Herbert Schöffler, gehalten im Oktober 1945, in: Hartmut Boockmann/Hermann Wellenreuther: Geschichtswissenschaft in Göttingen. Eine Vorlesungsreihe, Göttingen 1987, S. 364-399, Zitat S. 390.

[115] Hermann Heimpel: Entwurf einer Deutschen Geschichte. Rektoratsrede vom 9. Mai 1953, in: Herman Heimpel: Der Mensch in seiner Gegenwart. Sieben historische Essays, Göttingen 1954, S. 162-195, Zitat S. 194.

[116] Arnold Esch: Über Hermann Heimpel, in: Schulze/Oexle (Hg.): Deutsche Historiker, S. 159-160, hier S. 160.

seine Bußequalen antun. Der „Gewinn" war möglicherweise nach Heimpels eigenen Worten die Rettung der „Menschlichkeit" im persönlichen Verhältnis zur Geschichte und darin für Heimpel eine entscheidende rhetorische Ressource zur Fortführung von Geschichtswissenschaft überhaupt. Zwischen öffentlicher Buße und einsamen privaten Qualen bestand für Heimpel jedoch offenbar kein Raum, in dem eine NS-Belastung kommunizierbar geworden wäre. Einer nachfragenden Studentin entgegnete Heimpel kurz, daß sie bei ihm doch wohl nicht ihr Examen abzulegen gedenke.[117]

2.2. Wittram: Bekenntnis und Historisierung

Bis zu seinem Engagement bei der nationalsozialistischen Neugründung der Reichsuniversität Posen, das ihn dort schließlich zum Ordinarius und Dekan werden ließ, mußte sich Reinhard Wittram mit den beschränkten Ressourcen der Hochschule im Miniaturformat, dem Herder-Institut in Riga, zurechtfinden.[118] Unterbrochen wurde die materielle und institutionelle Misere durch regelmäßige Lehraufträge zu den Sommersemestern in Göttingen. Die spätere baltische Solidarität bei der Besetzung der Stellen für die Posener Universität war beachtlich und erklärte sich aus der schwierigen Lebens- und Forschungssituation in den Baltischen Staaten[119] und der Umsiedlung der Baltendeutschen nach dem Hitler-Stalin-Pakt von 1939.[120] Wittram gehörte zu jenen Intellektuellen, die sich ent-

---

[117] Vgl. Claus Leggewie: Mitleid mit Doktorvätern oder Wissenschaftsgeschichte in Biographien, in Merkur 53 (1999), S. 433-444, hier S. 436.
[118] Vgl. hierzu und zum folgenden jetzt auch Roland Gehrke: Deutschbalten an der Reichsuniversität Posen, in: Michael Garleff (Hg.): Deutschbalten, Weimarer Republik und Drittes Reich, Bd. 1, Köln/Wiemar/Wien 2001 (Das Baltikum in Geschichte und Gegenwart 1), S. 389-426.
[119] Die baltischen Historiker standen schon von der nationalsozialistischen Umsiedlung an, und nach dem Zweiten Weltkrieg unter dem Trauma, „ihr Tun werde mit dem Aussterben der eigenen Generation enden". Hartmut Boockmann: Die Zukunft der baltischen Studien in Deutschland, in: Nordost-Archiv NF 7 (1998), S.33-46, hier S. 39. Zu den ideengeschichtlichen und ideologischen Schwerpunkten der baltischen Historiker vgl. Hans-Erich Volkmann: Von Johannes Haller zu Reinhard Wittram. Deutschbaltische Historiker und der Nationalsozialismus, in: Zeitschrift für Geschichtswissenschaft 45 (1997), S. 21-46, zur Umsiedlung bes. S. 30-32. Zu den Verbindungen der baltischen Historiker zum „neuen Typus" der Ostforschung vgl. auch Gert von Pistohlkors: Images and Notions of Baltic German Ostforschung. Concerning Baltic History of the Eighteenth and Nineteenth Centuries, in: Journal of Baltic Studies 30 (1999), S. 307-321, bes. S. 314.
[120] Die zeitgenössisch schon so erkennbare Preisgabe des baltischen Gebietes im Rahmen des geheimen Zusatzprotokolls zum Hitler-Stalin-Pakt wirkte auf die Deutschbalten wie ein

schieden hatten, die Idee der Umsiedlung mitzutragen: Dahinter stand offenbar die – schnell enttäuschte – Hoffnung, die deutsch-baltische Kultur in einem neuen Raum verankern zu können.[121] Auch die Wiedergründung der historischen Gesellschaften in Posen war geplant, kam aber nicht zustande.[122] Die Identitätskrise der umgesiedelten Balten resultierte selten in Widerstand, sondern wurde zumeist durch eine betont nationalsozialistische Haltung überkompensiert – die Grenze zu ohnehin überzeugten Nationalsozialisten ist kaum zu ziehen.[123]

Reinhard Wittram legitimierte in den Folgejahren mit seiner Begeisterung für den Nationalsozialimus nicht nur die Ostexpansion insgesamt, sondern vor der eigenen baltischen Volksgruppe auch die dort ambivalent aufgenommene Umsiedlungspolitik. Im nachhinein ist das Lavieren Wittrams zwischen einer ideologischen und einer heimat- bzw. volksgruppenorientierten Loyalität zu erkennen. Sein Wirken als Dekan, der Reichsuniversität Posen mit seinen baltischen Kollegen einen baltischen Schwerpunkt zu geben, schien diesen Loyalitätskonflikt vorübergehend elegant aufzuheben. Bei der Neueröffnung der zuvor ausradierten polnischen Universität Poznan, nunmehr als die Kaderuniversität des Germanentums, war das Auslandsdeutschtum prädestiniert für die elitäre Konzeption der beworbenen künftigen „Führerschule des Ostens"[124].

„Wir dürfen uns wieder einreihen in die Kameradschaft derer, die auf vorgeschobener Wacht für Großdeutschland stehen, wir dürfen das Feuer hüten helfen, das aus Nacht und Dämmerung in den großen germanischen Morgen brennen soll.

„Schock" und aktivierte bei besonders linientreuen Wissenschaftlern einige absurde Rechtfertigungsanstrengungen. Die Umsiedlung selbst wird in der baltischen Historiographie mehr und mehr als „Diktierte Option" bezeichnet. Es gab auch vereinzelte Pläne, erneut auch gegen den Wunsch der NS-Regierung mit Freikorps die Stellung zu halten. Vgl. Michael Garleff: Die Deutschbalten als nationale Minderheit in den unabhängigen Staaten Estland und Lettland, in: Gert von Pistohlkors (Hg.): Baltische Länder, Berlin 1994 (Deutsche Geschichte im Osten Europas), S. 452-551, bes. S. 535-541.

[121] Landsmannschaftliche Zusammenschlüsse nach der Umsiedlung wurden von der nationalsozialistischen Regierung untersagt. Vgl. dazu Garleff: Deutschbalten, S. 544.

[122] Vgl. Klaus Neitmann: Reinhard Wittram und der Wiederbeginn der baltischen historischen Studien in Göttingen nach 1945, in: Nordost-Archiv NF 7 (1998), S. 11-34, S. 13.

[123] In diesem Sinne auch Volkmann: Von Haller zu Wittram, S. 34. Volkmanns 1995 geäußertes Unverständnis, warum die Baltendeutschen auch nach der Umsiedlung zum Nationalsozialismus standen, verkennt den kollaborativen Charakter des Systems. Die ungefragten Profiteure der Vertreibung von Polen hielten die nationalsozialistische Ideologie als Rationalisierung ihrer passiven Mittäterschaft und auch der eigenen Leiden aufrecht. Vgl. Volkmann: Deutsche Historiker, vgl. S. 878, Anm. 107.

[124] Der Terminus war Bestandteil der offiziellen Gründungsbroschüre und stammt vermutlich von Lutz Mackensen. Vgl. Christoph Kleßmann: Osteuropaforschung und Lebensraumpolitik im Dritten Reich, in: Peter Lundgreen (Hg.): Wissenschaft im Dritten Reich, Frankfurt a. M. 1985, S. 350-383, hier S. 367.

Daß wir uns dessen würdig erweisen, sei unser Gelöbnis in dieser feierlichen Stunde. Und so bleibt unser Blick auf den Führer gerichtet, dem wir allezeit verschrieben haben alle Güter unseres Wissens, unseren ganzen Arbeitswillen und unser ganzes Herz."[125]

Trotz restriktiver Aufnahmekriterien, wie nachweislichem Engagement im volkstumspolitischen Kampf, verzeichnete die Reichsuniversität Posen als einzige Universität während des Krieges einen Anstieg der Studentenzahlen.

Während Wittram vor 1939 versucht hatte, auf der Suche nach dem „großen Ganzen" die landesgeschichtliche Perspektive durch eine volksgeschichtliche zu ersetzen, also die Baltendeutschen ihrer Zugehörigkeit zum deutschen Volk als „Schicksalsgemeinschaft" zu versichern, war die Deutung seines baltischen Konkurrenten Arved Freiherr von Taube „landesgeschichtlich" geprägt. Erst die Pflicht gegenüber der räumlichen Heimat schaffe das Recht auf diese Heimat: Die versäumte Ergänzung der wirtschaftlichen Kooperation mit den Esten um eine politische Kooperation in der Selbstverwaltung im 19. Jahrhundert sei der deutschen Seite anzulasten und somit sei man für spätere politische Restriktionen mitverantwortlich.[126] Beide Sichtweisen waren offen gegenüber dem Nationalsozialismus[127], nach der erfolgten Umsiedlung war jedoch Wittrams Sicht für die Stiftung einer verpflanzten baltischen Zukunft prädestiniert.[128] Seinen älte-

---

[125] Rede Reinhard Wittrams für die aus dem Ausland an die Reichsuniversität Posen rückgeführten deutschen Wissenschaftler, in: Die Gründung der Universität Posen. Am Geburtstag des Führers 1941. Reden bei dem Staatsakt zur Eröffnung am 27. April 1941, Posen 1942, S. 65-67, zitiert nach: Volkmann: Von Haller zu Wittram, S. 21-46, Zitat S. 35. Die DDR-Forschung wies 1961 auf dieses Zitat hin in: Johannes Kalisch/Gerd Voigt: „Reichsuniversität Posen". Zur Rolle der faschistischen deutschen Okkupationspolitik im Zweiten Weltkrieg, in: A. Anderle (Hg.): Juni 1941, Berlin 1961.

[126] Vgl. Gert von Pistohlkors: Baltische Geschichtsforschung in Deutschland. Ergebnisse und Perspektiven, in: Gert von Pistohlkors: Vom Geist der Autonomie. Aufsätze zur baltischen Geschichte, zum 60. Geburtstag des Verfassers hrsg. v. Michael Garleff, Köln 1995, S. 143-158, hier S. 152-154.

[127] Vgl. Jörg Hackmann: Contemporary Baltic History and German Ostforschung 1918-1945. Concepts, Images and Notions, in: Journal of Baltic Studies 30 (1999), S. 322-337, hier S. 325. Taubes Verständnis von deutsch-estnischer gegenseitiger Pflicht beeinhaltete z. B. für die Esten die Gelegenheit zum Dienst in der „SS-Legion Estland". Vgl. dazu Volkmann: Von Haller zu Wittram, S. 38.

[128] Arved von Taube beschreibt in der Propagandabroschüre „Der Führer ruft" seinen bewegten Abschied von der Heimat und „fügt" sich in dieser Arbeit schriftstellerisch in das volksgeschichtliche Paradigma. Der Vater war im September 1918 auf dem eigenen Gut gefallen: „Und jetzt stehe ich wohl zum letzten Male an seinem Grabe. Bist du nun vergeblich für die Heimat gefallen, die wir doch preisgeben müssen? Ja – und doch nein. [...] Du bist für die Heimat gestorben, uns aber muß die Heimat sterben, damit wir unserem Volke leben können." Der Propagandaeffekt der Schrift dürfte sich erst im zweiten Teil

ren Kollegen, den Philosophen Kurt Stavenhagen, hatte Wittram an Einfluß bei den baltischen Umsiedlern inzwischen ebenfalls überflügelt. Wittrams Aufsatzsammlung „Rückkehr ins Reich" sollte die „Erfüllung unserer Hoffnungen – der kühnsten Sehnsucht, die je hinter unserer wissenschaftlichen Arbeit stand"[129] vor dem Hintergrund baltischer Tradition fundieren; die Entstehungszeiten der einzelnen Teile vor oder nach der Umsiedlung sind deutlich erkennbar. So gelte es nach der Umsiedlung (und vor dem deutschen Überfall auf die Sowjetunion), das schon 1918 verlorene wissenschaftliche „Feuer" einer für kurze Zeit deutsch gewordenen Universität Dorpat hinter sich zu lassen und sich nun auf das im Reich konzentrierte völkische Potential zu besinnen:

„Vielleicht gehört zum Tauglichen, was wir ins Vaterland mitgebracht haben, als Erbteil einer an Kämpfen reichen Geschichte eine doppelte Liebe: die zu den Waffen, deren ein Volk bedarf, um sich zu behaupten und die zum Geist, der sich aus den unergründlichen Quellen unseres Volkes erneuert [...]"[130]

Dem Aufruf an die baltischen Landsleute, sich in die neue Volksgemeinschaft einzubringen, stand vor der Umsiedlung[131] eine große Kraft entgegen: „die Gefahr des Bodens für das Blut"[132]. Die Darstellung von ortsgebundener baltischer Heimatliebe und aufbruchsbereitem „völkischen Kampfeswillen"[133] als noch zu überwindende Spannung elementarer Kräfte ist vor dem Hintergrund zu sehen, daß die Baltendeutschen im Dritten Reich nach der Umsiedlung auch mit dem Ruf als „politisch unzuverlässig" zu kämpfen hatten. Die Posener Personalpolitik, namentlich des Bürgermeisters, stand unter dem ganz konkreten Verdacht, „baltische Cliquen" zu bilden.[134] Diese Argumentation war in hohem Maße pu-

des Artikels entfalten, wo mit dem neuen polnischen „Lehen" die Lebensgeister Taubes wieder zurückkehren, dem zuvor „jämmerlich zumute" war. Arved von Taube: Abschied von Rickholz, in: Heinrich Bosse, Der Führer ruft, Berlin: Zeitgeschichte-Verlag 1941, S. 46-48, Zitat S. 47f. und Arved von Taube: Neue Heimat, in: ebd., S. 132-135.

[129] Reinhard Wittram: Rückkehr ins Reich, Vorträge und Aufsätze aus den Jahren 1939/40, Posen 1942.
[130] Ebd., S. 29.
[131] Die Umsiedlung selbst ließ Wittram als alte Idee Bismarcks anklingen, der die Qualitäten der Deutschbalten zu schätzen gewußt habe – jedoch nicht bereit gewesen sei, im Baltikum politisch einzugreifen, da die Balten auch nie wirklich zum Reich gehört hätten. „An eine Umsiedlung hat damals noch niemand denken können" (Ebd., S. 45-47, Zitat S. 47) – nun war die Umsiedlung erfolgt, zu der „das gesamte Deutschtum" in Kurland 1914 schon entschlossen war, würde es nicht ans Reich angeschlossen werden (Wittram zitiert hier einen „der großen baltendeutschen Kolonisatoren Sylvio Brödrich", vgl. ebd., S. 69).
[132] Ebd., S. 64.
[133] Ebd., S. 62.
[134] Vgl. Garleff: Deutschbalten, S. 545f.

blikumsorientiert, sie mobilisierte die Ressource „Öffentlichkeit" bei den Deutschbalten und für die Deutschbalten.

Daß das volksgeschichtliche Paradigma für Wittram mehr der Sinnsuche im lebensweltlichen Kontext diente, als wissenschaftlich verbindlich zu sein, zeigte sich 1943 bei seiner Teilnahme an einer Besprechung kriegswichtiger Arbeiten der Nordostdeutschen Forschungsgemeinschaft. Zur Einbeziehung lettischer und estnischer Volksentwicklung, hinter deren eigener quellennaher Forschung man schlecht zurückstehen könne, forderte Wittram scheinbar gegen den allgemeinen Trend: „Der volksgeschichtliche Gesichtspunkt muß durch den landesgeschichtlichen ersetzt werden." Unter dem Gesichtspunkt der Legitimationsstrategien zur Ressourcenmobilisierung ergibt sich die Deutung, daß die baltische Geschichte im gesamtdeutschen Kontext mit der paradigmatischen Ressource der Volksgeschichte aufzutreten hatte, aber in „Konkurrenz" mit den anderen Volksgruppen in eigener Sache die „landesgeschichtlichen" Aspekte stark machen mußte.[135] Seine Schrift „Der Deutsche als Soldat Europas" von 1943, wo er global den Zweiten Weltkrieg in die historische Reihe der Abwehrkämpfe Europas gegen den Osten stellte, hatte dagegen wieder den Charakter von Massenmobilisierung, nicht von Argumentation.[136]

Die Baltische Geschichte schreibt Wittram 1944/45, vor dem Zusammenbruch, als eine Geschichte sich zyklisch wiederholenden Kampfes der Deutschen, im epischen Rhythmus von Eroberung, Entwicklung, Rückzug – ohne jemalige Friedensperspektive.[137] Wie sollte die der eigenen Volksgruppe von Wittram geweissagte Perspektive permanenten Kampfes und Krieges den totalen

---

[135] Die Kriegswichtigkeit der Arbeit der NOFG (Tagung in Posen), Diskussionsbeitrag Wittram, abgedruckt in: Goguel, Bd. 2: Dokumente, S. 27f., Zitat S 27. Volkmann sieht in der Forderung Wittrams hingegen „erste Zweifel an einer ausschließlich auf Germanen- und Deutschtum bezogenen Historiographie", Vgl . Volkmann: Von Haller zu Wittram, S. 32. Vgl. dageg. Neitmann, S. 20, Anm. 32 – demnach war Wittram die Notwendigkeit zur landesgeschichtlichen Einbeziehung der Esten und Letten „immer klar". Beide Interpretationen kommen über die inhaltliche Analyse der Aussage nicht hinaus und übergehen den weiteren, hier aufgestellten Kontext.

[136] Der „Moskowiter" erschien als „Türke des Nordens", als die Fortsetzung osmanischer Expansion. Die Undankbarkeit des westlichen Europas für den Deutschen als den Soldaten zur Erhaltung Europas gegen die Bedrohung des „asiatischen Lebensgefühls [...] das im bolschewistischen Rußland zu seiner grauenhaftesten Wirkung gelangen sollte" (S. 7), stand im Raum. Die rassistische Sprache erfaßte auch den Westen: „die bewaffneten Schwarzen eines müde und dunkel gewordenen Frankreich" (S. 23). Reinhard Wittram: Der Deutsche als Soldat Europas, Posen 1943.

[137] Hackmann betont hierbei mit Recht, daß die Baltischen Völker dabei auf einen Helotenstatus herabsinken. Vgl. Hackmann: Baltic History, S. 331.

Zusammenbruch überstehen, wie die totale Vernichtungsdrohung im Angesicht der Atombombe? Nicht zufällig war diese Schrift von Wittram im folgenden vom recht offenen Umgang mit der eigenen Vergangenheit ausgenommen. Verbal radikaler war z. B. die rassistisch anmutende Schrift „Der Deutsche als Soldat Europas" gewesen. Doch im Zusammenbruch verlor das völkische „Opfer" um des Kampfes willen vollkommen jede Bedeutung und mußte im Nachhinein wie Verrat an der eigenen Volksgruppe wirken. Die Glaubwürdigkeit Wittrams als prominenter baltischer Intellektueller war gefährdet, die legitimierte Umsiedlung im Desaster einer zweiten, fluchtartigen Umsiedlung geendet.

Als Wittram Göttingen erreichte, waren die volksgeschichtlichen Grundlagen, wie er sie verstand, ebenso zerstört wie die Geschichte der Deutschbalten, die Wittram nach der Umsiedlung zusammenzuhalten bestrebt war, nun einen endgültigen Abschluß gefunden hatte.[138] Kaehler nahm Wittram als Flüchtling auf, sich über die Desillusionierung, aber auch das Potential Wittrams im Klaren:

„Von den hier her gekommenen Posener Flüchtlingen ist der einzige Mann von Wert Wittram, der ein aus den Wolken baltischer Deutschtumsträume gefallener Romantiker ist; welches Unheil hat dieser Volkstumstraum angerichtet."[139]

Der mit Hilfe von Kaehler vermittelte Lehrauftrag für Wittram vom Sommersemester 1946 an war eine „geliehene" Ressource, die umzuwandeln Wittram in Göttingen recht gute Voraussetzungen hatte. Seine Veranstaltungen in den dreißiger Jahren an der Universität Göttingen waren jedenfalls gut besucht gewesen. Veranstaltungen, die von einer breiten Generation von Kriegsheimkehrern anerkannt werden sollten, waren jedoch schlecht mit verbrauchtem rhetorischen oder rein wissenschaftlichem Arsenal abzuhalten.

Noch vor der Aufnahme der Lehrveranstaltungen – wohl wegen der „toten" Zeit und auch aus innerem Bedürfnis – verfaßte Wittram eine sehr private Erzählung über seine Vorfahren im Baltikum: „Drei Generationen. Deutschland – Livland – Rußland, 1830-1914".[140] Als Arbeit abgeschlossen im Oktober 1945,

---

[138] Vgl. Neitmann, S. 12.

[139] Brief von Siegfried Kaehler an Peter Rassow vom 13. Mai 1945, in: Kaehler: Briefe 1900-1963 (s. Anm. 22), Nr. 90, S. 295-298, Zitat S. 297.

[140] Reinhard Wittram: Drei Generationen. Deutschland – Livland – Rußland, 1830-1914. Gesinnungen und Lebensformen baltisch-deutscher Familien. Göttingen 1949. Eine Familienerzählung anhand der Briefe seiner Vorfahren hatte Wittram schon länger geplant, im Krieg aber nicht umsetzten können. Ursprünglich war es für die eigenen Kinder gedacht gewesen (Vorwort, S. 5). Das Werk erschien 1949 in Göttingen in recht aufwendiger Aufmachung mit zahlreichen Bildtafeln und fand ob der viel befahrenen Schiene Riga-Göttingen in Göttingen selbst auch ein nostalgisch-romantisch inspiriertes Publikum. Finanzielle Gründe könnten daher bei der Veröffentlichung eine Rolle gespielt haben.

wurde es zu einer eigendynamischen Bilanz baltischer Kultur anderer Art: Die Briefe, die Wittram aus seinem Verwandtenkreis sprechen läßt, stehen den alten Konzeptionen vom „zeitlosen Kampf" mit der ganz eigenen Macht des im 19. Jahrhundert keineswegs unversöhnlich gestimmten Alltags gegenüber. Hier entsteht aus der Erinnerung ein neuer höchst gegenwärtiger Raum zur Identitätsfindung. Sogar die „Livländische Antwort" Carl Schirrens, ein Urdokument im Kampf um die Autonomie der Deutschbalten, erscheint hier vor allem als Kräftigung und Selbstbestätigung der politisch erworbenen Rechte und der kulturellen – eben nicht völkischen – Identität. Es setzte „gegen den Staats- und Volksabsolutismus" die „Cultur" von Recht, Gewissensfreiheit und Menschenwürde als das, „was die Tiefe und Fraglosigkeit ihres moralischen Selbstbewußtseins erklärt"[141]. Die Wirkung lebte von der „sittlichen Macht"[142], die auf Eigenständigkeit und dem Willen zur Verantwortung beruhte.

„Hinter all diesem Tun stand ein großer sittlicher Ernst, ein Ethos, das sich aus den Kräften eines Idealismus nährte, für den die Verbindung mit dem christlichen Glauben noch nicht abgerissen war. Die Gesinnung war alles. Ihr fehlte jede Zwangsgewalt, aber sie war verbindlich."[143]

Die „Sittlichkeit" ist einer der frühesten Begriffe, mit denen Wittram wieder auf wertkonservative – also gewachsene, wie selbstverständlich „verbindliche" – Ordnungsvorstellungen zurückgreifen konnte. Die Wurzeln sittlicher Werte suchte Wittram bei den oftmals theologisch gebildeten Vorfahren. Geographisch war Wittram mit seiner Familie nach dem Krieg in Göttingen dort wieder angekommen, wo sein Urgroßvater, Johann Friedrich Wittram aus Einbeck, 1826 das Studium der Theologie aufgenommen hatte. Mehrere Passagen legen eine autobiographische Lesart der Abschnitte über den intellektuellen Begründer der Wittramschen Akademikertradition nahe. Das Bemühen, „die Forderungen eines freien wissenschaftlichen Geistes mit denen der christlichen Wahrheit in Einklang zu bringen"[144], wurde auch zum Problem des Urgroßsohnes. Wenn Wittram den Erweckungsprediger Ludwig Harms als Studienkollegen seines Vor-

---

[141] Ebd., S. 299. Wittram kritisiert jetzt auch die verletzenden Angriffe Schirrens in der „Livländischen Antwort". Das Zitat Schirrens vom „Instinkt der herrschenden Race" (i. e. die russische Rasse), gegen den die Balten sich behauptet hätten, führt Wittram an, läßt es jedoch offen im Raum stehen.

[142] Ebd., S. 298.

[143] Ebd., S. 335. Zwar bleibt es in Wittrams Interpretation dabei, daß dieser „Landespolitik" mit der Russifizierung die „realen Grundlagen immer mehr dahinschwanden" (vgl. ebd., S. 329). Doch der nach 1905 stärker werdende „Kampf" ist nun auch bei Wittram positiv konnotiert als ein „Kampf um das Bleiben" (vgl. ebd., S. 335).

[144] Ebd., S. 13.

fahren ausführlich vorstellt[145], zeigt er schon in die Richtung, die seine eigene Rückkehr zu christlichen Werten und christlicher Rhetorik unterstützen konnte: die evangelische Akademie Hermannsburg, gegründet in Verbindung mit der dortigen Missionszelle der Lüneburger Heide, die von der Dynastie der Harms begründet und jahrzehntelang begleitet worden war. Die Evangelische Akademie Hermannsburg gab 1949 mit einer Aufsatzsammlung unter dem Titel „Nationalismus und Säkularisation" die erste selbständige, wissenschaftliche Publikation Wittrams nach dem Zweiten Weltkrieg heraus.[146] Hier fand sich nicht nur die Möglichkeit zur Publikation, sondern auch ein ebenso sicheres, wie versicherndes Umfeld. Wittram war mit einem Vortrag Teilnehmer der dritten Tagung vom 1.-6. Oktober 1948. Neben zahlreichen sozialgeschichtlichen Ursachen, machte er die geistesgeschichtliche Ursache der Katastrophe folgerichtig in der Säkularisierung aus. Innerhalb des protestantisch-theologischen Milieus war diese Deutung unmittelbar nach 1945 weithin akzeptierbar. Wittrams Suche nach Sittlichkeit deckte sich mit christlichen Werten und verlieh ihm die rhetorische Ressource, die evangelischen Tagungen fortan regelmäßig zu besuchen. Dort wurde der Dialog von Wissenschaftlern, Kirchenleuten und Wirtschaftsführern vermittelt. Zu Anfang hatten die Tagungen, häufiger unter dem Titel

---

[145] Ludwig Harms war in der Mitte des 20. Jahrhundert nicht mehr so bekannt, daß die Nennung auf jeden Fall unmotiviert erfolgt wäre, zumal Harms mit dem Urgroßvater nicht etwa freundschaftlich verbunden war o. ä. Während Harms heute nurmehr Lokalheld und nicht mehr enzyklopädiefähig ist, führt ihn der Brockhaus von 1896 noch. Die Hermannsburger Missionsgründer Ludwig Harms und sein Bruder Theodor waren bekannt für ihre – auch politischen – Stellungnahmen „zu den brennenden kirchlichen Fragen der Gegenwart.". Vgl. Art „Harms, Ludwig", in: Brockhaus Enzyklopädie, 14. Aufl., Leipzig 1894-1897, Bd. 8, S. 822f.

[146] Reinhard Wittram: Nationalismus und Säkularisation. Beiträge zur Geschichte und Problematik des Nationalgeistes, hrsg. v. der Evangelischen Akademie Hermannsburg, Lüneburg 1949. Der Band „Geschichte der Ostseelande Livland, Estland, Kurland 1180-1918. Umrisse und Querschnitte", Göttingen 1945 erschien noch während des Krieges. Vgl. dazu Eduard Mühle: Deutschbaltische Geschichtsschreibung zum livländischen Mittelalter im Kontext der politischen Entwicklungen der 1920er bis 1950er Jahre. Zwei werkorientierte Fallstudien, in: Journal of Baltic Studies 30 (1999), S. 352-390, hier S. 372. Mühle vergleicht mit Gewinn die unterschiedlichen Auflagen dieser „Baltischen Geschichte" von vor der Umsiedlung 1939, nach der Umsiedlung 1945 und nach Kriegsende 1954, jeweils unter variierten Titeln. Nur in der Ausgabe nach Umsiedlung und vor Kriegsende entfiel in der angeführten Auflage im Gegensatz zu Vorgänger- und Nachfolgeauflage der Wort „baltisch". Die Änderungen von Auflage zu Auflage waren jeweils umfassend und gravierend, keineswegs „kosmetische" Korrekturen.

„Tage der Stille und Besinnung für Männer der Wirtschaft", auch noch regelrecht missionarischen Charakter.[147]

Die in der britischen Zone beheimatete Akademie fungierte allerdings nicht nur als Ort ernsthafter Besinnung, half bei der Erlangung rhetorischer Kompetenz, sondern mobilisierte als Netzwerkknoten auch die Übersetzung von rhetorischen in finanzielle Ressourcen. Solche Mittel kamen z. B. vom amerikanischen Hohen Kommissar McCloy[148], der sich auf einer Tagung in den fünfziger Jahren eine Kontroverse mit Hans Zehrer, einem Intellektuellen aus dem Tat-Kreis in der Weimarer Republik, lieferte. Zehrer versuchte den Begriff des „Abendlandes" in Richtung einer Neutralität Europas auf christlich-nationaler Grundlage zu schieben, was bei dem in (und auch für) Deutschland engagierten Amerikaner McCloy auf Widerstand stieß.[149] Die Metapher des Abendlandes wurde in der konservativen Publizistik bald eine rhetorische Hülle zur Präsentation der geistesgeschichtlichen Kontinuitäten. Antibolschewismus, Reserven gegen eine liberale westliche Gesellschaft und übernationale Einheiten wurden in der „Rechristianisierung des Abendlandes" untergebracht.[150] Auch Hermann Aubin kehrte mit einer ähnlichen Position wie Hans Zehrer über den Abendland-Begriff in die politische Diskussion zurück.[151] Demgegenüber schien Wittrams Abendland-Vorstellung auf einer Tagung 1950 relativ eigenständig: „Das Abendland ist keine verfügbare Größe, und es ist auch zweifelhaft, ob es eine realisierbare Größe ist." Europa, und mit ihm die abendländischen Kräfte, seien nunmehr über den ganzen Erdball verstreut.[152] Eine offene Kontroverse um diesen bedeutsamen integrativen Begriff wollte jedoch auch Wittram anscheinend nicht auslösen.

Wittram hatte schon in seinem ersten Nachkriegssemester begonnen, sich zu dem, was er vor 1945 gedacht und gesagt hatte, mit Bedauern zu bekennen, was

---

[147] Besonders die rheinischen Industriellen waren die Zielgruppe der Tagungen. Vgl. Ralf Jürgen Treidl: Evangelische Kirche und Politische Kultur im Nachkriegsdeutschland. Bemerkungen zum Engagement der Evangelischen Akademie Hermannsburg/Loccum in Arbeitswelt und Presse, in: Jahrbuch der Gesellschaft für Niedersächsische Kirchengeschichte 91 (1993), S. 189-209, hier S. 195f. Nach Treidls Urteil prägten die Beiträge aus dem soziokulturellen und deutungskulturellen Bereich überregional und später bundesweit die politische Deutungskultur. Die Journalistentagungen besaßen ein großes Multiplikationspotential (vgl. ebd. S. 193, Anm. 13). Zu Wittrams Teilnahme vgl. ebd., S. 205.
[148] Vgl. ebd., S. 200.
[149] Vgl. ebd., S. 206.
[150] Vgl. Axel Schildt: Zwischen Abendland und Amerika. Studien zur westdeutschen Ideenlandschaft der 50er Jahre, München 1999, S. 19.
[151] Vgl. Schildt: Abendland, S. 35f.
[152] Vgl. Schildt: Abendland, S. 135.

ihm „dadurch den Respekt seiner Schüler für immer bewahrte", erinnert sich Annelise Thimme.[153] Auch über die universitäre Öffentlichkeit hinaus begann Wittram kritisch über die deutsche Vergangenheit und einen übersteigerten Nationalismus, gewertet als unglückselige Säkularisation, zu sprechen. Damit kam er dem für viele Konservative gültigen abendländischen Paradigma Hans Freyers aus dessen „Weltgeschichte Europas" in seiner Selbstsuche zuvor.[154] Überraschend und für Konservative im Sinne Freyers undenkbar (und unzugänglich) war der Ort, an dem Wittram dies tat: die Göttinger Universitätszeitung. Die Plazierung seiner Anklage gegen den deutschen und eigenen Nationalismus kostete Wittram zwar einige Diskussionen mit der Redaktion der GUZ[155], in denen vermutlich aus dem beabsichtigten halben Schritt ein ganzer wurde. Letztlich waren jedoch seine rhetorischen Ressourcen mit den Haltungen von Redaktion und studentischem Publikum kompatibel: Diskussion, Verständigung und Verständnis kamen zustande. Wittrams ernste Mahnung zu „einem neuen Zeitgefühl"[156] ohne mächtige deutsche Nation verband die gegebene – vielfach noch nicht akzeptierte – Wirklichkeit und das Bemühen zur Diagnose der früheren Fehler.

„Man kann sich so gröblich irren, wie wir es hinsichtlich der Führungsaufgabe des deutschen Volkes getan haben."[157]

Obwohl sich Wittram in diesem Artikel auch als intellektueller Diagnostiker selbst niemals von den Fehlern Hitler-Deutschlands ausnimmt, wirkt doch jene Passage besonders überzeugend, in der Wittram die wissenschaftlichen Konventionen auch sprachlich durchstoßen kann, indem er ausdrücklich „Wir" sagt. Wie hart erkämpft das Schuldbekenntnis war, zeigt sich daran, daß das „Ich" der Schuld im Gegensatz zum „Wir" nicht ohne den Anklang der christlichen „Urschuld" preisgegeben werden kann[158]:

---

[153] Thimme, S. 213.
[154] Vgl. Hans Freyer: Weltgeschichte Europas. 2 Bde., Wiesbaden 1948. Die Niederschrift des Werkes erfolgte in größten Teilen bis 1945, auch wenn die Erstveröffentlichung bis 1948 auf sich warten ließ.
[155] Vgl. Dietrich Goldschmidt: Als Redakteur bei der „Göttinger Universitäts-Zeitung". Erinnerungen 1945 bis 1949, in: Das Argument 37 (1993), S. 207-222, hier S. 213.
[156] Reinhard Wittram: Nationalismus, in: Göttinger Universitäts-Zeitung 2. Jg., Nr. 10, 25. April 1947, S. 1-5. Hier S. 1.
[157] Ebd., S. 2.
[158] Vgl. dagegen Mühle: „Ostforschung", S. 320, Anm. 6. Wittrams Äußerungen (an anderer Stelle) seien zwar den wenigen selbstkritischen Äußerungen zuzurechnen, blieben aber „vorsichtig an der Oberfläche". Vgl. auch Neitmann, S. 25, Anm. 52.

"Wer um die Geschöpflichkeit weiß, weiß um die Schuld. Ich kann das Wesen, die Geschichte meines Volkes nicht verklären und verherrlichen, sondern weiß um die Verderbtheit, die das Merkmal allen Völkerlebens ist. Ich kann mein Volk trotzdem lieben, hellsichtig allerdings, schmerzlich und dadurch vielleicht verpflichtender als je, wenn ich sehe, wie satanisch böse Dinge in seinem Namen geschehen konnten."[159]

Der Artikel schließt mit dem Aufruf, sich „als Christen auch im Völkerverkehr [zu] bewähren"[160]. Bei Wittram waren christliche Bekenntnisse nicht nur die abstrakte Größe zur Absteckung politischer Grenzen, sondern sie wurden zutiefst persönlich, wenn der Verfasser für seinen Versuch in der GUZ, „Abstand" vom fatalen Nationalismus zu finden, beim Wiederabdruck durch die Evangelische Akademie Hermannsburg an Verständnis und christliche Liebe appellierte:

„Das Ja und das Nein, das der Verfasser ausspricht, wird ihm niemand verargen, der gleich ihm zutiefst empfindet, wie sehr die Welt, auch wo sie von Haßkrämpfen geschüttelt wird, nach Liebe hungert."[161]

Das Sprechen von Schuld war ein sensibles Thema nach 1945. Das Feld moralischer Äußerungen war vermint. Ein „Schuldbekenntnis" der evangelischen Kirchen beispielsweise wurde als unangebrachter Versuch, eine moralische Avantgarderolle einzunehmen, attackiert und gar als Landesverrat gebrandmarkt. Gleichzeitig gab es jedoch auch Initiativen an der kirchlichen Basis, die weiterhin eine Schulddebatte motivierten.[162] Die moralische Legitimation von Geschichtswissenschaft konnte hier anknüpfen, rhetorische Ressourcen finden und versuchen, diese Ressourcen auch außerhalb des vergänglichen moralischen Schulddiskurses zu etablieren. Die Reaktion von Ewiggestrigen auf diese Entwicklung rundet das Bild ab. Wittram mußte sich 1964 von einem ehemaligen Kameraden den Vorwurf gefallen lassen, seit 1945 die Moral gepachtet zu haben und aus Opportunismus auf die Seite der „Re-Education" gewechselt zu sein. Der Vorwurf kam von Erhard Kroeger, im Dritten Reich Führer der nationalsozialistischen Bewegung im Baltikum und dort gut mit Reinhard Wittram be-

---

[159] Wittram: Nationalismus, S. 2f.
[160] Ebd., S. 5.
[161] Ebd., Nachwort, S. 86.
[162] Vgl. Axel Schildt: Solidarisch mit der Schuld des Volkes. Die öffentliche Schulddebatte und das Integrationsangebot der Kirchen in Niedersachsen nach dem Zweiten Weltkrieg, in: Bernd Weisbrod (Hg.): Rechtsradikalismus in der politischen Kultur der Nachkriegszeit. Die verzögerte Normalisierung in Niedersachsen, Hannover 1995, 269-296, hier S. 274. Schildt berichtet, wie sich der Kirchenvorstand von Reiffenhausen unterstützend an den Mitunterzeichner und Göttinger Nachkriegsrektor Rudolf Smend wandte.

freundet.[163] Im Gegensatz zu den sonst vielfach trotz unterschiedlicher Lebenswege nach 1945 aufrechterhaltenen persönlichen Beziehungen, fand hier auch ein privater Bruch statt.
Wittrams Umgang mit der Vergangenheit hatte Konsequenzen in Forschung und Lehre, die moralische Ressource schlug zurück auf den eigenen wissenschaftlichen Stil und auch die thematische Ausrichtung des Seminars. Wittrams Universitätsveranstaltungen waren thematisch nicht in der Zeitgeschichte angesiedelt. Trotzdem war die jüngste Vergangenheit in seinen Veranstaltungen stets präsent. Herbert Obenaus erinnert sich, daß Wittram auch Studenten kommunkativ an seiner persönlichen Aufarbeitung und der historischen Analyse teilhaben lassen konnte:

„Am aufgeschlossensten für kritische Fragen war wohl Wittram, der zu den besonders Belasteten unter den Historikern gehörte."[164]

Der bevorzugte Zugriff auf Themen der Zeitgeschichte lief bis zur Mitte der fünfziger Jahre über Fragestellungen zur Erforschung von „Nationalismus" und „Säkularisation". Das durch die Säkularisation in der Geschichte allmählich gewachsene religiöse Vakuum füllte nach dieser Interpretation der Nationalismus. Zusammen mit Werner Conze wies Wittram an der Universität Göttingen im Wintersemester 1950/50 und im Sommersemester 1951 ein einjähriges „Kolloquium über das neuzeitliche Säkularisationsproblem" aus.

Auffallend ist die Vehemenz und Autorität, mit der Wittram in den fünfziger Jahren die baltische Geschichtsschreibung vor der Wiederaufnahme vormals selbst betriebener Mystifizierung warnen konnte.[165] In konzertierter Aktion stellten 1952 Reinhard Wittram, Werner Conze und Arved von Taube gemeinsam Richtlinien auf, die der Baltischen Historiographie eine Zukunft ermöglichen sollten. Wittrams Beitrag erteilte nostalgischen Betrachtungen eine Absage und forderte, auch den eigenen „Anteil an Schuld und Schwäche", auch „Böses" beim Namen zu nennen, namentlich auch bei der unantastbaren Ikone baltischer Autonomiegeschichte und -geschichtsschreibung, Carl Schirren.[166] Der Vorrang

---

[163] Erhard Kroeger hatte nach 1945 Jahre im Untergrund zugebracht und begann 1964 mit Wittram eine Korrespondenz. Vgl. von Pistohlkors: Ostforschung, S. 319.
[164] Obenaus, S. 316.
[165] Vgl. Gert von Pistohlkors: Nachruf auf Professor Dr. phil. Reinhard Wittram († 16. April 1973), gehalten auf dem XXVI. Baltischen Historikertreffen am 16. Juni 1973, in: Zeitschrift für Ostforschung 22 (1973), S. 698-703, hier S. 699f.
[166] Reinhard Wittram: Geschichtswissenschaft und geschichtliche Wahrheit. Grundfragen der baltischen Geschichtsforschung, vorgelegt auf dem 5. Baltischen Historikertreffen am 27. Juli 1952 in Göttingen, abgedruckt in: Baltische Briefe Jg. 5 (1952), Heft 1, S. 7.

eines wissenschaftlichen Zugriffs wurde auch von Conze ausdrücklich gestützt. Politische und „erlebnismäßig begründete Antriebe für die Geschichtsbetrachtung" müßten durch „individuell-historisch" und „vergleichend-soziologische" Betrachtung ersetzt werden. Auf dieser Tagung (und immerhin abgedruckt in einem Vertriebenenblatt) stellte Conze dezidiert fest, daß die „Wiederherstellung der alten Wohnorte und Siedlungen indiskutabel ist."[167] Wittrams ehemaliger Kontrahent Arved von Taube entwarf eine landesgeschichtliche Betrachtung selbständiger baltischer Staaten unter Einbeziehung aller dort wohnenden Ethnien und befürwortete eine internationalen Ausrichtung durch die wissenschaftliche Integration der in den Westen geflohenen Esten und Letten (sicherlich auch aufgrund ihrer Eigenschaft als Antikommunisten).[168] Die Baltische Historische Kommission gewann insgesamt eine recht große Unabhängigkeit von der baltischen Landsmannschaft. Die baltische Kommission, die über keine festen institutionellen Strukturen verfügte, bezog finanzielle Ressourcen zur Realisierung von Publikationen bevorzugt vom Herder-Forschungsrat in Marburg[169], während man die Verbindungen zum Göttinger Arbeitskreis schnell lockerte. Es gab auch eine „Migration" baltischer Forscher entlang der Schiene Marburg-Göttingen.[170]

Die moralische Legitimation von Wissenschaft konnte im besten Fall zu einem erneuerten Forschungsbegriff führen. Darum war Wittram sehr bemüht. Seine moralischen Überlegungen setzten in den Publikationen und Veranstaltungen rhetorische und kognitiv-konzeptionellen Ressourcen frei. Später waren Wittrams methodische Vorlesungen und Publikationen geeignet, auch kognitiv-konzeptionelle Ressourcen fest an sich zu binden, wobei das Betroffensein durch die Zeitgeschichte als rhetorische Ressource erhalten blieb: „Im spezifischen Betroffensein durch die Geschichte", lag für Wittram das „Interesse an der

---

[167] Hierfür kam die späte ständische Ordnung des Baltikums im 19. und 20. Jahrhundert „alter Strukturtyp" in Frage, den Wittrams in seinen „Drei Generationen" (vgl. Anm. 140) beschrieben habe. Vgl. Werner Conze: Kann es heute noch eine lebendige Geschichte des Deutschtums in Ostmitteleuropa geben? Grundfragen der baltischen Geschichtsforschung, vorgelegt auf dem 5. Baltischen Historikertreffen am 27. Juli 1952 in Göttingen, abgedruckt in: Baltische Briefe Jg. 5 (1952), Heft 1, S. 8.

[168] Arved von Taube: Vom Sinn der Beschäftigung mit baltischer Geschichte in heutiger Zeit, Grundfragen der baltischen Geschichtsforschung, vorgelegt auf dem 5. Baltischen Historikertreffen am 27. Juli 1952 in Göttingen, abgedruckt in: Baltische Briefe Jg. 5 (1952), Heft 1, S. 8.

[169] Vgl. Neitmann, S. 38f.

[170] Vgl. Eduard Mühle: Introduction: The Baltic Lands, National Historiographies, and Politics in the „Short Twentieth Century", in: Journal of Baltic Studies 30 (1999), S. 285-291, hier S. 289.

Geschichte", „heute gesteigert durch den beschleunigten Wandel aller Verhältnisse. Wie war es möglich?"[171] In den bohrenden Fragen der Zeitgeschichte sah Wittram das „Interesse", aber auch eine Gefahr für die Geschichte. Historische Deutungen des Marxismus-Leninismus wären äußerst verlockend darin, bei der Sinnsuche in der Geschichte historische Entwicklungen und aktuelles politisches Handeln miteinander in Einklang zu bringen:

> „Radikale Historisierung und eben dadurch Wiedergewinnung des Immediatverhältnisses zum Geist, zum Geist, der die Kraft besitzt, sich fern von seiner Ursprungssituation immer neu zu vergegenwärtigen, unmittelbar zu beglücken oder in später Stunde zu verführen"[172]

Um den Mißbrauch von Geschichte zu verhindern, mußte die historische Forschung gleichzeitig die Betroffenheit diskutieren, und sich von der „Betroffenheit" durch die Gegenwart freimachen können. Rankes Maxime „sine ira et studio" sollte nicht länger als Deckmantel der Objektivität über der Historiographie liegen, sondern zum prozessualen Teil des Gegenstandes werden. Schuld und Verantwortung hatten jenseits von Geschichte eine zeitlose Verankerung, wie etwa im Christentum zu finden.

> „Immer geht es in der Geschichte um Schuld, sie ist der geheime Motor, der das Getriebe in Gang hält, meist verborgen, immer tätig, das eigentliche perpetuum mobile der Weltgeschichte."[173]

Wittram stand methodischen Innovationen wie der Sozialgeschichte auch weiterhin offen gegenüber. Besser als bei seinem innovativen Kollegen Werner Conze vertrug sich bei ihm die historische Belastung von Person und Nation mit einer Erneuerung der grundsätzlichen Ideen historistischen Denkens. Das ließ seine konzeptionellen Ressourcen die Konjunktur bloß rhetorischer Abendland- und Rechristianisierungsideologie auch wissenschaftlich überleben. Der bahnbrechenden Konzeption von Hans Rothfels – Zeitgeschichte als Epoche der Mitlebenden unterliegt unwiderstehlich dem moralischen Zugriff – näherte sich Wittram auf seinem eigenen Weg. Von der weitläufigen Forderung seiner Zeitgenossen, man müsse auch „dabei gewesen" sein, um zu verstehen, war Wittram moralisch und konzeptionell weit entfernt und erlaubte damit auch Jüngeren das historische Urteil.

---

[171] Reinhard Wittram: Das Interesse an der Geschichte. Zwölf Vorlesungen über Fragen des zeitgenössischen Geschichtsverständnisses. Göttingen 1958, S. 7f.
[172] Ebd., S. 18.
[173] Ebd., S. 17.

3. Die Option der akademischen Legitimation

3.1. Schieder: Die Dynamik der Vertreibung

Theodor Schieder wußte nach dem Zweiten Weltkrieg die institutionellen und finanziellen Ressourcen des Göttinger Arbeitskreises pragmatisch zu nutzen. Seine beiden ersten Nachkriegsschriften erschienen dort anonym, als Mischung aus Auftragsarbeit und rhetorischem Testlauf.[174] Mit Hilfe ehemaliger Königsberger aus dem Göttinger Arbeitskreis unbeschadet entnazifiziert, kam er 1947 – nach dem Verzicht von Rothfels – auf den Kölner Lehrstuhl für Geschichte der Neuzeit.[175]

Bei seinem Gutachten zum geplanten Großprojekt zur Dokumentation der Vertreibung der Deutschen aus dem Osten griff Schieder 1951 auf seine in Königsberg erworbenen Kompetenzen nicht nur thematisch, sondern auch methodisch und rhetorisch zurück: Formulierungen wie das „Heimatrecht der Deutschen" zeugen vom geringem Anpassungsdruck in der Formulierung solcher Art politisch gelesener Gutachten. Deutsches Volksgruppenrecht, schon vor 1945 kaschiert als Überwindung rein nationalstaatlichen Denkens, hätte, so Schieder, Potentiale zur Überwindung der Spannungen im gesamten Osteuropa gehabt. Verspricht Schieder im Gutachten noch Aufklärung über die „bolschewistische Herkunft des Vertreibungsprogrammes"[176], so kündete sich in einem 1952 veröffentlichten Aufsatz hier eine Wende an. In der Zeitschrift für Ostforschung stellte er die Kausalitäten der Vertreibung anders auf:

„Diese Ansätze werden durch die mittel- und osteuropäische Politik des Nationalsozialismus und den durch sie ausgelösten Gegenschlag vernichtet. Auf einen nationalen Imperialismus [...] folgt die Austreibung des Deutschtums aus Osteuropa als das Äußerste, was aus der Idee nationaler Assimilation gefolgert werden kann."[177]

---

[174] [Theodor Schieder:] Ostpreußens Geschichte und Kultur in ihrer europäischen Bedeutung, hrsg. v. Göttinger Arbeitskreis, Göttingen 1948. Siehe oben S. 64.
[175] Vgl. Leggewie: Mitleid mit Doktorvätern, S. 441.
[176] Vgl. Mathias Beer: Der „Neuanfang" der Zeitgeschichte nach 1945. Zum Verhältnis von nationalsozialistischer Umsiedlungs- und Vernichtungspolitik und der Vertreibung der Deutschen aus Ostmitteleuropa, in: Schulze/Oexle (Hg.): Deutsche Historiker, S. 274-301, hier S. 281.
[177] Theodor Schieder: Nationalstaat und Nationalitätenproblem, in: Zeitschrift für Ostforschung 1 (1952), S. 162-181, Zitat S. 165.

Damit war hier diejenige Interpretation Schieders schon ausgesprochen, die viele Jahre später das Vertreibungsprojekt ins Wanken bringen sollte und den Abschlußband verhinderte. Diese Entwicklung im Denken Schieders wurde angestoßen und beschleunigt durch den Wechsel des Mediums – in der ZfO ging es für Schieder nicht zuletzt auch um den Nachweis der Fähigkeit seiner Methodik zur Validität. In der Fachwissenschaft war die Kausalität der Vertreibung sagbar und mit der intensiven Nationalismusforschung sogar in Annäherung erklärbar. Bei einem politischen Projekt diese Kausalität auszusprechen, war etwas anderes. Hier öffnete sich die Schere zwischen verschiedenen Legitimationsstrategien für verschiedene, unterschiedliche Ressourcen bietende Felder.

Das Großforschungsprojekt „Dokumentation der Vertreibung der Deutschen aus Ost-Mitteleuropa" unter der Leitung Theodor Schieders versammelte noch einmal für einen etwa zehn Jahre dauernden Zeitraum (1951-1961) einen Kern des Kreises Königsberger Historiker zu gemeinsamer Arbeit. Neben dem Lehrer Hans Rothfels und seinen Schülern Theodor Schieder und Werner Conze arbeitete an dem Projekt auch eine „vierte Generation" von Historikern, u. a. Martin Broszat, Kurt Kluxen und Hans-Ulrich Wehler. In der – versuchten – Integration der jüngeren Generation war in Phasen intensiver Arbeit der Ansatz zur Reaktivierung des Königsberger Zusammenhalts enthalten. Das historische Großprojekt der Nachkriegszeit stand zwischen dieser persönlichen und methodischen Bindung eines elitären Kreises und der mehr finanziellen und kommunikativen Bindung der traditionellen Großprojekte. Mit Recht vermutet Mathias Beer, daß dieses Projekt, das die ganzen fünfziger Jahre umfaßte, dabei von Veränderungen nicht unberührt blieb.[178]

Die Unterlagen zu Ostpreußen, die in Göttingen vom Arbeitskreis gesammelt worden waren, nahm das Projekt dankbar auf.[179] Und auch die außenpolitische Motivation des Projekts, nämlich die „Wiedergewinnung des deutschen Ostens"[180] ist der des Arbeitskreises ähnlich. 1951 erhielt das Projekt in seinem Kampf gegen „das Unrecht von Potsdam" die „regierungsamtliche Weihe".[181] Doch blieb Schieder im folgenden reserviert gegenüber einer zu reißerischen, propagandistischen Form der Darstellung, die Auswärtiges Amt und Vertriebe-

---

[178] Vgl. Beer: Spannungsfeld. S. 348-351. Vgl. auch Sebastian Conrad: Auf der Suche nach der verlorenen Nation. Geschichtsschreibung in Westdeutschland und Japan 1945-1960. Göttingen 1999. S. 241.
[179] Vgl. ebd., S. 355.
[180] Ebd., S. 362. Zitat Adolf Diestelkamps, neben seinem Engagement für das Projekt Mitarbeiter des Staatsarchivs Hannovers und Angehöriger des Herder-Forschungsrates (vgl. S. 361).
[181] Ebd., S. 364.

nenministerium wünschten: „Aus dieser Zwangslage grundsätzlicher Art sollte Schieder und mit ihm das Projekt während der gesamten zehn Jahre nicht herauskommen"[182] (Beer). Innerhalb dieser Konstellation mußte Schieder mit wie gegen Theodor Oberländer, seinen alten Königsberger Bekannten, der 1953 als Nachfolger von Diestelkamp Vertriebenenminister wurde, sein Konzept einer politischen, aber nicht vollends politisch funktionalisierbaren Geschichtsschreibung durchsetzen. Der Prozeß konfrontierte die Projektleitung unausweichlich mit einer – offenen oder verdeckten – Auseinandersetzung mit der eigenen Methodik und ihren erkenntnisleitenden Interessen (lange bevor dieser Begriff üblich wurde). Die erste Lösung, das Beharren auf strengster – man glaubte, „kriminologischer" – Methode war nur für kurze Zeit eine tragfähige Basis zwischen den Polen von Politik und Geschichtsschreibung.[183] Voraussehbare Bruchstelle war seit Mitte der fünfziger Jahre der letzte, der Ergebnisband. Dazu meinte Rothfels 1958, bei der Vorgeschichte der Vertreibungen würden „politische Schwierigkeiten auftreten, und es müßten auch peinliche Vorgänge zur Sprache kommen."[184] Der Meinungsbildungsprozeß innerhalb der Gruppe der am Projekt beteiligten Historiker ging langsam, aber unaufhaltsam in die Richtung, Rasse- und Bevölkerungspolitik im Nationalsozialismus zu thematisieren.

Daß langfristig die politisch-pragmatisch Orientierung und Verwurzelung im Netzwerk der Ostforschung das Projekt nicht zu legitimieren vermochten, zeigen die vergeblichen Versuche des Herder-Forschungsrates in den fünfziger Jahren, mit einem ähnlichen Ansatz die Erlebnisse der eigenen Mitglieder aus dem Volkstumskampf der Zwischenkriegszeit auszuwerten.[185] Dort fehlte jedoch auch der Druck, sich der Intimität und Dynamik der Erlebnisberichte auszuliefern. Für das Vertriebenenprojekt und seine Mitarbeiter kam dagegen eminenter Druck von außen: Andere Projekte drohten die Dokumentation thematisch zu überholen: „Plötzlich waren Projekte da, die sich mit dem Inhalt und der Zielsetzung des Ergebnisbandes überschnitten."[186] Konkurrenz aus dem Ausland gefährdete für die jüngeren Mitglieder und auch Schieder selbst die akademische Legitimation ihrer Arbeit. Erst zu diesem Zeitpunkt wurde die selbstkritische Form der Zeitgeschichte auch zur Herausforderung. Überspitzt personalisiert, fiel die Wahl zwischen den Legitimationen von Aubin und von Rothfels zugunsten letzterer aus. Die akademische Legitimationsstrategie versprach Schieder

---

[182] Ebd., S. 367.
[183] Vgl. ebd., S. 377f.
[184] Ebd., S. 381.
[185] Vgl. Hackmann: Baltic History, S. 332.
[186] Beer: Spannungsfeld, S. 381.

die größte Eigenständigkeit und jüngeren Wissenschaftlern akademische Reputation im Tausch gegen den Verlust der breiten Unterstützung im Netzwerk der Ostforscher.

Revisionistische Forderungen der Bundesrepublik waren in der internationalen Politik im Kalten Krieg nur unter dem Mantel des Antikommunismus noch möglich, ohne dabei das Vertrauen des Auslands aufs Spiel zu setzen. Die Große Koalition von 1966 brachte dann jene Wende in der Außenpolitik, die in der Gesellschaft auch schon etliche Jahre vorher zunehmende Sympathien hatte erobern können. Schieder versuchte im Zeichen des langsamen Meinungsumschwunges seit Beginn der sechziger Jahre, die politisch-pragmatische Verankerung des Vertriebenenprojektes durch die Betonung der außenpolitischen Nützlichkeit kritischer Zeitgeschichte zu retten:

> „Dem Wandel des eigenen Standpunktes und den veränderten gesellschaftspolitischen Rahmenbedingungen entsprechend, argumentierte Schieder nun, es sei eine politisch nützliche Arbeit, „wenn wir das Geschehen aus seinen historischen Gründen und in mancher Hinsicht auch als Reaktion auf die NS-Politik zu verstehen suchten. Der Versuch einer Klärung der Hintergründe und Zusammenhänge, die schließlich zur Vertreibung geführt haben, sei zweifellos notwendig und ebenso nützlich im Interesse der Politik der Bundesregierung, die ja auch die Aufhellung der NS-Politik unterstütze.'"[187]

Diese Wendung der Legitimation des Forschungsprojektes gegen seine ursprüngliche Aufgabe war jedoch in Bonn nicht durchzusetzen. Der Ergebnisband war fertiggestellt, erschien jedoch wegen Differenzen mit dem Ministerium nicht mehr. Nicht die strenge Methodik einer wertfreien Wissenschaft brachte das Großforschungsprojekt zu einem vermeintlichen „Happy-End", erzählbar als die Verweigerung der Forscher gegenüber der Regierung. Es wäre zu prüfen, ob nicht der zentrale Legitimationsschwund derjenige der revisionistischen Außenpolitik und strikten Konfrontationsideologie des Kalten Krieges selbst gewesen war, der den Forschern einen den Verzicht auf ohnehin schwindende Ressourcen leicht werden ließ.

Rückkopplungseffekte in der Dynamik des Vertreibungsprojektes waren nicht ausgeschlossen. Der Entschluß zur demonstrativen Darstellung der Kausalitäten der Vertreibung ließ das Verhältnis zur eigenen Vergangenheit nicht unangetastet und hatte eine größere Bedeutung als die wissenschaftlich 1952 längst publizierte Interpretation. Schieder, von dem demonstrative Gesten einer Läuterung aus der Nachkriegszeit nicht bekannt sind, erscheint hier als Vertreter einer langwierigen, aber erfolgreichen Umgestaltung seiner Ressourcenkonstellatio-

---

[187] Ebd., S. 382. Das Zitat Schieders ist von 1961.

nen. Nur mit Ressourcen, die einer akademischen Legitimationsstrategie von Geschichtswissenschaft entstammten, gelang ihm ein stabiler Zugriff auf die Vergangenheit. Die rhetorischen Ressourcen waren bei Schieder eine zu variable Komponente, um ihnen öffentliches Sprechen über die eigene Vergangenheit anzuvertrauen.

3.2. Conze: Die sich selbst fortschreibende Innovation

Werner Conze lehrte vom Sommerhalbjahr 1946 bis zum Wintersemester 1951/52 in Göttingen. Wie seine Kollegen Leonid Arbusow, Kurt Stavenhagen, Wilhelm Treue und Reinhard Wittram, die alle vor Kriegsende weiter östlich schon – zumeist ordentliche – Professoren gewesen waren, besaß er dort noch 1950 lediglich einen Lehrauftrag. Jüngere Historiker wie Werner Markert, Walther Hubatsch, Hermann Bollnow waren dabei, die alte Generation der Ostforscher zu überholen. Conze hatte 1944 einen Ruf auf ein Ordinariat in Posen erhalten, wo auch Wittram lehrte, dieses jedoch wegen seines Kriegsdienstes nicht wahrnehmen können. Seine sechs Göttinger Jahre erscheinen folgerichtig in den meisten Würdigungen Conzes als tote Zeit – nämlich überhaupt nicht.[188] Conze erweiterte das Göttinger Lehrangebot um Veranstaltungen über „Sozialgeschichte" und hielt Veranstaltungen mit dem Agrarhistoriker Wilhelm Abel ab, der zur Wirtschaftswissenschaftlichen Fakultät gehörte. Sogar Percy Ernst Schramm sah sich motiviert, thematisch nachzuziehen und hielt im folgenden eine einjährige Vorlesung über „Deutsche Sozialgeschichte" ab. Auch die Wirtschaftsgeschichte war durch den in Göttingen lehrenden Hannoveraner Ordinarius Wilhelm Treue fortan dauerhaft vertreten.

Die verbissene Durchsetzung der „Sozialgeschichte" erscheint im Lebenslauf Conzes als eine Vorwärtsorientierung, die durch politische Wendepunkte und äußere Faktoren kaum zu beeinträchtigen war. Conzes Umwidmung von seinen wissenschaftlichen Ressourcen ist denn auch von seinen Schülern und „Biographen" lange Zeit ohne weiteres als Kontinuität beschrieben worden. Der Ver-

---

[188] Vgl. Art. „Werner Conze (1910-1986)", in: Rüdiger vom Bruch/Rainer A. Müller: Historikerlexikon. Von der Antike bis zum 20. Jahrhundert, München 1991, S. 58f. Zwischen 1944 und 1956 klafft dort eine Lücke, die durch Karrieredaten nicht auffüllbar gewesen war. Auch Kürschners Gelehrten-Kalender 1982 verzeichnet Conzes langjährigen Aufenthalt in Göttingen nicht. Das „Historikerlexikon" erwähnt jedoch den Kurzaufenthalt Aubins in Göttingen 1945/46 sehr wohl. Vgl. auch Wolfgang Zorn: Werner Conze zum Gedächtnis, in: VSWG 73 (1986), S. 153-157, hier S. 154. Siehe ferner auch die Vorlesungsankündigungen Conzes im Anhang.

such, soziologische Begriffe und operationalisierbare Fragestellungen auf den historischen Gegenstand anzuwenden, begann tatsächlich schon mit Conzes Dissertationsthema: die deutsche „Sprachinsel Hirschenhof". Laut Reinhart Koselleck fand Conze eine Sprachgemeinschaft ohne Nationalbewußtsein und zog den Schluß, daß Sprache, Volk und Nation analytisch getrennt werden müßten.[189] Folglich könne man die „methodische Nüchternheit, mit der Conze verfahren ist, nur mit Hochachtung registrieren."[190] Eine Revision seiner methodischen Forschungsstrategien sei für Conze nach 1945 nicht notwendig gewesen: kein Paradigmenwechsel, sondern ein reiner „Wortwechsel" vom „Volk" zur „Struktur". Die Weiterführbarkeit Conzescher Ansätze war darstellbar als Nachweis für die Existenz unverfälschter, politisch nicht funktionalisierbarer Wissenschaft. Opportunismus nach 1945 demonstrativ abzulehnen machte diese Haltung auch für die Zeit davor glaubhaft. Auf die nicht unerheblichen Ressourcen der neuen, nostalgischen Ostforschung mußte Conze dann jedoch auch verzichten: „Nostalgie war Conze fremd"[191], meinte Koselleck, und tatsächlich war Conze nüchtern und forsch genug, in einem baltischen Vertriebenenblatt das Ende nostalgischer Heimatgeschichtsschreibung und wirklichkeitsfremder Rückkehrphantasien zu fordern.[192]

Conzes starke Betonung der Notwendigkeit strikter, erneuerter Wissenschaftlichkeit entsprach einer akademischen Legitimationsstrategie und stand vor wie nach 1945 durchaus nicht in Konflikt mit einer gewissen Form der Politisierung. In der Nachkriegszeit mit ihrer Konjunktur moralischer und pragmatischer Legitimation wirkte Conzes fortdauernde Orientierung an wissenschaftlichen Grabenkämpfen wie eine Fokussierung seiner Biographie auf den Willen zur akademischer Legitimation von Wissenschaft – eine Gegen-Fokussierung verweist zum Beginn theoriegeleiteter Modernisierung der Geschichtswissenschaft denn auch nicht selten auf seine Person. Die politisch-weltanschauliche Orientierung im Dritten Reich tritt hinter diesem „Bild" von Conze ebenso zurück wie sein – gleich von welcher Seite – kaum je angesprochenes Engagement für die CDU. Conze berief sich bei seiner Forschung nach Stärkung der Sozialgeschichte nur auf sozialtheoretischem Umweg auf den politischen Wert, den eine Sozialgeschichte haben könne. Ihr Beitrag zur sozialen Frage könne helfen, die gesell-

---

[189] Vgl. Reinhart Koselleck: Werner Conze. Tradition und Innovation, in: HZ 245 (1987), S. 529-543.
[190] Ebd., S. 536.
[191] Ebd., S. 537.
[192] Werner Conze: Kann es heute noch eine lebendige Geschichte des Deutschtums in Ostmitteleuropa geben? 1952, vgl. o. S. 168 und Anm. 167.

schaftlichen Spannungen, die bis zur nationalen oder sozialistischen Revolution führen könnten, zu vermeiden.[193] Die politische Legitimation, die durch Berufung auf den „sozialen Ausgleich" gewonnen werden konnte, erschien interessanterweise bis heute als wesentlich weniger opportunistisch und politisch motiviert, als dies außenpolitische und revisionistische Forschung tun. Mitte und Ende der fünfziger Jahre erlebte Conze dann eine große Nachfrage, als politischer Festredner aufzutreten.[194]

Später wirkte Conze auch aktiv an der Stilisierung seiner Rolle bei der Etablierung innovativer soziologischer Methoden mit, als er 1979 in julianischem Stil in der dritten Person seinen Einfluß bei der Gründung des Arbeitskreises für moderne Sozialgeschichte beschrieb.[195] Conzes Stellung gegen die „Einöde" der traditionellen Geschichtswissenschaft konnte dieser in privater Korrespondenz im Rahmen der Gründungsanstrengungen markig ausdrücken. Carl Jantkes Antwort zeigt, daß die akademische Legitimationsstrategie zwischen beiden Forschern im Gleichklang lief, wenn er hoffte, „aus dem deutschen Zurückbleiben ein Voraneilen machen" zu können.[196] Die von ihm gesteuerte Gründung des Arbeitskreises für moderne Sozialgeschichte konnte Conze zum größten Teil mit einer akademischen Legitimationsstrategie gegen Widerstände und andere Einflüsse durchsetzen. Es gelang Conze, die durch die soziale Frage aufgewertete Struktur- und Sozialgeschichte bei seinem Bonner Ansprechpartner Paul-Egon Hübinger erfolgreich als Desiderat anzumelden. Was nach schlichten politischen „Beziehungen" aussieht, muß jedoch relativiert werden, pflegte Hübinger doch Kontakt zu mehreren, verschieden ausgerichteten Historikern.[197] Entscheidend für die Fortentwicklung von Sozialgeschichte und Arbeitskreis war

---

[193] Vgl. Werner Conze: Die Stellung der Sozialgeschichte in Forschung und Unterricht, in: Geschichte in Wissenschaft und Unterricht 3 (1952), S. 648-657, hier S. 653f.

[194] Werner Conze: Der 17. Juni. Tag der deutschen Einheit und Freiheit, Frankfurt a. M./Bonn 1960. Vortrag im Bundeshaus 1959. Vgl. auch den Vortag zum 17. Juni im Jahr 1955 an der Universität Münster, Werner Conze: Deutsche Einheit – Erbe und Aufgabe, Münster 1956.

[195] Werner Conze: Die Gründung des Arbeitskreises für moderne Sozialgeschichte, in: Hamburger Jahrbuch für Wirtschafts- und Gesellschaftspolitik. Festausgabe für Carl Jantke zum 70. Geburtstage, Tübingen 1979, S. 23-32. Vgl. die Überlegungen zum eigenen Stil auf S. 23.

[196] Zitiert nach: Winfried Schulze: Probleme der institutionellen Neuordnung der Geschichtswissenschaft in der Bundesrepublik Deutschland in den 50er Jahren, in: Peter Weingart/Wolfgang Prinz (Hg.): Die sog. Geisteswissenschaften: Innenansichten, Frankfurt a. M. 1990, S. 27-55, hier S. 50.

[197] Vgl. Schulze: Neuordnung, S. 49-51. Vgl. ferner das einschlägige Kapitel „Der Arbeitskreis für moderne Sozialgeschichte" in: Schulze: Geschichtswissenschaft, S. 266-280.

die von bestehenden Instituten und Machtzentren relative finanzielle und institutionelle Eigenständigkeit, die durch die neu gewonnenen Ressourcen möglich wurde. Aubins Einsprüche gegen die Gründung mit dem Hinweis auf ausreichend vorhandene Institutionen verwundern daher nicht.[198]

Im Laufe von Conzes Legitimationsprozeß zur Etablierung der Sozialgeschichte verschob sich der Akzent der Arbeiten. Die Untersuchung der in der Bundesrepublik zunehmend bedeutungslosen agrarisch ländlichen Strukturen ließ Conze im Laufe der fünfziger Jahre zugunsten einer Betrachtung der „industriellen Welt" fallen. Da es sich dabei im Denken Conzes von Anfang an um gegeneinander in Spannung gesetzte Elemente handelte, war die Umorientierung kaum sehr „mühsam", weniger radikal als bei Kollegen, aber vor allem bruchlos, nur eben langwierig.[199]

Die „nüchterne" Trennung von Elementen nationalsozialistischer Forschung verlief im Fall Conze derart schleichend und eingebettet in aktuell gebliebene Forschungsfragen, daß seine Schüler viele der ursprünglich im Kontext der Volksgeschichte motivierten Forschungsgebiete thematisch übernahmen und eine Zeitlang in der eingeschlagenen Richtung fortsetzten, wenn auch mit mehr Mut zur Aktualisierung und z. T. auch zum Überspringen der für Intellektuelle noch markanten politischen „Schwelle" zur Sozialdemokratie. Der Rothfels-Schüler Hans Mommsen behandelte beispielsweise in zahlreichen Aufsätzen das Nationalitätsprinzip in Bezug auf die Vielvölkerproblematik Österreichs und die Gegenkonzepte der österreichischen Sozialdemokratie zum Nationalstaatsprinzip.[200] Auch der Schieder-Schüler Hans-Ulrich Wehler beschäftigte sich früh in seiner akademischen Laufbahn mit dem Thema. Seine Veröffentlichung „Sozialdemokratie und Nationalstaat. Die deutsche Sozialdemokratie und die Nationalitätenfragen in Deutschland von Karl Marx bis zum Ausbruch des Ersten Weltkrieges" in der von Hermann Aubin stark beeinflußten Reihe „Marburger Ostforschungen. Im Auftrage des Johann Gottfried Herder-Forschungsrates e.

---

[198] Vgl. Schulze: Neuordnung. S. 47.
[199] Vgl. dagegen Hans-Ulrich Wehler: Nationalsozialismus und Historiker, in: Schulze/Oexle (Hg.): Deutsche Historiker, S. 306-339, hier S. 330. Conzes Neigung zur Agrarromantik in den dreißiger Jahren ist jedoch nur vor dem Hintergrund einer Ablehnung der industriellen Welt und der dagegen gespiegelten ländlichen Welt erklärlich.
[200] Vgl. Hans Mommsen: Die Sozialdemokratie und die Nationalitätenfrage im habsburgischen Vielvölkerstaat. Bd. 1: Das Ringen um die supranationale Integration der zisleithanischen Arbeiterbewegung (1867-1907). Wien 1963 (Veröffentlichung der Arbeitsgemeinschaft für Geschichte der Arbeiterbewegung in Österreich 1) und Hans Mommsen: Arbeiterbewegung und Nationale Frage. Ausgewählte Aufsätze. Göttingen 1979 (Kritische Studien zur Geschichtswissenschaft 34).

V." geht wohl auf Schieders Initiative zurück.[201] Beide Historiker suchen und finden in ihren Arbeiten ältere ideengeschichtliche Wurzeln zur Kritik am Nationalstaatsprinzip u. a. bei Otto Bauer („Die Nationalitätenfrage und die Sozialdemokratie", Wien 1907) – damit gelingt den Forschern der ideengeschichtliche Anschluß über die Ostforschung der akademischen Väter hinweg zu einer in den sechziger Jahren angebrachteren Anknüpfung. Die bei Schülern und Lehrern ganz unterschiedlich motivierten Überlegungen zur Überwindung des Nationalitätenprinzips wurden zum kommunikativen Element und auch heuristischen Startpunkt der insgesamt innovativen Gruppierung.[202]

Die Nationalitätenproblematik war ein dankbares Thema akademischer Legitimation und wurde dies um so mehr, als auch die Schüler Conzes diese Frage erneut und unter veränderten Gesichtspunkten aufgriffen, mit der Initiative, sie gegenüber dem konservativen Erkenntnisinteresse ihrer akademischen Väter durch alternative Modelle weiter zu verwissenschaftlichen. Die akademische Legitimation des – akademisch erfolgreichen – Schülerkreises von Conze stabilisierte dabei im Rückblick die akademische Legitimation Conzes trotz politisch unterschiedlicher Ausrichtung und weiterer Unterschiede. Conzes politische Ausrichtung in der BRD wurde nicht weitergetragen und mitsamt seiner weltanschaulichen Ausrichtung im Dritten Reich im Rahmen der Disziplingeschichtsschreibung „vergessen". Die akademische Legitimation Conzes war zum Selbstläufer geworden, so zum Beispiel in Jürgen Kockas Rückblick auf die Anfänge der bundesdeutschen Sozialgeschichte. Während Kocka methodische und politische Differenzen im „interprofessionelle[n] Generationengegensatz" zu Conze betonte, wurde doch mit der ideellen Übernahme des Arbeitskreises als „wichtige, wenn auch relativ kleine, Umschlagstelle für Informationen und Anregungen, Kritik und Initiativen"[203] der Anspruch auf das kritische und innovative Erbe dieser spezifischen Wissenschaft und der damit verbundenen legitimatorischen Wirkung erhoben.

---

[201] Vgl. Hans-Ulrich Wehler: Sozialdemokratie und Nationalstaat. Die deutsche Sozialdemokratie und die Nationalitätenfragen in Deutschland von Karl Marx bis zum Ausbruch des Ersten Weltkrieges, Würzburg 1962 (Marburger Ostforschungen. Im Auftrage des Johann Gottfried Herder-Forschungsrates e. v. 18).

[202] Insgesamt konnte der Forschung um die „Nation" im Einklang mit der Friedensforschung bis in die achtziger Jahre ein politisch wissenschaftlicher Erfolg nicht abgesprochen werden, der erst durch den „selbstverständlichen" Nationalismus der Wiedervereinigung und die Desavouierung übernationaler Konzepte im Jugoslawien-Krieg überholt wurde.

[203] Vgl. Jürgen Kocka: Werner Conze und die Sozialgeschichte in der Bundesrepublik Deutschland, in: Geschichte in Wissenschaft und Unterricht 37 (1986), S. 595-602, Zitate S. 597 und S. 601.

V. Schluss

Die Untersuchung von Professionalisierungs- und Legitimationsstrategien der Geschichtswissenschaft ist bislang selten unternommen worden. Außergewöhnlich stark konzentriert sich die Historiographiegeschichte als die Geschichtsschreibung der eigenen Disziplin auf konkrete Ergebnisse der Forschung, die zumeist einzelnen zugeschrieben werden. Methodik, Thematik und Darstellungsformen werden dabei in der Regel individualistisch, manchmal als Teil von „Schulen" behandelt, welche die Disziplingeschichte gelegentlich zu einer Art Vererbungslehre mutieren lassen. Auch wenn in der Ideengeschichte die Betrachtung von „Paradigmen" diese „verschulte" Sichtweise zu überdecken beginnt, treten doch diejenigen Faktoren kaum ins Blickfeld, die die Forschung schon in starkem Maße vorstrukturieren.

Die Ressourcen, über die ein Forscher frei verfügen kann, sind beschränkt. Dabei sind manche Ressourcen miteinander kompatibel, andere weniger oder gar nicht. In Zeiten moralischer Verunsicherung stehen rhetorische und konzeptionelle Ressourcen eng beieinander und ergänzen sich gegenseitig unmittelbar. Konzeptionelle Ressourcen sind in Kombination mit einem funktionierenden Netzwerk im Extremfäll sogar bis zur Gründung von Instituten umsetzbar. Etablierte Institute hingegen sind zumeist wenig konzeptionsfreudig und pflegen die Gründungslegitimation sorgfältigst. Moralische und finanzielle Ressourcen dagegen müssen sehr subtil auf konkrete Erwartungen des Zeitgeistes hin zusammengesetzt werden und haben eine geringe Halbwertzeit.

Die festgestellten Legitimationsstrategien unterscheiden sich erst nach begonnener Ausdifferenzierung auch entlang ihrer Aufnahme der Nachkriegskonzeptionen des Europa- und Abendlandgedankens. Während die pragmatische Legitimation Metaphern des abendländischen Kulturzusammenhangs an die Stelle der deutschen Volkskultur schiebt, und so die eigene Disziplin durch die Frontstellung gegen den Osten stützen kann, wird die moralische Legitimation Teil der Abendlandmetaphorik selbst. Die akademische Legitimationsstrategie greift im politischen Feld gern auf rhetorische Konventionen zurück, versucht jedoch demonstrativ das wissenschaftliche Feld von Anklängen etwa an Freyers neuerworbene Abendlandmetaphorik freizuhalten.

Die Ostforschung startete ihre Karriere als eine Disziplin, die politische und romantisch-metaphorische Hoffnungen bündelte und ihnen ein Tätigkeitsfeld verschaffte. Sie überlebte ihre überhitzte Konjunktur als Überwissenschaft im Zweiten Weltkrieg und konnte sich in der Bundesrepublik mit einer pragmatischen Legitimationsstrategie noch einmal neu etablieren. Heutzutage ist sie verschwunden, und hat mit der Umbenennung der Zeitschrift für Ostforschung auch das letzte Organ verloren, das in seinem Namen noch einen Rest des ehemaligen Programms konserviert hatte. „Ostforscher" hat einen schlechten Beigeschmack bekommen und konsequenterweise wurde das „Erbe der Ostforschung" endgültig zerlegt, entgiftet und verteilt. Die pragmatische Legitimation der Ostforschung wurde nicht mehr erneuert, und akademische Legitimationsformen wurden an die Ostforschung nicht mehr angeschlossen. Statt dessen profitierte die akademische Disziplin der osteuropäischen Geschichte vom Wegfall der Ostforschung. Ihr Abstand zur Ostforschung, um den die osteuropäische Geschichte zunehmend aktiv bemüht war, wurde von ihrer eigenen Disziplingeschichtsschreibung immer weiter in die Vergangenheit – schließlich auch bis vor die Ostforschung – zurückverlegt; eine Maßnahme, um die eigene akademische Legitimation abzusichern.

Die Ergebnisse zur Untersuchung der akademischen Legitimationsstrategie sind denjenigen der Historiographiegeschichte jedoch gar nicht unähnlich. Allerdings kommen hier die Kosten in den Blick, die z. B. Werner Conze aufbringen mußte, um aus seiner Versorgungsstellung in Göttingen wieder in eine einflußreiche Position zu kommen. Zu diesen Kosten gehörte gerade der Verzicht auf ein pragmatischeres, ergebnisorientierteres Verhalten und auch materielle Sicherheit. Interessant wäre es, zu verfolgen, ab wann diese akademische Legitimationsstrategie auch nach außen als Erfolg deutlich wurde. Hier wäre wohl der Zeitpunkt aussagekräftig, von dem an Conze wieder einen festeren Schülerkreis finden konnte.

Die Notwendigkeit zur Abgrenzung einer moralischen Legitimationsstrategie ist klar hervorgetreten. Die Abgrenzungen der Umorientierung von Wittram und Heimpel gegenüber Conze auf der einen Seite und Aubin auf der anderen waren

V. SCHLUSS

nicht nur bei der Untersuchung ihres Verhaltens deutlich, sie hatten auch vorstrukturierende Wirkung für sich anschließende „Schulen". Es kann festgehalten werden, daß eine persönliche Umorientierung nach 1945 als Einzelleistung, unabhängig von intellektuellen Netzwerken oder alliierter Bevormundung absolut möglich war. Reinhard Wittrams konzeptionelle Überlegungen zeigen die Bedeutung dieser ungewöhnlichen Art des Umgangs mit der eigenen Vergangenheit im Nationalsozialismus auch für die wissenschaftlichen Konsequenzen. Die moralische Legitimation setzte rhetorische und konzeptionelle Ressourcen frei, die zeitgebunden entstanden waren, aber nachhaltig umgesetzt werden konnten. Wittram konnte damit erfolgreich eine neohistoristische Geschichtstheorie entwickeln, als der Neohistorismus für die akademische Legitimationsstrategie immer unbrauchbarer zu werden schien. Auf der anderen Seite verlor die prosperierende Schule der Sozialgeschichte jene rhetorischen Ressourcen, mit denen sie ihr durchaus nicht unhistoristisches Vorgehen und ihre vermeintlich nicht vorhandenen hermeneutisch-psychologisierenden Deutungen reflektieren konnte. Wie für die pragmatische Legitimation auch, wäre es für weitere Forschungen wichtig, in noch stärkerem Maße Ego-Dokumente heranzuziehen, um zu sehen, ob das nach außen hin strategische Verhalten das Selbstbild der Forscher zu fragmentieren oder zu festigen in der Lage war. Hier wäre die Reaktion der Schüler auf die aufgezeigten Legitimationsstrategien und deren Rückwirkung auf die akademischen Lehrer von Interesse. Die jüngsten Interviews der Schülergeneration, die in dieser Untersuchung die „vierte" Generation gewesen ist, stehen hier erst am Anfang und die bisherige „Monopolstellung" dieser Selbstreflektionen bezeugt die aktuellen methodischen Unsicherheiten und Defizite in der Historiographiegeschichte.

Die moderne Geschichtswissenschaft wird sich in der aktuellen Diskussion um die konkreten Verwicklungen ihrer Vorgänger in den NS fragen müssen, wie sie sich zu deren Traditionen, ihren Schriften vor und nach 1945 stellen möchte. Demonstrative Distanz ist dabei jetzt fast eine ritualisierte Verhaltensweise. Die Tradition kühl abzustoßen jedoch wird nicht gelingen – so weitreichend ist die Wirkung der moralischen Ressource, der großen Buße nach der übergroßen Schandtat: Daß eben doch eine Kontinuität unter großem Kraftaufwand herstellbar war, die sich bis heute und in die Zukunft verlängert – und eben nicht nur als Network, als Seilschaft existiert. Wo opportunistisches Verhalten uns als allzumenschlich kaum beunruhigt und wissenschaftliche Innovation sich überholt und ihre Ausstrahlung sich relativiert, ruft uns das Verhalten von Heimpel und Wittram die Entfremdungsbarriere vor Augen, die zwischen NS und BRD gelegt worden ist. Die Distanzierung von dieser Vergangenheit ist heute zwar eine Selbstverständlichkeit, die Verbindung mit der Geschichte jedoch umso vitaler.

Diese Arbeit war auch ein Ansatz zu dem Versuch, die Barriere des Selbstschutzes, der uns noch umgibt, abzusenken. Die modisch anmutenden, analytischen Begriffe „Ressourcen", „Mobilisierungsstrategie" und „Legitimation" sind Teil dieses Effekts, den Modernisierungsschub, der der zunehmenden gesellschaftlichen Legitimation von Wissenschaft im 20. Jahrhundert innewohnte, nicht von der Situation der Gegenwart abzukoppeln. In diesem Prozeß markieren die „Zäsuren" von 1914, 1918, 1933 und 1945 Auftakte erneuter Beschleunigung, nicht qualitative Einschnitte, gerade weil die mehrmalige Umgruppierung und Aktualisierung von Ressourcenkonstellationen selbst zu einem integralen Bestandteil der Leistungen von Forschern zu werden begann.

VI. Historische Lehrveranstaltungen, Göttingen 1942-54

Die Auswahl der hier abgedruckten Lehrveranstaltungen umfaßt sämtliche *angekündigten* Lehrveranstaltungen des Seminars für Geschichtswissenschaft von 1942-1955 mit Ausnahme der Veranstaltungen in Ur- und Frühgeschichte. Es wird ergänzt durch die Veranstaltungen des Ostforschers und ordentlichen Professors für Geographie Hans Mortensen bis 1951, die (oft zeitgeschichtlichen) Veranstaltungen am Institut für Völkerrecht und die wirtschaftswissenschaftlichen Vorlesungen Wilhelm Abels, an dessen agrarwissenschaftlichem Seminar auch Werner Conze vorübergehend kooptiert war. Ab dem Sommersemester 1951 bildeten Abels Veranstaltungen innerhalb des nun auch separat ausgewiesenen Seminars für Volkswirtschaft zusammen mit Gerhard Kesslers Veransataltungen einen wirtschaftsgeschichtlichen Schwerpunkt außerhalb des Historischen Seminars. Hinzu kommen die ab 1951/52 angebotenen Veranstaltungen in Soziologie. Die Nennung der akademischen Titel wurde aus den Quellen übernommen.

Damit entsteht ein Bild der sich verschiebenden Gesamtlage der Themen historischer Lehrveranstaltungen von 1942 bis 1955, der nachwirkenden Kooperation von Ostforschern, sowie ihrer teilweisen Öffnung gegenüber neuen Themen. Die Verteilung historischer Forschung über Fächergrenzen hinweg erklärt sich zunächst aus der Unterbringung diverser Ostforscher in verschiedensten akademischen Disziplinen und wird schließlich durch die beginnende Professionalisierung und Etablierung sozialwissenschaftlicher Fächer abgelöst.

Sommerhalbjahr 1942

Prof. Ulrich Kahrstedt	Geschichte der Kaiserzeit vom Ausgang der Severer bis Konstantin
	Althistorisches Seminar: Übungen zur römischen Annalistik, auch für Nichthumanisten
Prof. Karl Brandi	Deutsche Geschichte im Zeitalter der Reformation und der Gegenreformation
	Lektüre von Urkunden und Akten im Diplomatischen Apparat
Prof. Erich Botzenhart	Geschichte Englands seit 1648
	Übungen zur politischen Ideengeschichte des 18. und 19. Jh.
Prof. Siegfried Kaehler	Vom Berliner Kongreß bis Versailles (Allg. Geschichte 1878-1919)
	Übungen des Hist. Seminars: Deutschland und England 1890-1914
Dr. Mediger	Übung: Der Beitritt Rußlands zu der Koalition gegen Friedrich d. Gr.

Winterhalbjahr 1942/43

Prof. Ulrich Kahrstedt	Geschichte der Mittelmeerländer vom Ende des Assyrerreiches bis Philipp II.
	Althistorisches Seminar: Platon in Syrakus
Prof. Karl Brandi	Deutsche Geschichte im Überblick
	Paläographische Übungen im Diplomatischen Apparat
Prof. Siegfried Kaehler	Deutsche Heeresgeschichte im Überblick
	Übungen des Hist. Seminars (Heeresgeschichtliche Grundfragen)
Prof. Erich Botzenhart	Allgemeine Geschichte im Zeitalter der französischen Revolution und des Reichsunterganges (1789-1806)
	Proseminar: Über einige Hauptfragen der Geschichtsschreibung und der Geschichtsphilosophie
Dr. Mediger	Übung: Die ostdeutsche Kolonisation im Lichte der Slavenchronik Helmolds

Sommerhalbjahr 1943

Prof. Ulrich Kahrstedt	Geschichte der Mittelmeerländer von Philipp II. bis zum hannibalischen Kriege
	Althistorisches Seminar: Die Römer in Nordwestdeutschland, auch für Nichthumanisten
Prof. Jesse	Einführung in die Münz- und Geldgeschichte, mit Demonstrationen
Prof. Karl Brandi	Deutsche Geschichte von den Anfängen des Mittelalters bis zur Neuzeit (im Überblick)
	Paläographische Übungen im Diplomatischen Apparat
Prof. Erich Botzenhart	Deutsche Geschichte im Zeitalter Friedrichs des Großen und Maria Theresias
	Historisches Proseminar: Einführung in das Geschichtsstudium
	Historisches Seminar, b) Übungen zur Geschichte Friedrichs des Großen, insbesondere über den Ursprung des Siebenjährigen Krieges
Prof. Siegfried Kaehler	Europäische Geschichte von 1815-48
	Historisches Seminar, a) Übungen zum Jahr 1848

Winterhalbjahr 1943/44

Prof. Ulrich Kahrstedt	Geschichte der Mittelmeerländer im Zeitalter der Begründung der Römischen Weltherrschaft
	Althistorisches Seminar: Übungen zur Geschichte von Delphi
Prof. Jesse	Münz- und Geldgeschichte des Mittelalters, mit Demonstrationen
Prof. Karl Brandi	Geschichte der Geschichtsschreibung in Deutschland
	Diplomatisch-paläographische bungen

Prof. Erich Botzenhart	Das Zeitalter der deutschen Erhebung 1786-1815
	Übungen zur Geschichte der Steinschen Reformen
Prof. Siegfried Kaehler	Allgemeine Geschichte des Zeitalters der Einheitsbewegungen (1850-71)
	Übungen zur Geschichte Bismarcks

Sommerhalbjahr 1944

Prof. Ulrich Kahrstedt	Das Zeitalter der römischen Revolution
	Althistorisches Seminar: Ausgewählte Urkunden der Kaiserzeit (auch für Nichthumanisten)
Dr. Jesse	Münz- und Geldgeschichte des Mittelalters, mit Demonstrationen
Prof. Karl Brandi	Geschichte und Kultur der Renaissance
	Geschichte der Urkunde und der urkundlichen Quellen vom Ausgang der Antike bis zur Neuzeit
Prof. Erich Botzenhart	Allgemeine europäische Geschichte im Zeitalter der Gegenreformation und des 30jährigen Krieges
	Übungen zur Geschichte des Wallensteinproblems
	Historisches Proseminar: Einführung in das Geschichtsstudium
Prof. Siegfried Kaehler	Allgemeine Geschichte im Zeitalter Bismarcks (1871-90)
	Historisches Seminar: Übungen zur inneren Politik des Kaiserreichs
	Historisches Proseminar: Übungen zu Bismarcks „Gedanken und Erinnerungen"

Winterhalbjahr 1944/45

Prof. Ulrich Kahrstedt	Caesar und Augustus
	Althistorisches Seminar: Dura-Europos
Prof. Jesse	Münz- und Geldgeschichte der Neuzeit. Mit Demonstrationen
Prof. Karl Brandi	Allgemeine Geschichte des Mittelalters, I. Teil
	Übungen im Diplomatischen Apparat
Prof. Erich Botzenhart	Deutsche Geschichte vom Westfälischen Frieden bis zur Thronbesteigung Friedrichs d. Großen (1648-1740)
	Historisches Seminar: Übungen zur Geschichte des westfälischen Friedens
	Historisches Proseminar: Über einige Hauptprobleme der modernen Geschichtsschreibung
Prof. Siegfried Kaehler	Allgemeine Geschichte im Zeitalter des Imperialismus
	Historisches Seminar: Übungen zur Geschichte Österreichs im 19. Jahrh.
	Historisches Seminar: Besprechung größerer Arbeiten

Sommersemester 1945 – fand nicht statt

Winterhalbjahr 1945/46

Geschichtswiss.	
Prof. Wiegers	Chronologie, Kultur und Kunst des Menschen der Eiszeit in Mitteleuropa. Mit Lichtbildern.
	Rohstoffversorgung und Wirtschaftsformen der Vorzeit
Prof. Ulrich Kahrstedt	Geschichte der Römischen Kaiserzeit bis zum Tode Trajans
	Althistorisches Seminar: Thema nach Vereinbarung
Prof. Karl Brandi	Geschichte der deutschen Kaiserzeit
	Das Schriftwesen des Mittelalters als Einführung in das wissenschaftliche Studium der Geschichte
	Allgemeine Geschichte des Mittelalters, II. Teil [Die Veranstaltung ist nicht im Vorlesungsverzeichnis angekündigt, jedoch zahlreich bezeugt, z. B. durch Thimme: Geprägt von der Geschichte, S. 190.]
Prof. Leonid Arbusow	Geschichtsschreibung des Mittelalters und des Humanismus
	Übungen in der lateinischen Paläographie
	Übungen über stilkritische Fragen in mittelalterlichen Chroniken
Prof. Siegfried Kaehler	Allgemeine Geschichte im Zeitalter des Imperialismus (1878-1919)
	Übungen des Hist. Seminars I: Bismarcks Friedenspolitik 1871-1890
	Übungen des Hist. Seminars II: Zur deutschen Parteiengeschichte seit 1890
	Von Versailles bis Danzig 1919-1939 **[Öffentliche Vorlesung]**
N. N.	Der europäische Absolutismus vom 16. bis ins 18. Jahrhundert (Grundlagen und Wesen)
	Übungen zur Geschichte des europäischen Absolutismus
	Deutsche Geschichte von 1815-1860
Prof. Walther Hubatsch	Deutsche Geschichte 1648-1789 im Überblick
	Proseminar: Einführung in die neuere Geschichte

Völkerrecht	
N. N.	Völkerrecht I (Allgemeine Grundlagen der internationalen Ordnung)
	Völkerrecht II

Geographie	
Prof. Hans Mortensen	Allgemeine Morphologie
	Geographisches Mittelseminar: Grundbegriffe und Grundfragen der Anthropogeographie
	Geographisches Oberseminar: Länderkunde von Südasien und Insulinde
Prof. Hans Mortensen	Geographisches Kolloquium
	Übungen im Gelände

Sommerhalbjahr 1946

Geschichtswiss.

Dr. Ernst Kirsten	Griechische Landeskunde
	Althistorisches Proseminar: Römer und Latiner
Prof. Ulrich Kahrstedt	Geschichte der römischen Kaiserzeit vom Tode Trajans bis zum Ausgang der Severer
	Der Zusammenbruch des antiken Staatensystems und das Zeitalter des antiken Sozialismus [Öffentliche Vorlesung]
	Althistorisches Seminar: Thema und Zeit nach Vereinbarung
Prof. Hermann Heimpel	Geschichte der deutschen Kaiserzeit
	Deutsche Reformationsgeschichte im Überblick
	Übungen über den Landfrieden im Spätmittelalter
Prof. Leonid Arbusow	Die Geschichtsschreibung des Humanismus
	Diplomatik
	Paläographische und diplomatische Übungen
Dr. Wilhelm Treue	Allgemeine Wirtschaftsgeschichte 1600-1914: vom Merkantilismus zum Neumerkantilismus
	Alexander von Humboldt und das 19. Jahrhundert
	Übungen über Adam Smith und Friedrich List
Dr. Walther Hubatsch	Deutsche Geschichte von 1789-1815 im Überblick
	Geschichte der skandinavischen Völker und Staaten
	Übungen zur Geschichte der deutsch-skandinavischen Beziehungen
Prof. Reinhard Wittram	Europäische Geschichte 1815-1860
	Übungen zur Außenpolitik der europäischen Mächte im Zeitalter der Heiligen Allianz
	Übungen zum Nationalismus im 19. Jahrhundert
Prof. Siegfried Kaehler	Geschichte der Bismarckschen Reichsgründung
	Übungen zur Geschichte Bismarcks (im Anschluß an die Vorlesung)
	Übungen des Hist. Seminars II: Zur deutschen Parteiengeschichte seit 1890
	Von Versailles bis Danzig 1919-1939
Prof. Werner Conze	Lektüre mittelalterlicher Quellen
	Übungen zur deutschen Agrar- und Siedlungsgeschichte

Völkerrecht

Prof. Herbert Kraus	Völkerrecht
	Übungen im öffentlichen Recht
	Seminar Völkerrecht

Winterhalbjahr 1946/47

Geschichtswiss.

Dr. Ernst Kirsten	Geschichte der Stadt Athen
	Althistorische Übungen: Die Kriege Roms gegen Makedonien
Prof. Ulrich Kahrstedt	Geschichte der römischen Kaiserzeit vom Ausgang der Severer bis Konstantin
	Althistorische Übungen: Die Kriege Roms gegen Makedonien (auch für Nchthumanisten)

Prof. Hermann Heimpel	Deutsche Geschichte im Zeitalter der Staufer
	Übungen zur Geschichte der Staufer
	Übungen zur Geschichte des 15. Jahrhunderts (für Fortgeschrittene)
Prof. Leonid Arbusow	Die Geschichtsschreibung des Hochmittelalters und des Humanismus
	Diplomatik
	Diplomatische Übungen
Prof. Werner Conze	Deutsche Agrar- und Siedlungsgeschichte vom ausgehenden Mittelalter bis zur Neuzeit
	Übungen zur deutschen Agrar- und Siedlungsgeschichte
	Übungen zur frühen deutschen Sozialgeschichte
Dr. Wilhelm Treue	Allgemeine Wirtschaftsgeschichte 1600-1914
	Geschichte Nordamerikas
	Übungen über das Deutschlandbild in den Gelehrten-Erinnerungen des 19. Jahrhunderts
Dr. Walther Hubatsch	Das Zeitalter Ludwigs XIV.
	Übungen über Richelieu und Colbert
Prof. Reinhard Wittram	Geschichte Europas im 19. Jahrhundert
	Übungen über das Jahr 1848 und die europäischen Nationalitäten (für Fortgeschrittene)
Prof. Siegfried Kaehler	Europäische Geschichte von der Reichsgründung bis zum Sturz Bismarcks
	Übungen zur europäischen Geschichte von der Reichsgründung bis zum Sturz Bismarcks
Prof. Hugelmann	Verfassungsgeschichte der Neuzeit
N. N.	Weimar und Potsdam: die Geschichte zweier Ideen

Völkerrecht

Prof. Herbert Kraus	Völkerrecht

Sommerhalbjahr 1947

Geschichtswiss.

Dr. Ernst Kirsten	Das Stadtbild von Athen vom Altertum bis zur Gegenwart
	Die Dodekanes: Geographie und Geschichte
	Übungen über die perikleische Zeit
Prof. Ulrich Kahrstedt	Geschichte der Mittelmeerländer vom Ausgang des Assyrerreiches bis Philipp II.
	Übungen zur Geschichte germanischer Stämme in frühromanischer Zeit
N. N.	Einführung in die mittelalterliche Geistesgeschichte
	Übungen zur Einführung in Stoff und Methode der Geschichtswissenschaft
	Geschichtliches Kolloquium
Prof. Hermann Heimpel	Deutsche Geschichte im späten Mittelalter 1250-1500
	Historische und textkritische Übungen für Fortgeschrittene
Prof. Leonid Arbusow	Die Geschichtsschreibung der Kreuzzugszeit
	Paläographie
	Stilistische und historische Übungen an Quellen der Kreuzzugszeit

VI. Historische Lehrveranstaltungen. Göttingen 1942-54

Dr. Hermann Bollnow	Geschichte des deutschen Städtewesens
	Historische Übungen: Lektüre einer mittelalterlichen Geschichtsquelle
	Übungen zur Geschichte der deutschen Geschichtsschreibung im 18. und 19. Jahrhundert
Prof. Wilhelm Jesse	Münz- und Geldgeschichte des Mittelalters (mit Demonstrationen)
Prof. Werner Conze	Deutsche Sozial- und Verfassungsgeschichte vom Ausgang des Mittelalters bis 1806
	Übungen über die Grundlagen des modernen Staates im 16. und 17. Jahrhundert
Dr. Dietrich Bischoff	Geistesgeschichte der englischen Reformation
Prof. Will-Erich Peuckert	Geistesgeschichte der Gegenreformation und des Barock
	Geistesgeschichtliche Übungen: Der soziale Gedanke im 16. und 17. Jahrhundert
Dr. Walther Hubatsch	Geschichte Englands im 17. und 18. Jahrhundert
	Deutschland und der Norden im Wandel der Jahrhunderte
	Übungen zur Geschichte Englands
	Übungen im Entwerfen historischer Kartenskizzen
Prof. Reinhard Wittram	Das Zeitalter der französischen Revolution
	Übungen zum Zeitalter der französischen Revolution
Prof. Siegfried Kaehler	Die große Politik von 1890-1914
	Parteien und Verfassungsrecht in Deutschland
	Von Versailles bis Danzig 1919-1939 **[Öffentliche Vorlesung]**
	Übungen über das deutsch-englische Bündnisproblem 1898 - 1901
Dr. Klostermann	Übungen zur Geschichte der kirchlichen Unionsbestrebungen: Das Konzil von Florenz

Völkerrecht

Prof. Herbert Kraus	Völkerrecht I. und II. Teil

Geographie

Prof. Hans Mortensen mit Göttinger u. auswärtigen Fachleuten	Landeskunde weltpolitisch wichtiger Gebiete **[Öffentliche Vorlesung]**

Wirtschaftswiss.

Prof. Wilhelm Abel	Agrarpolitik II: Ernährungswirtschaft und Agrarstatistik
	Volkswirtschaftslehre

Wintersemester 1947/48

Geschichtswiss.

Dr. Ernst Kirsten	Althistorische Übungen: Monumentum Ancyranum
	Das byzantinische Reich
Prof. Ulrich Kahrstedt	Geschichte der Mittelmeerländer von Philipp II. bis zum hannibalischen Kriege
	Althistorisches Seminar: Probleme der römischen Annalistik (auch für Nichthumanisten)

N. N.	Geschichte des frühen Mittelalters
	Geschichte Englands, I. Teil
	Historisches Proseminar
	Geschichtliches Kolloquium
Dr. Wilhelm Berges	Geschichte der mittelalterlichen Staatstheorie
	Übungen zur lateinischen Epigraphik des Mittelalters
	Übungen zur Geschichte des Reichstags im Mittelalter
Prof. Hermann Heimpel	Geschichte der deutschen Reformation
	Übungen im historischen Seminar, mittelalterliche Abteilung
Prof. Leonid Arbusow	Diplomatik
	Diplomatische Übungen
	Übung über die Darstellungsart Ottos von Freising und anderer Chronisten des Hochmittelalters
Dr. Hermann Bollnow	Wirtschaftsgeschichte des frühen Mittelalters
	Quellen zur deutschen Wirtschaftsgeschichte des Mittelalters
	Übung: Die deutsche historische Schule
Dr. Wilhelm Treue	Allgemeine Wirtschaftsgeschichte der Neuzeit, I. Teil
	Übungen zum Sozialismus in Deutschland
Prof. Werner Conze	Europäische Geschichte im Zeitalter der Gegenreformation und des 30jährigen Krieges
	Geschichte des deutschen Landvolks im Überblick
Dr. Walther Hubatsch	Übungen an Briefen und Urkunden der Reformationszeit
	Deutschland und der Norden im Wandel der Jahrhunderte
Prof. Will-Erich Peuckert	Geistesgeschichte der Aufklärung
	Übungen zur schlesischen Mystik des 17. Jahrhunderts
Prof. Reinhard Wittram	Osteuropäische Geschichte im 16. und 17. Jahrhundert
	Übungen zur osteuropäischen Geschichte
Prof. Siegfried Kaehler	Prof. Kaehler zeigt später an

Völkerrecht

Prof. Herbert Kraus	Völkerrecht
	Völkerrechtliches Seminar

Geographie

Prof. Hans Mortensen	Länderkunde von Südamerika
	Geographisches Mittelseminar I: Grundbegriffe und Grundfragen der Physiogeographie
	Kartographische Übungen, II. Teil
Zusammen mit Prof. Meinardus, Prof. Büdel	Geographisches Kolloquium

Wirtschaftswiss.

Prof. Wilhelm Abel	Agrarpolitik
	Agrarpolitische Übungen
	Statistik für Landwirte
	Agrarpolitisches Seminar (Doktorandengemeinschaft)

Sommersemester 1948

Geschichtswiss.	
Dr. Ernst Kirsten	Große Heiligtümer des Altertums
	Althistorische Übungen: Die Geschichte des delphischen Heiligtums
Prof. Ulrich Kahrstedt	Geschichte der Mittelmeerländer vom hannibalischen Kriege bis Pydna
	Althistorisches Seminar: Übungen zur Geschichte des 3. Jahrhunderts v. Chr.
N. N.	Englische Geschichte
	Mittelalter II (900-1200)
	Historisches Kolloquium
	Übungen für Anfänger
Dr. Wilhelm Berges	Staatstheorie des späten Mittelalter und der Renaissance
	Übungen zur Urkundenlehre
	Historische Übungen: Staatsverträge im Mittelalter
Prof. Hermann Heimpel	Völkerwanderung und Frankreich (Mittelalter I)
	Der Staat der Herzöge von Burgund **[Öffentliche Vorlesung]**
	Übungen zur mittelalterlichen Geschichte (für Fortgeschrittene)
Prof. Leonid Arbusow	Lateinische Paläographie
	Geschichtsschreibung im Mittelalter
	Historiographische Übungen
Dr. Hermann Bollnow	Handels- und Verkehrsgeschichte Europas im Mittelalter
	Übungen über Marx' Geschichtsbetrachtung
	Übungen über Fragen des Wikingertums
Dr. Walther Hubatsch	Staat und Kultur des Deutschen Ordens
	Das Zeitalter der Entdeckungen
Dr. Wilhelm Treue	Allgemeine Wirtschaftsgeschichte der Neuzeit, II. Teil (1700-1914)
	Probleme der neuesten Geschichte (1919-1939)
	Der deutsche landwirtschaftliche und industrielle Unternehmer im 19. Jahrhundert
Prof. Will-Erich Peuckert	Geistesgeschichte der Aufklärung
Prof. Siegfried Kaehler	**Das Revolutionsjahr 1848 in Europa** **[Öffentliche Vorlesung]**
	Deutschland und die Weltpolitik 1890-1914
	Übungen über Probleme der Außenpolitik im Anschluß an die Vorlesung
Prof. Reinhard Wittram	Das Zeitalter Peters des Großen
	Übungen zur Geschichte der frühen Aufklärung in Osteuropa
	Kolloquium zur Geistesgeschichte des 19. Jahrhunderts
Prof. Werner Conze	Deutsche Sozial- und Verfassungsgeschichte im 19. Jahrhundert
	Übungen zur inneren deutschen Geschichte im 19. Jahrhundert
Prof. Werner Conze, Prof. Wilhelm Abel, Dr. Pescheck	Agrarsoziale und agrargeschichtliche Übungen mit Exkursionen

Völkerrecht	
Prof. Herbert Kraus	Internationales Privat- und Strafrecht
	Verwaltungsrecht I
	Völkerrechtliche Gegenwartsfragen
	Öffentlich-rechtliche Übungen

Geographie	
Prof. Hans Mortensen	Morphologie der Erdoberfläche
	Kartographische Übungen, II. Teil: Karteninhalt
- unter Mitwirkung von Fachkollegen	Geographie weltpolitisch wichtiger Gebiete
- mit Prof. Meinardus	Oberseminar: Verkehrsgeographie
- mit Prof. Büdel	Geographische Exkursionen

Wirtschaftswiss.	
Prof. Wilhelm Abel	Agrarpolitische Übungen
	Genossenschaftswesen
	Grundzüge der Volkswirtschaftslehre (speziell für Landwirte)
	Doktorandengemeinschaft

Wintersemester 1948/49

Geschichtswiss.	
Dr. Ernst Kirsten	Das römische Reich unter Augustus
	Historisch-geographische Übungen: Der aitolische Bund
Prof. Ulrich Kahrstedt	Das Zeitalter der römischen Revolution
	Althistorisches Seminar: Römerkriege in Nordwestdeutschland (auch für Nichthumanisten)
Prof. Percy Ernst Schramm	Geschichte des Mittelalters II (900-1200)
	Geschichte der Vereinigten Staaten von Amerika
	Historisches Kolloquium
	Übungen für Fortgeschrittene: Ausgewählte Urkunden
Prof. Hermann Heimpel	Der Staat des Mittelalters (Verfassungsgeschichte)
	Historische Übungen für Anfänger (Proseminar)
	Historisches Seminar, Mittelalterliche Abteilung: Übungen für Fortgeschrittene
mit Dr. Rieckenberg	Erste Einführung in das wissenschaftliche Arbeiten
mit Dr. Heinz Quirin	Lektüre eines mittellateinischen, historischen Textes für Anfänger
Prof. Leonid Arbusow	Diplomatik
	Diplomatische Übungen
	Stilkritische Übungen an mittelalterlichen Chroniken
Dr. Hermann Bollnow	Handel und Verkehr im Mittelalter
	Historische Übungen für Anfänger: Quellenlektüre
	Historiographische Übungen: Diltheys Geschichtsbetrachtung
Dr. Walther Hubatsch	Europäische Geschichte vom Westfälischen Frieden bis zur Französischen Revolution
	Quellenkundliche Übungen zur Geschichte des Deutschen Ordens
	Übungen zur europäischen Geschichte im Zeitalter des Absolutismus

mit Prof. Krause, Dr. Boehncke, Prof. Mortensen, Prof. Büdel	Kolloquium über die Wikingerzüge im Lichte der Runendenkmäler
Prof. Will-Erich Peuckert	Geistesgeschichte der klassischen und romantischen Zeit
	Übungen zur Ketzergeschichte des 18. Jahrhunderts
Prof. Siegfried Kaehler	Vorgeschichte und politische Geschichte des ersten Weltkrieges
	Seminar: Übungen im Anschluß an die Vorlesung
Dr. Werner Markert	Geschichte Rußlands im europäischen Staatensystem 1798-1857
	Übungen zur Geschichte der Friedensverträge und europäischen Neuordnung 1814/18
mit Prof. Maximilian Braun	Übungen zur Geistesgeschichte Rußlands im 19. Jahrhundert: Dostojewski
Prof. Reinhard Wittram	Osteuropa im 18. Jahrhundert
	Kolloquium über Probleme des 19. Jahrhunderts (für Fortgeschrittene)
	Übungen zur Geschichte des russischen Absolutismus
Prof. Wilhelm Treue	Allgemeine Wirtschaftsgeschichte (1815-1839)
	Übungen zum Deutschlandbild des deutschen Gelehrten
	Vorgeschichte politischer und wirtschaftlicher Gegenwartsfragen, Kolloquium
Prof. Treue, Prof. Conze	Kolloquium über Grundbegriffe der neueren Geschichte
Prof. Werner Conze	Deutsche Sozial- und Verfassungsgeschichte 1871-1933
	Kolloquium zur Vorlesung
	Übungen: Staat und Gesellschaft zur Zeit Wilhelms II.

Völkerrecht

Prof. Herbert Kraus	Internationales Strafrecht
	Völkerrecht
	Vökerrechtliches Seminar
	Öffentlich-rechtliche Übungen

Geographie

Prof. Hans Mortensen	Morphologische Lichtbilder
	Länderkunde von Nordamerika
	Mittelseminar: II. Teil, Grundbegriffe und Grundfragen der Anthropogeographie
	Oberseminar: Selbstgesehene Landschaften
- mit Prof. Büdel, Prof. Krause, Dr. Boehnke, Dr. Walther Hubatsch	Kolloquium über die Wikingerzüge im Lichte der Runendenkmäler

Wirtschaftswiss.

Prof. Wilhelm Abel	Einführung in die Volkswirtschaftslehre (für Juristen, Volks- und Landwirte)
	Grundzüge der Agrarpolitik
	Kolloquium der Agrarpolitik (für Volks- und Landwirte)
	Agrarwesen und Ernährungswirtschaft I

Sommersemester 1949

Geschichtswiss.	
Dr. Ernst Kirsten	Makedonien und die Makedonen
	Übung: Sparta
Prof. Ulrich Kahrstedt	Geschichte der cäsarisch-augusteischen Zeit
	Althistorisches Seminar: Übungen zur Wirtschaftsgeschichte Griechenlands in der Kaiserzeit
Dr. Wilhelm Berges	Grundriß der historischen Hilfswissenschaften
	Machiavelli
Prof. Leonid Arbusow	Paläographie
	Geschichtsschreiber der Kreuzzugszeit
	Stilistische Übungen an Kreuzzugschroniken
Prof. Percy Ernst Schramm	**Sozialgeschichte Deutschlands im Überblick [Öffentliche Vorlesung]**
	Mittelalter I (4.-9. Jh.)
	Historisches Kolloquium
	Historische Übungen für Anfänger: Ausgewählte Themen
Prof. Wilhelm Jesse	Probleme der Münz- und Geldgeschichte
Prof. Hermann Heimpel	Interpretation der Goldenen Bulle Karls IV.
	Probleme des deutschen Spätmittelalters (Mittelalter III)
	Übungen zu den Reichstagsakten des 15. Jahrhunderts
Dr. Hermann Bollnow	Karl Marx' Geschichts- und Gesellschaftsauffassung
	Genealogie
	Historiographische Übungen: Positivismus und Historismus
Prof. Helmuth Plessner	Die deutsche Frage
Prof. Walther Hubatsch	Geschichte Nordeuropas von den Anfängen bis zur Gegenwart
	Übungen: Briefe des Reichsfürstenstandes der Reformationszeit
	Exkursionen zu Archiven und Fürstenresidenzen der Reformationszeit
	Übungen zur Geschichte des nordländischen Gedankens
Prof. Hubatsch, Prof. Kaehler	Historisches Seminar: Übungen zur internationalen Flottenpolitik der Vorkriegs-Epoche
Prof. Siegfried Kaehler	Überblick über Vorgeschichte und politische Geschichte des ersten Weltkrieges, II. Teil
	Vorgeschichte und politische Geschichte des ersten Weltkrieges
Prof. Georg Schnath	**Geschichte Niedersachsens im Überblick [Öffentliche Vorlesung]**
	Übungen: Grundprobleme der Landesgeschichtsforschung in Niedersachsen
Prof. Will-Erich Peuckert	Geistesgeschichte des Spätmittelalters
	Geistesgeschichtliche Übungen: Die französische Revolution und Deutschland
Dr. Werner Markert	Geschichte Rußlands seit dem Krimkrieg (1856-1917)
	Übungen zur Geschichte des Liberalismus
mit Prof. Maximilian Braun	Übungen zur Geistesgeschichte Rußlands im 19. Jahrhundert: Tolstoj
Prof. Reinhard Wittram	Europäische Geschichte in der ersten Hälfte des 19. Jahrhunderts
	Kolloquium für Fortgeschrittene über

Prof. Werner Conze	das Säkularisationsproblem
	Übungen zur Geschichte Nikolajs I
	Geschichte des deutschen Landvolks im Überblick
	Geschichte der modernen Staatsverfassungen
	Verfassungsgeschichtliche Übungen

Völkerrecht

Prof. Herbert Kraus	Völkerrecht II
	Besprechung völkerrechtlicher Fälle
	Völkerrechtliches Seminar

Geographie

Prof. Hans Mortensen	Ausgewählte Landschaftstypen der Erde
	Mittelseminar: Grundbegriffe und Grundfragen der Anthropogeographie
	Kartographische Übungen II: Karteninhalt
- mit Prof. Büdel	Geographische Exkursionen
- mit Prof. Meinardus, Prof. Büdel	Geographisches Kolloquium

Wirtschaftswiss.

Prof. Wilhelm Abel	Volkswirtschaftspolitik (spezieller Teil: Agrar-, Gewerbe-, Handelspolitik)
	Agrarwesen und Ernährungswirtschaft I
	Übungen zur Volkswirtschaftspolitik
Prof. Helmuth Plessner	Einleitung in die Soziologie
	Übungen im Anschluß an die Vorlesung

Wintersemester 1949/50

Geschichtswiss.

Dr. Ernst Kirsten	Das attische Reich
	Übung: Historische Geographie
Prof. Ulrich Kahrstedt	Geschichte der cäsarisch-augusteischen Zeit
	England vor den Angelsachsen [Öffentliche Vorlesung]
	Althistorisches Seminar: Übungen zur Wirtschaftsgeschichte Griechenlands in der Kaiserzeit
Dr. Wilhelm Berges	Der Investiturstreit
	Paläographische Übungen
Prof. Leonid Arbusow	Diplomatik
	Diplomatische Übungen
	Stilistische Übungen an lateinischen Chroniken
Dr. Hermann Bollnow	Die Wandlungen der abendländischen Geschichtsschreibung
	Historiographische Übungen: Ausgewählte Quellen zur mittelalterlichen Geschichtsschreibung und Geschichtsauffassung
	Historisches Proseminar
Dr. Hans Hartmann	Kultur und Landeskunde Schottlands
Prof. Percy Ernst Schramm	Staatenkunde I (Europa)
	Geschichte der sozialen Frage in Deutschland [Öffentliche Vorlesung]

VI. HISTORISCHE LEHRVERANSTALTUNGEN, GÖTTINGEN 1942-54

	Grundprobleme des 9. und 10. Jahrhunderts
	Kolloquium: Kaiserzeit
	Historisches Seminar für Fortgeschrittene (ausgewählte Urkunden)
Prof. Wilhelm Jesse	Münz- und Geldgeschichte des Mittelalters. Mit Übungen an Originalen
Prof. Hermann Heimpel	Geschichte der deutschen Reformation
	Historisches Proseminar
	Editorische Übungen zu den deutschen Reichstagsakten des 15. Jahrhunderts
Prof. Will-Erich Peuckert	Geistesgeschichte der Renaissance und Reformation
	Geistesgeschichtliche Übungen: Bäuerliche Mystik des Spätmittelalters
Prof. Siegfried Kaehler	Prof. Kaehler zeigt später an
Prof. Georg Schnath	**Geschichte Niedersachsens im Überblick II (Neuzeit) [Öffentliche Vorlesung]**
	Übungen zur historischen Geographie Niedersachsens
Prof. Walther Hubatsch	Allgemeine Geschichte im Zeitalter der französischen Revolution und Napoleons
	Übungen zur Geschichte der preußischen Reformationszeit
	Exkursionen zu Archiven und Fürstenresidenzen der Reformationszeit
	Übungen zur Geschichte des nordländischen Gedankens
Dr. Werner Markert	Geschichte der sozialen Bewegungen in Europa
	Übungen über Bismarcks Bündnispolitik
mit Prof. Maximilian Braun	Übungen zur russischen Geistesgeschichte: Realismus und Nihilismus der 60er Jahre
Prof. Maximilian Braun	Der Eintritt der Slawen in die Geschichte
Prof. Reinhard Wittram	Europäische Geschichte vom Wiener Kongreß bis zum Pariser Frieden (1815-1856)
	Übungen zur Geschichte des Krimkrieges
Prof. Wilhelm Treue	Wirtschaftsgeschichte der großen Mächte 1815-1914
	Seminar: Fragen aus der deutschen Gesellschaftsgeschichte im 19. und 20. Jahrhundert
	Seminar: Einige Verbindungen von Wirtschaft und Kultur in Europa im 17. und 18. Jahrhundert
Prof. Werner Conze	Europäische Geschichte im Zeitalter der Gegenreformation und des Dreißigjährigen Krieges
	Deutsche Agrargeschichte seit der Bauernbefreiung
	Übungen: Briefwechsel Leibniz' mit V. L. von Seckendorff
	Sozialgeschichtliche Übungen

Völkerrecht

Prof. Herbert Kraus	Uno
	Völkerrechtliche Seminarübungen

Geographie

Prof. Hans Mortensen	Landeskunde von Deutschland
	Mittelseminar II: Grundbegriffe und Grundfragen der Anthropogeographie
- mit Prof. Meinardus,	Geographisches Kolloquium

| Prof. Büdel | Arbeitsgemeinschaft über neuere geographische Literatur |

Wirtschaftswiss.	
Prof. Wilhelm Abel	Einführung in die Volkswirtschaftslehre
	Agrarpolitik I
	Konjunkturen und Krisen
	Arbeitsgemeinschaft für Doktoranden

Sommersemester 1950

Geschichtswiss.	
Prof. Ulrich Kahrstedt	Geschichte der römischen Kaiserzeit von Tiberius bis Trajan
	Althistorisches Seminar: Inschriften der Kaiserzeit
Prof. Leonid Arbusow	Lateinische Paläographie
	Stilistische Übungen an lateinischen Chroniken
Dr. Hermann Bollnow	Geschichte der germanischen Stämme und Reiche bis zum Ende der Merowinger
	Übungen: Tacitus' Germania
Prof. Percy Ernst Schramm	Staatenkunde II
	Ausgewählte Probleme des hohen und späten Mittelalters
	Historisches Proseminar
	Kolloquium: Geschichte des Mittelalters
Prof. Wilhelm Jesse	Münz- und Geldgeschichte des Mittelalters. Mit Übungen an Originalen
Prof. Hermann Heimpel	Einführung in die Urkundenlehre
	Historische Übungen für Vorgerückte
	Kolloquium zu den Reichstagsakten des 15. Jahrhunderts (nur für Eingeladene)
Prof. Will-Erich Peuckert	Geistesgeschichte des Barock
	Geistesgeschichtliche Übungen: Paracelsus
Prof. Georg Schnath	Heinrich der Löwe
	Übungen zur Geschichte Heinrichs des Löwen
Prof. Walther Hubatsch	Geschichte des Deutschen Ritterordens
	Übung: Ordensstaat und Fürstentum
	Colloquium: Forschungsprobleme der neueren skandinavischen Geschichte
	Exkursionen für Studierende der Neueren Geschichte
Prof. Siegfried Kaehler	Allgemeine Geschichte im Zeitalter des Absolutismus
	Übungen des Seminars im Anschluß an die Vorlesung
Dr. Walter Bußmann	Preußische Geschichte seit der Reformzeit
	Proseminar: Einführung in die neuere Geschichte
Dr. Werner Markert	Geschichte der sozialen Bewegungen in Europa im 19. und 20. Jahrhundert
	Übungen zur Geschichte der Restaurationszeit: Metternich und Friedrich Wilhelm IV.
mit Prof. Maximilian Braun	Übungen zur russischen Geistesgeschichte: Vorgeschichte der Revolution
Prof. Reinhard Wittram	Rußland und das Abendland seit dem Beginn der Neuzeit
	Übungen: Staat und Kirche im 17. und 18. Jahrhundert
Prof. Wilhelm Treue	Die Einheit der europäischen Geschichte im 18. und 19. Jahrhundert

VI. HISTORISCHE LEHRVERANSTALTUNGEN, GÖTTINGEN 1942-54

Prof. Werner Conze	Übungen: Der Offizier und die Politik in Deutschland seit 1806
	Vergleichende Übungen zur Wirtschaftsgeschichte der Großen Mächte im 19. Jahrhundert
	Geschichte des ersten Weltkrieges und der Weimarer Republik
	Übungen zum Nationalitätenproblem im ersten Weltkrieg

Völkerrecht

Prof. Herbert Kraus	Völkerrecht
	Übungen im öffentlichen Recht
	Völkerrechtliche Seminarübungen

Geographie

Prof. Hans Mortensen	Allgemeine Klimatologie
	Oberseminar: Landeskunde der Sowjetunion und der übrigen kommunistischen Länder
- mit Prof. Meinardus,	Geographisches Kolloquium
Prof. Büdel	Geographische Exkursionen

Wirtschaftswiss.

Prof. Wilhelm Abel	Gegenwartsfragen der Wirtschaftspolitik
	Agrarpolitik II
	Seminar über Genossenschaftswesen (mit Exkursionen)
	Doktoranden-Arbeitsgemeinschaft
Prof. Horst Jecht	Einführung in die Wirtschaftsgeschichte
	Geschichte der volkswirtschaftlichen Lehrmeinungen
Prof. Werner Conze	Agrarsoziologie [Auch angekündigt im Seminar für Landwirtschaft, wo Conze von diesem Semester an für die Abhaltung von Lehrveranstaltungen kooptiert war.]

Wintersemester 1950/51

Geschichtswiss.

Prof. Ulrich Kahrstedt	Geschichte der römischen Kaiserzeit vom Tode Trajans bis zum Ausgang der Severer
	Althistorisches Seminar: Athenische Inschriften
Prof. Leonid Arbusow	**Einführung in den rhetorischen Stil mittelalterlicher Geschichtswerke [Öffentliche Vorlesung]**
	Übungen über den rhetorischen Stil mittelalterlicher Geschichtswerke
Dr. Hermann Bollnow	Wirtschaft und Gesellschaft im Mittelalter (1. Teil)
	Historisches Seminar: Rat und Wahl im Mittelalter
Prof. Percy Ernst Schramm	**Staatenkunde III, für Hörer aller Fakultäten**
	Vom späten Altertum zum Karolingerreich
	Historisches Seminar für Vorgerückte: Ausgewählte Texte zur Geistesgeschichte des hohen und späten Mittelalters
	Kolloquium über das frühe Mittelalter
Prof. Wilhelm Jesse	Einführung in die Münz- und Geldgeschichte, mit Übungen an Originalen
Prof. Hermann Heimpel	Geschichte Europas im Zeitalter der Konfessionskämpfe 1530-1648

	Übungen im Diplomatischen Apparat, vornehmlich für Anfänger
	Kolloquium zu den Reichstagsakten des fünfzehnten Jahrhunderts, für Eingeladene
Prof. Will-Erich Peuckert	Geistesgeschichte der Aufklärung
	Geistesgeschichtliche Übungen: Geheimbünde und Geheimkulte
	[In diesem Semester sind die volkskundlichen Seminare zum letzten mal Bestandteil der Ankündigungen des Historischen Seminars.]
Prof. Georg Schnath	Landesgeschichtliches Kolloquium, verbunden mit Übungen zur neueren Geschichte Niedersachsens
Prof. Walther Hubatsch	Geschichte der Nationalitätenbewegungen Mitteleuropas
	Kolloquium: Geschichte im Film (mit Filmvorführungen)
Prof. Hubatsch, Dr. Markert	Zeitgeschichtliche Übungen: Teheran, Jalta, Potsdam
Prof. Siegfried Kaehler	Allgemeine Geschichte im Zeitalter der französischen Revolution
	Die französische Revolution in der Geschichtsschreibung des 19. Jahrhunderts [Öffentliche Vorlesung]
	Historisches Seminar: Übungen zur Entstehung des konstitutionellen Systems
Dr. Walter Bußmann	Preußische Geschichte im 19. Jahrhundert, Teil II
	Historisches Seminar: Die Entwicklung der Menschen- und Bürgerrechte
Dr. Werner Markert	Europäische Geschichte von der Julirevolution bis zur Reichsgründung, 1830-1871
	Übungen zur Entstehung der Nationalstaaten im 19. Jahrhundert
mit Prof. Maximilian Braun	Übungen zur russischen Geistesgeschichte: Staat, Kirche, Volk
Prof. Reinhard Wittram	Rußland und das Abendland: Peter der Große und seine Zeit
	Übungen über Probleme der Europäisierung Rußlands
mit Prof. Conze, Dr. Kamlah	Kolloquium über das neuzeitliche Säkularisationsproblem
Prof. Werner Conze	Allgemeine Geschichte zwischen den Weltkriegen
	Der „politische Priester" in Deutschland seit 1806 (Übung)
Prof. Wilhelm Treue	Wirtschafts- und Gesellschaftsgeschichte Rußlands und Nordamerikas vom Anfang des 18. Jahrhunderts bis 1941
	Sozialgeschichtliche Übungen

Völkerrecht

Prof. Herbert Kraus	**Entwicklungstendenzen im Völkerrecht [Öffentliche Vorlesung]**
	Völkerrechtliche Gegenwartsfragen
	Öffentlich-rechtliche Klausuren
	Völkerrechtliche Seminarübungen

Geographie

Prof. Hans Mortensen	Länderkunde von Südamerika
	Oberseminar: Die Gebiete der mittelalterlichen deutschen Kolonisation

200 VI. HISTORISCHE LEHRVERANSTALTUNGEN, GÖTTINGEN 1942-54

- mit Prof. Meinardus, Prof. Büdel	Geographisches Kolloquium
	Arbeitsgemeinschaft über neuere geographische Literatur

Wirtschaftswiss.	
Prof. Wilhelm Abel	Wirtschafts- und Sozialgeschichte
	Agrarpolitik I
	Genossenschaftswesen
	Übungen zur Agrarpolitik
	Doktoranden-Arbeitsgemeinschaft
Prof. Werner Conze	Agrarsoziologie II
N. N.	Soziologie, 4stündig
	Soziologische Übungen

Sommersemester 1951

Geschichtswiss.	
Prof. Ulrich Kahrstedt	Geschichte der römischen Kaiserzeit vom Ausgang der Severer bis zum Tode Konstantins
	Althistorisches Seminar: Die Römer in der Wetterau
Dr. Hermann Bollnow	Wirtschaft und Gesellschaft im Mittelalter (1. Teil)
	Historisches Seminar: Rat und Wahl im Mittelalter
Dr. Hermann Bollnow	Geschichte Ostdeutschlands im Mittelalter
	Übungen über Quellen zur ostdeutschen Kolonisationsgeschichte
Prof. Percy Ernst Schramm	Geschichte des frühen und hohen Mittelalters (8.-12. Jahrhundert)
	Geschichte des Zweiten Weltkrieges [Öffentliche Vorlesung]
	Historisches Proseminar: Ausgewählte Texte aus dem Mittelalter und der Neuzeit
	Kolloquium über das Mittelalter
Prof. Wilhelm Jesse	Münz- und Geldgeschichte des Mittelalters (mit Übungen)
Prof. Hermann Heimpel	Deutsche Geschichte II: Von den Staufern bis zum Ausgang Karls IV.
	Übungen für Fortgeschrittene: Die Krise des 15. Jahrhunderts
mit Assistenten	Übungen im Diplomatischen Apparat: Akten des späten Mittelalters
Prof. Georg Schnath	**Geschichte Niedersachsens im Überblick I (Mittelalter) [Öffentliche Vorlesung]**
	Lektüre und Interpretation von Quellen zur mittelalterlichen Geschichte Niedersachsens
Prof. Walther Hubatsch	Grundzüge der europäischen Staatengeschichte
	Das Skandinavienbild in Deutschland vom Humanismus bis zum Naturalismus [Öffentliche Vorlesung]
	Historisches Proseminar: Systematische Einführung in die neuere Geschichte
	Historisches Seminar: Staatsideen und Staatsformen des 17. und 18. Jahrhunderts
	Exkursionen: Residenzen des 17. und 18. Jahrhunderts, ganztägig
Prof. Siegfried Kaehler	Europäische Geschichte im Zeitalter von Restauration und

	Liberalismus (1815-1848)
	Historisches Seminar: Übungen zur Verfassungs- und Parteigeschichte (1815-1848)
Dr.Walter Bußmann	Historisches Seminar: Die deutsche „Historische Schule", Übungen zur Historiographie des 19. Jahrhunderts
Dr. Werner Markert	Geschichte der Entwicklung Rußlands zur Weltmacht
	Übungen zur polnischen Sozial- und Verfassungsgeschichte
	Übungen zur Geschichte des aufgeklärten Absolutismus
mit Prof. Maximilian Braun	Übungen zur russischen Geistesgeschichte: Panslawismus
Prof. Reinhard Wittram	Deutschland und Rußland
	Übungen zur deutschen Rußlandpolitik nach Bismarcks Sturz
mit Prof. Conze, Dr. Kamlah	Kolloquium über das Säkularisationsproblem in der neueren Geschichte
Prof. Werner Conze	Deutsche Sozial- und Verfassungsgeschichte der Neuzeit I
	Deutsche Agrargeschichte
	[Auch angekündigt im Seminar für Landwirtschaft.]
Prof. Wilhelm Treue	Allgemeine Kolonialgeschichte im 16. bis 18. Jahrhundert
	Übungen zur Kolonialgeschichte im Anschluß an die Vorlesung

Völkerrecht

Prof. Herbert Kraus	Völkerrecht
	Übungen im öffentlichen Recht mit schriftlichen Arbeiten
	Völkerrechtliche Seminarübungen

Geographie

Prof. Hans Mortensen	Allgemeine Morphologie
	Oberseminar: Ozeanographie
- mit Prof. Meinardus, Dr. Hövermann	Geographisches Kolloquium
	Arbeitsgemeinschaft über neuere geographische Literatur
	[Die geographischen Veranstaltungen werden von hier ab nicht weiter aufgeführt. Die Veranstaltungstitel verweisen fortan stabil nur noch auf eindeutig geographische Themen.]

Wirtschaftswiss.

Prof. Wilhelm Abel	Einführung in die Volkswirtschaftslehre
	Sozial- und Wirtschaftsgeschichte
	Agrarpolitik II
	Übungen zur Volkswirtschaftspolitik
	Doktoranden-Arbeitsgemeinschaft
Prof. Helmuth Plessner	Allgemeine Soziologie
	Übungen zur soziologischen Gegenwartsdiagnostik
	Anleitung zu wissenschaftlichen Arbeiten
Prof. Gerhard Kessler	Bau- und Wohnungswirtschaft
	Genossenschaftswesen
	Sozialversicherung

Wintersemester 1951/52

Geschichtswiss.	
Prof. Ulrich Kahrstedt	Geschichte der Mittelmeerländer vom Ende des Assyrerreiches bis Philipp II
	Althistorisches Seminar: Ti. Gracchus
Prof. Percy Ernst Schramm	Geschichte des hohen Mittelalters (12.-14. Jahrhundert)
	Geschichte der Vereinigten Staaten [Öffentliche Vorlesung]
	Mittelhistorisches Seminar: Die Papstwahl
	Kolloquium über das Mittelalter (12.-14. Jahrhundert)
Prof. Hans Heinrich Schaeder	**Der Eintritt der Araber in die Geschichte (Weltgeschichte von 600 bis 750) [Öffentliche Vorlesung]**
	Politik und Religion bei Machiavelli und Thomas Hobbes
Prof. Wilhelm Jesse	Münz- und Geldgeschichte der neueren Zeit, besonders des 16. und 17. Jahrhunderts, mit Übungen an Originalen
Prof. Georg Schnath	**Geschichte Niedersachsens im Überblick II (Neuzeit) [Öffentliche Vorlesung]**
	Übungen zur Geschichte der Personalunion England – Hannover
Prof. Walther Hubatsch	Weltgeschichte der neuesten Zeit I: Vom amerikanischen Sezessionskrieg bis zum rusisch-japanischen Krieg (1861-1905)
	Übungen zum deutschen Staatsgedanken im 17. und 18. Jahrhundert
	Übungen zur internationalen Diplomatie 1861-1905
	Historisch-politisches Kolloquium
Prof. Siegfried Kaehler	Europäische Geschichte vom Krimkrieg bis zur Reichsgründung Bismarcks (1854-1871)
	Neuhistorisches Seminar: Kritische Übungen über Bismarcks „Gedanken und Erinnerungen"
Dr. Walter Bußmann	Das dritte Deutschland im 19. Jahrhundert (vom Wiener Kongreß bis zur Reichsgründung)
	Historisches Proseminar
	Diplomatiegeschichtliche Übungen zur Vorgeschichte des Zweiten Weltkrieges
Dr. Werner Markert	Geschichte Rußlands im Zeitalter des Bolschewismus (1917-1939)
	Übungen zur Ostpolitik nach Rapallo
mit Prof. Maximilian Braun	Übungen zur russischen Geistesgeschichte: Die Leibeigenschaft als Kulturproblem
Prof. Reinhard Wittram	Staat, Geist und Gesellschaft im Zeitalter des Absolutismus: Innere Geschichte Europas 1648-1721
	Übungen über das Problem der Bürgerlichkeit in der Neuzeit
Dr. Hans-Günther Seraphim	Zeitgeschichtliche Quellenkunde sowie Interpretation von Quellen zur Vorgeschichte des Zweiten Weltkriegs
Prof. Werner Conze	Deutsche Geschichte zur Zeit Wilhelms II. und der Weimarer Republik
	Deutsche Agrargeschichte
	Übungen zur deutschen Geschichte im Jahre 1918/19
Prof. Wilhelm Treue	Allgemeine Kolonialgeschichte im 18. und 19. Jahrhundert
	Übungen zur Kolonialgeschichte im Anschl. an die Vorlesung
	Zeitgeschichtliches Kolloquium

Völkerrecht	
Prof. Herbert Kraus	Verwaltungsrecht, Allgemeiner & Besonderer Teil
	Völkerrecht II (Kriegsverhütungsrecht)
	Völkerrechtliche Seminarübungen

Soziologie	
Prof. Helmuth Plessner	Allgemeine Soziologie
	Anleitung zu wissenschaftlichem Arbeiten
	Soziologische Übungen: Das Problem der Intelligenz
Prof. Gerhard Kessler	Die Geschichtsphilosophie in der Gesellschaftslehre
Prof. Julius von Farkas	Literatur und Gesellschaft in Ungarn
Prof. Lenz	Aktuelle Fragen der Soziologie in biologischer Sicht

Volkswirtsch. [Ausz.]	
Prof. Wilhelm Abel	Agarpolitk
	Genossenschaftswesen
	Volkswirtschaftliche Übungen
Prof. Gerhard Kessler	Sozialismus
	Kommunalpolitik
	Fürsorgewesen und Wolfahrtspflege
	Sozialpolitisches Seminar

Sommersemester 1952

Geschichtswiss.	
Prof. Ulrich Kahrstedt	Geschichte der Mittelmeerländer von Philipp II. bis Hannibal
	Althistorisches Seminar: Die augusteeische Politik in Germanien
Dr. Hermann Bollnow	Handel und Verkehr im Mittelalter
Prof. Percy Ernst Schramm	Geschichte des späten Mittelalters (13.-15. Jahrhundert), ausgewählte Probleme
	Deutsche Sozialgeschichte im Überblick [Öffentliche Vorlesung]
	Proseminar zur mittleren und neueren Geschichte
	Kolloquium über das Mittelalter (13.-15. Jahrhundert)
Prof. Wilhelm Jesse	Einführung in die Münz- und Geldschichte, mit Übungen an Originalen
Prof. Hermann Heimpel	Deutsche Geschichte I: Sachsen und Salier
	Der Staat der Herzöge von Burgund: Probleme und Bilder [Öffentliche Vorlesung]
	Historisches Seminar: Lektüre der Schriften des Alexander von Roes
Prof. Georg Schnath	Einführung in die Geschichte Niedersachsens und Anleitung zu landesgeschichtlichen Arbeiten
Prof. Walther Hubatsch	Politische Geschichte des Ersten Weltkrieges
	Übungen zur Geschichte des Ersten Weltkrieges
Prof. Siegfried Kaehler	Europäische Geschichte im Zeitalter Bismarcks
	Historisches Seminar: Das Präventivkriegsproblem in Bismarcks Politik
Dr. Walter Bußmann	Das Zeitalter Friedrichs des Großen

Dr. Werner Markert	Übungen zur Vorlesung
	Geschichte Europas zwischen den Weltkriegen
	Übungen zur Geschichte des Vertrages von Versailles
	Übungen zur Geschichte der Außenpolitik in der UdSSR
mit Prof. Maximilian Braun	Übungen zur russischen Geistesgeschichte: Das religiöse Weltbild (Lesskow, Tolstoj, Berdjajew)
Prof. Reinhard Wittram	Die Revolutionen der europäischen Neuzeit: Innere Geschichte Europas II (bis ins 19. Jahrhundert)
	Übungen über den bürgerlichen Nationalismus im 18. und 19. Jahrhundert
Dr. Hans-Günther Seraphim	**Grundlagen und Grundprobleme der zeitgeschichtlichen Forschung [Öffentliche Vorlesung]**
	Quellenkritische Übungen zur Geschichte des Widerstandes im Dritten Reich
Prof. Wilhelm Treue	Allgemeine Wirtschaftsgeschichte im 16. und 17. Jahrhundert
	Übungen zur Vorlesung
	Zeitgeschichtliches Kolloquium

Völkerrecht

Prof. Herbert Kraus	Öffentlich-rechtliche Übungen mit schriftlichen Arbeiten
	Völkerrecht
	Völkerrechtliche Seminarübungen, mit beschränkter Teilnehmerzahl

Soziologie

Prof. Helmuth Plessner	Gesellschaftsprobleme der Gegenwart
	Soziologische Anfängerübungen
	Soziologisches Seminar: Die Masse
Prof. Percy Ernst Schramm	**Deutsche Sozialgeschichte [Öffentliche Vorlesung]**
Prof. Gerhard Kessler	Prof. Kessler wird später ankündigen

Volkswirtsch. [Ausz.]

Prof. Wilhelm Abel	Einführung in die Volkswirtschaftslehre
	Wirtschaftsstruktur und Wirtschaftsentwicklung der USA
	Agrarpolitik

Wintersemester 1952/53

Öffentliche Vorlesungsreihe der Philosophischen Fakultät „Deutscher Osten und Osteuropa"	
Prof. Percy Ernst Schramm	Der Osten und das mittelalterliche Reich
Prof. Will-Erich Peuckert	Die ostdeutsche Kontaktzone
Prof. Hans Mortensen	Die abendländische Bedeutung der Deutsch-Ordens Kolonisation
Prof. Maximilian Braun	Rußland und der Humanismus
Prof. Reinhard Wittram	Peter der Große und das Abendland
Dr. Werner Markert	Rußland und der bürgerliche Geist des 19. Jahrhunderts
Prof. Julius von Farkas	Südosteuropa und die deutsche Kultur

Arbeitskreis für Ostforschung
Kolloquium zur Ostforschung, privatissime, gratis, Zeit nach Anschlag
Prof. Maximilian Braun, Prof. Julius von Farkas, Prof. Walther Hubatsch, Dr. Werner Markert, Prof. Hans Mortensen, Prof. Will-Erich Peuckert, Prof. Percy Ernst Schramm, Prof. Reinhard Wittram

Geschichtswiss.

Prof. Percy Ernst Schramm	Geschichte des frühen Mittelalters (4.-9. Jahrhundert), ausgewählte Probleme
	Geschichte des 2. Weltkrieges [Öffentliche Vorlesung]
	Übungen für Fortgeschrittene: Geschichte der Verfassung der Vereinigten Staaten
	Kolloquium über das frühe Mittelalter (4.-9 Jahrhunder)
Prof. Wilhelm Jesse	Niedersächsische Münz- und Geldgeschichte
Prof. Georg Schnath	Historische Geographie Niedersachsens
	Landesgeschichtliches Kolloquium
Prof. Hermann Heimpel	Deutsche Geschichte II: Stauferzeit
	Übungen für Fortgeschrittene
mit Assistenten	Editionstechnische Übungen im Diplomatischen Apparat
Prof. Walther Hubatsch	Historisches Proseminar
	Übungen zur Geschichte der Weimarer Republik
Prof. Siegfried Kaehler	**Geschiche der deutschen Wehrverfassung im 19. Jahrhundert [Öffentliche Vorlesung]**
	Europäische Geschichte im Zeitalter des beginnenden Imperialismus (1871-1890)
	Historisches Kolloquium
Dr. Walter Bußmann	Deutsche Geschichte von 1848-1871
	Übungen zur Vorlesung
Dr. Werner Markert	Grundzüge politischer Ideengeschichte des 19. Jahrhunderts
	Übungen zur polnischen Geschichte
	Übungen zur Vorlesung (Liberalismus, Sozialismus, Leninismus)
mit Prof. Maximilian Braun	Übungen: Die Anfänge des Nationalismus bei den slawischen Völkern
Prof. Reinhard Wittram	Der Eintritt Osteuropas in die Neuzeit (16.-18. Jahrhundert)
	Übungen über die Beziehungen zwischen Moskau und dem Abendlande im Zeitalter der frühen Aufklärung
Dr. Hans-Günther Seraphim	Quellenkritische Übungen zur Judenverfolgung im Dritten Reich
Prof. Wilhelm Treue	Allgemeine Wirtschaftsgeschichte im 18. Und 19. Jahrhundert
	Zeitgeschichtliches Kolloquium
gemeinsam mit N.N.	Deutsche Künstler und Künstlerinnen in der Gesellschaft des frühen 19. Jahrhunderts

Völkerrecht

Prof. Herbert Kraus	Deutsches Staatsrecht
	Klausuren im öffentlichen Recht
	Völkerrechtliche Seminarübungen
	mit beschränkter Teilnehmerzahl

VI. HISTORISCHE LEHRVERANSTALTUNGEN, GÖTTINGEN 1942-54

Soziologie

Prof. Helmuth Plessner	Sozialpsychologie
	Proseminar
	Seminar
	Kolloquium für Doktoranden
Mit Prof. Charlotte Lorenz	Soziologisches Praktikum

Volkswirtsch. [Ausz.]

Prof. Wilhelm Abel	Sozial- und Wirtschaftsgeschichte
	Agrarpolitik
	Genossenschaftswesen
	Volkswirtschaftliche Übungen
Prof. Gerhard Kessler	Allgemeine Volkswirtschaftslehre I (Einführung in die Volkswirtschaftslehre)
	Kommunalpolitik
	Volkswirtschaftliches Seminar (Adam Smith)

Sommersemester 1953

Arbeitskreis für Ostforschung
Kolloquium zur Ostforschung, privatissime, gratis, Zeit nach Anschlag
Prof. Maximilian Braun, Prof. Julius von Farkas, Prof. Walther Hubatsch, Dr. Werner Markert, Prof. Hans Mortensen, Prof. Will-Erich Peuckert, Prof. Percy Ernst Schramm, Prof. Reinhard Wittram

Geschichtswiss.

Prof. Percy Ernst Schramm	Geschichte des hohen Mittelalters (10.-12. Jahrhundert), ausgewählte Probleme
	Staatenkunde I (Süd- und Osteuropa) [Öffentliche Vorlesung]
	Übungen für Fortgeschrittene: Herrschaftszeichen und Staatssymbolik
	Kolloquium über das hohe Mittelalter (10.-12. Jahrhundert)
Prof. Wilhelm Jesse	Grundzüge der deutschen Münz- und Geldgeschichte
Prof. Georg Schnath	**Geschichte Niedersachsens im Überblick I (bis zum Ende des Mittelalters) [Öffentliche Vorlesung]**
	Landesgeschichtliche Übungen: Stadtgeschichte von Göttingen
Prof. Hermann Heimpel	Deutsche Geschichte III: Spätes Mittelalter
	Historisches Proseminar
mit Assistenten	Übungen im diplomatischen Apparat: Urkunden und Akten des späten Mittelalters und der frühen Neuzeit
Prof. Walther Hubatsch	Übungen zum Staatsgedanken in Deutschland von Pufendorf bis Hegel
mit Dr. Carlsson-Lund	Ausgewählte Abschnitte aus der neueren schwedischen Geschichte von Gustav-Adolf bis zur Gegenwart
	Übungen zur Geschichte der deutsch-skandinavischen Beziehungen
Prof. Siegfried Kaehler	Deutschland in der großen Politik zwischen 1890-1914

	Seminar: Übungen im Anschluß an die Vorlesung
Dr. Walter Bußmann	Europäische Geschichte 1850-1890
	Übungen über Fragen der deutschen Innenpolitik
Dr. Werner Markert	Geschichte Europas zwischen den Weltkriegen
	Übungen zur Außenpolitik der europäischen Mächte (Stresemann, Briand, Litwinow)
	Übungen zur Geschichte Rußlands unter Nikolaj II.
Prof. Reinhard Wittram	Die Nationalitätenkämpfe in Europa und das Problem der Staatsgesinnung 1848-1917
	Übungen über Deutschland und die Nationalitätenfragen nach 1870
Dr. Hans-Günther Seraphim	Übung: Interpretation von Akten und Urkunden zur Vorgeschichte des Rußlandfeldzuges
Prof. Wilhelm Treue	Geschichte der USA
	Seminar: Leibärzte über ihre Patienten
	Seminar: Zeitgeschichtliche Übungen

Völkerrecht

Prof. Herbert Kraus	Völkerrecht (Allgemeine Lehren)
	Öffentlich-rechtliche Übungen mit schriftlichen Arbeiten
	Völkerrechtliche Seminarübungen
	(in vereinbarten Stunden und mit beschränkter Mitgliederzahl)

Soziologie

Prof. Helmuth Plessner	Geschichte der Soziologie
	Soziologische Anfängerübung
	Proseminar
	Seminar
	Doktorandenarbeitsgemeinschaft
	Soziologisches Praktikum: Methoden statistischer Sozialforschung (Verfahrensanleitung für Anfänger)
Prof. Charlotte Lorenz	Soziologisches Praktikum: Methoden praktischer Sozialforschung

Volkswirtsch. [Ausz.]

Prof. Wilhelm Abel	Einführung in die Volkswirtschaftslehre
	Agrarpolitik
	Agrarpolitische Übungen
	Genossenschaftliches Seminar
Prof. Gerhard Kessler	Städtische Boden- und Wohnungspolitik (dazu Lichtbildervorführungen)
	Wirtschaftsgeschichtliches Seminar

Wintersemester 1953/54

Geschichtswiss.

Prof. Percy Ernst Schramm	Geschichte des hohen und späteren Mittelalters, ausgewählte Probleme
	Staatenkunde II (Süd- und Osteuropa) [Öffentliche Vorlesung]
	Seminar: Herrschaftszeichen und Krönungsordnungen

	Kolloquium über das hohe und spätere Mittelalter
Prof. Wilhelm Jesse	Grundzüge der deutschen Münz- und Geldgeschichte des Mittelalters. Mit Übungen an Originalen
Prof. Georg Schnath	**Geschichte Niedersachsens im Überblick II (Neuzeit)** **[Öffentliche Vorlesung]**
	Übungen zur hannoverschen Verfassungs- und Verwaltungsgeschichte 17.-19. Jahrhundert
Prof. Hermann Heimpel	Deutsche Geschichte IV: Reformationszeit
	Historisches Proseminar
Prof. Julius von Farkas und Dr. Webermann	Kolloquium zur neueren Geschichte Finnlands
Prof. Walther Hubatsch	Allgemeine Geschichte im Zeitalter der französischen Revolution und Napoleons
	Geschichte von Ost- und Westpreußen **[Öffentliche Vorlesung]**
	Übungen zur Geschichte der Freiheitskriege
	Übung: Quellen zur Geschichte von Ost- und Westpreußen
Dr. Walter Bußmann	Europäische Geschichte 1850-1890
	Übungen: Bismarcks Bündnispolitik 1870-1890
Prof. Reinhard Wittram	Die europäische Reformationsbewegung und die historischen Mächte 1848-1917
	Übungen: Die russische revolutionäre Bewegung vor dem ersten Weltkrieg im Spiegel der deutschen öffentlichen Meinung
Dr. Hans-Günther Seraphim	Quellenkritische Übung zur Zeitgeschichte: Interpretation von Akten und Urkunden zur politischen und militärischen Vorgeschichte des Rußlandfeldzuges II
Prof. Wilhelm Treue	Geschichte der Vereinigten Staaten von Amerika
	Übung: Churchill als Staatsmann im ersten und zweiten Weltkrieg
	Zeitgeschichtliches Kolloquium

Völkerrecht

Prof. Herbert Kraus	Völkerrecht, Besondere Lehren
	Völkerrechtliche Seminarübungen
	(in vereinbarten Stunden und mit beschränkter Mitgliederzahl)

Soziologie

Prof. Helmuth Plessner	Wissenssoziologie
	Proseminar
	Soziologisches Praktikum
Mit Prof. Maximilian Braun	Seminar: Die gedanklichen Grundlagen des russischen Marxismus

Volkswirtsch. [Ausz.]

Prof. Wilhelm Abel	Wirtschafts- und Sozialgeschichte
	Agrarpolitik
	Volkswirtschaftliche Übungen
Prof. Gerhard Kessler	Einführung in die Sozialpolitik
	Sozialismus
	Volkswirtschaftliches Seminar

VII. Literatur

ABENDROTH, Wolfgang: Die deutschen Professoren und die Weimarer Republik, in: Jörg Tröger (Hg.): Hochschule und Wissenschaft im Dritten Reich, Frankfurt a. M., New York 1986, S. 11-25.

ABUSCH, Alexander: Der Irrweg einer Nation. Ein Beitrag zum Verständnis deutscher Geschichte. Neubearbeitete Ausgabe mit einem Nachwort des Autors, Berlin 1949.

ACKERMANN, Volker/RUSINEK, Bernd-A./WIESEMANN, Frank (Hg.): Anknüpfungen. Kulturgeschichte - Landesgeschichte - Zeitgeschichte. Gedenkschrift für Peter Hüttenberger, in Verbindung mit Jörg Engelbrecht, Hein Hoebink und Herbert Reinke, Essen 1995. (Düsseldorfer Schriften zur neueren Landesgeschichte und zur Geschichte Nordrhein-Westfalens 39)

ALBRECHT, Clemens/BEHRMANN, Günther C./BOCK, Michael/HOMANN, Harald/TENBRUCK, Friedrich H. (Hg.): Die intellektuelle Gründung der Bundesrepublik. Eine Wirkungsgeschichte der Frankfurter Schule, Frankfurt a. M./New York 1999.

ALFÖLDY, Geza/SEIBT, Ferdinand/TIMM, Albrecht (Hg.): Probleme der Geschichtswissenschaft, Düsseldorf 1973.

ALGAZI, Gadi: Otto Brunner - „Konkrete Ordnung" und Sprache der Zeit, in: Peter Schöttler (Hg.): Geschichtsschreibung als Legitimationswissenschaft 1918-1945, Frankfurt a. M. 1997, S. 166-203.

ALY, Götz: „Endlösung". Völkerverschiebung und der Mord an den europäischen Juden, Frankfurt a. M. 1995.

ALY, Götz: Macht - Geist - Wahn. Kontinuitäten deutschen Denkens, Berlin 1997.

ALY, Götz: Theodor Schieder, Werner Conze oder Die Vorstufen der physischen Vernichtung, in: Winfried Schulze/Otto Gerhard Oexle (Hg.): Deutsche Historiker im Nationalsozialismus, Frankfurt a. M. 1999, S. 163-182.

ALY, Götz/HEIM, Susanne: Vordenker der Vernichtung. Auschwitz und die deutschen Pläne für eine neue europäische Ordnung, Frankfurt a. M. 1993.

ANWEILER, Oskar: 25 Jahre Osteuropaforschung - Wissenschaft und Zeitgeschichte, in: Osteuropa, 27. Jg. (1977), S. 183-191.

ANWEILER, Oskar: Aspekte und Probleme der Osteuropaforschung seit 1945, in: Zeitschrift für Ostforschung, 30. Jg. (1980), S. 673-687.

ARDENNE, Manfred von: Memoiren. Ein glückliches Leben für Technik und Forschung, Dresden 1972.

ARENDT, Hannah: Organisierte Schuld, in: Die Wandlung, 1. Jg. (1945/46), S. 333-344.

ARENDT, Hannah: The Origins of Totalitarianism, New York 1951.

ARENDT, Hannah: Besuch in Deutschland, Berlin 1993.

ARENDT, Hannah: Eichmann in Jerusalem. Ein Bericht von der Banalität des Bösen, 9. Aufl., München 1995.

VII. LITERATUR

ASENDORF, Manfred (Hg.): Aus der Aufklärung in die permanente Restauration. Geschichtswissenschaft in Deutschland, Hamburg 1974.

ASENDORF, Manfred: Was weiter wirkt. Die „Ranke-Gesellschaft - Vereinigung für Geschichte im öffentlichen Leben", in: Zeitschrift für Geschichtswissenschaft, 4. Jg. (1989), H. 4, S. 29-61.

ASH, Mitchell G.: Verordnete Umbrüche - Konstruierte Kontinuitäten: Zur Entnazifizierung von Wissenschaftlern und Wissenschaften nach 1945, in: Zeitschrift für Geschichtswissenschaft, 43. Jg. (1995), S. 903-923.

ASH, Mitchell G. (Hg.): German Universities. Past and Future, Oxford 1997.

ASTA DER UNIVERSITÄT MANNHEIM: Hochschulen 1933-1945. Nachtrag zur Bibliographie sowie Übersichten über Rehabilitation und Gedenken nach 1945, Mannheim 1999.

AUBIN, Hermann: Zum Geleit, in: Zeitschrift für Ostforschung, 1. Jg. (1952), S. 1.

AUBIN, Hermann: An einem neuen Anfang der Ostforschung, in: Zeitschrift für Ostforschung, 1. Jg. (1952), S. 3-16.

Hermann Aubin 1885-1969. Werk und Leben. Reden gehalten am 23. März bei der Trauerfeier des Instituts für geschichtliche Landeskunde an der Rheinischen Friedrich-Wilhelms-Universität Bonn, Bonn 1970. (Alma Mater. Beiträge zur Geschichte der Universität 32)

AUBIN, Hermann/BRUNNER, Otto/KOHTE, Wolfgang/PAPRITZ, Johannes (Hg.): Deutsche Ostforschung. Ergebnisse und Aufgaben seit dem Ersten Weltkrieg, 2 Bde., Leipzig 1942f.

BACKHAUS, Hugo C.: Volk ohne Führung, Göttingen (Göttinger Verlagsanstalt für Wissenschaft und Politik Leonard Schlüter) 1955.

BACZKOWSKI, Krysztof/BUSZKO, Jozef/CZIOMER, Erhard/PILCH, Andrzej: Deutschland und die deutsche Frage in der polnischen Geschichtsschreibung im 19. und 20. Jahrhundert, in: Aus Politik und Zeitgeschichte, Jg. 1987, H. 14, S. 18-28.

BAHR, Ernst (Hg.): Studien zur Geschichte des Preussenlandes. Festschrift für Erich Keyser zu seinem 70. Geburtstag dargebracht von seinen Freunden und Schülern, Marburg 1963.

BAR-ZOHAR, M.: Die Jagd auf die deutschen Wissenschaftler, Berlin 1966.

BARNES, Harry Elmer: A History of Historical Writing, 2. Aufl., New York 1962.

BARRACLOUGH, Geoffry: An Introduction to Contemporary History, Harmondsworth 1967.

BAUER, Otto: Die Nationalitätenfrage und die Sozialdemokratie, 2. Aufl., Wien (1. Aufl. 1907) 1924.

BAUSINGER, Hermann: Volksideologie und Volksforschung, in: Andreas Flitner (Hg.): Deutsches Geistesleben und Nationalsozialismus. Eine Vortragsreihe der Universität Tübingen, Tübingen 1965, S. 125-143.

BECKER, Heinrich/DAHMS, Hans-Joachim/WEGELER, Cornelia (Hg.): Die Universität Göttingen unter dem Nationalsozialismus, 2., erw. Ausgabe, München 1998.

BEDÜRFTIG, Friedemann: Lexikon Deutschland nach 1945, Hamburg 1996.

BEER, Mathias: Im Spannungsfeld von Politik und Zeitgeschichte. Das Großforschungsprojekt „Dokumentation der Vertreibung der Deutschen aus Ost-Mitteleuropa", in: Vierteljahrshefte für Zeitgeschichte, 46. Jg. (1998), H. 3, S. 345-389.

BEER, Mathias: Der „Neuanfang" der Zeitgeschichte nach 1945. Zum Verhältnis von nationalsozialistischer Umsiedlungs- und Vernichtungspolitik und der Vertreibung der Deutschen aus Ostmitteleuropa, in: Winfried Schulze/Otto Gerhard Oexle (Hg.): Deutsche Historiker im Nationalsozialismus. Frankfurt a. M. 1999. S. 274-301.

BEHBOUDI, Bita: Vom Feind zum Verbündeten. Sicherheits- und Deutschlandspolitik der Hicog (1949-1952). Marburg. Diss. Phil. 1993, als Manuskript gedruckt.

BEHRINGER, Wolfgang: Bauern-Franz und Rassen-Günther. Die politische Geschichte des Agrarhistorikers Günther Franz (1902-1992), in: Winfried Schulze/Otto Gerhard Oexle (Hg.): Deutsche Historiker im Nationalsozialismus. Frankfurt a. M. 1999. S. 114-141.

BENNINGHOVEN, Friedrich: Zur Geschichte des Deutschen Ordens, der Stadt Danzig, des Klosters Oliva und zur Eroberung Ostpreußens 1945. Unzensierte Nachträge zur Ostforschung. Selbstverlag. Berlin 1996.

BENZ, Wolfgang: Potsdam 1945. Besatzungsherrschaft und Neuaufbau im Vier-Zonen-Deutschland. 3. Aufl., München 1994.

BENZ, Wolfgang/GRAML, Hermann/WEIß, Hermann (Hg.): Enzyklopädie des Nationalsozialismus. München 1997.

BERGER, Stefan: The Search for Normality. National Identity and Historical Consciousness in Germany since 1800. Providence, Oxford 1997.

BERTHOLD, Werner: ... großhungern und gehorchen. Berlin 1960.

BERTHOLD, Werner: Zur Geschichtswissenschaft der DDR. Vorgeschichte. Konfrontation. Kooperation, in: Ernst Schulin (Hg.): Deutsche Geschichtswissenschaft nach dem Zweiten Weltkrieg (1945-1960). München 1989. S. 39-52.

BERTHOLD, W./LOZEK, G./SYRBE, H.: Grundlinien und Entwicklungstendenzen in der westdeutschen Geschichtsschreibung von 1945-1964, in: Wissenschaftliche Zeitschrift der Karl-Marx-Universität Leipzig. 14. Jg. (1965). S. 609-622.

BESSON, Waldemar (Hg.): Fischer Lexikon Geschichte. Mit einem Vorwort von Hans Rothfels. Frankfurt a. M. 1961.

BEUTNER, Bärbel: Vom Erbe der Universität Königsberg. Akademische Feierstunde in Göttingen, in: Kulturpolitische Korrespondenz. Jg. 1994. H. 922/923. S. 12-14.

BIRD, Geoffrey C.: Wiedereröffnung der Universität Göttingen, in: Manfred Heinemann (Hg.): Umerziehung und Wiederaufbau. Die Bildungspolitik der Besatzungsmächte in Deutschland und Österreich. Stuttgart 1981. S. 167-171.

BLACKBOURN, David/ELEY, Geoff: Mythen deutscher Geschichtsschreibung. Die gescheiterte bürgerliche Revolution von 1848. Frankfurt a. M. 1980.

BLANKE, Horst-Walter: Historiographiegeschichte als Historik. Stuttgart 1991.

BOCK, Petra/WOLFRUM, Edgar (Hg.): Umkämpfte Vergangenheit. Geschichtsbilder, Erinnerung und Vergangenheitspolitik im internationalen Vergleich. Göttingen 1999.

BOOCKMANN, Hartmut: Der Historiker Hermann Heimpel. Göttingen 1990.

BOOCKMANN, Hartmut: Die Geschichtswissenschaft und die deutschen Ost- bzw. polnischen Westgebiete seit 1945, in: Peter Weingart/Wolfgang Prinz (Hg.): Die sog. Geisteswissenschaften: Innenansichten. Frankfurt a. M. 1990. S. 56-74.

BOOCKMANN, Hartmut: Die Feier des Königsberger Jubiläums in Kaliningrad, in: Nordost-Archiv. Zeitschrift für Regionalgeschichte. NF 3. Jg. (1994). S. 560-563.

BOOCKMANN, Hartmut: Göttingen: Vergangenheit und Gegenwart einer europäischen Universität. Göttingen 1997.

BOOCKMANN, Hartmut: Die Zukunft der baltischen Studien in Deutschland, in: Nordost-Archiv. Zeitschrift für Regionalgeschichte, NF 7. Jg. (1998), S. 33-46.

BOOCKMANN, Hartmut: Wissen und Widerstand. Geschichte der deutschen Universität, Berlin 1999.

BOOCKMANN, Hartmut/WELLENREUTHER, Hermann (Hg.): Geschichtswissenschaft in Göttingen. Eine Vorlesungsreihe, Göttingen 1987.

BOSSE, Heinrich (Hg.): Der Führer ruft, Berlin 1941.

BOURDIEU, Pierre: Homo academicus, 2. Aufl., Frankfurt a. M. 1998.

BRACHER, Karl-Dietrich: Die Auflösung der Weimarer Republik. Eine Studie zum Problem des Machtzerfalls in der Demokratie, Villingen 1955.

BRACHER, Karl Dietrich: Die Gleichschaltung der deutschen Universität, in: Universitätstage 1966. Veröffentlichungen der Freien Universität Berlin: Nationalsozialismus und die deutsche Universität, Berlin 1966, S. 126-142.

BRACHER, Karl Dietrich: Die deutsche Diktatur. Entstehung, Struktur, Folgen des Nationalsozialismus, Köln 1969.

BRACKMANN, Albert (Hg.): Deutschland und Polen. Beiträge zu ihren geschichtlichen Beziehungen, München 1933.

BRACKMANN, Albert: Krisis und Aufbau in Osteuropa. Ein weltgeschichtliches Bild, Berlin 1939.

BRACKMANN, Albert/UNVERZAGT, Wilhelm (Hg.): Zantoch. Eine Burg im deutschen Osten, Erster Teil: Zantoch in der schriftlichen Überlieferung und die Ausgrabungen 1932/33, Leipzig 1936. (Deutschland und der Osten. Quellen und Forschungen zur Geschichte ihrer Beziehungen 1)

BRANDI, Karl: Der Siebente Internationale Historikerkongress zu Warschau und Krakau, 21.-29. August 1933, in: Historische Zeitschrift, 149. Jg. (1934), S. 213-220.

BRANDS, Maarten Cornelis: Historisme als Ideologie. Het "Onpolitieke" en "Anti-Normatieve" Element in de duitse Geschiedswetenschap, Assen 1965.

BRAUN, Joachim Freiherr von: Fünf Jahre Arbeit für den deutschen Osten. Der Göttinger Arbeitskreis, Tätigkeitsbericht zu seinem fünfjährigen Bestehen, in: Jahrbuch der Albertus-Universität zu Königsberg/Pr., 2. Jg. (1952), S. 208-251.

BRAUN, Joachim Freiherr von: Der Göttinger Arbeitskreis, Tätigkeitsbericht 1953/54, in: Jahrbuch der Albertus-Universität zu Königsberg/Pr., 5. Jg. (1954), S. 371-400.

Braunbuch. Kriegs- und Naziverbrecher in der Bundesrepublik. Staat, Wirtschaft, Armee, Verwaltung, Justiz, Wissenschaft, Berlin 1965.

BRAUSCH, Gerd: Die Albertus-Universität vom Ersten Weltkrieg bis zum 400-jährigen Jubiläum, in: Hans Rothe/Silke Spieler (Hg.): Die Albertus-Universität zu Königsberg: Höhepunkte und Bedeutung. Vorträge aus Anlaß der 450. Wiederkehr ihrer Gründung, Bonn 1996, S. 123-140.

BREIL, Reinhold: Kants Lehre vom Staatsrecht und die preußischen Könige, in: Hans Rothe/Silke Spieler (Hg.): Die Albertus-Universität zu Königsberg: Höhepunkte und Bedeutung. Vorträge aus Anlass der 450. Wiederkehr ihrer Gründung, Bonn 1996, S. 45-62.

BRINKMANN, Jens-Uwe: „Das Vorlesungsverzeichnis ist noch unvollständig ..." - Der Wiederbeginn an der Georgia-Augusta, in: Göttingen 1945. Kriegsende und Neubeginn. Texte und Materialien zur Ausstellung im Städtischen Museum 31. März - 28. Juli 1985. Göttingen 1985. S. 301-316.

BRINKMANN, Jens-Uwe: „Noch mehr zusammenrücken ..." - Die letzten Kriegsmonate in Göttingen. in: Göttingen 1945. Kriegsende und Neubeginn. Texte und Materialien zur Ausstellung im Städtischen Museum 31. März - 28. Juli 1985. Göttingen 1985. S. 9-24.

BRINKMANN, Jens-Uwe: „Nach Jahren der Entbehrung ..." - Kultur und Schule. in: Göttingen 1945. Kriegsende und Neubeginn. Texte und Materialien zur Ausstellung im Städtischen Museum 31. März - 28. Juli 1985. Göttingen 1985. S. 215-256.

BRINKMANN, Jens-Uwe: „Das Vorlesungsverzeichnis ist noch unvollständig ...". Der Wiederbeginn an der Georgia Augusta. in: Göttingen 1945. Kriegsende und Neubeginn. Texte und Materialien zur Ausstellung im Städtischen Museum 31. März - 28. Juli 1985. Göttingen 1985. S. 301-316.

BROSZAT, Martin: Zweihundert Jahre deutsche Polenpolitik. München 1963.

BROSZAT, Martin: Der schwierige Umgang mit unserer Geschichte. München 1998.

BROSZAT, Martin (Hg.): Zäsuren nach 1945. Essays zur Periodisierung der deutschen Nachkriegsgeschichte. München 1990. (Schriftenreihe der Vierteljahreshefte für Zeitgeschichte 61)

BROSZAT, Martin: Der Staat Hitlers. Grundlegung und Entwicklung seiner inneren Verfassung. 13. Aufl.. München 1992.

BROWNING, Christopher: Vernichtung und Arbeit. Zur Fraktionierung der planenden deutschen Intelligenz in Polen. in: Wolfgang Schneider (Hg.): „Vernichtungspolitik". Eine Debatte über den Zusammenhang von Sozialpolitik und Genozid im nationalsozialistischen Deutschland. Hamburg 1991. S. 37-52.

BRUCH, Rüdiger vom: Bildungssystem. Universitäten. Wissenschaften. Gelehrte. Neuere Arbeiten und Ansätze zur deutschen Entwicklung vom 18. bis zum 20. Jahrhundert. in: Archiv für Sozialgeschichte. 29. Jg. (1989). S. 439-489.

BRUCH, Rüdiger vom/MÜLLER. Rainer A. (Hg.): Historikerlexikon: von der Antike bis zum 20. Jahrhundert. München 1991.

BRYNJÓLFSSON, Einar: Die Entnazifizierung der Universität Göttingen am Beispiel der Philosophischen Fakultät. Magisterarbeit am Fachbereich Historisch-Philologische Wissenschaften der Universität Göttingen. Göttingen (Ms.) 1996. als Manuskript gedruckt.

BUCHHEIM, Hans/BROSZAT, Martin/JACOBSEN, Hans-Adolf/KRAUSNICK, Helmut: Anatomie des SS-Staates. 6. Aufl.. München 1994.

BUCHHOLZ, Arnold: Koordination und Ressortbezug in der bundesgeförderten Osteuropaforschung. in: Osteuropa. 30. Jg. (1980). S. 688-704.

BURLEIGH, Michael: Germany turns eastwards. A study of Ostforschung in the Third Reich. Cambridge 1988.

BURLEIGH, Michael (Hg.): Confronting the Nazi Past. New Debates on Modern German History. London 1996.

BUßMANN, Walter: Siegfried Kaehler. Persönlichkeit und Werk - Ein Essay. in: Siegfried Kaehler: Briefe 1900-1963. hrsg. v. Walter Bußmann und Günther Grünthal. Boppard am Rhein 1993. S. 33-90.

CARR, EDWARD H.: Was ist Geschichte? Stuttgart 1963.

CHICKERING, Roger (Hg.): Imperial Germany: A Historiographical Companion, Westport 1996.

CONRAD, Christoph: Wie vergleicht man Historiographien? Tagungsbericht vom Workshop des Zentrums für Vergleichende Geschichte Europas (FU Berlin und HU Berlin) am 18. und 19. Juni 1999, H-Soz-u-Kult 23. Aug. 1999.

CONRAD, Sebastian: Auf der Suche nach der verlorenen Nation. Geschichtsschreibung in Westdeutschland und Japan 1945-1960, Göttingen 1999.

CONZE, Werner: Hirschenhof. Die Geschichte einer deutschen Sprachinsel in Livland, Berlin 1934. (Neue Deutsche Forschungen)

CONZE, Werner: Agrarverfassung und Bevölkerung in Litauen und Weißrußland. 1. Teil: Die Hufenverfassung im ehemaligen Großfürstentum Litauen, Leipzig 1940. (Deutschland und der Osten. Quellen und Forschungen zur Geschichte ihrer Beziehungen 15)

CONZE, Werner: Die Wirkungen der liberalen Agrarreformen auf die Volksordnung in Mitteleuropa im 19. Jahrhundert, in: Vierteljahrschrift für Sozial- und Wirtschaftsgeschichte, 38. Jg. (1949), S. 1-43.

CONZE, Werner: Die Georg-August-Universität in Göttingen in den Nachkriegsjahren, Göttingen 1950 (=Mitteilungen Universitätsbund Göttingen, 26. Jg., 1950).

CONZE, Werner (Hg.): Deutschland und Europa. Historische Studien zur Völker- und Staatenordnung des Abendlandes, Festschrift für Hans Rothfels, Düsseldorf 1951.

CONZE, Werner: Nationalstaat oder Mitteleuropa? Die Deutschen des Reichs und die Nationalitätenfragen Ostmitteleuropas im ersten Weltkrieg, in: Werner Conze (Hg.): Deutschland und Europa. Historische Studien zur Völker- und Staatenordnung des Abendlandes, Festschrift für Hans Rothfels, Düsseldorf 1951, S. 201-239.

CONZE, Werner: Die Stellung der Sozialgeschichte in Forschung und Unterricht, in: Geschichte in Wissenschaft und Unterricht, 3. Jg. (1952), S. 648-657.

CONZE, Werner: Kann es heute noch eine lebendige Geschichte des Deutschtums in Ostmitteleuropa geben? Grundfragen der baltischen Geschichtsforschung, vorgelegt auf dem 5. Baltischen Historikertreffen am 27. Juli 1952 in Göttingen, in: Baltische Briefe, 5. Jg. (1952), H. 8/9, S. 8.

CONZE, Werner: Die Geschichte der 291. Infanterie-Division 1940-1945, Bad Nauheim 1953. (Die Deutschen Divisionen 1939-1945)

CONZE, Werner: Deutsche Einheit. Erbe und Aufgabe, Münster Westf. 1956. (Schriften der Gesellschaft zur Förderung der Westfälischen Wilhelms-Universität zu Münster 36)

CONZE, Werner: Die Strukturgeschichte des technisch-industriellen Zeitalters für Forschung und Unterricht, Köln 1957.

CONZE, Werner: Der 17. Juni. Tag der deutschen Freiheit und Einheit, Frankfurt a. M./Bonn 1960.

CONZE, Werner: Nationalstaat - Weltrevolution - Weltgeschichte, in: Aus Politik und Zeitgeschichte, Jg. 1960, H. 10, S. 147-153.

CONZE, Werner: Die deutsche Nation. Ergebnis der Geschichte, Göttingen 1963. (Die deutsche Frage in der Welt 1)

CONZE, Werner: Die deutsche Geschichtswissenschaft seit 1945, in: Historische Zeitschrift, 225. Jg. (1977), S. 1-28.

VII. LITERATUR

CONZE, Werner: Die Gründung des Arbeitskreises für moderne Sozialgeschichte, in: Hamburger Jahrbuch für Wirtschafts- und Gesellschaftspolitik, Jg. 1979, S. 23-32.
CONZE, Werner: Mein Weg zur Sozialgeschichte nach 1945, in: Christian Schneider (Hg.): Forschung in der Bundesrepublik Deutschland. Beispiele, Kritik, Vorschläge, Weinheim u. a. 1983, S. 73-81.
CONZE, Werner: Die Königsberger Jahre, in: Andreas Hillgruber (Hg.): Vom Beruf des Historikers in einer Zeit beschleunigten Wandels. Akademische Gedenkfeier für Theodor Schieder am 8. Februar 1985 in der Universität zu Köln, München 1985, S. 25-32.
CONZE, Werner (Hg.): Gesellschaft - Staat - Nation. Gesammelte Aufsätze, Stuttgart 1992. (Industrielle Welt 52)
CONZE, Werner/KOSTHORST, Erich/NEBGEN, Elfriede: Jakob Kaiser. Politiker zwischen Ost und West 1945-1949, Stuttgart/Berlin/Köln/Mainz 1969.
CORINO, Karl (Hg.): Intellektuelle im Bann des Nationalsozialismus, Hamburg 1980.
FRIEDRICH, Jörg (Hg.): Das Urteil von Nürnberg 1946, 4. Aufl., München 1996.
DAVIS, Edith Siemens: Der britische Beitrag zum Wiederaufbau des deutschen Schulwesens von 1945 bis 1950, in: Manfred Heinemann (Hg.): Umerziehung und Wiederaufbau. Die Bildungspolitik der Besatzungsmächte in Deutschland und Österreich, Stuttgart 1981, S. 140-152.
DEHIO, Ludwig: Gleichgewicht und Hegemonie, Krefeld 1948.
DEHIO, Ludwig: Ranke und der deutsche Imperialismus, in: Historische Zeitschrift, 170. Jg. (1950), S. 307-328.
DEMANDT, Alexander: Metaphern für Geschichte: Sprachbilder und Gleichnisse im historisch-politischen Denken, München 1978.
Der Forschung? Der Lehre? Der Bildung? - Wissen ist Macht! 75 Jahre Universität Hamburg. Studentische Gegenfestschrift zum Universitätsjubiläum 1994, Hamburg 1994.
Die deutsche Universität im Dritten Reich, München 1966.
DIESENER, Gerald/MIDDELL, Matthias (Hg.): Historikertage im Vergleich, Leipzig 1996. (Comparativ, Jg. 6, 1996, Heft 5/6)
DIESENER, Gerald/MIDDELL, Matthias: Institutionalisierungsprozesse in den modernen historischen Wissenschaften, in: Gerald Diesener/Matthias Middell (Hg.): Historikertage im Vergleich, Leipzig 1996 (=Comparativ, Jg. 6, 1996, Heft 5/6), S. 7-20.
DINER, Dan (Hg.): Ist der Nationalsozialismus Geschichte? Zu Historisierung und Historikerstreit, Frankfurt a. M. 1987.
DITT, Karl: Die Kulturraumforschung zwischen Wissenschaft und Politik. Das Beispiel Franz Petri (1903-1993), in: Westfälische Forschungen, 46. Jg. (1996), S. 73-176.
DOCKHORN, Klaus: Der Deutsche Historismus in England. Ein Beitrag zur Englischen Geistesgeschichte des 19. Jahrhunderts. Mit einem Vorwort von G. P. Gooch, Göttingen/Baltimore 1950. (Hesperia, Ergänzungsreihe: Schriften zur englischen Philologie 14)
DOERING-MANTEUFFEL, Anselm: Deutsche Zeitgeschichte nach 1945. Entwicklung und Problemlagen der historischen Forschung zur Nachkriegszeit, in: Vierteljahrshefte für Zeitgeschichte, 41. Jg. (1993), S. 1-29.
DOERING-MANTEUFFEL, Anselm: Die Kultur der 50er Jahre im Spannungsfeld von „Wiederaufbau" und „Modernisierung", in: Axel Schildt/Arnold Sywottek (Hg.): Modernisierung und Wiederaufbau. Die westdeutsche Gesellschaft der 50er Jahre, Bonn 1998, S. 533-540.

DORPALEN, Andreas: Die Geschichtswissenschaft der DDR, in: Bernd Faulenbach (Hg.): Geschichtswissenschaft in Deutschland, München 1974, S. 121-137.

DROZDZYNSKI, Aleksander/ZABOROWSKI, Jan: Oberländer. A Study in German East Policies, Poznan, Warszawa 1960.

DÜWEL, Klaus/BLÜMEL, Günter (Hg.): Volkshochschule Göttingen 1948, Göttingen 1988.

EAKIN, John Paul: Reference in Autobiography, Princeton 1992.

EBBINGHAUS, Angelika/ROTH, Karl Heinz: Vorläufer des „Generalplan Ost". Eine Dokumentation über Theodor Schieders Polendenkschrift vom 7. Oktober 1939, in: 1999. Zeitschrift für Sozialgeschichte des 20. und 21. Jahrhunderts, 7. Jg. (1992), S. 62-94.

EBEL, Wilhelm: Catalogus Professorum Gottingensium 1734-1962, Göttingen 1962.

EBEL, Wilhelm: Memorabilia Gottingensia. Elf Studien zur Sozialgeschichte der Universität, Göttingen 1969.

EBNER, Christian: „Liberalisierungdiktatur"? Zum Einfluß der Britischen Militärregierung auf die Rekonstruktion der lokalen politischen Struktur: Das Beispiel Göttingen 1945/46. Magisterarbeit am Fachbereich Historisch-Philologische Wissenschaften der Universität Göttingen, Göttingen (Ms.) 1990, als Manuskript gedruckt.

EISFELD, Rainer/MÜLLER, Ingo (Hg.): Gegen Barbarei. Essays Robert M. W. Kempner zu Ehren, Frankfurt a. M. 1989.

ELLWEIN, Thomas: Die deutsche Universität. Vom Mittelalter bis zur Gegenwart, Wiesbaden 1997.

ENGEL, Carl/LA BAUME, Wolfgang: Kulturen und Völker der Frühzeit im Preussenlande, Königsberg 1937. (Erläuterungen zum Atlas der ost- und westpreussischen Landesgeschichte 1)

EPSTEIN, Fritz T.: Otto Hoetzsch und sein „Osteuropa" 1925-1930, in: Osteuropa, 25. Jg. (1975), S. 541-554.

ERDMANN, Karl Dietrich: Zeitgeschichte zwischen Wissenschaft und Politik, in: Christian Schneider (Hg.): Forschung in der Bundesrepublik Deutschland. Beispiele, Kritik, Vorschläge, Weinheim u. a. 1983, S. 83-92.

ERDMANN, Karl Dietrich: Die Ökumene der Historiker. Geschichte der Internationalen Historikerkongresse und des Comité International des Sciences Historique, Göttingen 1987. (Abhandlungen der Akademie der Wissenschaften in Göttingen, Phil.-Hist. Klasse; Folge 3, Nr. 158)

ERIKSEN, Robert P.: Kontinuitäten konservativer Geschichtsschreibung am Seminar für Mittlere und Neuere Geschichte: Von der Weimarer Zeit über die nationalsozialistische Ära bis in die Bundesrepublik, in: Heinrich Becker/Hans-Joachim Dahms/Cornelia Wegeler (Hg.): Die Universität Göttingen unter dem Nationalsozialismus, 2., erw. Ausg., München 1998, S. 427-453.

Erklärung des Verbandes der Historiker Deutschlands zum Studium des Faches Geschichte an den Hochschulen, 14.10.1975, in: Geschichte in Wissenschaft und Unterricht, 27. Jg. (1976), S. 223-225, S. 297-304 u. S. 566-569.

ESCH, Arnold: Über Hermann Heimpel, in: Winfried Schulze/Otto Gerhard Oexle (Hg.): Deutsche Historiker im Nationalsozialismus, Frankfurt a. M. 1999, S. 159-160.

EUCHNER, Walter: Unterdrückte Vergangenheitsbewältigung: Motive der Filmpolitik der Ära Adenauer, in: Rainer Eisfeld/Ingo Müller (Hg.): Gegen Barbarei. Essays Robert M. W. Kempner zu Ehren. Frankfurt a. M. 1989. S. 346-359.

F., M.: Politik und Historie. Betrachtungen zum Max-Planck-Institut für Geschichte, in: Die Gegenwart. 12. Jg. (1957). S. 489-492.

FABER, Karl-Georg: Theorie der Geschichtswissenschaft. München 1972.

FAHLBUSCH, Michael: Die „Südostdeutsche Forschungsgemeinschaft". Politische Beratung und NS-Volkstumspolitik. in: Winfried Schulze/Otto Gerhard Oexle (Hg.): Deutsche Historiker im Nationalsozialismus. Frankfurt a. M. 1999. S. 241-264.

FAHLBUSCH, Michael: Wissenschaft im Dienste der nationalsozialistischen Politik? Die „Volksdeutschen Forschungsgemeinschaften" von 1831-1945. Baden-Baden 1999.

FAULENBACH, Bernd (Hg.): Geschichtswissenschaft in Deutschland. München 1974.

FAULENBACH, Bernd: Ideologie des deutschen Weges. Die deutsche Geschichte in der Historiographie zwischen Kaiserreich und Nationalsozialismus. München 1980.

FAULENBACH, Bernd: Die Historiker und die „Massengesellschaft" der Weimarer Republik. in: Klaus Schwabe (Hg.): Deutsche Hochschullehrer als Elite 1815-1945. Boppard am Rhein 1988. S. 225-246.

FAULENBACH, Bernd: Nach der Niederlage. Zeitgeschichtliche Fragen und apologetische Tendenzen in der Historiographie der Weimarer Zeit, in: Peter Schöttler (Hg.): Geschichtsschreibung als Legitimationswissenschaft 1918-1945. Frankfurt a. M. 1997. S. 31-51.

FISCHER, Dietrich: Die deutsche Geschichtswissenschaft von J. G. Droysen bis O. Hintze in ihrem Verhältnis zur Soziologie. Köln 1966.

FLÄSCHENDRÄGER, Werner/KLAUS, Werner/KÖHLER, Roland/KRAUS, Aribert/STEIGER, Günter (Hg.): Magister und Scholaren. Professoren und Studenten. Geschichte deutscher Universitäten und Hochschulen im Überblick. Leipzig/Jena/Berlin 1981.

FLITNER, Andreas (Hg.): Deutsches Geistesleben und Nationalsozialismus. Eine Vortragsreihe der Universität Tübingen. Tübingen 1965.

FLITNER, Andreas: Wissenschaft und Volksbildung. in: Andreas Flitner (Hg.): Deutsches Geistesleben und Nationalsozialismus. Eine Vortragsreihe der Universität Tübingen. Tübingen 1965. S. 217-236.

FOLKERTS, Menso: Die Begründung der Königsberger mathematisch-physikalischen Schule (Bessel - Jacobi - Neumann). in: Hans Rothe/Silke Spieler (Hg.): Die Albertus-Universität zu Königsberg: Höhepunkte und Bedeutung. Vorträge aus Anlass der 450. Wiederkehr ihrer Gründung. Bonn 1996. S. 63-79.

FORSTER, Karl (Hg.): Gibt es ein deutsches Geschichtsbild? Würzburg 1961.

FORSTHOFF, Ernst: Der totale Staat. 2. Aufl.. Hamburg 1933.

FORSTREUTER, Kurt: Die Gesellschaft der Freunde Kants. Die Ansprache des „Bohnenkönigs". Staatsarchivdirektor Dr. Kurt Forstreuter. am 12. April 1957 in Göttingen, in: Jahrbuch der Albertus-Universität zu Königsberg/Pr.. 9. Jg. (1959). S. 448-450.

FREI, Norbert: Vergangenheitspolitik. Die Anfänge der Bundesrepublik und die NS-Vergangenheit. München 1996.

FREYER, Hans: Soziologie als Wirklichkeitswissenschaft. Logische Grundlegung des Systems der Soziologie. Leipzig 1930.

FREYER, Hans: Weltgeschichte Europas. 2 Bde.. Wiesbaden 1948.

FRIED, Johannes: Eröffnungsrede zum 42. Deutschen Historikertag am 8. September 1998 in Frankfurt am Main, in: Zeitschrift für Geschichtswissenschaft, 46. Jg. (1998), S. 869-874.

FRIEDLAND, Klaus: Wie es eigentlich gewesen. Geschichtsstudium und Studentenpolitik 1945-1948, in: Hartmut Lehmann/Otto Gerhard Oexle (Hg.): Erinnerungsstücke. Wege in die Vergangenheit. Rudolf Vierhaus zum 75. Geburtstag gewidmet, Wien/Köln/Weimar 1997, S. 89-100.

FRIEDLÄNDER, Saul: The Demise of the German Mandarins. The German University and the Jews 1933-1939, in: Christian Jansen/Lutz Niethammer/Bernd Weisbrod (Hg.): Von der Aufgabe der Freiheit. Politische Verantwortung und bürgerliche Gesellschaft im 19. und 20. Jahrhundert, Berlin 1995, S. 69-82.

FRIEDRICH, Carl: Totalitarianism, Cambridge/Mass. 1954.

FRIEDRICH, Jörg: Die kalte Amnestie. NS-Täter in der Bundesrepublik, München/Zürich 1994.

FRIEDRICH, Cathrin: Erich Brandenburg - Historiker zwischen Wissenschaft und Politik, Leipzig 1998. (Leipziger Beiträge zur Wissenschaftsgeschichte und Wissenschaftspolitik)

FUHRMANN, Horst: „sind eben alles Menschen gewesen". Gelehrtenleben im 19. und 20. Jahrhundert, München 1996.

GARLEFF, Michael: Deutschbaltische Politik zwischen den Weltkriegen: Die parlamentarische Tätigkeit der deutschbaltischen Parteien in Lettland und Estland, Bonn-Bad Godesberg 1976.

GARLEFF, Michael: Die Deutschbalten als nationale Minderheit in den unabhängigen Staaten Estland und Lettland, in: Gert von Pistohlkors (Hg.): Baltische Länder, Berlin 1994. (Deutsche Geschichte im Osten Europas) S. 452-551.

GARLEFF, Michael (Hg.): Deutschbalten, Weimarer Republik und Drittes Reich, Köln/Weimar/Wien 2001. (Das Baltikum in Geschichte und Gegenwart)

GAY, Peter: Style in History, London 1974.

GEHLEN, Reinhard: Der Dienst. Erinnerungen 1942-1971, Mainz/Wiesbaden 1971.

GEHRKE, Roland: Deutschbalten an der Reichsuniversität Posen, in: Michael Garleff (Hg.): Deutschbalten, Weimarer Republik und Drittes Reich, Bd. 1, Köln/Weimar/Wien 2001 (Das Baltikum in Geschichte und Gegenwart 1), S. 389-426.

GEILE, Dirk: Der Remer-Mythos in der frühen Bundesrepublik. Ein Beitrag zum organisierten Rechtsextremismus in Niedersachsen, Magisterarbeit am Fachbereich Historisch-Philologische Wissenschaften der Universität Göttingen Göttingen (Ms.) 1993, als Manuskript gedruckt.

GEISS, Imanuel: Der polnische Grenzstreifen. Wilhelminische Expansionspläne im Lichte heutiger Geschichtsforschung, in: Der Monat, 171. Jg. (1962), S. 58.

GENTZEN, Felix Heinrich/KALISCH, Johannes/VOIGT, Gerd/WOLFGRAMM, Eberhard: Die „Ostforschung" - ein Stoßtrupp des deutschen Imperialismus, in: Zeitschrift für Geschichtswissenschaft, 6. Jg. (1958), S. 1181-1220.

GENTZEN, Felix Heinrich/WOLFGRAMM, Eberhard: „Ostforscher" – „Ostforschung". Mit einem Nachwort von Prof. Dr. B. Spiru, Berlin 1960.

GEUTER, Ulfried: Die Professionalisierung der deutschen Psychologie im Nationalsozialismus, Frankfurt a. M. 1988.

GEYER, Dietrich: Georg Sacke. in: Wehler, Hans-Ulrich (Hg.): Deutsche Historiker. Göttingen 1973. S. 603-615.
GIORDANO, Ralph: Die zweite Schuld oder Von der Last Deutscher zu sein. München 1990.
GLASER, Hermann (Hg.): „Das Nürnberger Gespräch 1965" - Haltungen und Fehlhaltungen in Deutschland. Ein Tagungsbericht. Freiburg i. Br. 1966.
GLASER, Hermann: Deutsche Kultur. Ein historischer Überblick von 1945 bis zur Gegenwart. Bonn 1997.
GOEHRKE, Carsten/HELLMANN, Manfred/LORENZ, Richard/SCHEIBERT, Peter: Rußland. Frankfurt a. M. 1973. (Fischer Weltgeschichte 31)
GOERTZ, Hans-Jürgen: Umgang mit Geschichte. Eine Einführung in die Geschichtstheorie. Reinbek bei Hamburg 1995.
GOETZ, Walter (Hg.): Historiker in meiner Zeit. Gesammelte Aufsätze. Köln/Graz 1957.
GOGUEL, Rudi: Über Ziele und Methoden der Ostforschung. in: Ostforschung und Slawistik. Kritische Auseinandersetzungen. Vorgetragen auf der Arbeitstagung am 3. VII. 1959 im Institut für Slawistik der Deutschen Akademische der Wissenschaften zu Berlin. Berlin 1960. S. 12-39.
GOGUEL, Rudi: Die Nord- und Ostdeutsche Forschungsgemeinschaft (1933-1945). in: Informationen der Abteilung für Geschichte der imperialistischen Ostforschung. 2. Jg. (1962). H. 5/6. S. 11-29.
GOGUEL, Rudi: Über die Mitwirkung deutscher Wissenschaftler am Okkupationsregime in Polen im Zweiten Weltkrieg. untersucht an drei Institutionen der deutschen Ostforschung. Diss. Phil. Berlin 1964. als Manuskript gedruckt.
GOGUEL, Rudi: Ostpolitik und Ostforschung. Kontinuität und Wandlungen. in: Zeitschrift für Geschichtswissenschaft. 12. Jg. (1964). S. 1340-1358.
GOGUEL, Rudi: Die Nord- und Ostdeutsche Forschungsgemeinschaft im Dienste faschistischer Aggressionspolitik gegen Polen (1933 bis 1945). in: Wissenschaftliche Zeitschrift der Humboldt-Universität in Berlin. Gesellschafts- und Sprachwissenschaftliche Reihe. 15. Jg. (1966). S. 663-674.
GOGUEL, Rudi/POHL, Heinz: Oder-Neisse. Eine Dokumentation. Berlin 1955.
GOGUEL, Rudi (Hg.): Polen, Deutschland und die Oder-Neiße-Grenze. hrsg. vom Deutschen Institut für Zeitgeschichte in Verbindung mit der Deutsch-Polnischen Historiker-Kommission unter der verantwortlichen Redaktion von Rudi Goguel. Berlin 1959. (Dokumentation zur Zeitgeschichte 1. Schriftenreihe des Deutschen Instituts für Zeitgeschichte. Berlin)
GOLDSCHMIDT, Dietrich: Als Redakteur bei der „Göttinger Universitäts-Zeitung". Erinnerungen 1945-1919. in: Das Argument. 37. Jg. (1993). S. 207-222.
GOLLWITZER, Heinz: Nachruf auf Karl Alexander von Müller. in: Historische Zeitschrift. 205. Jg. (1967). S. 307.
Göttingen 1945. Kriegsende und Neubeginn. Texte und Materialien zur Ausstellung im Städtischen Museum 31. März - 28. Juli 1985. Göttingen 1985.
GÖTTINGER ARBEITSKREIS (Hg.): Dokumente der Menschlichkeit aus der Zeit der Massenaustreibungen. (1. Aufl. 1950). Kitzingen/Main o. J.
GÖTTINGER ARBEITSKREIS (Hg.): 10 Jahre Arbeit für den deutschen Osten. Der Göttinger Arbeitskreis. Tätigkeitsberichte 1946-1956. o.O. o. J.

GÖTTINGER ARBEITSKREIS (Hg.): 50 Jahre Göttinger Arbeitskreis e. V., hrsg. v. Boris Meissner und Alfred Eisfeld, Göttingen 1998.

GOUDSMITH, Samuel A.: Alsos, New York 1947.

GRABERT, Herbert: Hochschullehrer klagen an. Von der Demontage deutscher Wissenschaft, 2., erw. Aufl., Göttingen 1952.

GRAML, Hermann: Die verdrängte Auseinandersetzung mit dem Nationalsozialismus, in: Martin Broszat (Hg.): Zäsuren nach 1945. Essays zur Periodisierung der deutschen Nachkriegsgeschichte, München 1990. (Schriftenreihe der Vierteljahrshefte für Zeitgeschichte 61), S. 169-183.

GRAUS, Frantisek: Geschichtsschreibung und Nationalsozialismus, in: Vierteljahrshefte für Zeitgeschichte, 17. Jg. (1969), S. 87-95.

GREBING, Helga: Zwischen Kaiserreich und Diktatur. Göttinger Historiker und ihr Beitrag zur Interpretation von Geschichte und Gesellschaft (M. Lehmann, A. O. Meyer, W. Mommsen, S. A. Kaehler), in: Hartmut Boockmann/Hermann Wellenreuther (Hg.): Geschichtswissenschaft in Göttingen. Eine Vorlesungsreihe, Göttingen 1987, S. 204-238.

GROH, Dieter: Strukturgeschichte als „totale" Geschichte? In: Vierteljahrschrift für Sozial- und Wirtschaftsgeschichte, 58. Jg. (1971), S. 289-322.

GROH, Dieter: Geschichtswissenschaft in emanzipatorischer Absicht, Stuttgart 1973.

GROLLE, Joist: Der Hamburger Percy Ernst Schramm - ein Historiker auf der Suche nach der Wahrheit, Hamburg 1989.

GROTE, Adolf: Unangenehme Geschichtstatsachen. Zur Revision des neueren deutschen Geschichtsbildes, Nürnberg 1960.

GRÜNDEL, Ernst Günther: Die Sendung der jungen Generation. Versuch einer umfassenden revolutionären Sinndeutung der Krise, München 1932.

GRÜTTNER, Michael: Artikel „Wissenschaft", in: Wolfgang Benz/Hermann Graml/Hermann Weiß (Hg.): Enzyklopädie des Nationalsozialismus, München 1997, S. 135-153.

GUNDERMANN, Iselin: Die Anfänge der Albertus-Universität zu Königsberg, in: Hans Rothe/Silke Spieler (Hg.): Die Albertus-Universität zu Königsberg: Höhepunkte und Bedeutung. Vorträge aus Anlass der 450. Wiederkehr ihrer Gründung, Bonn 1996, S. 23-44.

HAAR, Ingo: „Revisionistische" Historiker und Jugendbewegung: Das Königsberger Beispiel, in: Peter Schöttler (Hg.): Geschichtsschreibung als Legitimationswissenschaft 1918-1945, Frankfurt a. M. 1997, S. 52-103.

HAAR, Ingo: „Kämpfende Wissenschaft". Entstehung und Niedergang der völkischen Geschichtswissenschaft im Wechsel der Systeme, in: Winfried Schulze/Otto Gerhard Oexle (Hg.): Deutsche Historiker im Nationalsozialismus, Frankfurt a. M. 1999, S. 215-240.

HAAR, Ingo: Historiker im Nationalsozialismus. Deutsche Geschichtswissenschaft und der „Volkstumskampf" im Osten, Göttingen 2000.

HABERMAS, Jürgen: Die deutschen Mandarine, zuerst englisch in: Minerva 9 (1971), S. 422-428, deutsch in: Jürgen Habermas (Hg.): Philosophisch-politische Profile, 3., erw. Aufl., Frankfurt a. M. 1981, S. 458-468.

HABERMAS, Jürgen (Hg.): Stichworte zur „Geistigen Situation der Zeit", 2 Bde., Frankfurt a. M. 1979.

HABERMAS, Jürgen (Hg.): Philosophisch-politische Profile, 3., erw. Aufl., Frankfurt a. M. 1981.

HACKER, Jens: Die Entwicklung der Ostforschung seit 1945. Ein Blick auf die bestehenden Institute und ihre Arbeitsweise. Kiel 1958.

HACKER, Jens: Osteuropa-Forschung in der Bundesrepublik, in: Aus Politik und Zeitgeschichte. Jg. 1960. H. 37. S. 591-622.

HACKMANN, Jörg: Königsberg in der deutschen Geschichtswissenschaft, in: Nordost-Archiv. Zeitschrift für Regionalgeschichte. NF 3. Jg. (1994). S. 469-493.

HACKMANN, Jörg: „An einen neuen Anfang der Ostforschung". Bruch und Kontinuität in der ostdeutschen Landeshistorie nach dem Zweiten Weltkrieg. in: Westfälische Forschungen. 46. Jg. (1996). S. 232-258.

HACKMANN, Jörg: Contemporary Baltic History and German Ostforschung 1918-1945. in: Journal of Baltic Studies. 30. Jg. (1999). S. 322-337.

HAGELÜKEN, Helga/ROHRBACH, Rainer: Hilfe in der Not: Friedland 1945. in: Göttingen 1945. Kriegsende und Neubeginn. Texte und Materialien zur Ausstellung im Städtischen Museum 31. März - 28. Juli 1985. Göttingen 1985. S. 137-148.

HAGEMANN, Ingrid: Die mittelalterliche deutsche Ostexpansion und die Adenauersche Außenpolitik. in: Zeitschrift für Geschichtswissenschaft. 6. Jg. (1958). S. 797-816.

HAGEN, Manfred: Göttingen als „Fenster zum Osten" nach 1945. in: Hartmut Boockmann/Hermann Wellenreuther (Hg.): Geschichtswissenschaft in Göttingen. Eine Vorlesungsreihe. Göttingen 1987. S. 321-343.

HALLER, Johannes: Lebenserinnerungen. Gesehenes - Gehörtes - Gedachtes. Stuttgart 1960.

HALPERIN, William (Hg.): Some 20th-Century Historians. Chicago 1961.

HANSEN, Reimer/RIBBE, Wolfgang (Hg.): Geschichtswissenschaft in Berlin im 19. und 20. Jahrhundert. Persönlichkeiten und Institutionen. Berlin/New York 1992.

HARD, G.: Die Disziplin der Weißwäscher. Über Genese und Funktionen des Opportunismus in der Geographie. in: P. Sedlacek (Hg.): Zur Situation der deutschen Geographie zehn Jahre nach Kiel. 2. Aufl., Osnabrück 1979 (Osnabrücker Studien zur Geographie 2). S. 11-44.

HARDER, Hans-Bernd: Josef Nadler in Königsberg (1925-1931). in: Hans Rothe/Silke Spieler (Hg.): Die Albertus-Universität zu Königsberg: Höhepunkte und Bedeutung. Vorträge aus Anlass der 450. Wiederkehr ihrer Gründung. Bonn 1996. S. 81-94.

HARDTWIG, Wolfgang: Geschichtskultur und Wissenschaft. München 1990.

HARDTWIG, Wolfgang (Hg.): Über das Studium der Geschichte. München 1990.

HARKE, H.: Die Legende vom mangelnden Lebensraum. in: Claus Remer (Hg.): Auf den Spuren der „Ostforschung". Eine Sammlung von Beiträgen der Arbeitsgemeinschaft zur Bekämpfung der westdeutschen „Ostforschung" beim Institut für Geschichte der europäischen Volksdemokratien. Leipzig 1962 (Wissenschaftliche Zeitschrift der Karl-Marx-Universität Leipzig. Gesellschafts- und sprachwissenschaftliche Reihe. Sonderband I). S. 59-105.

HAUG, Wolfgang Fritz: Vom hilflosen Antifaschismus zur Gnade der späten Geburt. 2., erw. Aufl., Hamburg/Berlin 1993.

HAUSMANN, Frank-Rutger: Der „Kriegseinsatz" der Deutschen Geisteswissenschaften im Zweiten Weltkrieg (1940-1945). in: Winfried Schulze/Otto Gerhard Oexle (Hg.): Deutsche Historiker im Nationalsozialismus. Frankfurt a. M. 1999. S. 63.86.

HEHN, Jürgen von: Die Baltischen Lande. Geschichte und Schicksal der baltischen Deutschen. Kitzingen 1951.

HEHN, Jürgen von: Die deutschbaltische Geschichtsschreibung 1918-1939/45 in Lettland, in: Georg von Rauch (Hg.): Geschichte der deutschbaltischen Geschichtsschreibung. Im Auftrage der Baltischen Historischen Kommission unter Mitwirkung von Michael Garleff, Jürgen von Hehn, Wilhelm Lenz, Köln/Wien 1986 (Ostmitteleuropa in Vergangenheit und Gegenwart 20), S. 371-398.

HEIBER, Helmut: Walter Frank und sein Reichsinstitut für Geschichts des neuen Deutschlands, Stuttgart 1966. (Quellen und Darstellungen zur Zeitgeschichte 13)

HEIBER, Helmut: Universität unterm Hakenkreuz, 2 Bde. in drei Teilen, München 1991-1994.

HEIMPEL, Hermann: Der Mensch in seiner Gegenwart. Sieben historische Essays, Göttingen 1954.

HEIMPEL, Hermann: Kapitulation vor der Geschichte? Gedanken zur Zeit, Göttingen 1956.

HEIMPEL, Hermann: Goslar und Canossa. Feier der Verleihung des Kulturpreises der Stadt Goslar für 1958 mit der Festrede von Hermann Heimpel, Kaiserpfalz Goslar 1959.

HEIMPEL, Hermann: Goslar und Canossa, Goslar 1960.

HEIMPEL, Hermann: Zwei Historiker. Friedrich Christoph Dahlmann, Jacob Burckhardt, Göttingen 1962.

MAX-PLANCK-INSTITUT FÜR GESCHICHTE, GÖTTINGEN (Hg.): Hermann Heimpel zum 80. Geburtstag. Reden gehalten am 19. Oktober 1981 in der Aula der Georg-August-Universität in Göttinger zur Feier des 80. Geburtstags von Hermann Heimpel am 19. September 1981, Göttingen 1981.

HEIMPEL, Hermann: „Zur Lage". Eine Vorlesung des Professors der Englischen Philologie Herbert Schöffler, gehalten im Oktober 1945, in: Hartmut Boockmann/Hermann Wellenreuther (Hg.): Geschichtswissenschaft in Göttingen. Eine Vorlesungsreihe, Göttingen 1987, S. 162-195.

HEINEMANN, Manfred (Hg.): Umerziehung und Wiederaufbau. Die Bildungspolitik der Besatzungsmächte in Deutschland und Österreich, Stuttgart 1981.

HEINEMANN, Manfred/MÜLLER, Siegfried (Hg.): Nordwestdeutsche Hochschulkonferenz 1945-1948, 2 Bde., Hildesheim 1990.

HEINEMANN, Manfred (Hg.): Hochschuloffiziere und Wiederaufbau des Hochschulwesens in Westdeutschland 1945-1952, Teil 1: Die Britische Zone, Hildesheim 1990.

HEINEMANN, Manfred (Hg.): Süddeutsche Hochschulkonferenzen 1945-1949, Berlin 1997.

HEINEMANN, Manfred: Zur Wissenschafts- und Bildungslandschaft Niedersachsens von 1945 bis in die 50er Jahre, in: Bernd Weisbrod (Hg.): Von der Währungsunion zum Wirtschaftswunder. Wiederaufbau in Niedersachsen, Hannover 1998, S. 77-95.

HELLMANN, Manfred: Die Historische Forschung über die baltischen Länder nach 1945, in: Jahrbuch für die Geschichte Mittel- und Ostdeutschlands, 38. Jg. (1989), S. 143-173.

HENKE, Klaus-Dietmar: Die Trennung vom Nationalsozialismus. Selbstzerstörung, politische Säuberung, „Entnazifizierung", Strafverfolgung, in: Klaus-Dietmar Henke/Hans Wolle (Hg.): Politische Säuberung in Europa. Die Abrechnung mit Faschismus und Kollaboration nach dem Zweiten Weltkrieg, München 1991, S. 21-82.

HENKE, Klaus-Dietmar/WOLLE, Hans (Hg.): Politische Säuberung in Europa. Die Abrechnung mit Faschismus und Kollaboration nach dem Zweiten Weltkrieg, München 1991.

HEPPE, Hans von: Erinnnerungen an Otto Hoetzsch, in: Osteuropa, 25. Jg. (1975), S. 622-630.

HERBERT, Ulrich: Rassismus und rationales Kalkül. Zum Stellenwert utilitaristisch verbrämter Legitimationsstrategien in der nationalsozialistischen „Weltanschauung", in: Wolfgang Schneider (Hg.): „Vernichtungspolitk". Eine Debatte über den Zusammenhang von Sozialpolitik und Genozid im nationalsozialistischen Deutschland. Hamburg 1991. S. 25-36.

HERBERT, Ulrich: Best. Biographische Studien über Radikalismus, Weltanschauung und Vernunft. 1903-1989. Bonn 1996.

HERBST, Ludolf: Das nationalsozialistische Deutschland 1933-1945. Die Entfesselung der Gewalt: Rassismus und Krieg. Frankfurt a. M. 1996.

HERF, Jeffrey: Reactionary Modernism. Technology, Culture, and Politics in Weimar and the Third Reich. Cambridge 1984.

HERRMANN, Manfred: Project Paperclip: Deutsche Wissenschaftler in Diensten der U.S. Streitkräfte nach 1945. Diss. Phil. Erlangen 1999, als Manuskript gedruckt.

HERZFELD, Hans (Hg.): Ausgewählte Aufsätze. Berlin 1962.

HERZFELD, Hans: Staat und Nation in der deutschen Geschichtsschreibung der Weimarer Zeit, in: Herzfeld, Hans (Hg.): Ausgewählte Aufsätze. Berlin 1962. S. 51.

HEUSS, Alfred: Theodor Mommsen und das 19. Jahrhundert. Kiel 1956.

HILBERG, Raul: Die Vernichtung der europäischen Juden. 3 Bde., Frankfurt a. M. 1990.

HILDEBRAND, Klaus: Das Dritte Reich. 4. Aufl., München 1991.

HILDERMEIER, Manfred: Von der Nordischen Geschichte zur Ostgeschichte, in: Hartmut Boockmann/Hermann Wellenreuther (Hg.): Geschichtswissenschaft in Göttingen. Eine Vorlesungsreihe. Göttingen 1987. S. 102-121.

HILLGRUBER, Andreas: Politische Geschichte in moderner Sicht, in: Historische Zeitschrift. 216. Jg. (1973). S. 529-552.

 HILLGRUBER, Andreas (Hg.): Vom Beruf des Historikers in einer Zeit beschleunigten Wandels. Akademische Gedenkfeier für Theodor Schieder am 8. Februar 1985 in der Universität zu Köln. München 1985.

HOCKERTS, Hans Günter (Hg.): Drei Wege deutscher Sozialstaatlichkeit: NS-Diktatur, Bundesrepublik und DDR im Vergleich. München 1998. (Schriftenreihe der Vierteljahrshefte für Zeitgeschichte 76)

HOFER, Walther: Geschichtsschreibung und Weltanschauung. München 1950.

HOFER, Walther: Geschichte und Politik, in: Historische Zeitschrift. 174. Jg. (1952). S. 287-306.

HOFER, Walther: Geschichte zwischen Philosophie und Politik. Studien zur Problematik des modernen Geschichtsdenkens. Basel o.J.

HOFER, Walter (Hg.): Der Nationalsozialismus. Dokumente 1933-1945. Frankfurt a. M. 1957.

HOHLS, Rüdiger/JARAUSCH, Konrad H. (Hg.): Versäumte Fragen. Deutsche Historiker im Schatten des Nationalsozialismus. Stuttgart 2000.

HOLBORN, Hajo: Der deutsche Idealismus in sozialgeschichtlicher Bedeutung, in: Historische Zeitschrift. 174. Jg. (1952). S. 364.

HUBATSCH, Walther (Hg.): Schicksalswege deutscher Vergangenheit. Beiträge zur geschichtlichen Deutung der letzten hundertfünfzig Jahre. Festschrift für Siegfried A. Kaehler. Düsseldorf 1950.

HUBATSCH, Walther: Preussenland. Werden und Aufgabe in sieben Jahrhunderten, Hamburg 1950. (Der Göttinger Arbeitskreis. Schriftenreihe 1)

HUBATSCH, Walther: Die deutsche Besetzung von Dänemark und Norwegen 1940. Nach amtlichen Unterlagen dargestellt, Göttingen 1952. (Göttinger Beiträge für Gegenwartsfragen. Völkerrecht, Geschichte, Internationale Politik 5)

HUBATSCH, Walther: Göttinger historische Arbeiten am Königsberger Staatsarchiv 1947-1952, in: Jahrbuch der Albertus-Universität zu Königsberg/Pr., 4. Jg. (1954), S. 227-242.

HUBATSCH, Walter: „Weserübung". Die deutsche Besetzung von Dänemark und Norwegen, Göttingen 1960.

HUBATSCH, Walter: Schriftenreihe Innere Führung: Beiträge zur Zeitgeschichte, o.O. o. J.

HUBATSCH, Walther: Entstehung und Entwicklung des Reichswirtschaftsministeriums 1880-1933. Ein Beitrag zur Verwaltungsgeschichte der Reichsministerien, Darstellung und Dokumentation, Berlin 1978.

HUBATSCH, Walther (Hg.): Hitlers Weisungen für die Kriegsführung 1939-1945. Dokumente des Oberkommandos der Wehrmacht, Bonn 1983.

HUBATSCH, Walther: Wie Göttingen vor der Zerstörung bewahrt wurde, in: Göttingen 1945. Kriegsende und Neubeginn. Texte und Materialien zur Ausstellung im Städtischen Museum 31. März - 28. Juli 1985, Göttingen 1985, S. 27-46.

HUBATSCH, Walther/GUNDERMANN, Iselin: Die Albertus-Universität zu Königsberg/Preussen in Bildern, 2. Aufl., Nachdruck der Ausgabe Würzburg 1966, hrsg. vom Göttinger Arbeitskreis e. V., Duderstadt 1993.

HÜBINGER, Gangolf: Georg Gottfried Gervinus. Geschichtsdenken zwischen Wissenschaft, Publizistik und Politik im 19. Jahrhundert, in: Archiv für hessische Geschichte und Altertumskunde, NF 45. Jg. (1987), S. 271-292.

IGGERS, Georg G.: Die deutschen Historiker in der Emigration, in: Bernd Faulenbach (Hg.): Geschichtswissenschaft in Deutschland, München 1974, S. 97-111.

IGGERS, Georg G.: Neue Geschichtswissenschaft. Vom Historismus zur Historischen Sozialwissenschaft, München 1978.

IGGERS, Georg G.: Deutsche Geschichtswissenschaft. Eine Kritik der traditionellen Geschichtsauffassung von Herder bis zur Gegenwart, vom Autor durchges. u. erw. Ausgabe, Wien/Köln/Weimar 1997.

In Memoriam Hermann Heimpel. Gedenkfeier am 23. Juni 1989 in der Aula der Georg-August-Universität, mit einer Gedenkrede von Josef Fleckenstein und Gedenkworten von Norbert Kamp sowie der Ansprache von Lothar Perlitt in der Trauerfeier vom 3. Januar 1989 und der Immatrikulationsrede von Hermann Heimpel vom 16. Mai 1953, Göttingen 1989. (Göttinger Universitätsreden 87)

Internationale Akademische Jubiläums-Veranstaltung aus Anlaß der Gründung der Albertus-Universität zu Königsberg vor 450 Jahren. Kalinigrad, 26.-29. September 1994, Kaliningrad 1994.

JACOBSEN, Hans Adolf: Kampf um Lebensraum. Karl Haushofers „Geopolitik und der Nationalsozialismus", in: Aus Politik und Zeitgeschichte, Jg. 1979, H. 34/35, S. 17-29.

JAIDE, Walter: Generationen eines Jahrhunderts. Wechsel der Jugendgenerationen im Jahrhunderttrend. Zur Geschichte der Jugend in Deutschland 1871 bis 1985, Opladen 1985.

JAMES, Harold: Vom Historikerstreit zum Historikerschweigen. Die Wiedergeburt des Nationalstaats. Berlin 1993.

JANSEN, Christian/NIETHAMMER, Lutz/WEISBROD, Bernd (Hg.): Von der Aufgabe der Freiheit. Politische Verantwortung und bürgerliche Gesellschaft im 19. und 20. Jahrhundert. Berlin 1995.

JARAUSCH, Konrad: The Humboldt Syndrome: West German Universities 1945-1990 - An Academic Sonderweg? In: Mitchell G. Ash (Hg.): German Universities. Past and Future. Oxford 1997. S. 33-49.

JARAUSCH, Konrad/RÜSEN, Jörn/SCHLEIER, Hans (Hg.): Geschichtswissenschaft vor 2000. Perspektiven der Historiographiegeschichte. Geschichtstheorie. Sozial- und Kulturgeschichte. Festschrift für Georg G. Iggers zum 65. Geburtstag. Hagen 1991.

JASPERS, Karl: Erneuerung der Universität. Eine Rede. in: Die Wandlung. 1. Jg. (1945/46). S. 66-74.

JASPERS, Karl: Vom Ursprung und Ziel der Geschichte. Zürich 1949.

JOHNSTON, R. J.: Introduction: The International Study of the History of Geography. in: R. J. Johnston/P. Claval (Hg.): Geography since the Second World War. An International Survey. London, Syndey 1984. S. 1-13.

JOHNSTON, R. J./CLAVAL, P. (Hg.): Geography since the Second World War. An International Survey. London/Syndey 1984.

JÜRGENSEN, H. (Hg.): Entzifferung. Bevölkerung als Gesellschaft in Raum und Zeit. G. Ipsen gewidmet. Göttingen 1967.

KAEHLER, Siegfried A.: Briefe 1900-1963, hrsg. v. Walter Bußmann und Günther Grünthal. Boppard am Rhein 1993.

KAEHLER, Siegfried A.: Wilhelm von Humboldt und der Staat. München 1927.

KAEHLER, Siegfried A.: Vorurteile und Tatsachen. Drei geschichtliche Vorträge. Hameln 1949.

KALISCH, Johannes/VOIGT, Gerd: „Reichsuniversität Posen". Zur Rolle der faschistischen deutschen Okkupationspolitik im Zweiten Weltkrieg, in: A. Anderle (Hg.): Juni 1941. Berlin 1961.

KÄPPNER, Joachim: Erstarrte Geschichte. Judenverfolgung und Judenvernichtung im Spiegel der Geschichtswissenschaft und Geschichtspropaganda der DDR. Hamburg 1999. (Forum Zeitgeschichte 9)

KATER, Michael H.: Das „Ahnenerbe" der SS 1935-1945. Ein Beitrag zur Kulturpolitik des Dritten Reiches. Stuttgart 1974.

KEMPNER, Robert M. W.: Ankläger einer Epoche. Lebenserinnerungen. in Zusammenarbeit mit Jörg Friedrich. Frankfurt a. M./Berlin 1986.

KERN, Fritz: Geschichte und Entwicklung (Evolution). Bern 1952.

KERSHAW, Ian: Der NS-Staat. Geschichtsinterpretationen und Forschungskontroversen im Überblick. Reinbek 1994.

KEYSER, Erich: Westpreussen und das deutsche Volk. Nebst einer Bevölkerungskarte. Danzig 1919.

KEYSER, Erich: Die Bevölkerung Danzigs und ihre Herkunft im 13. und 14. Jahrhundert. Lübeck 1924. (Pfingstblätter des hansischen Geschichtsvereins 15)

KEYSER, Erich: Die Entstehung von Danzig, Danzig 1924.

KEYSER, Erich (Hg.): Der Kampf um die Weichsel. Untersuchungen zur Geschichte des polnischen Korridors, mit einer Nationalitätenkarte des Weichsellandes, Stuttgart/Berlin/Leipzig 1926.

KEYSER, Erich: Preußenland. Geopolitische Betrachtungen über die Geschichte des Deutschtums an Weichsel und Pregel, Danzig 1929. (Gedanken und Gestalter. Danziger Beiträge 2)

KEYSER, Erich: Verzeichnis der ost- und westpreußischen Stadtpläne, Königsberg i. Pr. 1929. (Einzelschriften der Historischen Kommission für Ost- und westpreußische Landesforschung 3)

KEYSER, Erich: Die Geschichtswissenschaft. Aufbau und Aufgaben, München, Berlin 1931.

KEYSER, Erich: Danzigs Entwicklung, 4. Aufl., Danzig 1933.

KEYSER, Erich: Das Bild als Geschichtsquelle, Hamburg 1935. (Historische Bildkunde 2)

KEYSER, Erich: Bevölkerungsgeschichte Deutschlands, Leipzig 1938.

KEYSER, Erich: Geschichte des deutschen Weichsellandes, 2., vermehrte Aufl., Leipzig 1940.

KEYSER, Erich: Bevölkerungsgeschichte Deutschlands, 2., erw. Aufl., Leipzig 1941.

KEYSER, Erich: Bevölkerungsgeschichte Deutschlands, 3., umgearbeitete und vermehrte Aufl., Leipzig 1943.

KEYSER, Erich: Der Johann Gottfried Herder-Forschungsrat und das Johann Gottfried Herder-Institut, in: Zeitschrift für Ostforschung, 1. Jg. (1952), S. 101-106.

KEYSER, Erich (Hg.): Im Geiste Herders. Gesammelte Aufsätze zum 150. Todestage J. G. Herders, Kitzingen 1953. (Marburger Ostforschungen 1)

KEYSER, Erich: Bekenntnis zu Herder, in: Erich Keyser (Hg.): Im Geiste Herders. Gesammelte Aufsätze zum 150. Todestage J. G. Herders, Kitzingen 1953 (Marburger Ostforschungen 1), S. 1-29.

KEYSER, Erich: Westpreussen. Aus der deutschen Geschichte des Weichsellandes, Würzburg 1962.

KIENAST, Walter: Die historischen Forschungsinstitute in Deutschland. Zusammengestellt von Walter Kienast als Festgabe des Historikerverbandes für die Teilnehmer am Historikertag in Ulm, in: Geschichte in Wissenschaft und Unterricht, 7. Jg. (1956), S. 545-594.

KLEIN, Fritz: Dokumente aus den Anfangsjahren der ZfG (1953-1957), in: Zeitschrift für Geschichtswissenschaft, 42. Jg. (1994), H. 1, S. 39-55.

KLEßMANN, Christoph: Die Selbstbehauptung einer Nation. Nationalsozialistische Kulturpolitik und polnische Widerstandsbewegung im Generalgouvernement 1939-1945, Düsseldorf 1971.

KLEßMANN, Christoph: Osteuropaforschung und Lebensraumpolitik im Dritten Reich, in: Peter Lundgreen (Hg.): Wissenschaft im Dritten Reich, Frankfurt a. M. 1985, S. 350-383.

KLEßMANN, Christoph: Die doppelte Staatsgründung. Deutsche Geschichte 1945-1955, 5., überarb. u. erw. Aufl., Bonn 1991. (Schriftenreihe 298)

KLINGEMANN, Carsten (Hg.): Rassenmythos und Sozialwissenschaften in Deutschland. Ein verdrängtes Kapitel deutscher sozialwissenschaftlicher Wirkungsgeschichte, Opladen 1987. (Beiträge zur sozialwissenschaftlichen Forschung 85)

KNEISSL, Peter/LOSEMANN, Volker (Hg.): Alte Geschichte und Wissenschaftsgeschichte. FS für Karl Christ zum 75. Geburtstag, Darmstadt 1988.

KOCKA, Jürgen: Werner Conze und die Sozialgeschichte in der Bundesrepublik Deutschland, in: Geschichte in Wissenschaft und Unterricht. 37. Jg. (1986). S. 595-602.

KOCKA, Jürgen: Werner Conze und die Sozialgeschichte der Bundesrepublik Deutschland, in: Geschichte in Wissenschaft und Unterricht. 37. Jg. (1987). S. 595-602.

KOCKA, Jürgen: Einleitung zum Abschnitt „Sozialpolitik, Sozialstaat und anderes", in: Jürgen Kocka/Hans-Jürgen Puhle/Klaus Tenfelde (Hg.): Von der Arbeiterbewegung zum modernen Sozialstaat. Festschrift für Gerhard A. Ritter zum 65. Geburtstag. München 1994. S. 498.

KOCKA, Jürgen: Zwischen Nationalsozialismus und Bundesrepublik. Ein Kommentar, in: Winfried Schulze/Otto Gerhard Oexle (Hg.): Deutsche Historiker im Nationalsozialismus. Frankfurt a. M. 1999. S. 340-357.

KOCKA, Jürgen/PUHLE, Hans-Jürgen/TENFELDE, Klaus (Hg.): Von der Arbeiterbewegung zum modernen Sozialstaat. Festschrift für Gerhard A. Ritter zum 65. Geburtstag. München 1994.

KOEHL, Robert: Zeitgeschichte and the New German Conservatism, in: Journal of Central European Affairs. 20. Jg. (1961). S. 156.

KOEPPEN, Wolfgang: Das Treibhaus. Frankfurt a. M. 1972.

KOGON, Eugen: Der SS-Staat. Das System der deutschen Konzentrationslager 10. Aufl. München 1974.

KOGON, Eugen: Das Recht auf politischen Irrtum, in: Frankfurter Hefte. 2. Jg. (1947). S. 641-655.

KOHLSTRUCK, Michael: Der Fall Mehnert, in: Helmut König (Hg.): Der Fall Schwerte im Kontext. Opladen/Wiesbaden 1998. S. 138-172.

KOHN, Hans (Hg.): German History. Some New German Views. Cambridge/Mass. 1954.

KOLB, Eberhard: Die Weimarer Republik. 3., durchges. u. erg. Aufl.. München 1993.

KOMITEE ZUR UNTERSUCHUNG DER VERHÄLTNISSE AN WESTDEUTSCHEN UNIVERSITÄTEN AN DER KARL MARX UNIVERSITÄT ZU LEIPZIG (Hg.): Geschichte einer Karriere. Die wissenschaftliche und politische Karriere des Dr. phil. habil. Karl Heinz Pfeffer, Professor für Soziologie der Entwicklungsländer an der Universität Münster. Leipzig 1964.

KÖNIG, Helmut: Ostforschung - Bilanz und Ausblick. Bericht und Gedanken zu einer erweiterten Redaktionskonferenz, in: Osteuropa. 25. Jg. (1975). S. 786-814.

KÖNIG, Helmut (Hg.): Der Fall Schwerte im Kontext. Opladen/Wiesbaden 1998.

KÖNIG, Helmut/KUHLMANN, Wolfgang/SCHWABE, Klaus (Hg.): Vertuschte Vergangenheit. Der Fall Schwerte und die NS-Vergangenheit der deutschen Hochschulen. München 1997.

BRUNNER, Otto/CONZE, Werner/KOSELLECK, Reinhart (Hg.): Geschichtliche Grundbegriffe. Historisches Lexikon zur politisch-sozialen Sprache in Deutschland. Stuttgart 1972ff.

KOSELLECK, Reinhart: Geschichte, Historie, in: Otto Brunner/Werner Conze/Reinhart Koselleck (Hg.): Geschichtliche Grundbegriffe. Historisches Lexikon zur politisch-sozialen Sprache in Deutschland. Stuttgart 1972ff. Bd. 2. S. 593-717.

KOSELLECK, Reinhart: Vergangene Zukunft. Zur Semantik geschichtlicher Zeiten. Frankfurt a. M. 1984.

KOSELLECK, Reinhart: Werner Conze. Tradition und Innovation, in: Historische Zeitschrift. 245. Jg. (1987). S. 529-543.

KOSSMANN, Oskar: Es begann in Polen. Erinnerungen eines Diplomaten und Ostforschers. Lüneburg 1989.

KÖTZSCHKE, Rudolf: Bildkunde und Landesgeschichte, Hamburg 1935. (Historische Bildkunde 2)

KRAUS, Herbert: Von ehrlicher Kriegsführung und gerechtem Friedensschluß. Eine Studie über Immanuel Kant, in: Jahrbuch der Albertus-Universität zu Königsberg/Pr., 1. Jg. (1951), S. 38-54.

KRAUS, Herbert (Hg.): Die im Braunschweiger Remerprozeß erstatteten moraltheologischen und historischen Gutachten nebst Urteil, Hamburg 1953.

KRAUS, Herbert: Massenaustreibung und Völkermord, in: Jahrbuch der Albertus-Universität zu Königsberg/Pr., 4. Jg. (1954), S. 118-138.

KRÖGER, Martin/THIMME, Roland: Die Geschichtsbilder des Historikers Karl Dietrich Erdmann. Vom Dritten Reich zur Bundesrepublik. Mit einem Vorwort von Winfried Schulze, München 1996.

KRÖGER, Martin/THIMME, Roland: Karl Dietrich Erdmann: Utopien und Realitäten. Die Kontroverse, in: Zeitschrift für Geschichtswissenschaft, 46. Jg. (1998), S. 603-621.

KRÜGER, Gerhard: Die Geschichte im Denken der Gegenwart, in: Wissenschaft und Gegenwart, Jg. 1947, H. 16, S. 33f.

KRUSE, Hans: Besatzungsmacht und Freiheitsrechte. Rechtsgutachten nebst Anhang, Göttingen 1953. (Göttinger Beiträge für Gegenwartsfragen. Völkerrecht, Geschichte, Internationale Politik 7)

KUEBART, Friedrich: Otto Hoetzsch - Historiker, Publizist, Politiker. Eine kritische biographische Studie, in: Osteuropa, 25. Jg. (1975), S. 603-621.

KUEBART, Friedrich: Zur Entwicklung der Osteuropaforschung in Deutschland bis 1945, in: Osteuropa, 30. Jg. (1980), S. 657-669.

KUHN, Walter: Eine Jugend für die Sprachinselforschung. Erinnerungen, in: Jahrbuch der schlesischen Friedrich-Wilhelms-Universität zu Breslau, 23. Jg. (1982), S. 225-278.

KUHN, Helmut: Die deutsche Universität am Vorabend der Machtergreifung, in: Jörg Tröger (Hg.): Hochschule und Wissenschaft im Dritten Reich, Frankfurt a. M./New York 1986, S. 13-44.

KUROWSKI, F.: Unternehmen Paperclip. Die Jagd der Alliierten auf Wernher von Braun und andere deutsche Wissenschaftler, München 1982.

KURTH, Karl O.: Götz von Selle. In Memoriam, in: Jahrbuch der Albertus-Universität zu Königsberg/Pr., 8. Jg. (1959), S. 5-34.

KÜTTLER, Wolfgang/RÜSEN, Jörn/SCHULIN, Ernst (Hg.): Geschichtsdiskurs, Bd. 4: Krisenbewußtsein, Katastrophenerfahrungen und Innovationen 1880-1945, Frankfurt a. M. 1997.

KÜTTLER, Wolfgang/RÜSEN, Jörn/SCHULIN, Ernst (Hg.): Geschichtsdiskurs, Bd. 5: Globale Konflikte, Erinnerungsarbeit und Neuorientierungen seit 1945, Frankfurt a. M. 1999.

LABAUME WOLFGANG: Jahrbuch der Albertus-Universität zu Königsberg (Rez.), in: Zeitschrift für Ostforschung, 1. Jg. (1952), S. 621f..

LANGE, Karl: Der Terminus „Lebensraum" in Hitlers „Mein Kampf", in: Vierteljahrshefte für Zeitgeschichte, 13. Jg. (1965), S. 426-437.

LANZINNER, Maximilian/HENKER, Michael (Hg.): Landesgeschichte und Zeitgeschichte. Forschungsperspektiven zur Geschichte Bayerns nach 1945, Augsburg 1997. (Materialien zur bayrischen Geschichte 4)

LEE, Dwight E.: The Meaning of „Historicism", in: American Historical Review, 59. Jg. (1953-1954), S. 568-577.

LEGGEWIE, Claus: Mitleid mit Doktorvätern oder Wissenschaftsgeschichte in Biographien, in: Merkur, 53. Jg. (1999), H. 5, S. 433-444.

LEHMANN, Hartmut (Hg.): Wege zu einer neuen Kulturgeschichte. Göttingen 1995.

LEHMANN, Hartmut/OEXLE, Otto Gerhard (Hg.): Erinnerungsstücke. Wege in die Vergangenheit. Rudolf Vierhaus zum 75. Geburtstag gewidmet. Wien/Köln/Weimar 1997.

LEHMANN, Hartmut/SHEEHAN, James (Hg.): An Interrupted Past: German-Speaking Refugee Historians in the U.S. after 1933. Cambridge 1991.

LEHMANN, Hartmut/MELTON, James Van Horn (Hg.): Paths of Continuity: Central European Historians from the 1930s to the 1950s. Cambridge 1994.

LEMBERG, Eugen: Nationalismus. Bd. 1: Psychologie und Geschichte. Reinbek 1964.

LEMBERG, Eugen: Nationalismus Bd. 2: Soziologie und politische Pädagogik. Reinbek 1964.

LEMBERG, Hans: Lage und Perspektive der Zeitgeschichtsforschung über Ostmitteleuropa in der Bundesrepublik Deutschland, in: Zeitschrift für Ostforschung, 35. Jg. (1986), S. 191-218.

LEMBERG, Hans/NITSCHE, Peter/OBERLÄNDER, Erwin (Hg.): Osteuropa in Geschichte und Gegenwart. Festschrift für Günter Stökl zum 60. Geburtstag. Köln/Wien 1977.

LISZKOWSKI, Uwe: Osteuropaforschung und Politik. Ein Beitrag zum historisch-politischen Denken und Wirken von Otto Hoetzsch, zugl. Univ. Kiel, Habil.-Schr. 1987, Berlin 1988. (Osteuropaforschung 19)

LOSEMANN, Volker: Nationalsozialismus und Antike. Studien zur Entwicklung des Faches Alte Geschichte 1933-1945. Hamburg 1977. (Historische Perspektiven 7)

LOTH, Wilfried/RUSINEK, Bernd-A. (Hg.): NS-Eliten in der westdeutschen Nachkriegsgesellschaft. Frankfurt a. M., New York 1998.

LOZEK, Gerhard (Hg.): Unbewältigte Vergangenheit. Kritik der bürgerlichen Geschichtsschreibung in der BRD. Berlin 1977.

LOZEK, Gerhard/MEIER, Horst: Geschichtsschreibung contra Geschichte. Berlin 1964.

LÜBBE, Hermann: Der Nationalsozialismus im deutschen Nachkriegsbewußtsein, in: Historische Zeitschrift, 236. Jg. (1983), S. 579-599.

LÜBBE, Hermann: Deutschland nach dem Nationalsozialismus 1945-1990. Zum politischen und akademischen Kontext des Falles Schneider alias Schwerdte, in: Helmut König (Hg.): Der Fall Schwerte im Kontext. Opladen/Wiesbaden 1998, S. 182-206.

LÜDTKE, Alf: „Coming to Terms with the Past": Illusions of Remembering, Ways of Forgetting Nazism in West Germany, in: Journal of Modern History, 65. Jg. (1993), S. 542-572.

LUDWIG, Esther: „Ein sonniges Neuland" oder der Historiker als „Diagnostiker am Leibe des Volkes". Zum Verhältnis von politischem Legitimationsbedarf und wissenschaftlichem Erkenntnisinteresse anhand der Kontroverse der „Kötzschke-Schule" mit Adolf Helboks Volkstumsgeschichte, in: Westfälische Forschungen, 46. Jg. (1996), S. 49-71.

LUNDGREEN, Peter (Hg.): Wissenschaft im Dritten Reich. Frankfurt a. M. 1985.

LUNDGREEN, Peter: Hochschulpolitik und Wissenschaft im Dritten Reich, in: Peter Lundgreen (Hg.): Wissenschaft im Dritten Reich. Frankfurt a. M. 1985, S. 9-30.

MÄGDEFRAU, Werner: Heinrich von Treitschke und die imperialistische „Ostforschung", in: Zeitschrift für Geschichtswissenschaft, 11. Jg. (1963), S. 1444-1465.

MAIER, Hans: Zur Lage der Politischen Wissenschaft in Deutschland, in: Vierteljahrshefte für Zeitgeschichte, 10. Jg. (1962), S. 225-249.

MANNHEIM, Karl: Ideologie und Utopie, 3., vermehrte Aufl., Frankfurt a. M. 1952.

MANNHEIM, Karl (Hg.): Wissenssoziologie, Berlin/Neuwied 1964.

MARKERT, Werner (Hg.): Polen, Köln/Graz 1959. (Osteuropa-Handbuch 2)

MARSHALL, Barbara: Der Einfluß der Universität auf die politische Entwicklung der Stadt Göttingen 1918-1933, in: Niedersächsisches Jahrbuch für Landesgeschichte, 49. Jg. (1977), S. 265-301.

MARTINY, Albrecht: Osteuropäische Geschichte und Zeitgeschichte, in: Osteuropa, 30. Jg. (1980), S. 705-716.

MARZIAN, Herbert G.: Der Göttinger Arbeitskreis, in: Helmut Neubach/Hans-Ludwig Abmeier (Hg.): Für unser Schlesien. Festschrift für Herbert Hupka, München/Wien 1985. S. 142-151.

MASCHKE, Hermann M.: Das Krupp-Urteil und das Problem der „Plünderung", Göttingen 1951. (Göttinger Beiträge für Gegenwartsfragen. Völkerrecht, Geschichte, Internationale Politik 3)

MASON, J. B.: Nazi Concepts of History, in: The Review of Politics, 2. Jg. (1940), H. 2, S. 180-196.

MATTHIAS, Erich/MORSEY, Rudolf (Hg.): Das Ende der Parteien, Düsseldorf 1960.

MEHNERT, Klaus: Abriß der slawistischen und Osteuropa-Forschung in Deutschland seit 1945, als Manuskript gedruckt, Marburg 1951. (Johann Gottfried Herder-Institut Marburg. Wissenschaftliche Beiträge zur Geschichte und Landeskunde Ostmitteleuropas 1)

MEHNERT, Klaus: Ein Deutscher in der Welt. Erinnerungen 1906-1981, Stuttgart 1983.

MEHRING, Reinhard: Carl Schmitt zur Einführung, Hamburg 1992.

MEHRTENS, H.: Naturwissenschaft im NS-Staat. Wissenschaftliche Identität und politische Flexibilität, unveröffentlichtes Vortragsmanuskript des 23. Deutschen Soziologentages, Hamburg 1986.

MEHRTENS, H./RICHTER, S. (Hg.): Naturwissenschaft, Technik und NS-Ideologie. Beiträge zur Wissenschaftsgeschichte des Dritten Reiches, Frankfurt a. M. 1980.

MEINECKE, Friedrich: Die Entstehung des Historismus, 2. Aufl., München 1946.

MEINECKE, Friedrich: Erlebtes 1862-1919, Stuttgart 1964.

 MEINL, Susanne/KRÜGER, Dieter: Der politische Weg von Friedrich Wilhelm Heinz: Vom Freikorpskämpfer zum Leiter des Nachrichtendienstes der Bundesrepublik, in: Vierteljahrshefte für Zeitgeschichte, 42. Jg. (1994), S. 39-70.

 MEISSNER, Boris: Die Entwicklung des Göttinger Arbeitskreises e. V. seit 1946 und sein Beitrag zur Osteuropaforschung, in: 50 Jahre Göttinger Arbeitskreis e. V., hrsg. v. Boris Meissner und Alfred Eisfeld, Göttingen 1998.

MEISSNER, Boris/EISFELD, Alfred (Hg.): 50 Jahre Göttinger Arbeitskreis e. V., Göttingen 1998.

MENDE, G. von/HOFFMANN, Walter/KOCH, Hans: Beiträge zur Ostforschung. Göttingen 1954. (Vergessene Wissenschaft. Schriftenreihe des Notverbandes vertriebener Hochschullehrer 3)

MERGEL, Thomas/WELSKOPP, Thomas (Hg.): Geschichte zwischen Kultur und Gesellschaft. Beiträge zur Theoriedebatte. München 1997.

METSK, Frido: Das Sorbenbild in der westdeutschen „Ostforschung", in: Zeitschrift für Geschichtswissenschaft. 13. Jg. (1965). S. 1172-1185.

MEYER, Klaus: Osteuropäische Geschichte, in: Reimer Hansen/Wolfgang Ribbe (Hg.): Geschichtswissenschaft in Berlin im 19. und 20. Jahrhundert. Persönlichkeiten und Institutionen. Berlin/New York 1992. S. 553-570.

MICHELSEN, Jakob: „Ostforscher" am historischen Seminar nach 1945. Anmerkungen zu Hermann Aubin und zur „Breslau-Connection", in: Der Forschung? Der Lehre? Der Bildung? - Wissen ist Macht! 75 Jahre Universität Hamburg. Studentische Gegenfestschrift zum Universitätsjubiläum 1994. Hamburg 1994. S. 304-321.

MITSCHERLICH, Alexander/MIELKE, Fred: Medizin ohne Menschlichkeit. Dokumente des Nürnberger Ärzteprozesses. Frankfurt a. M. 1978.

MOHLER, Armin: Die konservative Revolution. Ein Handbuch. 4. Aufl.. Darmstadt 1994.

MOMMSEN, Hans: Zum Verhältnis von politischer Wissenschaft und Geschichtswissenschaft in Deutschland, in: Vierteljahreshefte für Zeitgeschichte. 10. Jg. (1962). S. 341-372.

MOMMSEN, Hans: Aufarbeitung und Verdrängung. Das Dritte Reich im westdeutschen Geschichtsbewußtsein, in: Dan Diner (Hg.): Ist der Nationalsozialismus Geschichte? Zu Historisierung und Historikerstreit. Frankfurt a. M. 1987. S. 74-88.

MOMMSEN, Hans: Die Gegenwart als Geschichte. Zeitgeschichte als „kritisches Aufklärungsarbeit". Zur Erinnerung an Martin Broszat (1926-1989). in: Geschichte und Gesellschaft. 17. Jg. (1991). S. 141-157.

MOMMSEN, Hans: Die Realisierung des Utopischen: Die „Endlösung der Judenfrage" im „Dritten Reich". in: Hans Mommsen: Der Nationalsozialismus und die deutsche Gesellschaft, hrsg. v. Lutz Niethammer und Bernd Weisbrod. Reinbek 1991. S. 184-232.

MOMMSEN, Hans: Der faustische Pakt der Ostforschung mit dem NS-Regime. Anmerkungen zur Historikerdebatte, in: Winfried Schulze/Otto Gerhard Oexle (Hg.): Deutsche Historiker im Nationalsozialismus. Frankfurt a. M. 1999. S. 265-273.

MOMMSEN, Hans: Die Sozialdemokratie und die Nationalitätenfrage im habsburgischen Vielvölkerstaat. Bd. 1: Das Ringen um die supranationale Integration der zisleithanischen Arbeiterbewegung (1867-1907). Wien 1963 (Veröffentlichungen der Arbeitsgemeinschaft für Geschichte der Arbeiterbewegung in Österreich 1)

MOMMSEN, Hans: Arbeiterbewegung und nationale Frage. Ausgewählte Aufsätze. Göttingen 1979.

MOMMSEN, Hans: Hans Rothfels, in: Hans-Ulrich Wehler (Hg.): Deutsche Historiker. Bd. 9. Göttingen 1982. S. 127-147.

MOMMSEN, Hans: Betrachtungen zur Entwicklung der neuzeitlichen Historiographie in der Bundesrepublik. in: Geza Alföldy/Ferdinand Seibt/Albrecht Timm (Hg.): Probleme der Geschichtswissenschaft. Düsseldorf 1973. S. 124-155.

MOMMSEN, Hans: Haupttendenzen nach 1945 und in der Ära des Kalten Krieges. in: Bernd Faulenbach (Hg.): Geschichtswissenschaft in Deutschland. München 1974. S. 112-120.

MOMMSEN, Hans: Die Herausforderung durch die modernen Sozialwissenschaften, in: Bernd Faulenbach (Hg.): Geschichtswissenschaft in Deutschland, München 1974, S. 138-146.

MOMMSEN, Hans: Die verspielte Freiheit. Der Weg der Republik von Weimar in den Untergang 1918 bis 1933, Frankfurt a. M./Berlin 1989.

MOMMSEN, Hans: Der Nationalsozialismus und die deutsche Gesellschaft, hrsg. v. Lutz Niethammer und Bernd Weisbrod, Reinbek 1991.

MOMMSEN, Wilhelm: Stein, Ranke, Bismarck. Ein Beitrag zur politischen und sozialen Bewegung des 19. Jahrhunderts, München 1954.

MOMMSEN, Wolfgang J.: Historical Study in the West, New York 1968.

MOMMSEN, Wolfgang J.: Max Weber und die deutsche Politik 1890-1920, Tübingen 1959.

MOMMSEN, Wolfgang J.: Vom „Volkstumskampf" zur nationalsozialistischen Vernichtungspolitik in Osteuropa. Zur Rolle der deutschen Historiker unter dem Nationalsozialismus, in: Winfried Schulze/Otto Gerhard Oexle (Hg.): Deutsche Historiker im Nationalsozialismus, Frankfurt a. M. 1999, S. 183-214.

MONTESQUIEU, Charles de: Vom Geist der Gesetze, in neuer Übertragung, eingel. u. hrsg. v. Ernst Forsthoff, 2. Aufl., Tübingen 1992.

MOSES, John A.: The Politics of Illusion: The Fisher Controversy in German Historiography, London 1975.

MÜHLE, Eduard: „Ostforschung". Beobachtungen zu Aufstieg und Niedergang eines geschichtswissenschaftlichen Paradigmas. „Ostforschung" - ein Gegenstand des 41. Deutschen Historikertages, in: Zeitschrift für Ostmitteleuropa-Forschung, 46. Jg. (1997), S. 317-350.

MÜHLE, Eduard: Deutschbaltische Geschichtsschreibung zum livländischen Mittelalter im Kontext der politischen Entwicklungen der 1920er bis 1950er Jahre. Zwei werkorientierte Fallstudien, in: Journal of Baltic Studies, 30. Jg. (1999), S. 352-390.

MÜHLE, Eduard: Introduction: The Baltic Lands, National Historiographies, and Politics in the „Short Twentieth Century", in: Journal of Baltic Studies, 30. Jg. (1999), S. 285-291.

MÜHLEN, Heinz von zur: Zur Entstehung der Gutsherrschaft in Oberschlesien. Die bevölkerungs- und wirtschaftsgeschichtlichen Verhältnisse in der Herrschaft Oberglogau bis ins 18. Jahrhundert, in: Vierteljahrschrift für Sozial- und Wirtschaftsgeschichte, 38. Jg. (1949), S. 334-360.

MÜHLEN, Heinz von zur: Die deutschbaltische Geschichtsschreibung 1918-1939/45 in Estland, in: Georg von Rauch (Hg.): Geschichte der deutschbaltischen Geschichtsschreibung. Im Auftrage der Baltischen Historischen Kommission unter Mitwirkung von Michael Garleff, Jürgen von Hehn, Wilhelm Lenz, Köln/Wien 1986 (Ostmitteleuropa in Vergangenheit und Gegenwart 20), S. 339-369.

MULLER, Jerry Z.: The Other God That Failed. Hans Freyer and the Deradicalization of German Conservatism, Princeton 1997.

MÜLLER, Winfried: Die Universitäten München, Erlangen und Würzburg nach 1945. Zur Hochschulpolitik in der amerikanischen Besatzungszone, in: Maximilian Lanzinner/Michael Henker (Hg.): Landesgeschichte und Zeitgeschichte. Forschungsperspektiven zur Geschichte Bayerns nach 1945, Augsburg 1997 (Materialien zur bayrischen Geschichte 4), S. 53-88.

NASARSKI, Gerlin: Osteuropavorstellungen in der konservativ-revolutionären Publizistik. Analyse der Zeitschrift „Deutsches Volkstum" 1917-1941. Köln, Diss. Phil. 1972. als Manuskript gedruckt.

NEITMANN, Klaus: Reinhard Wittram und der Wiederbeginn der baltischen historischen Studien in Göttingen 1945. in: Nordost-Archiv. Zeitschrift für Regionalgeschichte. NF 7. Jg. (1998). S. 11-34.

NEUBACH, Helmut/ABMEIER, Hans-Ludwig (Hg.): Für unser Schlesien. Festschrift für Herbert Hupka. München/Wien 1985.

NEUGEBAUER, Wolfgang: Hans Rothfels (1891-1976). in: Jahrbuch der Albertus-Universität zu Königsberg/Pr.. 29. Jg. (1994). S. 245-256.

NEUMANN, Franz: Behemoth. Struktur und Praxis des Nationalsozialismus. Frankfurt a. M. 1984.

NIETHAMMER, Lutz: Entnazifizierung in Bayern. Säuberung und Rehabilitierung unter amerikanischer Besatzung. Frankfurt a. M. 1972.

NIETHAMMER, Lutz: „Normalisierung" im Westen. Erinnerungsspuren in die 50er Jahre. in: Dan Diner (Hg.): Ist der Nationalsozialismus Geschichte? Zu Historisierung und Historikerstreit. Frankfurt a. M. 1987. S. 153-184.

NIETZSCHE, Friedrich: Vom Nutzen und Nachteil der Historie für das Leben. Stuttgart 1984.

NOAKES, Jeremy: The ivory tower under siege: German universitites in the Third Reich. in: Journal of European Studies. 23. Jg. (1993). S. 371-407.

NOLTE, Ernst: Marxismus, Faschismus, Kalter Krieg. Vorträge und Aufsätze 1964-1976. Stuttgart 1977.

NOLTE, Ernst: Zur Typologie des Verhaltens der Hochschullehrer im Dritten Reich. in: Ernst Nolte: Marxismus, Faschismus, Kalter Krieg. Vorträge und Aufsätze 1964-1976. Stuttgart 1977. S. 136-152.

NOLTE, Paul: Die Historiker der Bundesrepublik. Rückblick auf eine „lange Generation". in: Merkur. 53. Jg. (1999). S. 413-432.

OBENAUS, Herbert: Geschichtsstudium und Universität nach der Katastrophe von 1945: das Beispiel Göttingen. in: Karsten Rudolph/Christl Wickert (Hg.): Geschichte als Möglichkeit. Über die Chance von Demokratie. Essen 1995. S. 307-337.

OBERKROME, Willi: Volksgeschichte. Methodische Innovation und völkische Ideologisierung in der deutschen Geschichtswissenschaft 1918-1945. Göttingen 1993. (Kritische Studien zur Geschichtswissenschaft 101)

OBERKROME, Willi: Reformansätze in der deutschen Geschichtswissenschaft der Zwischenkriegszeit. in: Michael Prinz/Rainer Zitelmann (Hg.): Nationalsozialismus und Modernisierung. 2. Aufl., Darmstadt 1994. S. 216-238.

OBERKROME, Willi: Probleme deutscher Landesgeschichtsschreibung im 20. Jahrhundert. Regionale Historiographie im Spannungsfeld von Politik und Wissenschaft. in: Westfälische Forschungen. 46. Jg. (1996). S. 1-32.

OBERLÄNDER, Erwin: Historische Osteuropaforschung im Dritten Reich. Ein Bericht zum Forschungsstand. in: Erwin Oberländer (Hg.): Geschichte Osteuropas. Zur Entwicklung einer historischen Disziplin in Deutschland, Österreich und der Schweiz. Stuttgart 1992 (Quellen und Studien zur Geschichte Ostmitteleuropas 35). S. 12-30.

OBERLÄNDER, Erwin (Hg.): Geschichte Osteuropas. Zur Entwicklung einer historischen Disziplin in Deutschland, Österreich und der Schweiz, Stuttgart 1992. (Quellen und Studien zur Geschichte Ostmitteleuropas 35)

OEXLE, Otto Gerhard: Sozialgeschichte - Begriffsgeschichte - Wissenschaftsgeschichte. Anmerkungen zum Werke Otto Brunners, in: Vierteljahrschrift für Sozial- und Wirtschaftsgeschichte, 71. Jg. (1984), S. 321-327.

OEXLE, Otto Gerhard: Wie in Göttingen die Max-Planck-Gesellschaft entstand, in: Max-Planck-Gesellschaft Jahrbuch, Jg. 1994, S. 43-60.

OEXLE, Otto Gerhard: Geschichtswissenschaft im Zeichen des Historismus. Studien zu Problemgeschichten der Moderne, Göttingen 1996. (Kritische Studien zur Geschichtswissenschaft, 116)

OEXLE, Otto Gerhard: Die Fragen der Emigranten, in: Winfried Schulze/Otto Gerhard Oexle (Hg.): Deutsche Historiker im Nationalsozialismus, Frankfurt a. M. 1999, S. 51-62.

ONCKEN, Hermann: In: Deutsche Literaturzeitung , NF 3. Jg. (1926), S. 1304-1315.

OSIETZKI, M.: Wissenschaftsorganisation und Restauration. Der Aufbau außeruniversitärer Forschungseinrichtungen und die Gründung des westdeutschen Staates 1945-1952, Köln/Wien 1984.

Ostforschung und Slawistik. Kritische Auseinandersetzungen. Vorgetragen auf der Arbeitstagung am 3. VII. 1959 im Institut für Slawistik der Deutschen Akademische der Wissenschaften zu Berlin, Berlin 1960.

PASCHER, Joseph: Das Dritte Reich, erlebt an drei Universitäten, in: Die deutsche Universität im Dritten Reich, München 1966, S. 45-70.

PAUL, Rainer: Psychologie unter den Bedingungen der „Kulturwende". Das Psychologische Institut 1933-1945, in: Heinrich Becker/Hans-Joachim Dahms/Cornelia Wegeler (Hg.): Die Universität Göttingen unter dem Nationalsozialismus, 2., erw. Ausgabe, München 1998, S. 499-522.

PETER, Matthias/SCHRÖDER, Hans-Jürgen: Einführung in das Studium der Zeitgeschichte, Paderborn 1994.

PETKE, Wolfgang: Karl Brandi und die Geschichtswissenschaft, in: Hartmut Boockmann/Hermann Wellenreuther (Hg.): Geschichtswissenschaft in Göttingen. Eine Vorlesungsreihe, Göttingen 1987, S. 287-320.

PEUKERT, Detlev: Die Weimarer Republik, Frankfurt a. M. 1987.

PHILIPP, Werner: Nationalsozialismus und Ostwissenschaften, in: Universitätstage 1966. Veröffentlichungen der Freien Universität Berlin: Nationalsozialismus und die deutsche Universität, Berlin 1966, S. 43-62.

PHILIPS, David: Britische Initiativen zur Hochschulreform in Deutschland. Zur Vorgeschichte und Entstehung des „Gutachtens zur Hochschulreform" von 1948, in: Manfred Heinemann (Hg.): Umerziehung und Wiederaufbau. Die Bildungspolitik der Besatzungsmächte in Deutschland und Österreich, Stuttgart 1981, S. 172-188.

PISTOHLKORS, Gert von: Nachruf auf Professor Dr. phil. Reinhard Wittram († 16. April 1973), gehalten auf dem XXVI. Baltischen Historikertreffen am 16. Juni 1973, in: Zeitschrift für Ostforschung, 22. Jg. (1973), S. 698-703.

PISTOHLKORS, Gert von: Baltische Geschichtsforschung in Deutschland. Ergebnisse und Perspektiven. in: Gert von Pistohlkors (Hg.): Vom Geist der Autonomie. Aufsätze zur baltischen Geschichte. Köln 1995. S. 143-158.

PISTOHLKORS, Gert von: Geschichtsschreibung und Politik: Die Agrar- und Verfassungsproblematik in der deutschbaltischen Historiographie und Publizistik 1800-1918. in: Georg von Rauch (Hg.): Geschichte der deutschbaltischen Geschichtsschreibung. Im Auftrage der Baltischen Historischen Kommission unter Mitwirkung von Michael Garleff, Jürgen von Hehn, Wilhelm Lenz. Köln/Wien 1986 (Ostmitteleuropa in Vergangenheit und Gegenwart 20). S. 273-335.

PISTOHLKORS, Gert von (Hg.): Baltische Länder. Berlin 1994. (Deutsche Geschichte im Osten Europas)

PISTOHLKORS, Gert von (Hg.): Vom Geist der Autonomie. Aufsätze zur baltischen Geschichte. Zum 60. Geburtstag des Autors herausgegeben und mit einer Bibliographie versehen von Michael Garleff. Köln 1995.

PISTOHLKORS, Gert von: Images and Notions of Baltic German Ostforschung. Concerning Baltic History of the Eighteenth and Nineteenth Centuries. in: Journal of Baltic Studies. 30. Jg. (1999). S. 307-321.

PLATO, Alexander von/LEH, Helmut: „Ein unglaublicher Frühling". Erfahrene Geschichte im Nachkriegsdeutschland 1945-1948. Bonn 1997.

PLESSNER, Helmuth: Zur Erneuerung des deutschen Geschichtsbildes. Denkschrift des Deutschen Instituts zur Erforschung der nationalsozialistischen Zeit zum Schrifttum von Gerhard Ritter. München 1950.

POCHHAMMER, Wilhelm von: Mein Nachbar Hoetzsch. in: Osteuropa. 25. Jg. (1975). S. 631-632.

PRAHL, Hans-Werner/SCHMIDT-HARZBACH, Ingrid: Die Universität. Eine Kultur- und Sozialgeschichte. München/Luzern 1981.

PRINZ, Michael/ZITELMANN, Rainer (Hg.): Nationalsozialismus und Modernisierung. 2. Aufl., Darmstadt 1994.

PUHLE, HANS-JÜRGEN: Konservativismus und Neo-Konservativismus: deutsche Entwicklungslinien seit 1945. in: Rainer Eisfeld/Ingo Müller (Hg.): Gegen Barbarei. Essays Robert M. W. Kempner zu Ehren. Frankfurt a. M. 1989. S. 399-423.

RACINE, Pierre: Hermann Heimel à Strasbourg. in: Winfried Schulze/Otto Gerhard Oexle (Hg.): Deutsche Historiker im Nationalsozialismus. Frankfurt a. M. 1999. 142-156.

RAISER, Ludwig: Wiedereröffnung der Hochschulen - Ansätze zum Neubeginn. in: Universitätstage 1966. Veröffentlichungen der Freien Universität Berlin: Nationalsozialismus und die deutsche Universität. Berlin 1966. S. 174-188.

RANKE, Leopold von: Preußische Geschichte. 2 Bde.. Essen o. J.

RAPHAEL, Lutz: Experten im Sozialstaat. in: Hans Günter Hockerts (Hg.): Drei Wege deutscher Sozialstaatlichkeit: NS-Diktatur. Bundesrepublik und DDR im Vergleich. München 1998 (Schriftenreihe der Vierteljahrshefte für Zeitgeschichte 76). S. 231-258.

RAUCH, Georg von (Hg.): Geschichte der deutschbaltischen Geschichtsschreibung. Im Auftrage der Baltischen Historischen Kommission unter Mitwirkung von Michael Garleff, Jürgen von Hehn, Wilhelm Lenz. Köln/Wien 1986. (Ostmitteleuropa in Vergangenheit und Gegenwart 20)

RAUCH, Georg von: Die deutschbaltische Geschichtsschreibung nach 1945, in: Georg von Rauch (Hg.): Geschichte der deutschbaltischen Geschichtsschreibung. Im Auftrage der Baltischen Historischen Kommission unter Mitwirkung von Michael Garleff, Jürgen von Hehn, Wilhelm Lenz, Köln/Wien 1986 (Ostmitteleuropa in Vergangenheit und Gegenwart 20), S. 399-435.

RAUSCHNING, Dietrich/NEREE, Donata (Hg.): Die Albertus-Universität zu Königsberg und ihre Professoren. Aus Anlaß der Gründung der Albertus-Universität vor 450 Jahren, Berlin 1995. (=Jahrbuch der Albertus-Universität zu Königsberg 29, 1994)

REEKEN, Dietmar von: Wissenschaft, Raum und Volkstum: Historische und gegenwartsbezogene Forschung in und über „Niedersachsen" 1920-1945. Ein Beitrag zur regionalen Wissenschaftsgeschichte, in: Niedersächsisches Jahrbuch für Landesgeschichte, 68. Jg. (1996), S. 43-90.

REIMANN, Bruno W.: Die „Selbst-Gleichschaltung" der Universitäten 1933, in: Jörg Tröger (Hg.): Hochschule und Wissenschaft im Dritten Reich, Frankfurt a. M./New York 1986, S. 38-52.

REIN, Friedrich Hermann: Die gegenwärtige Lage der Universität. Rede des Rektors der Physiologie Dr. F. H. Rein bei der feierlichen Verpflichtung der Studenten an der Georg-August-Universität in Göttingen am 18. Juni 1946, Göttingen 1947.

REINISCH, Leonhard (Hg.): Der Sinn der Geschichte. Sieben Essays von Golo Mann, Karl Löwith, Rudolf Bultmann, Theodor Litt, Arnold J. Toynbee, Karl R. Popper, Hans Urs von Balthasar, München 1961.

REMER, Claus (Hg.): Auf den Spuren der „Ostforschung". Eine Sammlung von Beiträgen der Arbeitsgemeinschaft zur Bekämpfung der westdeutschen „Ostforschung" beim Institut für Geschichte der europäischen Volksdemokratien, Leipzig 1962. (Wissenschaftliche Zeitschrift der Karl-Marx-Universität Leipzig. Gesellschafts- und sprachwissenschaftliche Reihe, Sonderband I)

REPGEN, Konrad/SALEWSKI, Michael/OPGENOORTH, Ernst (Hg.): In Memoriam Walther Hubatsch. Reden gehalten am 21. November 1985 bei der Akademischen Gedenkfeier der Philosophischen Fakultät der Rheinischen Friedrich-Wilhelms-Universität Bonn, Bonn 1986.

RICHTER, Friedrich: Hans Bernhard von Grünberg, letzter Rektor der Albertus-Universität zu Königsberg/Pr. 1937-1945. Biographische Notizen über sein Leben, in: Preussenland, 32. Jg. (1992).

RICHTER, Friedrich: 450 Jahre Albertus-Universität zu Königsberg/Pr. 1544-1944-1994. Berichte und Dokumentation zu ihrer jüngsten Geschichte. Die 400-Jahrfeier vom Juli 1944. Die wirtschaftlichen Staatswissenschaften 1900-1945, Stuttgart 1994.

RICHTER, Friedrich: Die Wirtschaftswissenschaft an der Albertus-Universität zu Königsberg 1900-1945. Einige Elemente ihrer Entwicklung, in: Hans Rothe/Silke Spieler (Hg.): Die Albertus-Universität zu Königsberg: Höhepunkte und Bedeutung. Vorträge aus Anlass der 450. Wiederkehr ihrer Gründung, Bonn 1996, S. 95-122.

RIEMANN, Erhard: Ostpreußisches Volkstum um die ermländische Nordostgrenze. Beiträge zur geographischen Volkskunde Ostpreußens, Königsberg, Berlin 1937. (Schriften der Albertus-Universität, hrsg. v. Königsberger Universitätsbund, Geisteswissenschaftliche Reihe 8)

RIEMANN, Erhard: Germanen erobern Britannien. Die Ergebnisse der Vorgeschichte und der Sprachwissenschaft über die Einwanderung der Sachsen, Angeln und Jüten nach England. Königsberg/Berlin 1940. (Schriften der Albertus-Universität 27)

RIEMANN, Erhard: Volkskunde des Preussenlandes Kitzingen 1952. (Der Göttinger Arbeitskreis. Schriftenreihe 19)

RINGER, Fritz: The Decline of the German Mandarins. The German Academic Community. 1890-1933. Cambridge/Mass. 1969.

RINGER, Fritz K.: Die Gelehrten. Der Niedergang der deutschen Mandarine 1890-1933. Stuttgart 1983.

RINKLAKE, Hubert: Entnazifizierung in Niedersachsen und das Fallbeispiel des katholischen Emslandes. in: Bernd Weisbrod (Hg.): Rechtsradikalismus in der politischen Kultur der Nachkriegszeit. Die verzögerte Normalisierung in Niedersachsen. Hannover 1995. S. 175-196.

RINTELEN, Karl Ludwig: Historismus und Naturrecht. in: Geschichte in Wissenschaft und Unterricht. 12. Jg. (1961). S. 353-381.

RITTER, Gerhard: Der deutsche Professor im Dritten Reich. in: Die Gegenwart. 1. Jg. (1945). H. 1. 24. Dezember 1945. S. 23-26.

RITTER, Gerhard: Gegenwärtige Lage und Zukunftsaufgaben deutscher Geschichtswissenschaft (1949). in: Wolfgang Hardtwig (Hg.): Über das Studium der Geschichte. München 1990. S. 287-311.

RITTER, Gerhard: Deutsche Geschichtswissenschaft im 20. Jahrhundert. in: Geschichte in Wissenschaft und Unterricht. 1. Jg. (1950). S. 81-86, 129-137.

RITTER, Gerhard: Das Problem des „Militarismus" in Deutschland. in: Historische Zeitschrift. 177. Jg. (1954). S. 21-48.

RITTER, Gerhard: The Prussian Army and Politics. in: Journal of Central European Affairs. 15. Jg. (1954-1956). S. 400-405.

RITTER, Gerhard: Carl Goerdeler und die deutsche Widerstandsbewegung. Stuttgart 1955.

RITTER, Gerhard: Scientific History. Contemporary History and Political Science. in: History and Theory. 1. Jg. (1961). S. 261-279.

RITTER, Gerhard: Eine neue Kriegsschuldthese? Zu Fritz Fischers Buch „Griff nach der Weltmacht". in: Historische Zeitschrift. 194. Jg. (1962). S. 668.

ROHR, Gisela: Die Veröffentlichungen der Institute und Arbeitskreise für Ostforschung. Prüfungsarbeit der Hamburger Bibliotheksschule am 30. Januar 1961 vorgelegt. als Manuskript gedruckt.

RÖSSLER, Mechthild: „Wissenschaft und Lebensraum". Geographische Ostforschung im Nationalsozialismus. Ein Beitrag zur Disziplingeschichte der Geographie. Berlin/Hamburg 1990. (Hamburger Beiträge zur Wissenschaftsgeschichte 8)

ROTH, Karl Heinz: „Generalplan Ost" und der Mord an den Juden. Der „Fernplan der Umsiedlung in den Ostprovinzen" aus dem Reichssicherheitshauptamt vom November 1939. in: 1999. Zeitschrift für Sozialgeschichte des 20. und 21. Jahrhunderts. 12. Jg. (1997). S. 62-91.

ROTHACKER, Erich: Das Wort „Historismus". in: Zeitschrift für deutsche Wortforschung. 16. Jg. (1960). S. 3-6.

ROTHE, Hans: Einführung Aus: Hans Rothe/Silke Spieler (Hg.): Die Albertus-Universität zu Königsberg: Höhepunkte und Bedeutung. Vorträge aus Anlass der 450. Wiederkehr ihrer Gründung, Bonn 1996, S. 15-22.

ROTHE, Hans/SPIELER, Silke (Hg.): Die Albertus-Universität zu Königsberg: Höhepunkte und Bedeutung. Vorträge aus Anlass der 450. Wiederkehr ihrer Gründung, Bonn 1996.

ROTHFELS, Hans: Die Universitäten und der Schuldspruch von Versailles zum 28. Juni 1929, in: Königsberger Universitätsreden, 5. Jg. (1929), S. 3-20.

ROTHFELS, Hans (Hg.): Ostraum, Preussentum und Reichsgedanke. Historische Abhandlungen, Vorträge und Reden, Leipzig 1935.

ROTHFELS, Hans: Die Albertina als Grenzlanduniversität, in: Hans Rothfels (Hg.): Ostraum, Preussentum und Reichsgedanke. Historische Abhandlungen, Vorträge und Reden, Leipzig 1935, S. 129-145.

ROTHFELS, Hans: Das Werden des Mitteleuropa-Gedankens, in: Hans Rothfels (Hg.): Ostraum, Preussentum und Reichsgedanke. Historische Abhandlungen, Vorträge und Reden, Leipzig 1935, S. 228-248.

ROTHFELS, Hans: Die deutsche Opposition gegen Hitler. Eine kritische Würdigung, Krefeld 1949.

ROTHFELS, Hans: Die Geschichtswissenschaft in den dreißiger Jahren, in: Andreas Flitner (Hg.): Deutsches Geistesleben und Nationalsozialismus. Eine Vortragsreihe der Universität Tübingen, Tübingen 1965, S. 90-107.

ROTHFELS, Hans: Zum 150. Geburtstag Bismarcks, in: Vierteljahrshefte für Zeitgeschichte, 13. Jg. (1965), S. 329-343.

ROTHFELS, Hans: Die deutsche Opposition gegen Hitler. Eine Würdigung, Mit einer Einführung von Friedrich Freiherr Hiller von Gaertringen, Nachdruck der Ausgabe letzter Hand von 1969, Zürich 1994.

RUDOLPH, Karsten/WICKERT, Christl (Hg.): Geschichte als Möglichkeit. Über die Chance von Demokratie, Essen 1995.

RUSINEK, Bernd-A.: Von Schneider zu Schwerte. Anatomie einer Wandlung, in: Wilfried Loth/Bernd-A. Rusinek (Hg.): NS-Eliten in der westdeutschen Nachkriegsgesellschaft, Frankfurt a. M., New York 1998, S. 143-179.

SABROW, Martin: Ökumene als Bedrohung. Die Haltung der DDR-Historiographie gegenüber den deutschen Historikertagen von 1949 bis 1962, in: Gerald Diesener/Matthias Middell (Hg.): Historikertage im Vergleich, Leipzig 1996 (=Comparativ, Jg. 6, 1996, Heft 5/6), S. 178-202.

SALDERN, Adelheid von: Mittelstand im „Dritten Reich". Handwerker - Einzelhändler - Bauern, Frankfurt a. M. 1979.

SALEWSKI, Michael/SCHRÖDER, Josef (Hg.): Dienst für die Geschichte. Gedenkschrift für Walther Hubatsch *17. Mai 1915 †29. Dezember 1984, Göttingen 1985.

SALLER, Karl: Die Rassenlehre des Nationalsozialismus in Wissenschaft und Propaganda, Darmstadt 1961.

SALOMON, Ernst von: Die Geächteten, Reinbek (1. Aufl. 1930) 1960.

SALOMON, Ernst von: Der Fragebogen, Reinbek 1961.

SAUER, C.: Sprachpolitik und NS-Herrschaft. Zur Sprachanalyse des Nationalsozialismus als Besatzungsmacht in den Niederlanden 1940-1945. in: Sprache und Literatur in Wissenschaft und Unterricht. 14. Jg. (1983). S. 80-99.

SCHIEDER, Theodor/KIENAST, Walther: Der Historikertag in Trier. in: Historische Zeitschrift. 186. Jg. (1958). S. 729-731.

[SCHIEDER, THEODOR] ANONYM: Ostpreußens Geschichte und Kultur in ihrer europäischen Bedeutung. hrsg. v. Göttinger Arbeitskreis. Göttingen 1948.

SCHIEDER, Theodor: Nationalstaat und Nationalitätenproblem. in: Zeitschrift für Ostforschung. 1. Jg. (1952). S. 162-181.

SCHIEDER, Theodor: Imperialismus in alter und neuer Sicht. Das außenpolitische Dogma des Kommunismus. in: Aus Politik und Zeitgeschichte. Jg. 1960. H. 21. S. 329-335.

SCHIEDER, Theodor: Die Ostvertreibung als wissenschaftliches Problem. in: Aus Politik und Zeitgeschichte. Jg. 1960. H. 17. S. 282-288.

SCHIEDER, Theodor: Die deutsche Geschichtswissenschaft in ihren Institutionen. in: Christian Schneider (Hg.): Forschung in der Bundesrepublik Deutschland. Beispiele, Kritik, Vorschläge. Weinheim u. a. 1983. S. 93-98.

SCHIEDER, Theodor: Die deutsche Geschichtswissenschaft im Spiegel der Historischen Zeitschrift. in: Historische Zeitschrift. 189. Jg. (1959). S. 1-104.

SCHIEDER, Theodor: Grundfragen der neueren deutschen Geschichte. in: Historische Zeitschrift. 192. Jg. (1961). S. 4.

SCHIEDER, Wolfgang: Keine Fragen, keine Antworten? In: Winfried Schulze/Otto Gerhard Oexle (Hg.): Deutsche Historiker im Nationalsozialismus. Frankfurt a. M. 1999. S. 302-305.

SCHILDT, AXEL: Solidarisch mit der Schuld des Volkes. Die öffentliche Schulddebatte und das Integrationsangebot der Kirchen in Niedersachsen nach dem Zweiten Weltkrieg. in: Bernd Weisbrod (Hg.): Rechtsradikalismus in der politischen Kultur der Nachkriegszeit. Die verzögerte Normalisierung in Niedersachsen. Hannover 1995. S. 269-296.

SCHILDT, Axel: Der Umgang mit der NS-Vergangenheit in der Öffentlichkeit der Nachkriegszeit. in: Wilfried Loth/Bernd-A. Rusinek (Hg.): NS-Eliten in der westdeutschen Nachkriegsgesellschaft. Frankfurt a. M./New York 1998. S. 19-54.

SCHILDT, Axel: Zwischen Abendland und Amerika. Studien zur westdeutschen Ideenlandschaft der 50er Jahre. München 1999.

SCHILDT, Axel/SYWOTTEK, Arnold (Hg.): Modernisierung und Wiederaufbau. Die westdeutsche Gesellschaft der 50er Jahre. Bonn 1998.

SCHLEIER, HANS: Sybel und Treitschke. Antidemokratismus und Militarismus im historisch-politischen Denken großbourgeoiser Geschichtsideologien. Berlin 1965.

SCHLEIER, Hans: Die Historische Zeitschrift 1918-1943. in: Joachim Streisand (Hg.): Studien über die deutsche Geschichtswissenschaft II. Berlin 1965. S. 292-302.

SCHMELING, Hans-Georg: Die überfüllte Stadt. in: Göttingen 1945. Kriegsende und Neubeginn. Texte und Materialien zur Ausstellung im Städtischen Museum 31. März - 28. Juli 1985. Göttingen 1985. S. 105-136.

SCHMELING, Hans-Georg: Göttinger Nachkriegsalltag 1945. in: Göttingen 1945. Kriegsende und Neubeginn. Texte und Materialien zur Ausstellung im Städtischen Museum 31. März - 28. Juli 1985. Göttingen 1985. S. 149-199.

SCHMITZ, Enno/WEINGART, Peter: Knowledge, Qualifications and Credentials: Changing Patterns of Occupations - An analysis of Six Cases of Credentialling in Germany, Bielefeld 1981.

SCHNEIDER, Christian (Hg.): Forschung in der Bundesrepublik Deutschland. Beispiele, Kritik, Vorschläge, Weinheim u. a. 1983.

SCHNEIDER, Ullrich/DUMKE, Wolfgang: Die Universität Göttingen zwischen Besetzung und Wiedereröffnung 1945, in: Göttingen 1945. Kriegsende und Neubeginn. Texte und Materialien zur Ausstellung im Städtischen Museum 31. März - 28. Juli 1985, Göttingen 1985, S. 291-300.

SCHNEIDER, Ullrich: Zur Entnazifizierung der Hochschullehrer in Niedersachsen 1945-1949, in: Niedersächsisches Jahrbuch für Landesgeschichte, 61. Jg. (1989), S. 325-346.

SCHNEIDER, Wolfgang (Hg.): „Vernichtungspolitk". Eine Debatte über den Zusammenhang von Sozialpolitik und Genozid im nationalsozialistischen Deutschland, Hamburg 1991.

SCHNITTER, Helmut: „Ostforschung" und Militarismus. Zur Zusammenarbeit zwischen den westdeutschen Militaristen und den imperialistischen „Ostforschern" bei der Vorbereitung des Aggressionskrieges gegen die sozialistischen Staaten, in: Claus Remer (Hg.): Auf den Spuren der „Ostforschung". Eine Sammlung von Beiträgen der Arbeitsgemeinschaft zur Bekämpfung der westdeutschen „Ostforschung" beim Institut für Geschichte der europäischen Volksdemokratien, Leipzig 1962. (Wissenschaftliche Zeitschrift der Karl-Marx-Universität Leipzig. Gesellschafts- und sprachwissenschaftliche Reihe, Sonderband I)

SCHÖFFLER, Herbert: Kleine Geographie des Deutschen Witzes, mit einem Nachwort hrsg. v. Helmuth Plessner, Göttingen 1955.

SCHÖNWÄLDER, Karen: Historiker und Politik. Geschichtswissenschaft im Nationalsozialismus, Frankfurt a. M. 1992.

SCHÖTTLER, Peter (Hg.): Geschichtsschreibung als Legitimationswissenschaft 1918-1945, Frankfurt a. M. 1997.

SCHÖTTLER, Peter: Von der rheinischen Landesgeschichte zur nazistischen Volksgeschichte oder Die „unhörbare Stimme des Blutes", in: Winfried Schulze/Otto Gerhard Oexle (Hg.): Deutsche Historiker im Nationalsozialismus, Frankfurt a. M. 1999, S. 89-113.

SCHRAMM, Percy Ernst: Historisches Gutachten über die Kriegslage im Sommer 1944, in: Herbert Kraus (Hg.): Die im Braunschweiger Remerprozeß erstatteten moraltheologischen und historischen Gutachten nebst Urteil, Hamburg 1953, S. 63-82.

SCHRAMM, Percy Ernst: Deutschland - Rußland 1941/45, in: Aus Politik und Zeitgeschichte, Jg. 1960, H. 19, S. 306-315.

SCHREINER, Klaus: Führertum, Rasse, Reich. Wissenschaft von der Geschichte nach der nationalsozialistischen Machtergreifung, in: Peter Lundgreen (Hg.): Wissenschaft im Dritten Reich, Frankfurt a. M. 1985, S. 163-252.

SCHULERT, F. H.: Franz Schnabel und die Geschichtswissenschaft des 20. Jahrhunderts, in: Historische Zeitschrift, 205. Jg. (1967), S. 344.

SCHULIN, Ernst: Das Problem der Individualität. Eine kritische Betrachtung des Historismus-Werkes von Friedrich Meinecke, in: Historische Zeitschrift, 197. Jg. (1963), S. 115f.

SCHULIN, Ernst: Traditionskritik und Rekonstruktionsversuch. Studien zur Entwicklung von Geschichtswissenschaft und historischem Denken, Göttingen 1979.

SCHULIN, Ernst: Geschichtswissenschaft in unserem Jahrhundert. Probleme und Umrisse einer Geschichte der Historie. in: Historische Zeitschrift. 245. Jg. (1987). S. 1-30.

SCHULIN, Ernst (Hg.): Deutsche Geschichtswissenschaft nach dem Zweiten Weltkrieg (1945-1960). München 1989.

SCHULZE, Winfried: Deutsche Geschichtswissenschaft nach 1945. München 1989.

SCHULZE, Winfried: Probleme der institutionellen Neuordnung der Geschichtswissenschaft in der Bundesrepublik Deutschland in den 50er Jahren. in: Peter Weingart/Wolfgang Prinz (Hg.): Die sog. Geisteswissenschaften: Innenansichten. Frankfurt a. M. 1990. S. 27-55.

SCHULZE, Winfried: Hans Rothfels und die deutsche Geschichtswissenschaft. in: Christian Jansen/Lutz Niethammer/Bernd Weisbrod (Hg.): Von der Aufgabe der Freiheit. Politische Verantwortung und bürgerliche Gesellschaft im 19. und 20. Jahrhundert. Berlin 1995. S. 82-98.

SCHULZE, Winfried (Hg.): Ego-Dokumente. Annäherung an den Menschen in der Geschichte. Berlin 1996. (Selbstzeugnisse der Neuzeit 2)

SCHULZE, Winfried/HELM, Gerd/OTT, Thomas: Deutsche Historiker im Nationalsozialismus. Beobachtungen und Überlegungen zu einer Debatte. in: Winfried Schulze/Otto Gerhard Oexle (Hg.): Deutsche Historiker im Nationalsozialismus. Frankfurt a. M. 1999. S. 11-48.

SCHULZE, Winfried/OEXLE, Otto Gerhard (Hg.): Deutsche Historiker im Nationalsozialismus. Frankfurt a. M. 1999.

SCHÜRMANN, Arthur (Hg.): Volk und Hochschule im Umbruch. Oldenburg/Berlin 1937.

SCHÜBLER, Werner: Karl Jaspers zur Einführung. Hamburg 1995.

SCHUSTER, Helmuth: Theorien, Utopien und rassistische Abgründe sozialwissenschaftlicher Bevölkerungsforschung zwischen wilhelminischem Mitteleuropa-Modell und SS-Generalplan Ost. in: Carsten Klingemann (Hg.): Rassenmythos und Sozialwissenschaften in Deutschland. Ein verdrängtes Kapitel deutscher sozialwissenschaftlicher Wirkungsgeschichte. Opladen 1987 (Beiträge zur sozialwissenschaftlichen Forschung 85). S. 316-344.

SCHWABE, Klaus: Hermann Oncken. in: Hans-Ulrich Wehler (Hg.): Deutsche Historiker. Göttingen 1973. S. 189-205.

SCHWABE, Klaus (Hg.): Deutsche Hochschullehrer als Elite 1815-1945. Boppard am Rhein 1988.

SCHWABE, Klaus/REICHARDT, Rolf (Hg.): Gerhard Ritter. Ein politischer Historiker in seinen Briefen. Boppard am Rhein 1984. (Schriften des Bundesarchivs 33)

SCHWARBERG, Günther: Die Mörderwaschmaschine. Wie die bundesdeutsche Justiz die Verbrechen der Faschisten mit Hilfe von Einstellungsbeschlüssen bewältigte oder: Von den Massenerschießungen abgesehen, war die Sterblichkeit gering. in: Rainer Eisfeld/Ingo Müller (Hg.): Gegen Barbarei. Essays Robert M. W. Kempner zu Ehren. Frankfurt a. M. 1989. S. 324-345.

SCHWINGEL, Markus: Pierre Bourdieu zur Einführung. Hamburg 1998.

PRESSE- UND INFORMATIONSAMT DER BUNDESREGIERUNG (Hg.): Sechs Jahre danach. Vom Chaos zum Staat. Mit einem Geleitwort von Konrad Adenauer. Wiesbaden 1951.

SEDLACEK, P. (Hg.): Zur Situation der deutschen Geographie zehn Jahre nach Kiel. 2. Aufl. Osnabrück 1979. (Osnabrücker Studien zur Geographie 2)

SEIER, Hellmut: Die nationalsozialistische Hochschulpolitik und die Rolle von Technik und Technischen Hochschulen im Führerstaat, in: Helmut König (Hg.): Der Fall Schwerte im Kontext, Opladen/Wiesbaden 1998, S. 62-78.

SELLE, Götz von: Friedrich Hoffmann. In Memoriam, in: Jahrbuch der Albertus-Universität zu Königsberg/Pr., 1. Jg. (1951), S. 7-9.

SELLE, Götz von: Universität Göttingen. Wesen und Geschichte, Göttingen 1953.

SELLE, Götz von: Geschichte der Albertus-Universität zu Königsberg in Preussen, Zweite, durchgesehene und vermehrte Auflage, Würzburg 1956.

SERAPHIM, Hans-Günther: Die deutsch-russischen Beziehungen 1939-1941, Hamburg 1949. (Göttinger Beiträge für Gegenwartsfragen. Völkerrecht, Geschichte, Internationale Politik 1)

SIMON, Christian: Staat und Geschichtswissenschaft in Deutschland und Frankreich 1871-1914. Situation und Werk von Geschichtsprofessoren an den Universitäten Berlin, München/Paris/Bern 1988.

SONTHEIMER, Kurt: Die Haltung der deutschen Universität zur Weimarer Republik, in: Universitätstage 1966. Veröffentlichungen der Freien Universität Berlin: Nationalsozialismus und die deutsche Universität, Berlin 1966, S. 24-42.

SONTHEIMER, Kurt: Die deutschen Hochschullehrer in der Weimarer Republik, in: Klaus Schwabe (Hg.): Deutsche Hochschullehrer als Elite 1815-1945, Boppard am Rhein 1988. S. 215-224.

SONTHEIMER, Kurt: Antidemokratisches Denken in der Weimarer Republik, 4. Aufl., München 1994.

SONTHEIMER, Kurt: Die Adenauer-Ära. Grundlegung der Bundesrepublik, 2. Aufl., München 1996. (Deutsche Geschichte der neuesten Zeit 25)

SPIRU, Basil (Hg.): September 1939, Berlin 1959.

SPIRU, Basil: Ostforscher - Ostfälscher - Ostfahrer, in: Jahrbuch für Geschichte der UdSSR und der volksdemokratischen Länder Europas, 3. Jg. (1959), S. 34-79.

SPIRU, Basil: Giftmischer. Beiträge zur Entwicklungsgeschichte der zeitgenössischen bürgerlichen Journalistik, Berlin 1960.

SPRANGER, Eduard: Wilhelm von Humboldt und die Humanitätsidee, Berlin 1909.

SPRANGER, Eduard: Die Psychologie des Jugendalters, 14. Aufl. (1. Aufl. 1924), Leipzig 1931.

SPRANGER, Eduard: Kulturzyklentheorie und das Problem des Kulturzerfalls, in: Geisteskultur, 38. Jg. (1929), S. 65-90.

SRBIK, Heinrich von: Geist und Geschichte vom deutschen Humanismus bis zur Gegenwart, 2 Bde., München 1950/51.

STAMM, Thomas: Zwischen Staat und Selbstverwaltung. Die deutsche Forschung im Wiederaufbau 1945-1965, Köln 1981.

STAVENHAGEN, Kurt: Herders Geschichtsphilosophie und seine Geschichtsprophetie, in: Zeitschrift für Ostforschung, 1. Jg. (1952), S. 16-43.

STEFFEN, Hans (Hg.): Die Gesellschaft der Bundesrepublik. Analysen, 2 Bde., Göttingen 1970f.

STEINBACH, Peter: Postdiktatorische Geschichtspolitik. Nationalsozialismus im deutschen Geschichtsbild nach 1945, in: Petra Bock/Edgar Wolfrum (Hg.): Umkämpfte Vergangenheit. Geschichtsbilder. Erinnerung und Vergangenheitspolitik im internationalen Vergleich. Göttingen 1999. S. 17-40.

STERLING. Richard W.: Ethics in a World of Power. Princeton 1958.

STREISAND. Joachim (Hg.): Studien über die deutsche Geschichtswissenschaft II. Berlin 1965.

STREISAND. Joachim (Hg.): Studien über die deutsche Geschichtswissenschaft. 2 Bde.. Berlin 1963-1965.

STUPPERICH. Robert: Otto Hoetzsch in Memoriam. in: Osteuropa. 25. Jg. (1975). S. 633-635.

SUTTON. L. H.: A Discourse on the University of Göttingen. in: Manfred Heinemann (Hg.): Hochschuloffiziere und Wiederaufbau des Hochschulwesens in Westdeutschland 1945-1952. Teil 1: Die Britische Zone. Hildesheim 1990. S. 123-132.

SYWOTTEK. Arnold: Geschichtswissenschaft in der Legitimationskrise. Ein Überblick über die Diskussion um Theorie und Didaktik der Geschichte in der Bundesrepublik Deutschland. Bonn/Bad Godesberg 1974.

SZCZINOWSKI. Waldemar: Die Organisation der „Ostforschung" in Westdeutschland. in: Zeitschrift für Geschichtswissenschaft. 2. Jg. (1954). S. 288-309.

SZLAPCZYNSKI. Jozef/WALICHNOWSKI. Tadeusz: Ostforschung. The Role of West German Political Science. Krakow 1969.

TAUBE. Arved Baron: Vom Sinn der Beschäftigung mit baltischer Geschichte in heutiger Zeit. Grundfragen der baltischen Geschichtsforschung. vorgelegt auf dem 5. Baltischen Historikertreffen am 27. Juli 1952 in Göttingen. in: Baltische Briefe. 5. Jg. (1952). H. 8/9. S. 8.

THADDEN. Rudolf von/PISTOHLKORS. Gert von/WEISS. Hellmuth (Hg.): Das Vergangene und die Geschichte. Festschrift für Reinhard Wittram zum 70. Geburtstag. Göttingen 1973.

THADDEN. Wiebke von: Göttingen und seine Militärregierung. in: Göttingen 1945. Kriegsende und Neubeginn. Texte und Materialien zur Ausstellung im Städtischen Museum 31. März - 28. Juli 1985. Göttingen 1985. S. 69-92.

THIEME. Frank: Rassentheorien zwischen Mythos und Tabu. Der Beitrag der Sozialwissenschaft zur Entstehung und Wirkung der Rassenideologie in Deutschland. Frankfurt a. M. u. a. 1988.

THIMME. Annelise: Geprägt von der Geschichte. Eine Außenseiterin. in: Hartmut Lehmann/Otto Gerhard Oexle (Hg.): Erinnerungsstücke. Wege in die Vergangenheit. Rudolf Vierhaus zum 75. Geburtstag gewidmet. Wien/Köln/Weimar 1997. S. 153-224.

THOMAS. Siegfried: Wissenschaftliche Arbeitstagung zur Kritik der westdeutschen „Ostforschung". in: Zeitschrift für Geschichtswissenschaft. 12. Jg. (1964). S. 1224-1226.

THOMPSON. James Westfall: A History of Historical Writing. 2 Bde.. New York 1942.

TOPITSCH. Ernst: Zum Problem des Naturrechts. in: Der Staat. 1. Jg. (1962). S. 225-234.

TOPPE. Hilmar: Die Ostforschung in der Bundesrepublik Deutschland. in: Wehrwissenschaftliche Rundschau. 8. Jg. (1956). S. 579-584.

TRANCZYNSKI. Jan Wiktor: Der „Drang" nach Osten". Mythos und Realität eines Schlagwortes. in: Zeitschrift für Geschichtswissenschaft. 45. Jg. (1997). S. 5-20.

TREIDL. Ralf Jürgen: Evangelische Kirche und Politische Kultur im Nachkriegsdeutschland. Bemerkungen zum Engagement der Evangelischen Akademie Hermannsburg/Loccum in Arbeitswelt und Presse. in: Jahrbuch der Gesellschaft für niedersächsische Kirchengeschichte. 91. Jg. (1993). S. 189-209.

TREUSCH, Joachim: Forschung und Großforschung zwischen politischem Anspruch, öffentlicher Diskussion und wissenschaftlichem Selbstverständnis, in: Volker Ackermann/Bernd-A. Rusinek/Frank Wiesemann (Hg.): Anknüpfungen. Kulturgeschichte - Landesgeschichte - Zeitgeschichte. Gedenkschrift für Peter Hüttenberger, in Verbindung mit Jörg Engelbrecht, Hein Hoebink und Herbert Reinke, Essen 1995 (Düsseldorfer Schriften zur neueren Landesgeschichte und zur Geschichte Nordrhein-Westfalens 39), S. 403-410.

 TRÖGER, Jörg (Hg.): Hochschule und Wissenschaft im Dritten Reich, Frankfurt a. M./New York 1986.

TURNER, James: German University History in Comparative Perspective: The Case of Göttingen, in: Archiv für Sozialgeschichte, 29. Jg. (1989), S. 482-487.

UNGERN-STERNBERG, Walther Freiherr von: Etwas vom Elch, in: Jahrbuch der Albertus-Universität zu Königsberg/Pr., 4. Jg. (1954), S. 243-260.

Die Universitäten in der britischen Zone Deutschlands (Bericht der Delegation der britischen Association of University Teachers), in: Die Sammlung, 3. Jg. (1948), H. 2, S. 1-32.

Universitätstage 1966. Veröffentlichungen der Freien Universität Berlin: Nationalsozialismus und die deutsche Universität, Berlin 1966.

UNSER, Jutta: „Osteuropa". Biographie einer Zeitschrift, in: Osteuropa, 25. Jg. (1975), S. 555-602.

UNSELD, Siegfried (Hg.): Die fünfziger Jahre. Ein Suhrkamp Lesebuch, Frankfurt a. M. 1990.

VAN LAAK, Dirk: Gespräche in der Sicherheit des Schweigens: Carl Schmitt in der politischen Geistesgeschichte der Bundesrepublik, Berlin 1993.

VAN LAAK, Dirk: „Nach dem Sturm schlägt man auf die Barometer ein ...". Rechtsintellektuelle Reaktionen auf das Ende des „Dritten Reiches", in: Werkstatt Geschichte, 17. Jg. (1997), S. 25-44.

VAN LAAK, Dirk: Trotz und Nachurteil. Rechtsintellektuelle Reaktionen im Anschluß an das „Dritte Reich", in: Wilfried Loth/Bernd-A. Rusinek (Hg.): NS-Eliten in der westdeutschen Nachkriegsgesellschaft, Frankfurt a. M./New York 1998, S. 55-78.

VIERHAUS, Rudolf: Ranke und die soziale Welt, Münster 1957.

VIERHAUS, Rudolf: Walter Frank und die Geschichtswissenschaft im nationalsozialistischen Deutschland, in: Historische Zeitschrift, 207. Jg. (198), S. 617-627.

VIERHAUS, Rudolf: Was ist Geschichte? In: Geza Alföldy/Ferdinand Seibt/Albrecht Timm (Hg.): Probleme der Geschichtswissenschaft, Düsseldorf 1973, S. 7-19.

VIERHAUS, Rudolf: Die Rekonstruktion historischer Lebenswelten. Probleme moderner Kulturgeschichtsschreibung, in: Hartmut Lehmann (Hg.): Wege zu einer neuen Kulturgeschichte, Göttingen 1995, S. 5-28.

VIERHAUS, Rudolf: Der politische Gelehrte im 19. Jahrhundert, in: Christian Jansen/Lutz Niethammer/Bernd Weisbrod (Hg.): Von der Aufgabe der Freiheit. Politische Verantwortung und bürgerliche Gesellschaft im 19. und 20. Jahrhundert, Berlin 1995, S. 17-28.

VOIGT, Gerd: Methoden der „Ostforschung", in: Zeitschrift für Geschichtswissenschaft, 7. Jg. (1959), S. 1781-1803.

VOLKMANN, Hans Erich (Hg.): Ende des Dritten Reiches - Ende des Zweiten Weltkrieges. Eine perspektivische Rückschau, München/Zürich 1995.

VOLKMANN, Hans Erich: Deutsche Historiker im Umgang mit Drittem Reich und Zweitem Weltkrieg 1939-1949. in: Hans Erich Volkmann (Hg.): Ende des Dritten Reiches - Ende des Zweiten Weltkrieges. Eine perspektivische Rückschau. München/Zürich 1995. S. 861-911.

VOLKMANN, Hans-Erich: Von Johannes Haller zu Reinhard Wittram. Deutschbaltische Historiker und der Nationalsozialismus. in: Zeitschrift für Geschichtswissenschaft. 45. Jg. (1997). S. 21-46.

VOLKMANN, Hans Erich: Deutsche Historiker im Banne des Nationalsozialismus. in: Wilfried Loth/Bernd-A. Rusinek (Hg.): NS-Eliten in der westdeutschen Nachkriegsgesellschaft. Frankfurt a. M./New York 1998. S. 285-311.

WAGNER, Fritz: Moderne Geschichtsschreibung. Ausblick auf eine Philosophie der Geschichtswissenschaft. Berlin 1960.

WAGNER, Fritz: Begegnungen von Geschichte und Soziologie bei der Deutung der Gegenwart. in: Historische Zeitschrift. 192. Jg. (1961). S. 607-624.

WAGNER, Fritz: Rankes Geschichtsbild und die moderne Universalgeschichte. in: Archiv für Kulturgeschichte. 44. Jg. (1962). S. 1-26.

WEBER, Wolfgang: Priester der Klio. Historisch-sozialwissenschaftliche Studien zur Herkunft und Karriere deutscher Historiker und zur Geschichte der Geschichtswissenschaft 1800-1970. Frankfurt a. M. 1984.

WEBER, Wolfgang (Hg.): Biographisches Lexikon zur Geschichtswissenschaft in Deutschland, Österreich und der Schweiz. Die Lehrstuhlinhaber von den Anfängen des Faches bis 1970. Frankfurt a. M. 1984.

WEGELER, Cornelia: „... wir sagen ab der internationalen Gelehrtenrepublik". Altertumswissenschaft und Nationalsozialismus: Das Göttinger Institut für Altertumskunde 1921-1962. Wien/Köln/Weimar 1996.

WEHLER, Hans-Ulrich: Sozialdemokratie und Nationalstaat. Die deutsche Sozialdemokratie und die Nationalitätenfragen in Deutschland von Karl Marx bis zum Ausbruch des Ersten Weltkrieges. Würzburg 1962. (Marburger Ostforschungen im Auftrage des Johann Gottfried Herder-Forschungsrates e. V. 18)

WEHLER, Hans-Ulrich: Geschichtswissenschaft heute. in: Jürgen Habermas (Hg.): Stichworte zur „Geistigen Situation der Zeit". 2 Bde.. Frankfurt a. M. 1979. Bd. 2. S. 709-753.

WEHLER, Hans-Ulrich (Hg.): Deutsche Historiker. 9 Bde. Göttingen 1971-1982.

WEHLER, Hans Ulrich: Nationalsozialismus und Historiker. in: Winfried Schulze/Otto Gerhard Oexle (Hg.): Deutsche Historiker im Nationalsozialismus. Frankfurt a. M. 1999. S. 306-339.

WEIMAR, Klaus: Der Germanist Klaus Schwerte. in: Helmut König (Hg.): Der Fall Schwerte im Kontext. Opladen/Wiesbaden 1998. S. 46-61.

WEINGART, Peter/PRINZ, Wolfgang (Hg.): Die sog. Geisteswissenschaften: Innenansichten. Frankfurt a. M. 1990.

WEINGART, Peter/PRINZ, Wolfgang/KASTNER, Maria/MAASEN, Sabine/WALTER, Wolfgang: Die sog. Geisteswissenschaften: Außenansichten. Die Entwicklung der Geisteswissenschaften in der BRD 1954-1987. Frankfurt a. M. 1991.

WEINREICH, Max: Hitler's Professors. The Part of Scholarship in Germany's Crimes Against the Jewish People. Introduction to the Second Edition by Martin Gilbert. New Haven/London 1999.

WEISBROD, Bernd (Hg.): Rechtsradikalismus in der politischen Kultur der Nachkriegszeit. Die verzögerte Normalisierung in Niedersachsen, Hannover 1995.

WEISBROD, Bernd, Region und Zeitgeschichte. Das Beispiel Niedersachsen, in: Niedersächsisches Jahrbuch für Landesgeschichte, 68. Jg. (1996), S. 91-105.

WEISBROD, Bernd (Hg.): Von der Währungsunion zum Wirtschaftswunder. Wiederaufbau in Niedersachsen, Hannover 1998.

WEISS, Helmuth: Die historischen Gesellschaften, in: Georg von Rauch (Hg.): Geschichte der deutschbaltischen Geschichtsschreibung. Im Auftrage der Baltischen Historischen Kommission unter Mitwirkung von Michael Garleff, Jürgen von Hehn, Wilhelm Lenz, Köln/Wien 1986 (Ostmitteleuropa in Vergangenheit und Gegenwart 20), S. 121-139.

WELZER, Harald (Hg.): Auf den Trümmern der Geschichte. Gespräche mit Raul Hilberg, Hans Mommsen und Zygmunt Baumann, Tübingen 1999. (Studien zum Nationalsozialismus in der edition diskord 3)

WENGST, Udo: Deutsche Geschichte nach 1945, in: Geschichte in Wissenschaft und Unterricht, 47. Jg. (1996), S. 559-569, 620-639.

WERNER, Karl Ferdinand: Das NS-Geschichtsbild und die deutsche Geschichtswissenschaft, Stuttgart u. a. 1967.

WERNER, Karl Ferdinand: Die deutsche Historiographie unter Hitler, in: Bernd Faulenbach (Hg.): Geschichtswissenschaft in Deutschland, München 1974, S. 66-85.

WESTPHAL, Otto: Welt- und Staatsauffassung des deutschen Liberalismus. Eine Untersuchung über die Preußischen Jahrbücher und den konstitutionellen Liberalismus in Deutschland von 1848 bis 1863, München 1919.

WHITE, Hayden: Die Bedeutung der Form. Erzählstrukturen in der Geschichtsschreibung, Frankfurt a. M. 1990.

WHITE, Hayden: Metahistory. Die historische Einbildungskraft im 19. Jahrhundert in Europa, Frankfurt a. M. 1991.

REICHSSTIFTUNG FÜR DEUTSCHE OSTFORSCHUNG (Hg.): Wiederbewaldung des Ostens. Vorträge, gehalten auf der Eröffnungstagung des Arbeitskreises für die Wiederbewaldung des Ostens am 28./29. Januar 1942 in Posen, Berlin 1943.

WINKLER, Heinrich August: Der entbehrliche Stand, in: Archiv für Sozialgeschichte, 17. Jg. (1977), S. 1-40.

WINKLER, Heinrich August: Weimar 1918-1933. Die Geschichte der ersten deutschen Demokratie, München 1993.

WIPPERMANN, Wolfgang: Der Ordensstaat als Ideologie. Das Bild des Deutschen Ordens in der deutschen Geschichtsschreibung und Publizistik, Berlin 1979.

WIPPERMANN, Wolfgang: Der „deutsche Drang nach Osten". Ideologie und Wirklichkeit eines politischen Schlagwortes, Darmstadt 1981.

WIPPERMANN, Wolfgang: Die deutsche und polnische Frage in der deutschen Historiographie des 19. und 20. Jahrhunderts, in: Aus Politik und Zeitgeschichte, Jg. 1987, Heft 14, S. 29-36.

WITTRAM, Reinhard: Geschichtsauffassung und Außendeutschtum, in: Arthur Schürmann (Hg.): Volk und Hochschule im Umbruch Oldenburg, Berlin 1937, S. 105-117.

WITTRAM, Reinhard: Geschichte der baltischen Deutschen. Grundzüge und Durchblicke, Stuttgart, Berlin 1939.

WITTRAM, Reinhard (Hg.): Rückkehr ins Reich. Vorträge und Aufsätze aus den Jahren 1939/1940. Posen 1942.

WITTRAM, Reinhard: Der Deutsche als Soldat Europas. Posen 1943. (Reichsuniversität Posen. Vorträge und Aufsätze 2)

WITTRAM, Reinhard: Nationalismus, in: Göttinger Universitäts-Zeitung. 2. Jg. (1947). H. 10. S. 1-5.

WITTRAM, Reinhard: Drei Generationen. Deutschland, Livland, Rußland 1830-1914. Gesinnungen und Lebensformen baltisch-deutscher Familien. Göttingen 1949.

WITTRAM, Reinhard: Nationalismus und Säkularisation. Beiträge zur Geschichte und Problematik des Nationalgeistes, hrsg. v. d. Evangelischen Akademie Hermannsburg. Drei Vorträge mit einem Nachwort. Lüneburg 1949.

WITTRAM, Reinhard: Patkul und der Ausbruch des Nordischen Krieges, in: Nachrichten der Akademie der Wissenschaften in Göttingen, I. Philologisch-Historische Klasse. Jg. 1952. S. 201-233.

WITTRAM, Reinhard: Geschichtswissenschaft und geschichtliche Wahrheit. Grundfragen der baltischen Geschichtsforschung, vorgelegt auf dem 5. Baltischen Historikertreffen am 27. Juli 1952 in Göttingen, in: Baltische Briefe. 5. Jg. (1952). H. 8/9. S. 7.

WITTRAM, Reinhard: Peter der Grosse. Der Eintritt Russlands in die Neuzeit, gewidmet dem Göttinger Historischen Seminar. Berlin/Göttingen/Heidelberg 1954. (Verständliche Wissenschaft 52)

WITTRAM, Reinhard: Das Nationale als europäisches Problem. Beiträge zur Geschichte des Nationalitätenprinzips vornehmlich im 19. Jahrhundert. Göttingen 1954.

WITTRAM, Reinhard (Hg.): Baltische Kirchengeschichte. Beiträge zur Geschichte der Missionierung und der Reformation, der evangelisch-lutherischen Landeskirchen und des Volkskirchentums in den baltischen Landen. Göttingen 1956.

WITTRAM, Reinhard: Das Interesse an der Geschichte. Zwölf Vorlesungen über Fragen des zeitgenössischen Geschichtsverständnisses. Göttingen 1958.

WITTRAM, Reinhard: Zur Beurteilung vergangener Denkweisen, in: Baltische Briefe. 11. Jg. (1958). H. 8/9. S. 1-2.

WITTRAM, Reinhard: Das Interesse an der Geschichte. Göttingen 1959.

WITTRAM, Reinhard: Die Universität und ihre Fakultäten. Festvortrag, gehalten am 17. November 1962 anläßlich der Feier des 225jährigen Bestehens der Georg-August-Universität Göttingen in der Aula der Universität. Göttingen 1962.

WITTRAM, Reinhard: Peter I. Czar und Kaiser. Zur Geschichte Peters des Großen in seiner Zeit. 2 Bde., Göttingen 1964.

WITTRAM, Reinhard: Zukunft in der Geschichte. Zu Grenzfragen der Geschichtswissenschaft und Theologie. Göttingen 1966.

WITTRAM, Reinhard: Ideologie und Gesinnung, in: Baltische Briefe. 24. Jg. (1971). H. 5. S. 1-2. 8-10.

WITTRAM, Reinhard/GADAMER, Hans-Georg/MOLTMANN, Jürgen: Geschichte - Element der Zukunft. Vorträge an den Hochschultagen 1965 der Evangelischen Studentengemeinde Tübingen. Tübingen 1965.

WOLF, Heinz: Deutsch-jüdische Emigrationshistoriker in den USA und der Nationalsozialismus. Bern 1988.

WOLF, Ursula: Litteris et Patriae. Das Janusgesicht der Historie, Stuttgart 1996.

WOLFGRAMM, Eberhard: „Kämpft für den Frieden, arbeitet für die Zukunft des deutschen Volkes!". Abrechnung mit der Vergangenheit, von einem ehemaligen „Ostforscher", in: Deutsche Außenpolitik, 4. Jg. (1959), S. 991-1000.

WOLFRUM, Edgar: Geschichtspolitik in der Bundesrepublik Deutschland 1949-1989. Phasen und Kontroversen, in: Petra Bock/Edgar Wolfrum (Hg.): Umkämpfte Vergangenheit. Geschichtsbilder, Erinnerung und Vergangenheitspolitik im internationalen Vergleich, Göttingen 1999, S. 55-81.

ZERNACK, Klaus: „Deutschland und der Osten" als Problem der historischen Forschung in Berlin, in: Reimer Hansen/Wolfgang Ribbe (Hg.): Geschichtswissenschaft in Berlin im 19. und 20. Jahrhundert. Persönlichkeiten und Institutionen, Berlin/New York 1992, S. 571-593.

ZIEGENGEIST, Gerhard (Hg.): Wissenschaft am Scheidewege. Kritische Beiträge über Slawistik, Literaturwissenschaft und Ostforschung in Westdeutschland, Berlin 1964.

ZORN, Wolfgang: Werner Conze zum Gedächtnis, in: Vierteljahrsschrift für Sozial- und Wirtschaftsgeschichte, 73. Jg. (1986), S. 153-157.

VIII. Index

A

Abel, Wilhelm 12, 174, 183, 189, 190, 191, 192, 193, 195, 197, 198, 200, 201, 203, 204, 206, 207, 208
Arbusow, Leonid 20, 80, 82, 86, 87, 118, 141, 174, 186, 187, 188, 190, 191, 192, 194, 195, 197, 198
Aubin, Hermann 12, 15, 16, 18, 19, 20, 21, 23, 27, 28, 35, 47, 49, 50, 52, 53, 54, 55, 56, 57, 61, 62, 64, 68, 84, 86, 87, 107, 118, 131, 132, 133, 134, 135, 136, 137, 138, 140, 142, 145, 146, 150, 152, 164, 172, 174, 177, 180

B

Barth, Karl 118
Bauer, Otto 178
Best, Werner 18, 24, 46
Bethmann-Hollweg, Theobald von 39
Bird, Geoffrey C. 92, 93, 94, 95, 97, 98, 118
Bismarck, Otto von 39, 49, 103, 104, 159, 185, 186, 187, 188, 196, 201, 202, 203, 208
Boehm, Max Hildebert 12, 50, 132
Boockmann, Hartmut 40, 49, 76, 79, 85, 120, 155, 156
Botzenhart, Erich 21, 84, 87, 92, 93, 183, 184, 185
Brackmann, Albert 18, 27, 31, 35, 50, 52, 54, 55, 56, 57, 58, 59, 60, 61, 62, 63, 64, 66, 107, 135

Brandi, Karl 47, 48, 49, 50, 51, 52, 53, 84, 85, 87, 88, 183, 184, 185, 186
Braun, Maximilian 147, 193, 194, 196, 197, 199, 201, 202, 204, 205, 206, 208
Braun, Otto 54
Brunner, Otto 15, 23, 105, 106
Bussche, Axel von dem 95, 118
Bußmann, Walter 84, 85, 86, 87, 88, 108, 132, 197, 199, 201, 202, 203, 205, 207, 208

C

Conze, Werner 15, 16, 17, 19, 20, 21, 23, 25, 29, 33, 50, 53, 60, 65, 73, 80, 87, 88, 102, 105, 107, 110, 111, 113, 118, 121, 124, 139, 147, 148, 149, 150, 167, 168, 169, 171, 174, 175, 176, 177, 178, 180, 183, 187, 188, 189, 190, 191, 193, 195, 196, 198, 199, 200, 201, 202
Craemer, Rudolf 50

D

Delbrück, Hans 39
Diestelkamp, Adolf 61, 172
Drexler, Hans 89

E

Erdmann, Karl Dietrich 23, 48, 49, 50
Essen, Werner 12, 37, 135, 137, 143, 147, 151

F

Farkas, Julius von 147, 203, 204, 205, 206, 208
Forsthoff, Ernst 45, 46, 141
Forstreuter, Kurt 55, 60, 81
Frank, Walter 10, 35, 49, 51, 52, 55, 56, 63, 65, 66, 68
Franz, Günther 12, 50, 63, 106
Freyer, Hans 61, 134, 141, 165
Frick, Wilhelm 51, 55

G

Gehlen, Reinhard 72
Geyer, Dietrich 62, 148
Gide, André 118
Giere, Gustav 50
Goebbels, Joseph 104
Goetz, Walter 54, 134
Goguel, Rudi 13, 23, 26, 67, 68, 150, 160
Goldschmidt, Dietrich 118, 119, 165
Grimme, Adolf 99
Gründel, Ernst Günther 46
Grundmann, Herbert 12

H

Haller, Johannes 17, 18, 156, 157, 158, 160
Harms, Ludwig 162, 163
Hartung, Fritz 84, 87, 101
Hehn, Jürgen von 70, 131
Heimpel, Hermann 29, 33, 61, 80, 85, 86, 87, 88, 93, 100, 123, 153, 154, 155, 180, 187, 188, 190, 191, 192, 194, 196, 197, 198, 200, 203, 205, 206, 208
Heinz, Friedrich Wilhelm 63, 72

VIII. Index

Heisenberg, Werner 100, 118
Helbok, Adolf 50, 57, 58, 61
Hellmann, Manfred 19, 118, 139, 155
Himmler, Heinrich 65
Hinz, Walter 92
Hitler, Adolf 11, 12, 18, 38, 39, 54, 58, 85, 103, 104
Hoetzsch, Otto 41, 50, 53, 57, 58, 59, 107, 143
Hoffmann, Friedrich 20, 71, 79, 80, 81, 82, 132, 144, 145
Hubatsch, Walther 19, 74, 80, 81, 85, 87, 108, 118, 130, 131, 132, 135, 136, 139, 146, 148, 174, 186, 187, 188, 189, 190, 191, 192, 193, 194, 196, 197, 199, 200, 202, 203, 205, 206, 208
Hübinger, Paul Egon 176

I

Ipsen, Gunther 53, 61, 130, 132, 139, 148

J

Jantke, Carl 176
Jaspers, Karl 25, 115, 116

K

Kaehler, Siegfried 21, 52, 80, 83, 84, 85, 86, 87, 88, 92, 107, 112, 118, 120, 121, 131, 132, 147, 161, 183, 184, 185, 186, 187, 188, 189, 190, 191, 193, 194, 196, 197, 199, 200, 202, 203, 205, 206
Kahrstedt, Ulrich 51, 52, 84, 88, 93, 183, 184, 185, 186, 187, 188, 189, 191, 192, 194, 195, 197, 198, 200, 202, 203
Kaiser, Jakob 149
Keyser, Erich 12, 18, 19, 20, 21, 28, 50, 53, 57, 61, 68, 73, 107, 108, 109, 110, 113, 131, 133, 135, 137, 138, 140, 141, 142, 152
Kluxen, Kurt 171
Koch, Hans 61, 144, 145, 148
Kocka, Jürgen 178
Kogon, Eugen 11, 90, 116
Kossmann, Oskar 42, 60, 66, 70, 119, 133, 134, 135
Kötzschke, Rudolf 53, 57, 58, 61
Kraus, Herbert 81, 120, 130, 132, 146, 187, 188, 189, 190, 192, 193, 195, 196, 198, 199, 201, 203, 204, 205, 207, 208
Kuhn, Walter 41, 46, 53, 61, 64, 66, 102, 131, 139, 148

L

LaBaume, Wolfgang 61, 139
Lemberg, Eugen 12, 19, 139, 152

M

Mannheim, Karl 118
Markert, Werner 58, 59, 88, 107, 132, 135, 136, 146, 147, 148, 174, 193, 194, 196, 197, 199, 201, 202, 204, 205, 206, 207
Maschke, Erich 50, 55, 60, 61, 146
Mattiat, Eugen 89, 90
Mau, Hermann 154
Mehnert, Klaus 12, 58, 143, 147, 151
Meinecke, Friedrich 10, 12, 55, 83, 101, 107
Metz, Friedrich 54
Meynen, Emil 72
Mitscherlich, Alexander 120
Mommsen, Hans 14, 18, 43, 103, 177
Mortensen, Hans 61, 80, 130, 132, 147, 183, 186, 189, 190, 192, 193, 195, 196, 198, 199, 201, 204, 205, 206
Müller, Karl Alexander von 86, 113, 132, 174

N

Nitschke, August 118
Nohl, Herman 25, 76, 118
Nürnberger, Richard 88, 120, 146

O

Obenaus, Herbert 147, 154, 167
Oberländer, Theodor 12, 53, 59, 60, 61, 66, 72, 90, 132, 150, 172
Oertzen, Peter von 118
Oncken, Hermann 48, 49, 52, 56, 84
Ortega y Gasset 118

P

Papritz, Johannes 56, 59, 60, 61, 62, 64, 66, 70, 71, 122, 132, 133, 134, 135, 136, 152
Penck, Albrecht 54
Peßler, Wilhelm 47
Petri, Franz 106
Petry, Ludwig 19, 139
Peuckert, Will-Erich 89, 147, 189, 190, 191, 193, 194, 196, 197, 199, 204, 205, 206
Pfeffer, Karl Heinz 12, 50
Plessner, Helmuth 118, 194, 195, 201, 203, 204, 206, 207, 208
Plischke, Hans 92

R

Raiser, Ludwig 100, 118
Ranke, Leopold von 25, 37, 38
Rauch, Georg von 12, 41, 139

VIII. INDEX

Rein, Hermann Friedrich 76, 99, 100, 117, 118
Riemann, Erhard 20, 131, 139
Ritter, Gerhard 11, 22, 25, 50, 101, 103, 117, 145, 153
Rosenberg, Alfred 56, 66
Rothfels, Hans 11, 15, 20, 22, 26, 29, 35, 49, 50, 52, 55, 60, 64, 87, 101, 102, 103, 104, 107, 118, 130, 170, 171, 172
Ruffmann, Karl-Heinz 19

S

Sacke, Georg 26, 62, 143
Salomon, Ernst von 42, 89
Sappok, Gerhard 68
Schaeder, Hans Heinrich 26, 92, 119, 143, 202
Schieder, Theodor 15, 16, 17, 19, 20, 23, 25, 29, 33, 50, 55, 60, 63, 64, 65, 66, 80, 102, 107, 110, 111, 113, 114, 124, 129, 132, 135, 139, 148, 149, 170, 171, 173, 178
Schiemann, Theodor 39, 40, 41
Schirren, Carl 39, 40, 162, 167
Schlesinger, Walter 58, 139, 152
Schlözer, August Ludwig 40
Schnath, Georg 88, 194, 196, 197, 199, 200, 202, 203, 205, 206, 208
Schöffler, Herbert 155

Schramm, Percy Ernst 50, 51, 73, 84, 86, 88, 93, 103, 107, 120, 147, 174, 192, 194, 195, 197, 198, 200, 202, 203, 204, 205, 206, 207
Schreiber, Georg 78, 79, 132
Schwerte, Hans 143
Seibt, Ferdinand 19
Selle, Götz von 20, 21, 79, 80, 81, 82, 101, 130, 132
Seraphim, Hans Günther 61, 120, 146, 147, 202, 204, 205, 207, 208
Seraphim, Peter Heinz 12, 59, 61, 147
Smend, Rudolf 99, 118, 166
Stavenhagen, Kurt 67, 137, 139, 159, 174
Steinacher, Hans 55
Steinbach, Franz 50, 106
Stresemann, Gustav 42, 43, 207

T

Taube, Arved von 158, 167, 168
Thimme, Annelise 83, 84, 87, 88, 97, 98, 165
Treitschke, Heinrich von 38, 40
Treue, Wilhelm 87, 88, 107, 118, 120, 138, 174, 187, 188, 190, 191, 193, 196, 197, 199, 201, 202, 204, 205, 207, 208

U

Uebersberger, Hans 57, 59, 61

V

Volz, Wilhelm 54

W

Wehler, Hans-Ulrich 19, 25, 49, 62, 103, 106, 171, 177, 178
Weiss, Hellmuth 19, 41, 139
Weizsäcker, Carl Friedrich 97, 132, 139
Weniger, Erich 118
Wenskus, Reinhard 19
Wittram, Reinhard 16, 17, 18, 19, 20, 21, 29, 33, 41, 48, 60, 61, 67, 80, 82, 84, 86, 88, 107, 112, 118, 119, 121, 123, 136, 137, 139, 147, 149, 150, 154, 156, 157, 158, 159, 160, 161, 162, 163, 164, 165, 166, 167, 168, 169, 174, 180, 187, 188, 189, 190, 191, 193, 194, 196, 197, 199, 201, 202, 204, 205, 206, 207, 208
Wolfgramm, Eberhard 23, 53, 56, 149, 150, 151

Z

Zehrer, Hans 164
Zimmer, Norbert 47
Zorn, Wolfgang 19, 118, 139, 174